大塚耕平

「賢い愚か者」の未来

The Future of Wise Fools

政治、経済、歴史、科学、そして人間——「深層」へのアプローチ

人間は「正しい」ことをめぐって対立する。なぜ対立するのか。自然科学と社会科学の対比、経済学の変遷等を通して、人間が対立に至る背景について考えなければならない。対立や争いの深層に経済的利害が関係しているとすれば、経済学や経済政策に対する評価、政治経済思想の系譜に対する評価も熟考しなければならない。経済学において何が「正しい」ことなのか。「正しい」ことを探求するうえで、議論の前提となる概念や定義が曖昧であることも深刻な影響をもたらす。保守とリベラルの定義も然りである。万人が共有する「正しい」ことが存在しないのであれば、異なる意見を肯定し、議論を行うこと以外に対立を回避する手段はない。答えは肯定の中にある。

早稲田大学出版部

まえがき

一九世紀の覇権国家は英国、二〇世紀は米国、二一世紀の現在は米国の覇権を中国が脅かしている。ロシアはその間隙を縫って復権を狙う。欧州では英国のＥＵ（欧州連合）離脱が決まり、中東では紛争が続く。アジア、アフリカ、中南米、オセアニアでは米中が影響力を競い合う。世界はサミュエル・ハンチントンが予測したとおり、「文明の衝突」の様相を強めつつある。

本書の最終推敲をしていた二〇一七年一二月、米国大統領トランプがエルサレムをイスラエルの首都と認定した。欧州諸国を中心に多くの国が米国を非難している。しかし、そもそも中東問題の淵源は、本文中でも取り上げているとおり、第一次大戦時の英仏露三国による三重外交が原因である。中東問題を論じる場合、そうしたことも理解したうえで情報を咀嚼しないと、背景の力学や「深層」を見誤る。

本書を通して、国際情勢がいかに複雑で、単純化した主張や議論が危険かということを伝えることができれば幸いである。

事実認定が難しく、単純化した主張や議論が危険であることは、国際問題にとどまらない。国内問題も同じである。政治の世界のみならず、論壇や学術界、マスコミにおいても、様々な事象の事実認定や政策論争において、単純化した主張や議論が行われ、出口のない、不毛な対立を続けている。

それは何故か。人間が人間であるが故である。人間は「正しい」ことをめぐって対立する。なぜ対立するのか。それは個々人が考える「正しい」ことが異なることに起因する。

国際政治における「正義」とは何か。双方が「正義」を主張し合って争う場合、どちらの「正義」が「正義」なのか。「正義」の正体を追求し、国際政治における「正義」の本質を探究する必要がある。

議論の前提が曖昧であることは誤解と対立を生む。国際政治の「正義」を語るうえで、歴史的事実が曖昧であり、立場によって異なる認識を抱くことに対立の一因がある。

人間が対立を乗り越える思考論理を有しなければ、「対立の迷路」に入り込み、やがては根拠のない「正論」「極論」「信念論」に依存して「同調の悲劇」を誘発する。その「深層」には、人間の特性が影響している。

人間だけが有する科学は、対立を回避することに寄与するのか。「自然科学の王様」である物理学は核兵器を生み出した。「社会科学の女王」とされる経済学は、貧困や格差を解決できない。

古代ソクラテスから現代のアマルティア・センに至るまで、哲学者は「正しい」ことや「正義」は定義できないとしている。しかし、人間は不確かな「正義」によって「対立の迷路」に迷い込み、根拠のない「正論」「極論」「信念論」によって「同調の悲劇」に陥る。

そうした人間の特性は人間が「賢い愚か者」であるが故と言える。本書のタイトルとした「賢い愚か者」は、本文中に一度しか登場しない。第1章（「正しい」とは何か）の「議論の前提」の中に記した。

「賢い愚か者」は、アジア人で唯一のノーベル経済学賞受賞者のアマルティア・センの提唱した概念である「合理的な愚か者」の延長線上に位置する。センは一九七七年に「Rational Fools」と題する論文を発表し、同論文を含む著作『Choice, Welfare, and Measurement』（邦題『合理的な愚か者』）を一九八二年に出版した。筆者の学部時代だった。

近代経済学は人間をホモ・エコノミクス、つまり「合理的な経済人」として取り扱う。しかし、実際の人間は必ずしも経済的合理性だけで行動するとは限らない。そのことを論証したのがセンであり、人間のそうした特性を「合理的な愚か者」という概念で表現した。

人間の非合理性は経済的事象にとどまらない。「正しい」ことや「正義」をめぐる論争でも、人間はいかんなく非論理性や非合理性を発揮する。「対立の迷路」や「同調の悲劇」は、その人間の本質が原因である。「合理的な愚か者」という表現は巧みである。「合理的」な人間は適切な選択や判断をする人間、賢い人間という語感がある。一方「愚か者」は「愚か者」である。したがって「合理的な愚か者」は言わば「賢い愚か者」。この論理矛盾した表現に人間あるいは人間社会の本質が表されている。

筆者は日本銀行に勤務した後、政治の世界に身を置いている。その間、経済学、政治学等の学際領域を専門分野とする研究者の端くれとして、一貫してささやかながら学術活動と教育にも従事してきた。偶然の縁で仏教研究を趣味としたことから、仏教講座の講師等も務めている。こうした活動の中での総合的思索の現時点での到達点として書き下ろしたものが本書である。

本書は筆者が執筆しているメールマガジンの内容がベースになっている。政治に携わる関係上、国内外の事象に関心を抱かざるを得ない。森羅万象を凝視、論考するうちに、ひとつの思考体系の輪郭が朧気ながら頭の中に構築され、徐々に本書の内容となった。

日々変化していく現実世界を対象とする以上、論考に終わりはない。永遠に未完成であるし、そもそも完成という概念があり得ない。奇特な読者が論考を継承することがあれば、望外の喜びである。

第1章は経済学の系譜を手掛かりに、「正しい」とは何かということを論じている。経済学に興味がある読者は第1章から読み進めてもらいたい。

第2章、第3章は、国際情勢や世界史の観点から、「正義」の曖昧さと向き合っている。国際情勢に関心がある読者は、これらの章から読み始めてもよいだろう。

第4章は、公共概念の探究を手がかりに、人間の非合理性について論考している。「賢い愚か者」は非合理性を自制する思考論理を有していないと、「対立の迷路」と「同調の悲劇」という非生産的で破壊的な展開に陥る。公共政策に関わる読者には、この章から読むことを推奨したい。

第5章は、人間の非合理性を自制する思考論理について述べている。「対立の迷路」と「同調の悲劇」を乗り越えるための「中道」の論理である。哲学や仏教学に興味がある読者には入り易い章である。

第6章は、自然科学、社会科学の功罪を論じ、それらを駆使する人間の愚かさについて考えている。

第7章は、人間自身が抱える矛盾や限界について熟考している。結局、有史以来、争いごとの原因は人間が人間であるが故である。

論考の過程で、筆者は二つの重要な先人の知的資産と遭遇した。ひとつは「中道」という思考論理である。「対立の迷路」と「同調の悲劇」を回避するためには、「中道」という思考論理が有用である。思考論理としての「中道」は、単なる真ん中という意味ではない。対立する意見のどちらにも偏らない立場、異なる意見を否定しない立場、あるいは多元主義と言ってもよい。

もうひとつは、仏教経済学である。ケインズの弟子であるドイツ生まれの英国の経済学者フリードリッヒ・シューマッハが提唱した。

シューマッハはビルマ政府の顧問となった際、仏教徒の生活に感銘を受けた。シューマッハには、ビルマの経済社会システムが、少欲知足で事物に執着せず、「最少消費で最大幸福」を得ることを目的とし、自己利益だけではなく、他者の利益も考えているように思えた。仏教主義とも言える概念である。

シューマッハの理論や思想は十分に研究されていない。仏教経済学は未完成である。総じて言えば、エコロジー経済、循環型社会を目指す経済思想、経済政策体系と言える。

上述のとおり、筆者は仏教研究を趣味としている。本書の論考の過程で、偶然にもシューマッハの仏教経済学に遭遇できたことは幸運な出来事であった。

筆者は学部時代にシュンペーター研究の第一人者、伊達邦春先生に師事した。本書は自然科学、社会科学の有用性に関して懐疑的な目を向けているが、すでに恩師から影響を受けていたのかもしれない。

伊達先生晩年の論考(『ピヌス〈第四七号抜刷〉』雄松堂書店、一九九九年六月一〇日)には次のように記されている。「複合的諸原因から生起した現代の世界的混迷状態から人類の社会を健全にして幸福な状態に立ち戻らせることができるか、あるいはそのための処方箋を書くことができるかといえば現代の自然科学なりあるいは社会科学なりの状況ではきわめて至難の業といってよいであろう」(一~二頁)。「世界全体に行きわたっている混迷状態を的確に捉え、これを救済する良策はあるのか。自然科学もまた社会科学でもそれ単独では極めて難かしい」(五頁)。

大学院時代には公共選択論の第一人者、山之内光躬先生に師事した。山之内先生も次のように述べている(『財政過程』成文堂、一九九二年)。「伝統的経済学は、その理論構成の根底に、経済人(homo oeconomicus)を据えて、この人間類型の行動を、究極にまで追求してきた。しかし、現代社会科学の反省過程において、現代の経済現象が、諸々の社会現象や政治現象と不可分であることが、明示的に認識されたとき、より統合的な理論形成を意図するならば、現代社会の人間類型を特徴づけるものとして、ホモ・エコノミクスの経済行動を支配するものとは別の原理が、理論形成の基礎に導入されなければならない」(一六二~一六三頁)。

山之内先生に続いて指導を受けた林正寿先生は欧米の高等教育環境を熟知する国際派であり、次のように述べている(『アメリカの税財政政策』税務経理協会、二〇〇七年)。「高等教育における人材養成では、我が国は遅れをとっている。(中略)政治や経済、その他の分野においても、凡庸な指導者にしか恵まれない国民は、さまざまな辛酸を嘗めることになる」(七頁)。「人々の価値観は多様であり、指導者が個人的価値観を国民に押し付けるべきではないが、人々の価値観は形成されるものであり、社会全体にとって望ましい価値観を人々に訴え、説得することは、すぐれた指導者の不可欠な役割である」(六頁)。

各分野の指導者が、「対立の迷路」と「同調の悲劇」に陥らない思考論理につながる価値観を醸成することが求められる。本書の内容が、そのことにわずかでも寄与できることを望みたい。

本書の出版に当たり、学部時代の伊達ゼミの先輩であった早稲田大学教育・総合科学学術院の藁谷友紀教授、早稲田大学出版部の木内洋育氏にたいへんお世話になった。また、本書の素材が蓄積できたことは、筆者のメルマガ配信のサポートに加え、知的刺激を与え続けてくれている天才エンジニア、中本浩氏のおかげである。最後に、筆者の活動を支え続けてくれている事務所スタッフと妻真理子に感謝の意を表したい。

二〇一八年一月

参議院議員会館一一二一号室にて

大塚耕平

目次

第1章 「正しい」とは何か

人間は「正しい」ことをめぐって対立する。なぜ対立するのか。自然科学と社会科学の対比、経済学の変遷等を通して、人間が対立に至る背景について考えなければならない。対立や争いの深層に経済的利害が関係しているとすれば、経済学や経済政策に対する評価、政治経済思想の系譜に対する評価も熟考しなければならない。経済学において何が「正しい」ことなのか。「正しい」ことを探求するうえで、議論の前提となる概念や定義が曖昧であることも深刻な影響をもたらす。保守とリベラルの定義も然りである。万人が共有する「正しい」ことが存在しないのであれば、異なる意見を肯定し、議論を行うこと以外に対立を回避する手段はない。答えは肯定の中にある。

絶対に正しい。絶対に間違っている。よく聞く表現であるが、「絶対に」と言われて「本当だろうか」と疑問に思うことはないだろうか。「絶対に」と言われるとかえって疑わしく感じる。

同じ意見の者同士が集まって「自分たちは絶対に正しい。相手が間違っている」と気勢を上げるのは気持ちが良い。しかし、「正しい」意見を主張し合うと対立が生じる。立場によって「正しい」意見が異なるために対立が生じる。絶対とは何か。そもそも「正しい」とは何か。道徳的正当性のことか、あるいは客観的正当性のことか。

同じ事実に遭遇しても、全員が同じ認識を持つとは限らない。立場によって捉え方が異なる。人間の認識ギャップは目前の事実についても生じる。

人間という生物

スーパー捕食者

人間はなぜ戦争をするのか。人間はなぜ将来世代に借金を残すのか。人間が愚か故なのか。

地球上で、捕食以外の目的で他種を殺す生物、あるいは同種同士で殺し合う生物は人間だけである。二〇一五年、ビクトリア大学(カナダ)研究チームが、人間は他の動物を過剰に殺し続ける「スーパー捕食者」と断じる論文を発表した。(1)

研究チームは二一五五種の生物への攻撃パターンを比較分析。その結果、生存のために必要な量以上の他の生物の殺戮、つまり美食や飽食のための殺戮、生存と関係ない娯楽や剝製目的のハンティング、魚や鳥の群れを一網打尽にする狩猟方法など、人間が他の生物に危害を与えるパターンは特異であると結論づけた。

近代以降、人間の狩猟や漁業によって多くの生物が絶滅した。直接的殺戮のみならず、人間の生産活動や生活が環境を破壊し、そのことによって絶滅した生物は相当数にのぼる。動物だけではない。植物も含め、生物全体に対して過剰な殺戮と採取を行い、人間は生態系を破壊している。自らも生物の種として生態系の一部であることを考えれば、生態系の破壊は自らをも滅ぼす。人間は実に愚かな行為をする生物である。

四六億年の地球史、三八億年の生物史の中で、人間が登場し、繁栄している時間は極めて短い。一瞬である。その一瞬の間に、地球が育んできた生態系を破壊している有害極まりない生物、それが人間である。自然の営みには未解明のことが多い。生態系の保護作用が働き、人間が急減したり、絶滅する展開があるかもしれない。

地球上の生物の中で、子孫に借金を残す生物も人間だけである。そもそも借金が発生するには、金融という仕組みが存在することが前提だ。生物の中で文明を起こし、様々な社会システムを生み、金融という仕組みを有しているのは人間だけである。

サル等の一部の生物には文明の萌芽のような行為をする種もいる。しかし、人間の文明はそれらとは明らかに次元が異なる。

人間は優れているのか。地球上の生物の頂点に君臨する支配者なのか。地球上の生物の中で、言語、科学、文化、宗教等、つまり文明を有する種は人間だけである。だから、人間は地球上で最も尊い生物なのか。

人間は地球上で最も愚かで有害な生物であるが故に文明が必要であるとも言える。何しろ、他の生物を絶滅させ、同種同士で殺し合う生物である。その愚かな行為を制御するために、言語が必要になり、科学を生み、文化を創造し、宗教が誕生した。言語によって話し合い、科学によって富を生み、文化や宗教によって自らの心や思考を制御し、少しでも争いを避け、共存の方向に向かうことが求められたのではないか。

人間は文明を有しているから優れているのではなく、愚かで有害であるが故に、自己抑制のために文明が生み出されたと考えることも可能だろう。それによって、愚かさを戒め、自らが招く災いを軽減する。自然の不思議なメカニズムの中で、人間には生物としてそのような能力が付与されてきた。

ところが現実には、言語で罵り合い、科学で兵器を開発し、芸術作品を奪い合い、時には宗教をめぐって対立する。困ったものである。金融も人間固有の高度な文明である。しかし、その金融によって子孫の資源を先行的に消費し、それだけでは足りずに借金まで残す。人間固有のこの仕組みを、種としての人間を発展させるために賢明に使うか、破綻を招く愚かな使い方をするか。人間自らに課された課題である。

地球上で最も愚かで有害な生物である人間。自らの存在を客観視し、その限界を乗り越えるために、人間は学問を発展させた。自然科学、人文科学、社会科学である。学問は果たして人間の愚かで有害な行為を制御できるだろうか。物理学は核兵器を生み出し、経済学は貧困や格差を抑止できない。心理学は人間が争い合う根源的なメカニズムを解決できない。

人間という生物の未来の不確実性は高い。

群知能

人間のような文明は有していないものの、人間以外の生物にも驚くべき能力がある。例えば、群知能。鳥や魚や虫の群れが、まるでひとつの知能や意思を持った生物のように飛んだり、泳いだりすることと関係している。何万もの鳥、数十万もの魚、数百万もの虫の群れが、黒い塊になって、一斉に方向転換し、蠢く姿はまるでひとつの生物である。

その姿をCG(コンピューターグラフィック)で再現したのが米国のアニメーションプログラマー、クレイグ・レイノルズ。群れを構成する個体に三つの行動原則をインプットすることによって、実写映像のようなCGアニメーションを実現した。

第一は分離、お互いにぶつからないようにすること。第二は整列、お互いに同じ動きをするように方向と速度を調整すること。第三は結合、常に群れの中心に向かって動こうとすること。

このプログラムを使って最初に作られた映画が「バットマン」。まるで実写のようなコウモリの群れの映像が生まれた。プログラムはボイド(birdoid、鳥もどき)と命名され、人工生命とも言われる。以後、多くの映画やテレビ番組でボイドが活用されている。

最近の人間社会はボイド的である。ボイドには群れを引っ張るリーダーはいない。しかし、まるでリーダーに統率されているかのように群れ全体が一糸乱れず動く。

この群知能の特性を逆手に取って、人間は鳥や魚を大量捕獲する手法を生み出した。例えば、定置巻き網漁業である。魚の群れは制約された水域に入ると、そこから逃げることができず、水域内を回遊する習性を有する。つまり、網のような障害物のある立体水域に追い込まれると逃げられない。群知能は生物の優れた能力であるが、それを逆手にとって魚群を一網打尽にするのが人間である。捕獲される側の生物にとっては、人間は実に有害な生物である。

二〇世紀後半以降、グローバリズムと金融資本主義が世界を動かしている。その中で、膨大な借金を重ねる先進国。国債は国民の資産であり、いくら国債を発行しても大丈夫、財政破綻など起きないと主張する論者もいる。群集心理的であり、人間が群知能を発揮しているようにも思えるが、魚群のように一網打尽とならないことを祈るばかりだ。

その場合の網は、財政的な破綻か、経済メカニズムの限界か。あるいは、世界を動かしているパラダイムの転換か。

なぜ人間は借金依存や不要不急の財政支出を止めないのか。ここでも、他の生物との類似性が思い浮かぶ。蟻の行動である。蟻は餌を見つけたらフェロモンを出し、フェロモンを感知したらそれを辿る。餌を探してうろつき、餌を見つけたらフェロモンを出しながら帰巣。他の蟻がこのフェロモンを感知し、餌への道を辿る。蟻の行列の出現である。利権の匂いを皆で辿り、制約に遭遇するまでボイド的に行動し、最後は一網打尽。それでは困る。

生物の行動原理は、問題や危険に遭遇した時の対応手順、アルゴリズムとして本能の中に組み込まれている。

生物の中で最も愚かで有害な人間は、地球の生態系や自然の摂理のメカニズムの中で、一網打尽とならないようなアルゴリズムを考えなくてはならない。いや、そうならないように、地球上で最も愚かで有害な生物としての思考や行動のアルゴリズムを変革し、制御する方策を考えなくてはならない。

三眼思考

物事の適否は、判断基準や見方、時間軸によって変わる。個人にとっては良いことでも、社会全体にとっては悪いこともある。自分にとっては良いことでも、他者にとっては悪いこともある。短期的には良くても、長期的には悪いこともある。それぞれ、その逆もある。

物事のプラス、マイナスを総合的に捉えること、言わば物事を鳥瞰する視点は、遠目に概観することである。鳥瞰すると、物事の本質や社会の実情がよくわかる。鳥瞰は、鳥が空から見おろすように、高い所から広い範囲を見おろすこと。転じて、全体を大きく見渡すこと。俯瞰とも言う。

社会全体としては良くても、個人にとっては悪いこともある。鳥瞰して本質を把握したと短絡的に結論づけることはできない。個々の実情こそが物事の本質を表す場合もある。鳥瞰は「鳥の目」。経済学で言えばマクロの視点である。一方、ミクロの視点を表す表現は何かと言えば「虫の目」。「虫の目」は複眼である。様々な角度から物事を見ることを意味する。個人、個社、特定業界という「虫の目」で見れば良い経済政策も、「鳥の目」でみると殺伐とした風景となり、社会全体の資源を浪費している場合もある。適否の判断はかくも難しい。

さらにもうひとつの目がある。「魚の目」である。魚、とくに回遊魚等の硬骨魚類は、非常に早いスピードで泳ぐため、遠方を見る必要があり、水晶体を後方に動かして視点を調整し、潮の流れや干満、水温、獲物や危険を感知しながら進路を選択する。

膨大な数の個体を含む魚群が、猛スピードで上下左右、時に逆向きに急転回する水中映像には驚かされる。こうした魚の特性から、「魚の目」は流れを読む、先を読むという比喩で使われることがある。

人間社会の実情を理解し、先行きの行動を選択する場合には、「虫の目」「鳥の目」「魚の目」の三眼思考が必要である。

人間社会の実情は三眼思考で分析、評価しなくてはならない。過食や飽食によって他の生物や地球の維持存続を脅かす人間。自分の所属する集団の利益を追求し、譲り合うことをせず、限られたリソース(資源や財源)を様々な分野で奪い合う結果、結局何も実現できず、全ての分野で失敗する。合成の誤謬とも言える愚かさの連鎖に囚われているのが人間である。

群知能的な傾向は国や民族によってまちまちであるが、最近の世界の動静を鑑みると、いずれの国や民族においてもその傾向を強めているように思える。群知能で発展的な方向に進んでいれば良いが、破滅的な方向に進んでいるとすれば問題だ。三眼思考で分析し、評価する必要がある。

人間はどこに向かっているのか。人間社会に未来はあるのか。人間はその問いに真摯に向き合い、熟考しなければならない。

女王と王様

対立の本質

「正しい」とは何か。複数の人間が「正しい」意見を主張し合う場合、どの意見が「正しい」のか。判断の根拠は何か。異なる意見を主張していた人間は、判断の結果を受け入れるのか。受け入れた場合、彼らは正しくないことを主張していたのか。それとも、愚かであるが故に誤った意見を主張していたのか。判断の根拠となる客観的事実を共有できれば納得できるだろう。では、客観的事実を確認できるのか。事実の客観性をめぐって意見が異なれば、結局は客観性の真贋をめぐって対立する。

「正しい」とは何か、客観性とは何か、事実とは何か。それが問題である。まるで仏教の禅問答のようだ。

禅問答は公案とも言う。禅問答は仏教の禅宗の修行の手法だが、一種の思考トレーニング。修行者に問題が与えられ、それに答える。その答えに対して相手が切り返す。論理的にかみ合っているかどうかより、問答の中から何かに気づくことが重視されている。正解がない問答なので、無理会話《むりえわ》とも言われ、転じて頓智《とんち》話のように思われている。頓智はその場に応じて出てくる気の利いた考えのこと。機知、機転、英語で言えばウィット、エスプリ、ユーモアと言ったところか。

例えば、こんな禅問答がある。座禅中の若い僧のそばにやってきた老僧が石を磨き始めた。若い僧が「何をしているのか」と聞くと、老僧は「石を磨いて鏡にする」と言う。「石を磨いて鏡になるはずない」と若い僧が笑うと、老僧も笑って「お前も座禅をして仏になれるはずがない」と切り返す。笑える禅問答である。

人間の歴史は対立の繰り返しである。愚かだが、それが人間。民族としても、集団としても、個人としても、対立に直面する。なぜ対立するのか。それは、人間だからだ。自分が絶対に正しい、相手が絶対に間違っている。往々にして、その思いが個人や民族の対立、国同士の争いを生む。

有史以来、対立が戦争を招き、戦争が憎しみを生み、その中で多くの命が失われてきた。国益の対立と言えばもっともらしいが、対立の深層にはほとんど例外なく経済的な利害得失が影響している。近代においては思想や政策の違いも対立の原因となっているが、深層にはやはり経済的な利害得失が存在する。

米国の国際政治学者、サミュエル・フィリップス・ハンチントン(一九二七〜二〇〇八年)が著書『文明の衝突』(一九九六年)で予測したとおり、二一世紀の世界は民族や宗教の違いが対立の主因になりつつある。表向きの理由が民族であれ、宗教であれ、対立の背景を注意深く紐解いていくと、やはり最後には経済的な利害得失に遭遇する。二〇世紀の東西冷戦から、二一世紀のテロとの戦い。人間は争いを潜在的に嗜好する地球上最悪の害獣である。

世界が十分に豊かになれば、対立や戦争はなくなるのか。おそらく、なくならないだろう。相対的に貧しい国は相対的に豊かな国に追いつき、少しでも豊かになろうとする。豊かな国、豊かな人間はもっと豊かになろうとする。「もうこのぐらいでいいだろう」と思い、自分の財産を恵まれない子供や貧困層に費やす人間は少ない。人間の生存エネルギーは欲望であり、それは尽きることがない。人間は愚かな生物である。

世界が完全に平等になれば、対立や戦争はなくなるのか。否。平等であること自体が、そもそも自分たちが不利益な状況を余儀なくされている結果と主張する国が現れる。本来自分たちはもっと豊かになれるはずのところを、制約されていると主張する。

国は人間が運営する。人間が人間である限り、人間の愚かさは国と国との争いを生む。国と国の間ばかりではない。国内においても、人間の愚かさは社会や組織の軋轢を生む。表向きは思想や政策の違いを理由とするだろう。しかし、本当の原因は経済的な利害得失であり、人間の欲望と愚かさによるものである。

人間の愚かさと向き合わない限り、対立や争いを避けることはできない。それは人間の愚かさを克服するということかと言えば、そうではない。なぜか。人間が人間である限り、人間の愚かさからは解放されないからである。まさしく禅問答だ。

しかし、この禅問答のような難問を咀嚼しない限り、解決の糸口は見つからない。絶対に正しい。絶対に間違っている。この感覚が、対立や戦争の原因である。イデオロギー的な対立、宗教的な対立、いずれも、自分たちは正しく、相手は間違っている。この感情や思考回路を制御しない限り、対立や戦争を回避することはできない。

しかも、その正邪の感情の深層、潜在的かつ無意識的な心理は、経済的な利害得失に支配されている。

自然科学と社会科学

学問は「正しい」ことを追求し、人間が愚かさを乗り越えることに寄与できるだろうか。

物理学、化学、生物学、地学、天文学など、宇宙から素粒子に至るまで、自然界の法則や仕組みを対象にする学問は自然科学である。自然科学と対になる学問は人文科学や社会科学だ。自然科学が「自然」を対象とする一方、人文科学は「人間」あるいは「人間が生み出したもの」を対象とする。社会科学は人間が構成する「社会」あるいは「社会を動かす仕組み」を対象とする。

自然科学がどこまで進歩しても、悩みや争いや対立はなくならない。医学が発展して治るようになった病気もあるが、老いや死から逃れることはできない。自然科学の発展は新たな技術や製品を生み出す一方、地球環境を悪化させ、温暖化を進め、新たな懸念を生み出す場合もある。使いこなすのが人間であり、その人間が愚かである限り、自然科学がいくら発展しても、誰もが幸福感を共有できる状況にはならない。

歴史学、心理学、哲学、文学などが人文科学の典型例だ。人間そのものを考察する学問であり、人間が生み出した作品や史実が研究対象である。中でも、心理学、宗教学など、人間の行動に関わる分野は行動科学と呼ばれることもある。人間そのものが対象ということは、人間の心の葛藤を分析し、愚かさを乗り越えられるかもしれないという期待を抱かせる。世界には仏教、キリスト教、イスラム教の三大宗教(2)のほか、有史以来、多くの宗教が誕生した。宗教学も深化している。しかし、争いはなくならない。何度も宗教戦争を経験している人間の愚かさには困ったものである。

経済学、政治学、法学などの社会科学は、人間が社会とどう向き合っていくかを考える。あるいは、人間と社会の関係を規定する経済理論、政治制度、法律などが対象である。人間以外の生物は有しない。これらは、人間社会を発展させた一方で、負の側面も有する。新たな問題を惹起し、人間の愚かさを助長する側面すらある。経済学が典型例だ。人間が豊かになることを目指した経済学だが、世界から貧困、飢餓、格差はなくならない。他者を押しのけても、貪欲に利益を追求する理論がもてはやされることもある。

その経済学が「社会科学の女王[3]」と言われるのだから、学問の評価は難しい。「自然科学の王様[4]」は物理学だが、物理学は核兵器を生み出している。女王も王様も人間の愚かさから逃れることはできない。本質的に人間が考え、積み上げる学問である以上、社会科学も自然科学も人間の愚かさから逃れることはできない。

政治学や経済学の学際領域に公共選択論という分野がある。米国の政治経済学者ジェームズ・マギル・ブキャナン（一九一九～二〇一三年）やゴードン・タロック（一九二二～二〇一四年）をルーツとし、政官業の癒着である「鉄のトライアングル[5]」という概念を生み出した。ブキャナンは一九八六年にノーベル経済学賞を受賞している。

公共選択論は「鉄のトライアングル」が財政赤字を必然的に増加させることを指摘した。また、「レントシーキング（結託）[6]」という概念も創造し、その非効率性を指摘した。それはジョン・メイナード・ケインズ（一八八三～一九四六年）の経済学に対する警鐘でもある。

二〇世紀の世界を席巻したケインズ政策は、不況期には政府が財政支出を拡大することを奨励した。場合によっては、借金をしてでも財政支出を行うことに正当性を付与した。ただし、景気が回復して好況期に入れば財政支出を抑制し、税の増収分は債務返済に回し、借金を減らすことを前提としていた。

しかし、人間は愚かであるため、不況期にはケインズ政策に基づいて財政支出を拡大する一方、好況になっても財政支出を抑制しない。なぜなら、一度予算化された財政支出は既得権益化し、ステークホルダー（利害関係者）が削減に反対するからである。欲望が行動インセンティブの人間としては合理的な行動である。財政支出だけではない。一度実施された税制優遇や減税は既得権益化し、それを止めることは容易でない。

以上のように、公共選択論は、不況期、好況期の非可逆性、既得権益の固定化が、ケインズ政策によって必然的に財政赤字を増加させる原因であると指摘した。その傾向の背景には、自己利益に固執する人間の愚かさや本能が影響していることを学術的に分析したのが公共選択論である。

愚かな人間が司る以上、公共選択論の指摘する呪縛から逃れられる国はない。しかし、相対的な差は生じる。公共選択論の指摘する傾向の強い国は相対的に財政状況が悪化する蓋然性が高い。政治や行政がそれを制御する機能が脆弱であれば財政赤字は発散する。政治や行政がそれを助長する国では、悲観的な未来を想定せざるを得ない。

リベラル・アーツ

中世以降のヨーロッパの大学制度では、自然科学、人文科学、社会科学の中で、学生が身につけるべき基礎的学問のことを自由七科と呼んだ。具体的には、文法学、論理学、修辞学の三学（トリウィウム）と、幾何学、算術、天文学、音楽の四科（クワドリウィウム）。リベラル・アーツ（自由七科）とも言われた。

リベラル・アーツの源流は古代ギリシャ、古代ローマまで遡る。古代ローマでは、機械的技術（アルテス・メカニケー）と自由諸技術（アルテス・リベラレス）を身につけることが推奨された。このうち、後者が後のリベラル・アーツに発展した。

今日の欧米高等教育でも、自然科学、人文科学、社会科学の基礎や学際領域はリベラル・アーツとして重んじられている。日本では、大学前半の教養課程や学際領域を専門とする教養学部がリベラル・アーツの流れをひく。現在もリベラル・アーツの重要性は変わらない。その重要性を再認識すべきである。

自然科学や社会科学が高度化し、飢餓、貧困、格差、病気、紛争などに関する問題が改善されると思いきや、むしろ利害関係や災禍は輻輳し、混迷の度合いを強めている。それもそのはず。自然科学がどんなに発展しても、それを使いこなすのが愚かな人間であるからだ。経済理論が進化し、自由貿易、市場経済が広がり、表向きは過去に想像もできなかった繁栄を謳歌している現代社会であっても、飢餓、貧困、格差等が絶えることはない。なぜなら、それを駆使するのが愚かな人間だからである。

リベラル・アーツは人間が理性的で自由であるために必要な基礎的教養である。リベラル・アーツは、人間が愚かさを乗り越え、理性的な判断や行動を行うことに寄与するだろうか。

かつてのリベラル・アーツや大学の教養科目のような学問の重要性を単純に述べているのではない。社会問題は輻輳している。自然科学や社会科学がいくら発達しても、飢餓、貧困、格差、不正、紛争等はなくならない。問題解決の選択肢をめぐって言い争い、それぞれが「自分が正しい」と主張する。最後には争いになり、時に傷つけ、殺し合う。

そうならないようにする術はないのか。そのための思考訓練を行うこと、あるいは思考方法を学ぶことが、現代のリベラル・アーツである。

リベラル・アーツを共有すべきと言っても簡単ではない。自然科学、人文科学、社会科学の基礎や思考方法を共有することは容易ではない。しかし、難しく考えることはない。リベラル・アーツを学ぶことの本質を平易に言えば、どのようにすれば人間の愚かさを乗り越えられるかということを、常に考え得る理性と知性とスキルを身につけることである。

人間は愚かであるという自覚、愚かさを乗り越えるためにはどうしたらいいかという問題意識。そのために、事実と意見は別のものだという認識を持つこと。事実をどのように認識し、事実に対する認識の違いや意見の違いをどのように乗り越えるかという思考方法、議論の方法を身につけることである。

事実に対する認識、その認識に基づいた意見は、その人間の基本的な思想や考え方、思考論理、思考方法、深層心理と関係している。そこで、それらに影響を与える要素や傾向についても、冷静に整理してみることが必要である。

議論の前提

保守とリベラル

ひとつの例として、保守とリベラルの概念について考えてみよう。どちらの立場に立つかによって、事実に対する認識、その認識に基づいた意見、物事の見方や判断の指向性が変わる。

そもそも、保守とは何か、リベラルとは何か。その事実に対する認識が混沌としている。保守とリベラルの定義は難しい。本来の定義からすると誤った使い方がされている場合が多いほか、論者によって異なる認識、異なるイメージに基づいて自己主張するので、議論が嚙み合わない。定義を共有していない者同士が、保守とリベラルの対比的観点から議論を行うことは危険と混乱を伴う。理解が不正確で、かつ異なる定義で考えている者同士が議論することは不毛なことだ。

もちろん、保守とリベラルを古典的かつ本来的な意味で使い続ける義務を課されているわけではない。時代とともに意味は変わってもよい。しかし、漠然と、かつ多様にイメージされている保守とリベラルを前提に両方の言葉が使われているため、政治や経済に関する議論が嚙み合っていないことが多い。少なくとも、定義を共有し、あるいは異なる意味を前提としていることをお互いに認識したうえで議論することが望ましい。

政治や社会が相対的に混乱や対立が少ない方向に進むことに、表向き反対の人間はいない。「表向き」とあえて言ったのは、実際には、自分たちの利害得失に絡んで混乱や対立を望む場合があるからである。人間の愚かさ故である。人間はかくも厄介な生物である。

いずれにしても、混乱や対立を極小化するために、保守やリベラルに対する共通認識を醸成することは有意である。ただし、思想や政策的志向性は保守とリベラルの二元論ではない。現実主義、理想主義、合理主義もある。ただし、何をもって現実的、理想的、合理的とするのかも難しい問題である。

例えば、格差問題を考えてみよう。格差を全く発生させないことは不可能だ。では、格差を完全に放置し、拡大することを成り行きに任せてよいだろうか。これも難しい問題である。

格差の発生は不可避であるという前提の下、格差への対応を検討するうえで、格差をどのように捉えるかということが重要な点となる。

捉え方の違いは、立場や考え方や感性の違いによる。当然のことだ。自己努力を重んじる人は格差を容認し、平等を重んじる人は格差是正を求める。すんなり納得しそうだが、ことはそんなに簡単ではない。自己努力を重んじる人は保守的、平等を重んじる人はリベラル的。そう言われると何となく呑み込んでしまいそうだが、そんな単純な話ではない。そもそも、自分は保守だ、自分はリベラルだと主張する前に、保守やリベラルの概念が正しく理解されていない。

保守のルーツは英国コモン・ロー。中世英国で積み上げられた法体系全般のことを指し、要するに先例や伝統によって形成された制度や価値を尊重し、現状維持、反改革的な傾向が保守の源流である。

しかし、保守も改革自体を否定しない。「保守思想の祖」と言われるエドマンド・バーク（一七二九～九七年）は「保守するための改革」という概念を主張した[7]。また、一九世紀の保守党政治家ベンジャミン・ディズレーリ（一八〇四～八一年）も「維持するための改革」という趣旨の論理を述べている[8]。格差の現実に直面し、対応が必要と思うか否か。そのための改革が必要と思うか否か。一定の範囲内の格差を容認しつつも、限度を超える格差是正を「守るべき価値」と考えるか否か。格差問題における保守の立場の鍵となる。

一方、ジョン・ロック（一六三二～一七〇四年）に端を発するリベラルも英国がルーツ。本来の意味は権力からの自由、自己決定権重視の思想である。トマス・ホッブズ（一五八八～一六七九年）の社会契約論[9]と融合し、政府の役割を個人の財産や生命を守る「夜警国家」機能に限定した。さらには経済的にも自由を追求し、私的所有権や市場原理を重んじるアダム・スミス（一七二三～九〇年）の古典的自由主義につながり、資本主義の基礎を形成した。

つまり、リベラルの本質は自由主義。個人の自己責任が前提であり、格差是正とは相反する。限度を超える格差を是正すべきものと考えるか否かが、格差問題におけるリベラルの立場の鍵となる。

保守もリベラルも変わりない印象を受ける。それはある意味で正解である。本来、保守とリベラルは対立概念ではない。

格差と成長と公正

しかし、自由主義がルーツの古典的リベラルは進化した。個人の自由や生存権を重視することから、翻って、時には政府が個人の自由や生存権を守ることを肯定するソーシャル・リベラリズムが誕生した。社会的公正を守るために、政府の介入を必要と考えるニュー・リベラルである。ちなみに、ニュー・リベラルと区別するため、古典的リベラルをリバタリアニズムと呼ぶこともある。

では、社会的公正とは何か。これが大問題である。多くの学者が頭を悩ます中、ジョン・ロールズ(一九二一~二〇〇二年)が登場した。

ロールズは、誰もがどのような立場で生まれても自己実現を追求できることを重視し、格差や不平等が固定化されないことを重要と考えた。機会平等や最小不幸を目指し、自由と自己決定権を担保するために政府による再分配や公助共助を肯定した。

保守にとって限度を超える格差は問題なのか。リベラルにとって何が是正されるべき格差なのか。この論点を考えるうえで、二つの切り口がある。

ひとつは、限度を超えた格差が社会や成長に与える影響についてである。格差放置が成長を促進する、または格差是正が成長を阻害すると考えるか。あるいは、格差放置が成長を阻害する、または格差是正が成長を促進すると考えるか。両論あるのが現実だ。

前者はいわゆるトリクルダウン論と関連する。成長によって大企業や富裕層が潤えば、やがてその恩恵は滴り落ち、中小零細企業や中間層、貧困層にも恩恵が及ぶという主張である。トリクルダウンという言葉を最初に使ったのは、米国レーガン政権で行政管理予算局長官を務めたデビッド・ストックマン(一九四六年〜)[10]。株男(ストックマン)がトリクルダウンの生みの親とは、できすぎである。

成長すれば格差は是正されるのか。格差は成長の弊害となるのか。この問題は理論的には決着がついていない。

しかし、二〇一四年から一五年にかけて、OECD(経済協力開発機構)[11]、IMF(国際通貨基金)[12]から相次いで後者の立場に立つ論文が発表されるとともに、トマ・ピケティの著書『21世紀の資本』(二〇一三年)によって実証的に後者の立場が強化された。

そこで、限度を超えた格差は是正すべきという原則論に合意したとしても、なお、格差の限度についての判断基準は明確ではない。とは言え、少なくとも国際比較において、相対的に劣位な指標については改善を要するという程度の共通認識は得られるだろう。

例えば、日本の相対的貧困率が二〇〇九年に初めて公開され、先進国の中で最悪水準の状況にあることが明らかになった。この状況に改善を要するという結論に反対の日本人はいないことを期待したい[13]。

格差や不平等を問題視しなければピケティ的な視点も成り立たない。もちろん、完全な平等は困難であるし、必ずしも賛成の人が多いとは言えない。しかし、働く意思はあっても本人の努力では乗り越えられない不可抗力や障害が原因で働けない人を支援する、著しい不平等の是正を図る、概念的にはここまでは許容範囲だろう。

一般的に使われている保守とリベラルの意味が本来の概念から変質していることは前述のとおりであるが、以下ではそのことをあえて意識せず、一般に使われている意味での保守とリベラルを前提としつつ、論を進める。

すなわち、極端な自己責任論や非現実的な完全平等主義に陥ることのない「良識的な保守」と「現実的なリベラル」。これが概念的に期待される許容範囲であろう。「障害のある人は不要だ」「どんな不平等も本人の自己責任」「困っている者に手を差し伸べる必要はない」、あるいは「あらゆる不平等は許せない」「完全な平等」「働く者も働かない者も同等」という極端な意見の人間はこの範疇に入らない。

しかし、その次の段階では「本人の努力では乗り越えられない不可抗力による不平等」「著しい不平等」とは何かが論点となる。その判断基準を探究する糸口、あるいは現実的な結論を見出す手掛かりは何か。

保守にとって限度を超える格差や不平等は問題なのか。リベラルにとって何が是正されるべき格差や不平等なのか。つまり、格差問題、不平等問題へのアプローチのヒントは、その格差や不平等が社会的に公正と言える範囲内か否かという点である。

ロールズは機会平等の障害となる生来の格差や就労前の格差は社会的公正に反し、是正が必要であると主張した。こうしたロールズの主張は、アマルティア・セン（一九三三年〜）の潜在能力アプローチ[14]に共鳴する。センは一九九八年にノーベル経済学賞を受賞した。

合理的な愚か者

ノーベル経済学賞の受賞者は過去七八人（二〇一六年時点）[15]。アジアからはインドのアマルティア・セン一人だけである。所得再分配の不平等、貧困や飢餓の原因などに関する研究が評価されて受賞した。

経済学は、生産や消費が増えたか否か、インフレになったか否か、儲かったか否かを問うことはできても、それで幸せになれるか否か、平和が実現するか否かは論証できない。金銭的に豊かになれば幸せ、生産が拡大して経済が発展すれば平和が実現する、という意見も想定できるが、現実はそれほど単純ではない。

そのことを論じたのがセンの経済学である。邦訳で『合理的な愚か者(原著名Choice, Welfare, and Measurement)』と題された同名論文(Rational Fools〈一九七七年〉)を含む著作が一九八二年に出版された。日本語版はバブル絶頂期の一九八九年に出版された。

センはケンブリッジ大学で博士号を取得し、その後はロンドン・スクール・オブ・エコノミクス(LSE)やオックスフォード大学で教鞭をとった経済学者である。経済学の中でも高度な数学と論理学を使う厚生経済学や社会選択理論に長けていた。そのセンが到達した学術的視点は、高度な数学を駆使した市場理論で発展を追求することではなく、飢饉や貧困、男女の不平等、自由と民主主義など、社会的公正に関する論考であった。

社会は市場ではない。個人も市場ではない。しかし、社会も個人も近代経済学が生み出した効用概念で成否や幸不幸を判断しようとする。近代経済学は個人や企業は全て合理的で効率的で金銭的な成果を求めて行動するという前提で組み立てられる傾向を強めた。

しかし、それは本当か。それで人間は幸せになり、社会は平和になるのだろうか。人間や社会はそれほど合理的なのか。貧困や格差は放置してよいのか。合理的に考えて個人や企業が行動した結果、甚だ不合理で、非人道的な結果や現象を生み出している。そのことを表現するために「合理的な愚か者」という言葉を生み出した。

「合理的な愚か者」とは誰なのか。「合理的な愚か者」とは何なのか。センの主張は深く本質的な問題を提起し、経済学のみならず、社会科学全体に衝撃を与えた。だからノーベル賞を受賞した。貧困や飢餓に関するセンの理論はそれまでの経済学とは一線を画した。既存の経済学は貧困や飢餓は単に生産性の問題と考えていたのに対し、センは競争や市場の失敗によってもたらされることを明らかにした。

センは、飢饉が食料不足から起こるだけではなく、分配等の不平等からも起こると考えた。センは一九四三年のベンガル地方での飢饉を分析し、食料生産量は十分であったにもかかわらず、不平等、低賃金、物価高、流通システムの機能不全、不公正などの社会的欠陥が食料不足と飢饉をもたらしたと指摘した。民主主義が機能せず、飢餓に直面する人間が意思決定に参加する機会がなく、飢餓問題が政治課題となることはなく、解決に向けたモメンタムを生み出すことができなかったと分析している。

一方、対照的に、それ以降はインドでは壊滅的な大飢饉が起こっていないことにも言及している。インド独立に伴ってメディアが登場し、民主主義が機能し始めたことによって、貧困や飢餓、その他の社会問題に関する情報が人々や政府に認識されやすくなり、問題が軽減、改善、回避されるようになったとしている。

センは他国の実例も分析し、飢饉は自然災害等の影響よりも、飢餓を回避する意思が政府に欠如していることの影響の方が大きいと断じた。

近代経済学は人間をホモ・エコノミクス[16]、つまり「合理的な経済人」として取り扱う。人間はいつでも経済的に合理的に行動する。利益を極大化し、損失を極小化する方向に、本能的に行動するというモデルである。

しかし、実際の人間は必ずしも経済的合理性だけで行動するとは限らない。例えば、寄付やボランティアという行為は経済的合理性では説明できない。

ボランティアの深層心理は自己欲求に対して合理的かもしれない。すなわち、ボランティアをする人間は、そのことに自分自身も満足感、充足感を感じるからこそボランティアをするという内面的動機を有している。ボランティア、寄附、篤志、善意、親切という行為、行動は全て自己欲求の充足という性質を有する。当事者がそれを意識しているか否かは別にして、その行為に当事者が満足している、あるいはそうした行動を肯定的に受け止めている。そのような意味においては、人間は合理性と整合的かもしれない。ただし、ボランティア等の効用は、即物的な意味での効用や経済的合理性よりも広く深い概念である。

センの母国、インドは仏教（ブッディズム）[17]の発祥国である。仏教的世界では、そういった善意に基づく行動も「する」「してあげる」ではなく「させていただく」「何ごとにも感謝する」という論理を展開する。加えて「因縁」[18]という概念がある。あらゆる行為が将来の事象に影響する、あらゆる現象は過去の行為に影響されていると考える。経済学的に表現すれば、間接効用や時間効用の影響を肯定していると言える。

間接効用とは、直接的な利得ではなく、間接的に得られる利得である。時間効用とは、今すぐに得られる利得ではなく、時間が経過した後に得られる利得である。

人間は愚かであるが故に、内面的自己欲求を有する一方で、間接効用や時間効用を認識できない[19]。ここに「合理的な愚か者」となるひとつの原因が存在する。そのような効用を感じることができる、あるいは無意識のうちにそれらを想定した行為を選択できる人間が「良識的な保守」と「現実的なリベラル」に類型化される。

直接効用を少し制御すれば、間接効用を含むより多くの効用合計が得られる場合に、それを認識できず、直接効用優先の判断をする。現在効用を少し制御すれば、将来効用を含むより多くの効用合計が得られるものの、それを認識できずに現在効用優先の選択をする。それが「合理的な愚か者」である。

間接効用や時間効用を認識したうえで利益極大化、損失極小化と整合的な行動を選択する場合には、人間は合理的で効率的と言える。しかし、その場合でも効用が経済的に評価可能か否かという問題は解消されない。

間接効用や時間効用を認識できない場合には合理的に行動できない。目前の直接効用への欲求を制御することができれば、合理的で効率的な人間になれる。それができないから「愚か者」である。欲を制御できないという本能が人間を「合理的な愚か者」にしている。センの「合理的な愚か者」とは、ホモ・エコノミクスを前提とした経済学の限界を鋭く突いた概念である。

「合理的な愚か者」という表現は巧みである。「合理的」な人間は的確、適切な選択をする人間、賢い人間という語感がある。一方「愚か者」は「愚か者」である。したがって「合理的な愚か者」は言わば「賢い愚か者」。この論理矛盾した表現に人間あるいは人間社会の本質が表されている。

リベラル・パラドックス

センの理論に関連して、リベラル・パラドックスという現象を理解しておく必要がある。リベラル・パラドックスを理解する前提として、リベラルの定義を再確認しておく。

リベラルの源流は英国。本来の意味は権力からの自由、自己決定権重視の思想である。したがって、古典的リベラルにおける政府の役割は個人の財産や生命を守るための「夜警国家」機能に限定される。リベラルの本質は自由主義。個人の自己責任が前提であり、一般的にイメージされているリベラルとは異なる。

前述のようにその後、リベラルは進化した。個人の自由や生存権を重視し、時には政府が個人の自由や生存権を守るために介入することを肯定するソーシャル・リベラリズムが誕生。ニュー・リベラルである。これが一般のリベラルのイメージに近い。

リベラルにとって、政府による介入の正当性が鍵となる。社会的公正である。そして、社会的公正の重要さを指摘したのがジョン・ロールズ。社会的公正を高めるためには、生まれながらの格差を是正することが必要と訴えた。

ロールズと同様に社会的公正や貧困問題に取り組んだアマルティア・センが提起したのが「リベラル・パラドックス」である。

リベラルは自由を重んじ、自由を守るために社会的公正も重視する。しかし、自由とは権利を主張することと同義。つまり「私に何々をする自由(権利)がある」と主張することである。

言い換えれば、自分の自由(権利)に基づく決定を、社会に強要する、または他人に文句を言わせないことを意味する。個人の自由を実現するために、他人の自由を阻害する。これが「リベラル・パラドックス」である。

同様の矛盾を異なる角度から指摘したのが、米国の経済学者ケネス・アロー(一九二一~二〇一七年)の「不可能性定理」[20]。民主主義においては全員が納得する合理的決定は困難であることを数学的に証明した。要するに、民主主義の矛盾と限界である。

自由主義と全員納得は両立しない。だからといって、全ての人間が勝手気ままに自己主張したら社会は混乱に陥る。自由主義、リベラルとはかくも難しい。それを何とか乗り越えるために民主主義は「手続」や「統治構造」に次善の策を求めた。民主主義のコストである。「手続」や「統治構造」を無視して自己主張をすることは過度な「リベラル・パラドックス」につながる。

現実世界に目を向けると、英国首相トニー・ブレアは、ロールズやセンの思想を実践しようとしたと言われている。[21]

福祉国家思想に基づく手厚い社会保障という「第一の道」、サッチャー政権型の新保守主義・新自由主義に基づく「第二の道」。いずれとも異なる選択肢がブレアが指向した「第三の道」。ブレア政権の政策の特徴は以下の三点に要約できる。

第一に、モラルハザードの観点から無就労者への所得補助を削減する一方、就労を促進する税制・医療制度上の低所得者優遇策や最低賃金制度導入等を行った。

第二に、雇用創出を企図して、非正規雇用を奨励する施策を講じた。非正規雇用を促進していたことは意外に知られていない。ただし、目的は雇用促進である。

第三に、抑制的な財政金融政策を採用。マクロ政策による完全雇用追求よりも、ミクロ政策としての求職活動支援、雇用補助金支給、職業訓練等の労働政策を重視した。

「第三の道」の背景には、伝統産業の衰退、新しい職業への不適応等に伴う非就労者増加という事情があった。ブレアは非就労者を社会的排除による被害者と捉え、その原因を除去することに注力。保守とリベラルの思想が混在する諸施策を実施したと言える。

労働者には機会平等を保障し、生来格差を縮小して潜在能力を発揮できるようにするのがブレアの政策的指向性であり、ロールズやセンの思想と接点が多い。

しかし、ブレアはその目的を達成したとは言い難い。現実の政策には必ずプラスとマイナス、作用と反作用がある。ブレアが指向した社会民主主義、欧州統合、人道主義の流れを受けた難民への寛容な政策等は、マイナス面が目立つようになった。その結果、ブレア的リベラルからの逆行、揺り戻し現象として生じたのが英国のEU離脱である。

トランプ政権や欧州の極右政党の興隆に象徴されるように、濃淡はあるものの、そうしたスウィング傾向は米国や他の欧州諸国、日本でも観察できる。その一方、社会的公正や慣用的な意味でのリベラル的方向性を示すフランスのエマニュエル・マクロンやドイツのアンゲラ・メルケルは政権を獲得、維持している。世界は大きな論争の局面にある。

「合理的な愚か者」は合理的な結論には到達できず、不合理で摩擦や対立の多い状況を生み出す。人間はスウィングすることを繰り返すだろう。ある意味、本書が想定する人間像は「スウィングする愚か者」と言えるかもしれない。スウィングすること自体が愚かさを制御することのできる唯一の手段であるかもしれない。

経済学の正体

ノーベル経済学賞

ノーベル賞はダイナマイトの発明者であるスウェーデン人、アルフレッド・ノーベル（一八三三〜九六年）の遺産と遺言によって一八九五年に創設され、一九〇一年に最初の授与式が行われた。当初は自然科学中心であったが、今では物理学、化学、医学・生理学に加え、文学、平和、経済学の六分野で選考・授与されている。

その中で、経済学賞は他の五つの分野とは位置づけが異なる。最も新しく、歴史が浅い。一九六八年にスウェーデン国立銀行が創立三〇〇周年事業の一環としてノーベル財団に働きかけて創設された。正式名称は「アルフレッド・ノーベル記念経済学スウェーデン国立銀行賞」だが、一般的にはノーベル経済学賞と呼ばれる。前述のとおり、アジア人受賞者は一人だけ、つまりアマルティア・センである。

経済成長や市場理論を重んじるシカゴ学派[22]と関係が深いアーサー・リンドベックが選考に長く影響を与えてきた。[23]その結果、受賞者はシカゴ学派の系譜に属する学者に偏っており、シカゴ学派的な理論と政策の権威づけと正当性の根拠に利用されているとの批判がある。ちなみに、シカゴ学派はデリバティブ取引等に関する金融工学の牙城である。

以上の経緯から「経済学賞はノーベル賞ではない」という指摘もある。たしかに、経済学賞はノーベルの遺書には記載されていない。そのため、賞金はノーベル基金ではなくスウェーデン国立銀行から拠出され、ノーベル財団関係者が公式に経済学賞のことを話す時には「ノーベル賞」という呼称を使わない。

しかし、選考や授賞式などの諸行事は他の五部門と合同で実施されているほか、選考もスウェーデン王立科学アカデミーが行っており、一般的には経済学賞も「ノーベル賞」として理解されている。

ノーベル経済学賞に関するこの葛藤は、人間や学問の本質に関する重要な難問を示唆している。化学賞、物理学賞、医学・生理学賞は自然科学が対象であり、真実や答えが明確である。そのため、賞の評価も客観性が担保されている。一方、人文科学や社会科学の答えは唯一無二ではない。つまり、評価が分かれる。したがって、平和賞、文学賞、経済学賞は評価が難しい。

例えば、平和賞が典型である。平和とは何かは一見明らかなようにも思えるが、ノーベル平和賞をめぐる現実と対立を考えると困難さが容易に想像できる。

米国大統領バラク・オバマは「核なき世界」を訴えて二〇〇九年のノーベル平和賞を受賞した。その一方、オバマは歴代大統領の中で任期中の核弾頭削減数が一番少なく、臨界前核実験も行った。包括的核実験禁止条約の批准も行おうとしなかった。二〇一五年から新型核爆弾「B61-12型」を飛行中の爆撃機から投下する実験を開始した。二〇一六年には、今後三〇年間で一兆ドルを投じる核兵器全面更新計画を承認した。つまり、オバマは「核なき世界」を訴える一方で核軍拡を進めてきた。

中国の人権活動家、劉暁波（一九五五〜二〇一七年）は二〇一〇年にノーベル平和賞を受賞した。一方、中国国内では同年、「国家政権転覆扇動罪」による懲役一一年および政治的権利剝奪二年の判決が下されて服役した。中国政府は劉のノーベル平和賞受賞を批判するとともに、劉を評価する各国政府やノーベル財団に抗議。ノーベル平和賞は欧米諸国に政治的に使われており、内政干渉によって中国社会の分断を画策していると反発している。

文学賞は多くの読者を惹きつけたという事実があれば、平和賞ほど難しさを伴わないかもしれない。しかし、多くの読者を惹きつけた客観的事実をどのように認定するのか。これも容易ではない。書籍の販売数なのか、感銘を受けた読者の質を問うのか。平和賞とは別の難しさがある。

経済学賞は平和賞や文学賞と比べると、さらに厄介な性質を有している。それは、経済学が「社会科学の女王」と呼ばれるからだ。

自然科学と社会科学の違いは客観的法則性の有無である。法則性とは、事実としてほとんどの人に受け入れられる性質と言いかえてよいだろう。経済学が「社会科学の女王」と呼ばれるのは、文学や哲学等の他の人文科学、社会科学と比較し、客観的法則性が強い点に着目したことによる。

例えば、ある国の経済規模はＧＤＰ（国内総生産）で計測することができ、そのＧＤＰは、消費、投資、政府支出、純輸出（輸出から輸入を控除したもの）の四つから構成されるといったことである。

たしかに「ある部分」までは客観的法則性を共有できるのが経済学である。とは言え、「ある部分」を越えたところでは立場によって意見が分かれる。「ある部分」までは客観的法則性がある一方、「ある部分」を越えたところでの研究活動がノーベル賞の受賞対象となる点に経済学賞をめぐる問題が存在する。しかも、「社会科学の女王」という冠を得ているだけに、受賞対象の研究や理論が客観的法則性を保証されたかの如く広く世界に伝わり、あるいはそのように認識される点に問題がある。

ノーベル賞は「人類に多大な貢献」をしたことが授賞基準である。経済学がその対象足り得るか否かについては論争がある。経済学は価値観を伴う。「人類に多大な貢献」をしたか否かの評価は簡単ではない。自然科学は実用に供するが、経済学はその点が微妙だ。例えば、シカゴ学派的な理論や政策が「人類に多大な貢献」をしたか否かについては意見が分かれる。累次にわたるバブルの発生と崩壊を助長しているにすぎないとの批判もある。

初期の頃は受賞者自身がこの点を指摘していた。一九七四年の受賞者フリードリヒ・ハイエク（一八九九〜一九九二年）は、ノーベル賞は経済学には不適当であり、自然科学なら評価が客観的だが、経済学は政治家やジャーナリスト、官僚などに利用され、不当に持て囃されるリスクがあるという趣旨の発言をしている。(24)

シカゴ学派が金融工学の牙城であることも影響し、ノーベル家、ノーベル財団、スウェーデン王立科学アカデミー等の関係者の間では、授賞対象の理論は抽象的で現実世界と乖離している、人間生活の向上とは異質であるという指摘や、経済学賞は厳密にはノーベル賞ではなく、名称を変えるべきとの意見もある。

ノーベル経済学賞をめぐるこうした葛藤の中で異彩を放ったのがアマルティア・センだった。不平等、飢餓や貧困等に関する研究が評価され、他の多くの受賞者が市場理論、計量理論、金融工学等の研究によって受賞したのと比べ、異質であった。しかも、センがもともとはそうした分野の一流の研究者であったことが大きな意味を有する。

ちなみに、アジア人で初めてノーベル賞を受賞したのは文学賞のラビンドラナート・タゴール[25]（一八六一～一九四一年）。やはりインド人であり、アマルティア・センの親戚である。インドからタゴールやセンを輩出していることは、インドがブッディズムの発祥国であることと何か因果関係があるのだろうか。

経済学の未来は如何なる展開になるのか。経済学は人間社会の問題に対して適切な処方箋を示し、「人類に多大な貢献」をできるのだろうか。

経済学の歴史

人間の歴史は紛争の歴史である。表向きの原因が宗教や民族の対立であっても、紛争の背景には経済的利害得失が影響している。古今東西、例外はないと言って過言ではない。紛争の背景を深く調べれば、必ず某かの経済対立に遭遇する。

人間の歴史を理解し、対立を乗り越える手掛かりを探求するためには、経済史やその背景で影響を与えた経済学の変遷を認識することが重要である。

経済学の歴史で最初に登場するのは重商主義。一六世紀から一八世紀にかけて欧州列強諸国が植民地支配によって富を蓄積した時代である。重商主義は国富を増大させる仕組みを説明した。経済学というよりは経済思想である。覇権戦略または植民地主義と言ってもよい。

次に登場したのが一八世紀後半のフランソワ・ケネー（一六九四〜一七七四年）に代表される重農主義。王家や権力者の浪費によって経済や社会が疲弊したことへの反駁から、富の唯一の源泉は農業と考え、農業生産を重視する経済思想を打ち立てた。権力からの干渉を嫌い、レッセフェイル（自由放任）を主張したことは、その後の政治や経済の流れに影響を与えた。

一八世紀末から一九世紀前半にかけて、経済思想は経済学へと発展する。最初はスミス、トマス・ロバート・マルサス（一七六六〜一八三四年）、デヴィッド・リカード（一七七二〜一八二三年）、ジョン・スチュアート・ミル（一八〇六〜七三年）等に代表される古典派である。需要と供給によって価格が決まる市場機能を重視し、付加価値の源泉を労働に求める労働価値説を基礎とした。

労働の重要性を追求する流れはマルクス経済学と接点を持った一方、消費における人間の欲望（嗜好性）の側面から経済活動を説明する手法は、カール・メンガー（一八四〇〜一九二一年）、ウィリアム・スタンレー・ジェヴォンズ（一八三五〜八二年）等の新古典派（ネオクラシカル）を生み出した。

ここからが近代経済学である。人間の欲望を「効用」という概念で説明し、限界効用によって市場や取引における価格と数量が決定されることを論証した。すなわち「限界革命」。労働価値説に対して効用価値説と呼ばれた。労働の重要性よりも、消費における人間の欲望の影響に着眼してスタートした。換言すれば、欲望理論である。

新古典派は、長期における非自発的失業は存在せず、経済主体(消費者や生産者)と市場の自律機能によって、経済は発展、均衡すると考えた。消費者や生産者の行動原理を解明し、その行動を誘導することで経済政策を運営できると考え、ミクロ経済学を体系化していった。

ところが、一九二九年に大恐慌が発生。ケインズは、経済主体の行動原理と市場機能は完全ではなく、需要不足が不況を生み出すことを論証。政府の財政支出によって需要を創造し、不況を克服することを提唱した。ケインズの考え方はマクロ経済学の系譜を形成していく。

次に登場したのは新古典派総合である。つまり、市場機能を重視する古典派と、政府の裁量による需要創造を重視するケインズ政策の双方を駆使する。ケインズ逝去(一九四六年)後、一九四八年に出版されたポール・サミュエルソン(一九一五〜二〇〇九年)の『経済学』において体系化された。一九七〇年、サミュエルソンは第二回のノーベル経済学賞を受賞した。

しかし、その後のスタグフレーション(不況下のインフレ)に対して効果を発揮できなかったケインズ政策に対し、フリードマンが貨幣供給量のコントロールが成長やインフレに重要な影響を与えることを論証し、マネタリズムが勃興した。マネタリズムは政府の裁量政策の短期的効果を認めつつ、自然失業率仮説と期待概念を導入することで長期的効果を否定。裁量よりもルールに基づいた政策の実行を主張したフリードマンは、一九七六年にノーベル経済学賞を受賞した。

マネタリズムと相前後して興隆したのが合理的期待形成学派である。人々が合理的な将来予測を行うことによって、政府の裁量政策は長期的のみならず短期的にも効果がないと主張。その中心であったロバート・ルーカス(一九七三年〜)は一九九五年にノーベル経済学賞を受賞した。

こうした考え方は新古典派と共通する要素があり、新しい古典派（ニュークラシカル）と呼ばれる学派に発展した。紛らわしいが「新古典派」と「新しい古典派」は異なる。ニュークラシカルはマクロ経済学モデルを駆使すると同時に、経済主体の行動予測が実現することを前提とする「代表的個人モデル」を採用している。マクロ経済学と精緻なミクロ経済学を組み合わせた理論である。最も有名なニュークラシカル理論であるリアルビジネスサイクル（RBC）モデル[26]を考案したフィン・キドランド（一九四三年～）とエドワード・プレスコット（一九四〇年～）は二〇〇四年にノーベル経済学賞を受賞した。

一方、代表的個人の予測が実現することの非現実性や、価格や賃金の硬直性（市場調整機能の不完全性）を理由に、改めて裁量的なマクロ経済政策（財政金融政策）の有効性を主張しているのがニュー・ケインジアンである。その中心であるグレゴリー・マンキューやデビッド・ローマーはいずれも一九五八年生まれ。今後のノーベル経済学賞の有力候補である。

成長理論の変遷

以上のような経済学の系譜の中で、中長期的な経済循環のメカニズムに焦点を当て、経済発展の手掛かりを得ようとしたのが成長理論である。

ケインズ経済学が登場して以降、成長理論も興隆した。いくつかに類型化されるが、ひとつはロイ・ハロッド（一九四〇～七八年）とエプセイ・ドーマー（一九一四～九七年）により一九三〇年代から四〇年代にかけて構築されたモデルである。ケインズ経済学の影響を強く受け、動学理論と呼ばれている。

ハロッド・ドーマーモデルは、どうすれば経済が成長するかを述べたものではない。成長のメカニズムに一定の仮説を当てはめ、経済の自律的な成長と安定の難しさを示した。供給増加と需要増加が安定的に調和する成長率が、完全雇用をもたらす自然成長率と別々に規定され、両者は自律的には均衡、収斂しないことを証明した。なお、自然成長率は労働力増加率と同一である。両者の不均衡が不況やインフレの原因であり、安定的な成長の実現は困難であるとした。そのため、両者の均衡は「ナイフ・エッジ均衡」とも呼ばれる。

次にロバート・ソロー（一九二四年〜）等の成長理論が登場し、経済の波動や潜在成長力等に関する研究が経済学の中心テーマとなった。一九五六年、ソローとスワンは資本増加率と人口増加率の一致を想定する成長理論を提唱した。前提となる考え方や結論が新古典派と共通する要素が多かったため、新古典派成長モデルとも呼ばれる。資本増加率が人口増加率を上回る場合には、資本の生産効率が低下して人口増加率に収斂する。人口増加率が資本増加率を上回る場合には、資本の生産効率が上昇して人口増加率に追いつく。つまり、何らかの理由によって資本と人口の増加率が乖離しても、長期的には同一水準に収斂する。一方、非連続的、非可逆的な成長が起きるためには、技術革新が必要であるとした。

換言すると、新古典派成長モデルは成長の決定要因をインプット（資本と労働）と技術革新の二つに分け、後者の重要性を指摘した。このモデルを用いた分析により、ソローは米国の成長の約五分の四が技術革新に起因することを証明した。[27]

ハロッド・ドーマーモデルもソロー・スワンモデルも前提条件が硬直的であるため、教科書的には有意なものの、実際の政策ツールとして用いられることはなかった。また、ソロー・スワンモデルの欠点は技術革新の影響と貯蓄率が外生的に決まることであった。この欠点を改善するため、一九八六年のローマーの研究が契機となり、技術革新が経済活動の成果として起きることを想定する内生的成長理論が生み出された。

技術革新に最も焦点を当てた成長理論はヨーゼフ・シュンペーター（一八八三〜一九五〇年）によって提唱された。シュンペーターは、技術革新を包含する広い概念としてイノベーションという用語を使った。イノベーションはシュンペーター理論の中心概念である。ちなみに、シュンペーターの初期の著作『経済発展の理論』では、イノベーションではなく「新結合」という用語が使われている。

シュンペーターはイノベーションの五つの類型を示した。[28] すなわち、新しい財貨の創造、新しい生産方法の導入、新しい販路の開拓、原材料・半製品の新しい供給源の獲得、新しい組織の実現。つまり、イノベーションは単なる技術革新にとどまらない。

シュンペーターはイノベーションの担い手をアントレプレヌーアと呼ぶ。単なる経営者や技術者ではなく、イノベーションによって新しい市場やビジネスを創造する革新的事業家を意味する。アントレプレヌーアがイノベーションを実現すると、経済は攪乱され、不均衡が発生する。その状態が景気循環と成長のトリガーとなる。やがてイノベーションに起因して独占的利潤を手にする先行企業を他企業が追随し、利益率の低下と信用収縮が起き、経済が均衡化していく。

シュンペーターは経済学的観点にとどまらず、社会学的観点からも動態的変化を分析した。一九四二年の著作『資本主義・社会主義・民主主義』において、資本主義が利潤の集中によって巨大企業を生み出し、巨大企業は官僚化して社会主義的経済に移行していく過程を示した。そのため、独創性あるアントレプレヌーアやエリートは、行政府や官僚化した大企業よりも未開拓分野でイノベーションを追求すべきと主張し、そうした過程を経て経済に新陳代謝を起こすことを創造的破壊と表現した。

英国首相マーガレット・サッチャーは、英国社会がシュンペーターの懸念する官僚化傾向に陥らないことに留意しながら政権運営していたといわれている。[29]

以上の系譜と異質の主張を展開したのがカール・マルクス（一八一八〜八三年）である。主著『資本論』において、資本の動態分析を行い、資本主義は必然的に社会主義に移行し、さらに進むと共産主義に至ると説いた。マルクスは、スミス、リカード等の古典派、とりわけ労働価値説を批判的に発展させ、剰余価値説によって資本の本質を分析し、資本主義の歴史的性格を解明しようとした。[30]

シュンペーターの成長理論では、イノベーションが起きない場合には企業や社会は官僚化し、社会主義的経済に至ることを述べている。この点でマルクス経済学と接点があることから、シュンペーターは『経済発展の理論』の日本語訳（一九三七年）に寄せられた「日本語版への序文」で次のように述べている。曰く「自分の考えや目的がマルクスの経済学を基礎にしてあるものだとは、はじめ気づかなかった」[31]「マルクスが資本主義発展は資本主義社会の基礎を破壊するということを主張するにとどまる限り、なおその結論は真理たるを失わないであろう。私はそう確信する」[32]。

経済学は百家争鳴である。様々な理論の優劣は判然とせず、何が「正しい」かを結論づけることは困難である。とは言え、技術革新が経済成長にとって重要なことはほとんどの理論の共通認識である。ただし、経済成長が人間を幸福にできるか否かも簡単には結論づけられない。幸福とは何かを定義することが容易でないからだ。

ＡＩ（人工知能）やロボットの利活用が現実化している現代では、技術革新が人間社会を幸福にするか否かについても賛否両論ある。技術革新の功罪についても、何が「正しい」かを断じることはできない。

経済学における分配理論

成長理論が経済主体全員の所得を増加する方法を提供できれば社会は丸く収まる。近代経済学は当初、資本主義や自由主義が富を増大させ、全員を豊かにして貧困を解消すると考えていた。しかし、現実はそうではなかった。飢餓や貧困はなくならず、格差も拡大した。そのため、経済学の中で成長理論と並んで重要な役割を担ったのが分配理論である。

現在の国民所得に相当する概念が創出された一八世紀、分配問題は経済学の主要な関心事項であった。重農主義者ケネー等が活躍した時代である。

一八世紀末から一九世紀初めにかけて近代経済学が勃興し、アダム・スミスの思想を精緻な経済学へと昇華させた古典派のリカードは分配問題に焦点を当てた。リカードは、『人口論』の著者として高名なマルサスに出した手紙に、次のように記している。

「経済学は富の性質と原因に関する研究だとあなたはお考えですが、私に言わせれば、経済学は、産業の生産物がその生産にともに当たった諸階級の間にいかに分配されるか。その分配を決定する法則に関する研究にほかなりません[33]」。

リカードは、資本主義によって社会が最終的にどうなるかを探究した。その結果、最終的には資本家も労働者も貧しくなり、地主だけが豊かになると結論づけた。リカード理論が「憂鬱な科学[34]」と呼ばれる由縁である。もっとも、その後の産業革命の進展によって、現実社会はリカードの予想したようにはならなかった。

産業革命の進展は資本家に富を集中させる一方、労働者を困窮させ、社会主義運動を喚起した。そのため、英国の哲学者、経済思想家ジョン・スチュワート・ミルは、生産は市場に委ねられるが、分配は人為的に制御できる問題であり、望ましいと思う方向に誘導すべきであると論じた。ところが、同世代の分配問題を論じたマルクスが共産主義への移行の必然性を主張し、分配論争に思想的な偏りが生じたため、近代経済学は分配問題をあまり扱わなくなった。

その後、限界革命によって分配論が息を吹き返す。微積分を活用し、人間の主観的な満足度、効用に対する数学的分析によって効用最大化を探求した限界効用理論は、現在も経済学の主流を占める新古典派を形成した。新古典派の牙城であるケンブリッジ学派[35]の始祖アルフレッド・マーシャル（一八四二～一九二四年）は、「クールヘッドとウォームハート[36]」を信条として、公正な社会の実現のために分配の必要性を論じた。

限界革命から約半世紀後、マーシャルの後継者アーサー・ピグー（一八七七～一九五九年）が民主的な分配政策を限界効用理論によって構築することを試みた。ピグーは一九二〇年の著書『厚生経済学』の中で、国民所得を一定とすると、貧困層の所得を増やせば国民全体の効用が増大することを示した。なぜなら、同じ所得に対する満足度は富裕層よりも貧困層の方が大きいからである。

ところが、ケンブリッジ学派に対抗する経済学者ライオネル・ロビンズ（一八九八～一九八四年）は、異なる人間の満足度は比較できないと指摘し、価値判断を伴う分配問題を経済学に持ち込むべきではないと主張。同時期、ロシア生まれの米国経済学者サイモン・クズネッツ（一九〇一～八五年）も、資本主義が自動的に格差を縮小させるという「逆U字仮説[37]」を発表した。

こうした経緯から、「分配論は科学たりえず」というロビンズの主張が主流となり、分配問題は再び経済学の主流から消えていった。格差が自然に解消されるなら、経済学が分配問題を考える必要はなく、全体のパイを増やす成長理論に集中すればよいとの認識が浸透した。

いわゆるトリクルダウン論、つまり「企業や富裕層が富めば、個人や貧困層にも富が滴り落ちる」という考え方もこの流れを汲んでいる。古典派以前の近世の経済思想を彷彿とさせる。一九九〇年代、共産主義国家である中国の指導者、鄧小平（一九〇四〜九七年）が唱えた「先富論」(38)も論理的にはトリクルダウン論と同じである。資本主義を支える近代経済学と共産主義国家の指導者の主張が同じであることが、政治学、経済学の理論がいかに輻輳しているかの証左である。何が「正しい」のか、合理的であるかは、結論づけられない。

バブル史

成長理論、分配理論いずれもが、現実の経済を理論どおりに好転させられない中、世界経済は金融バブルを伴いながら歴史を刻んできた。世界が一体化し始めた近世以降、世界経済の歴史はバブルの歴史でもある。

世界最初のバブルは、一六三〇年代後半にオランダで発生したチューリップへの過剰投機（チューリップ・バブル）。球根一個の価格が一・二万ギルダー（日本円の現在価値で約一・一億円）に達した(39)。

一七二〇年代には、英国で南海泡沫事件（南海会社株への過剰投機）(40)、フランスではミシシッピ事件（実体のない植民地開発貿易会社株への過剰投機）(41)が発生した。とくに後者は、中央銀行的機能を持ち始めた王立銀行が絡んだ政策的かつ詐欺的バブルである。主役となったジョン・ロー（一六七一〜一七二九年）は、経済政策顧問、財務大臣、王立銀行総裁、植民地開発会社総裁を兼ね、後世「稀代の詐欺師」と言われている。

近代になると、英国の産業革命、世界覇権確立の過程で、特定分野への過剰投機がバブルを誘発。一七九〇年代の運河建設ラッシュ、一八四〇年代の鉄道建設ラッシュに伴い、それぞれ関連株が暴騰した。

その後、成長と覇権の中心が米国に移るにつれ、米国経済がバブル化。一九二九年、「暗黒の木曜日」に株価は暴落し、世界恐慌に陥った。恐慌対策として行われたニューディール政策や、第二次世界大戦後の復興過程では財政主導のケインズ政策が主役となった。

戦後復興期に西ドイツや日本の輸出競争力が高まるとともに、固定相場制の下でのドル高、ベトナム戦争や宇宙開発等の財政負担が、やがて米国に貿易赤字と財政赤字の「双子の赤字」をもたらした。その結果、財政主導による景気刺激効果は逓減し、世界は一九七一年のニクソンショックに直面する。基軸通貨国である米国がドル本位制を放棄したのである。

ドルと金の兌換が停止されたため、ドル流通量は本源価値を保証する金の量と関係なく膨張し、世界経済における過剰流動性を膨張させた。同時期、国際金融市場の発展とも相俟って、世界経済は金融政策による金融緩和、および金融資本主義に依存するようになり、以後、一貫して過剰流動性が蓄積されている

一九八〇年代以降、為替市場や株・債券等の証券市場が急速に発展し、取引量が増大したことも過剰流動性の創造につながっている。一九九〇年代以降、市場関係者にプレインバニラと呼ばれる現物やアウトライト取引に加え、先物取引やデリバティブ(金融派生商品)の手法が多様化し、取引量も飛躍的に増大。そうした商品群はプレインバニラと対比してエキゾチックと呼ばれ、レバレッジ効果を発揮して過剰流動性を膨張させている。正確な統計はないが、現在では実体経済(世界全体で約五〇〇〇兆円)に対して、流動性はその三倍(約一・五京円)以上と推定されている。世界経済は断続的なバブルの発生と崩壊を繰り返しつつ、過剰流動性は一貫して膨張し続け、現在に至っている。

物価上昇とバブルは異なる。因果関係は必ずしも明らかではない。バブルを期待して意図的に物価上昇を誘導する金融政策は、その効果と操作可能性が実証や理論に裏づけられていない。典型例は二〇一三年以降

の日本の「異次元緩和」と称される金融政策である。実情は単なるリバブル政策だが、中央銀行が掲げる二％の物価上昇率目標の有意性についても理論的裏づけはない。要するに、非理論的な金融緩和への依存にすぎない。少なくとも、それが「正しい」と証明されているわけではなく、単にバブルを繰り返している世界経済の歴史に身を委ねようとしているにすぎない。「異次元緩和」が賢明であるか否か、有効であるか否かは、普遍性を伴う理論で証明されていない以上、その功罪は後世の評価に委ねるしかない。意図どおりに巧くいかなかった場合、失敗した場合の将来世代や世界経済に与える影響は甚大である。

あえて理論的な関連性を考えれば、大恐慌時の金融政策の有効性を再評価したバリー・アイケングリーン（一九五二年〜）、ローマー（一九四五年〜）等の流れ、および「体制転換（レジーム・チェンジ）」とも言える大胆な政策転換によって人々の期待に働きかけることを主張するピーター・テミン（一九三七年〜）やバリー・ウィグモア（一九四一年〜）等の考え方と接点がある。かつてであれば非常識と評されるような極端な金融政策で非連続的な変化を期待する政策等に傾倒している。政策というより、無から有を生む手品か呪術の類である。

バブルと関連して忘れてはならない経済史はフロンティアの変遷である。成長や金融緩和の限界に直面すると、世界は常にフロンティアを求めて拡大し続けてきた。それが、近世以降の欧州列強諸国のアジア、米州、豪州への進出であり、現在では「最後のフロンティア」と言われるアフリカへの進出を世界各国が競い合っている背景である。

近世以降の世界は、フロンティアの富の収奪、フロンティアに起因するバブルの享受を繰り返し、かつ例外なく終焉してきた。フロンティアの貴金属や資源による富を独占し、フロンティアにしか存在しない食材

(例えば香辛料)や産物(例えば絹織物)等にバブル的価値を伴わせることにより、覇権国家やその時代の先進国、列強諸国が富を収奪してきた。それが人間の歴史である。

やがてそうした地域における国家の誕生や民族の自立、収益の逓減等によってフロンティアの経済的価値が低下し、バブルは終焉。そしてまた、新たなフロンティアを求めて新天地を開拓していったのが世界史であり、経済史である。古くはギリシャ時代、ローマ時代に始まり、十字軍、モンゴル帝国、大航海時代、一九世紀以降の植民地主義、第一次世界大戦、第二次世界大戦、冷戦時代を経て、今もなおフロンティアを求めているのが、地球上で最も愚かで有害な生物である人間の歴史である。

地球上の陸地におけるフロンティアが限界に到達すると、次は海洋、宇宙。あるいは、技術革新によってバーチャルな世界が新たなフロンティアとなるだろう。すでに宇宙開発競争が始まっているほか、ビットコイン等の登場はそうした予想が現実化しつつあることを示している。

世界史的に初めてのバブルであったオランダのチューリップバブル以前に、実は日本で「無から有を生む」バブル経済を実現し、活用した事例がある。それは、一六世紀後半、近世日本の礎を築いた織田信長(一五三四~八二年)という権力者(戦国武将)による茶器バブルである。茶の湯と呼ばれる茶道文化が、織田信長の前時代(室町時代)に貴族、武士等の上流階級に普及し、単なる茶器に経済的価値が伴うようになった。織田信長はその点に着目し、本来の通貨を発行することなく、「無から有を生む」茶器の経済的価値を利用。過剰流動性を生み出し、財力を形成し、覇権拡大に活用した。織田信長は商業に対する課税や規制を免除した「楽市楽座」も導入したことから、欧州で古典派経済学が萌芽する以前に、金融資本主義と自由市場主義を活用した稀代の為政者と言える。織田信長に続く権力者となった豊臣秀吉(一五三七~九八年)、茶道の権威であった千利休(一五二二〜九一年）も茶器バブルを享受し、権力と富をなした。

今後、技術革新や社会の変革によって今まで無価値であった物が経済的価値を持つようになり、経済学や、成長理論、分配理論、金融理論に影響を与えるかもしれない。

二一世紀の難問

ピケティの格差論

上述のとおり、ロビンズ以後の経済学は分配問題に対する関心を失い、効率性を追求する「経済科学」となった。ピケティが批判する「経済科学」という表現は、ロビンズの著書『経済学の本質と意義』で使われた。ピケティは、経済学が「経済科学」と呼ばれることに陶酔し、空虚な問題の因果関係を数学的に証明することに腐心していると批判している。たしかに、経済学は資本主義のメカニズムを後づけで理論化することが中心になっており、問題発生を未然に防いだり、資本主義が拡大させてきた格差等の問題を是正することに寄与していない。経済学は本当に「社会科学の女王」足り得るのか。

ピケティは二〇一四年に経済論壇に登場した。フランス語で書いた著書『21世紀の資本』の英語版が発売されると米国でブームとなり、やがて欧州へ逆流。多くの言語に翻訳され、日本でも関心を呼んだ。

ピケティは中長期の所得分配の傾向を実証分析し、過去半世紀の間に所得格差が拡大していることを証明。資本主義が結果的に所得分配を促進するという想定は例外的であり、資本主義は格差を拡大させるのが普通であると結論づけた。分配問題に再び世界の関心を向けさせたピケティの功績は大きい。

ピケティは定性的な概念を論じているわけではない。所得税や固定資産税等の過去の税務データを活用し、日米欧を中心とする先進国で資産・所得格差が広がっていることを実証的に示した。『21世紀の資本』は数式をほとんど用いていないが、ピケティは高度な経済数学や経済理論を踏まえたうえで本書の内容に到達している。その点ではアマルティア・センに似ている。

ピケティの主張を要約すると、「資本主義は格差を拡大させる傾向がある」ということに尽きる。過去半世紀の間、資本収益率が経済成長率より高い状態が続いてきたうえ、政策的に修正しなければ、今後もその傾向が続き、格差はさらに拡大すると警鐘を鳴らす。富裕層はますます豊かになり、低所得層はますます貧しくなる。ピケティは「格差拡大は論争の余地のない歴史的事実だ」としている。(42)

ピケティの研究によれば、一九世紀から二〇世紀初頭は格差が拡大。二〇世紀半ばに格差が縮小。一九八〇年代以降、再び格差は拡大。現在は二〇世紀初頭と同程度の格差に戻っている。例えば、米国の所得(フロー)を見ると、一九一〇年頃の上位一〇%の所得階層による占有率は約五〇%であった。その後逓減し、第二次世界大戦後は約三〇%に下落。ところが二〇一〇年には再び約五〇%へ上昇。資本(ストック)に関しては、上位一〇%の富裕層による資本(富)占有率は一九一〇年に約八〇%。その後逓減し、第一次世界大戦後は約六〇%まで下落。ところが二〇一〇年には再び七〇%近くまで上昇している。

こうした格差拡大の背景には、所得対資本比の上昇が影響している。つまり、フローのGDPに対して国民全体が持っているストックである資本(総資産)の割合である。一九一〇年の米国の所得対資本比は約七〇〇%。戦争による損耗等から第二次世界大戦後は約二〇〇%まで下落。しかし、二〇一〇年には再び約六〇〇%に上昇。所得対資本比が上昇すると、資本から生み出される所得(企業収益、配当、賃貸料、利息、資産売却益等)が増え、それらの保有者はますます豊かになる。

こうした実証データに基づいて、ピケティは資本主義の根本的矛盾を表す不等式を定めた。すなわち「r＞g」。「r」は資本収益率、「g」は国民所得増加率である。「g」は経済成長率と言ってもよい。歴史的に見ると、戦後の一時期を除いて資本収益率は経済成長率を上回っているというのがピケティの結論である。つまり「r＞g」という不等式が成り立つということだ。

その意味では「r」と「g」が逆転した二〇世紀半ばは画期的である。戦後復興、人口増加、技術革新によって「g」が上昇し、格差が是正された。

では、なぜ一九八〇年代に再び「r」が「g」を上回るようになったのか。ピケティはその理由としてロボットやITの活用(生産の自動化、効率化)を指摘している。ロボットやITの発達は、人間の仕事を奪い、賃金と消費を抑圧。「g」は伸びない。一方、ロボットやITは労働コストを抑制し、「r」を伸ばした。また、世襲の復活にも警鐘を鳴らしている。富裕層が資産を子孫に継承することで、格差は拡大。しかも、その傾向は一九世紀の状況に戻りつつあると指摘している。

ピケティは「g」を伸ばす技術革新、あるいは技術革新に関与できる技能や知識を身につける教育が格差是正に有効と指摘している。また、格差拡大を防ぐために、資本に対してグローバルな累進課税を課すことを提唱している。

格差拡大が社会問題化している米国を中心に、ピケティは一部の富裕層や経済学者から「マルクス主義者」と言われたが、本人は「自分はマルクスとは違う。マルクスの資本論は真面目に読んだことがなく、影響は受けていない(43)」と反論している。また「私は資本主義を否定するつもりはない。民主的な制度により、きちんと管理がなされるなら、もちろん受け入れる。（中略）それ自体はすばらしいものだが、当然ながら道徳的な規律というものがない。（中略）資本主義と民主主義はまったく同じではない。不平等や私有財産それ自体が悪いのではない。資本主義のポジティブな力は、公共の利益のために利用するべきだ」[44]とも述べている。

ピケティの影響は大きく、「ピケティ革命」「ピケティ現象」という言葉が世界を飛び交った。ポール・クルーグマン（一九五三年〜）、ソロー、ローレンス・サマーズ（一九五四年〜）等の主要な米国経済学者も、基本的にはピケティは正しいとする見解を表明している。[45]

ピケティの主張に経済学者や政策担当者が注目したのは、このまま富の偏在が進むと、先進国経済の成長力が低下し、長期停滞に陥る危険性を認識したからである。しかしピケティは、核心的主張である「資本収益率が経済成長率より高い」という資本主義の実証的傾向を理論的に証明することには成功していない。とは言え、一九七〇年代以降の金融政策および金融緩和に依存した金融資本主義が、資本収益率が実体経済の成長率を恒常的に上回る状態を生み出してきたことは間違いない。その結果としての格差拡大である。

第二次世界大戦後、格差拡大に対する世界の関心は基本的に低かった。なぜなら、近世以降、世界の実体経済は産業革命等を経て一貫して拡大基調にあったからだ。しかも、金融市場が発展してからは「無から有を生む」マネーゲームも構造化し、分配問題は大きくなるパイをどう切り分けるかというプラスサム下の課題だった。そのため、実際には格差が拡大していても、低所得層の所得の絶対額はインフレ等も影響して増加基調にあったため、格差拡大に関心が向かわなかったと言える。

しかし、最近は先進国の多くが低成長に陥っており、徐々に格差拡大を感じるようになっている。先進国の中で典型例は日本である。社会資本投資が一巡し、シュンペーター的なイノベーションが起きにくい日本では、産業のダイナミズムが失われ、企業や経済が官僚化、社会主義化している。さらに、移民等に閉鎖的な国の体質も影響し、人口減少が加速し始めた。こういう状況になると、大きさの決まったパイ、あるいは縮小するパイをどのように切り分けるかは深刻な社会問題である。シェークスピア文学の名台詞ではないが、イノベーションで切り抜けるべきか、分配で切り抜けるべきか、それが問題である。

富裕層の消費性向は低所得層より低いため、少数の富裕層に富が集中すると経済全体の消費は停滞し、経済成長率が低下する。その結果、将来に向けた投資も低迷し、潜在成長力も低下する。富裕層はイノベーションに寄与するのか。格差拡大を黙認することがイノベーションに寄与し、結果的に経済成長を実現するのか。一方、そうした展開を期待することなく、政治的、政策的に格差を是正し、分配を促進する対応を図るのか。その対応は経済成長に寄与するのか。この意見対立に関し、どちらが正しいかを証明する決め手はない。

二〇世紀末から二一世紀初頭にかけて、先進国において顕著であった資産・所得格差は新興国にも広がっている。英エコノミスト誌編集の『2050年の世界』では、全世界の中産階級の集団は、二〇三〇年に現在の二・五倍、二〇五〇年にはさらに膨らむと予測する。中国をはじめとする新興国では、膨大な数の中産階級を生み出している。中産階級の旺盛な消費需要は世界経済の成長に寄与する一方、さらに資産・所得格差を拡大していく。

対立の背景

ピケティによって現在の格差拡大の深刻な状況が明らかになった。世界は経済の方向性を軌道修正するだろうか。各国は分配政策を強化するだろうか。

最近の各国の世論や政治情勢は二分されており、ピケティに同意する意見も聞かれる一方、引き続きトリクルダウン的政策を指向し、むしろ弱者や移民への抵抗感を露わにする傾向も見受けられる。簡単に格差が是正されるとは思えない。

ピケティの指摘どおり資本主義が格差を広げるとすれば、それではマルクス主義が正しいのか。単純にそう言うこともできない。結局、何が「正しい」かを断じることはできないことだけが共有できる事実である。

経済学は本来、豊かさや幸福を追求するための学問であった。少なくとも、多くの経済学者がそのように主張し、人々はそれを期待してきた。しかし、実際には格差や不公正に対する経済学の説明能力と対処能力は乏しい。それは「豊かさ」や「幸福」を定義できないからだ。

「正しい」経済学を定義することは困難である。ノーベル経済学賞を受賞した学者の理論が「正しい」のか。そうではない。最近の経済学は、どのように儲けるか、どのように競争に勝利するか、どのように無から有を生むか、という手品か錬金術のような知識の研究に偏っている。それがノーベル経済学賞に対する批判の背景でもある。

何が「正しい」かを客観的に定められないからこそ、経済学において学派対立が起きる。経済学においては対立そのものに意味があり、学派や理論としての正当性を競い合っている。その対立は本当に意味があるのか。何が「正しい」かを定義し、説明することすらできないならば、正当性をめぐって対立することは無意味である。

最終的に「正しい」経済学を構築できるのか。それは不可能である。「正しい」経済学が存在するのであれば、過去数世紀の知性がそれを発見し、すでに確立しているはずである。また、現実の経済は時代と環境によって変化するため、普遍的に適用可能な経済学を想定すること自体が論理的ではない。

上記の一連の問題意識に対して、アマルティア・センの主張が最も的確に回答している。日本では宇沢弘文(一九二八〜二〇一四年)の主張がそれに近い。センの理論は経済学ではないと指摘する経済学者もいるが、それでは経済学とは何なのか。経済学に過大な期待を寄せることは禁物である。

財源と成長が無限大であれば、対立を招くことなく、全員が納得可能な解を引き出せる。しかし、現実には財源にも成長にも制約があり、全員が納得できる解はない。

格差が拡大しても、全体のパイが増えれば全員が納得できる場合もある。相対的に不利な立場に置かれている人も所得の絶対水準が増加するために、誤解や錯覚を伴いつつ、格差を意識しないからである。しかし、今日の現実は異なる。先進国と発展途上国の格差、同一国内での富裕層と低所得層の格差、一部の人間への富の集中、そのストレスが形を変えて紛争やテロの原因にもなっている。

経済学が分配問題を忘れてきた結果と言える。パイが増えるプラスサムの経済状況下であれば分配問題が意識されることはないが、ゼロサム、マイナスサムの経済状況下では分配問題は重要である。富裕層も深層心理で心の余裕を失い、分配に後ろ向きになり、社会は荒廃する。目の前の利害得失に拘泥し、間接効用や時間効用を認識できない人間の愚かさが露呈する。「合理的な愚か者」の呪縛を逃れられず、利得最大化、損失最小化を実現できない。

成長理論に依存する経済学はトリクルダウン論の域を出ておらず、格差拡大等の現実の事象に対する説明能力と対処能力が低い。もっと成長すれば格差は縮小するという、根拠のない呪文の類である。経済学は本当に「社会科学の女王」なのか。

一九七〇年代以降、経済学が実体経済に対する説明能力や対処能力を低下させている原因のひとつは、人間の合理性に対する想定である。人間は非合理的であり、シカゴ学派が想定するように合理的な思考や行動をする存在ではない。

プラスサムの経済状況下では、人間は自分と全体の利得が増える方向で合理的な行動を選択する場合もあるだろう。しかし、ゼロサムやマイナスサムの経済状況下では、全体の利得よりも自分の直接的利得に関心が集中し、結果的に全体としては最善ではない行動を選択する可能性が高い。プラスサムの場合でも、自分および全体の利得が最大化する行動を選択するとは限らない。無意識のうちに直接的利得、直接効用に囚われ、全体としては非合理的な行動を選択する。その結果、自分も全体も最大の利得を得ることができない。それが「合理的な愚か者」である。

人間行動の深層部分を解析できるディープパラメータを探求し、それに基づいた経済モデルを構築することなしに、説明能力の高い経済学は構築できない。そうした観点から、人間の現実的行動を前提に、政治家や官僚を含むステークホルダー（利害関係者）の「鉄のトライアングル」や「ログローリング（結託）」等の概念によって、ケインズ政策が必然的に財政赤字を拡大させることや公共政策の歪みを説いた公共選択論は意義深い。経済学と政治学、さらには社会学や心理学にも関連する学際領域の理論だからこそ、相対的に高い説明能力を有している。

自然科学は社会科学と比較して予測能力が高い。近代経済学は高度な数学や統計を駆使して自然科学を模倣しているが、結局予測も処方もできていない。自然科学も人間や地球を必ずしも平和で豊かにしているわけではない。自然科学は他の生物や人間自身を殺戮する兵器を生み出している。何のための学問か。学問の評価はかくも難しい。こうした現実が様々な対立を生む。普遍的に「正しい」こと、全員が正当性を認め得ることが存在すれば、対立は生じない。

民主主義のコスト

ハンチントンが警鐘を鳴らした「文明の衝突」の背景には、経済格差、分配の失敗が影響している。表向きは民族的、宗教的な問題が直接的原因となっている場合でも、国際紛争の深層には経済的利害対立が潜伏している。人間の対立の背景、深層には、必ず経済的な利害得失が存在する。

その傾向は、文明の拡大と一体化とともに強まっている。中世以前であれば、文明は基本的に別々の生存圏で活動していたため、他の文明と価値観が異なっていても問題は生じなかった。しかし、文明間の交流と交錯が生じ、生存圏が接近し、重なり、一体化してくると、問題は深刻化した。経済学の前提となる価値観も同様である。

近代以降、世界の一体化は加速している。その過程で自然科学が共有され、自然科学的アプローチが社会科学や人文科学にも浸透した。自然科学は人間が客観的事実と普遍的認識を共有するための手段である。自然科学の発展に伴って対立が緩和し、世界は安定の方向に向かうことが期待されたが、現実はそうなっていない。「自然科学の王様」である物理学は破壊兵器を生み出している。自然科学の手法を取り入れ、「社会科学の女王」と言われる経済学の発展に伴って豊かさと平和が進展することも期待されたが、これもそうなってはいない。むしろ対立は複雑さを増し、「正しい」ことを競い合う愚かな対立は学者の間でも続いている。

その原因は何なのか。対立を解決する手段はないのか。

対立の原因は、文明や民族や社会や人間にとって、「どう生きることが幸せか」「何が大切な価値か」という問題に普遍的な回答がないからである。経済学の正当性を競い合う場合にも、価値観の問題が混入する。格差や不公正があっても、全体としての成長が見込めるのであれば良いとするのか。成長よりも格差や不公正の是正に重きを置くのか。社会の姿、豊かさ、幸福に求める価値観が多様であるため、社会科学や人文科学では自然科学と比較して多くの学派が生じる。そして、対立する。

どうしたらよいのだろうか。文明や民族や社会や人間が、異なる価値観を有しているという客観的事実を共有し、相互承認することが対立回避に向けた第一歩である。探求を重ねていくと「正しい」価値に到達できると期待するかもしれないが、それは不可能である。

価値観が異なること、「正しい」と受け止める感受性に差異があること自身が普遍的であることを認め合うこと、それが重要である。価値ではなく、差異にこそ普遍性がある。差異の存在を認め合う思考方法は「中道」である。「中道」とは真ん中、中間という意味ではない。異なる価値観や考え方を否定しないということである。

そのうえで、それぞれの価値観や世界観と一線を画し、事象についての客観的事実を共有することが肝要である。しかし、事実の共有も容易ではない。

対立は迷路である。出口を探すことも容易でない。「対立の迷路」を抜け出せない焦燥感とストレスが制御の限界に達すると、あるいは「対立の迷路」を抜け出す努力を回避して安易に出口に達したい衝動にかられると、壁を破壊して迷路を脱出しようとする。特定の意見や価値に、根拠のない正当性を認め、同調し、結論を強引に見出す。すなわち「同調の悲劇」である。時に暴力となり、紛争となる。

迷路を脱するためには、価値観や理論、考え方に差異があっても、衝突に至らないための合意やルールが大切である。共存し、お互いに幸福を探求することを認め合うことができてこそ、地球上で最も愚かで有害な生物としての人間の汚名を少しは軽減できるだろう。

ただし、探究であり、追求ではない。スポーツやゲームでは、相互に対等の権利を認め、時にハンディルール等も認められる。参加者全員でルールを決め、そのルールの下でのプレーはその限りにおいて正当性と普遍性を有する。社会の営みにも似たところがある。特定の参加者が極端に損をする、得をする場合、つまり参加者の許容限度を超える矛盾や格差が生じる場合には、合意やルールの修正を検討する必要がある。合意やルールに正当性と普遍性を見出せず、修正も不可能と思った時には、参加者の共通認識は崩壊し、ゲームは成立しなくなる。ゲームオーバーである。

相互に認め合うという謙虚さと慎重さは別の問題を惹起する。何が「正しい」ことかは分からないという「相対主義への逃走」である。何が「正しい」かを考えることは自由であるが、そこに結論はない。だから考えることを止める。そういう意味では「自由からの逃走」とも言える。

相対主義の下で自己制御が効かなくなると、普遍性や理性を凌駕する感情が生じる。普遍性や理性を超えて、根拠なく特定の価値に普遍性を認める絶対主義であり、論理矛盾である。それも対立の原因となる。相対主義から絶対主義に飛躍している学者も少なくない。そうした学者が行う議論が普遍性を具備する結論に至ることはない。単に特定の価値観に依拠する主張をしているにすぎず、好戦的、攻撃的な政治家や社会運動家と変わりない。

地球上で最も愚かで有害な生物である人間が、その現実を少しでも改善するためには、「中道」という方法論を取るしかない。中間ではなく「中道」である。全ての主張を否定せず、差異を認め合い、聞き合って一定の結論を出すということである。

本書は宗教書ではない。しかし、二五〇〇年前のゴータマ・シッダールタが初転法輪で語ったと伝わる「話し合うとは、聞き合うこと」という精神こそが「中道」であり、科学や学問のみならず、政治や経済の対立、文明や民族や社会や人間の対立を緩和する重要な手段と考える。相互の価値観や理論の差異を認めながら、どこまでなら共通の合意、原則的な共通理解に至れるかを探究していくことが重要である。その方法論こそが「中道」である。

そもそも仏教は哲学である。中道主義は哲学としてのブッディズムが到達した思考論理と言える。「対立の迷路」を抜け出すヒントがある。中道主義は相対主義と同義ではないが、相対主義と同様の限界が存在するため、中道主義を許容した後も「中道」を続けることが期待される。

自然科学は相対主義の懸念を実験や実証によって回避する。真実性や普遍性が実証的に証明できない仮説や主張は淘汰される。

経済学は「経済科学」「社会科学の女王」と称されながら、実は哲学や宗教以上に曖昧さを伴う。だから、現実の問題について有意な解決策を見出せず、「対立の迷路」から脱することができない。哲学や宗教ほどの寛容さはなく、出口のない対立を延々と続けている。

経済学および経済学の前提を形成する価値観に絶対的、普遍的な真実はない。だからこそ「中道」の思考論理が必要となる。「良識的な保守」と「現実的なリベラル」は、実現不可能なこと、または「実現してはならないこと」までも追求しない。価値観の差異を認め、普遍的な合意とルールを作るために歩み寄ることが重要である。

人文科学に含まれる哲学はこうした葛藤に別のアプローチから向き合っている。近代哲学は正しい理解、普遍的真実とは何かという認識問題を探究の中心に据えていたが、現代哲学は「正しい」ことの探究とは一線を画している。事実や言語という認識対象や認識手段の分析を通して、認識の本質を解明しようとしている。哲学が「分析科学」と言われる由縁である。

経済学の葛藤、あるいは現実世界の対立を乗り越えるうえで、現代哲学の方法論は参考になる。経済学や他の社会科学も、理論の正当性ではなく、事実の客観性に重きを置くと、対立を回避する隘路が垣間見える。事実やデータの客観的認識が、政治学や経済学が現実社会に貢献し得る要諦である。概念的、定性的な正当性を競い合っても意味がない。哲学でもあるブッディズムにおいても定義が重要である。鍵は中道主義であり、「分析科学」の手法を共有することである。

こうした難解さ、面倒臭さ、キメ細かさこそが、対立を乗り越えるためのゲームのルールである。民主主義のコスト、あるいは平和のコストと言ってもよい。

人間の歴史は、近世以前は勝者が総取りする言わば「ウィナー・オール・テイク・ゲーム」であった。文明が誕生して以来、近代に至るまで基本的にはそのルールで歴史を形成してきた。

しかし、近代に入り、文明が交錯し、世界の一体化が進む中で、共存意識も芽生え、徐々にルールに変更が加えられてきた。民族間、国家間の交渉もそのひとつである。支配者と被支配側の二元論を脱し、基本的人権や自由の平等性が肯定され、公正な社会の中で自己実現を図るという建前が生まれた。それを理論的に支えようとしてきた学問のひとつが経済学である。

経済学が生み出した資本主義や自由主義は、その建前を実現するための経済的余力とパイの拡大を追求してきたが、二一世紀の今日、少々様子が変化しつつある。実証的には、資本主義による既得権の独占と格差拡大の傾向が顕現化している。そうした状態が固定化すると、公正な社会の中で自己実現を図ることは困難になり、不満と対立が生じる。それを観念的に予測したのがマルクスであり、実証データによって確認したのがピケティである。

その現実を否定したり、放置すれば、不満や対立が高まる。不満や対立が限界に至ると、極端な主張や暴力的な行動による調整を指向する人間が登場する。二一世紀に入り、物理的な暴力より暴力的とも言える現象が生じている。例えば、サイバー空間の意見対立とフェイク情報の氾濫は深刻だ。人間の愚かさが自制心のないデジタル情報となって飛び交っている。人間社会を破壊するかもしれない。

四六億年の歴史を刻んできた地球をわずか数千年足らずで危機に至らしめている人間。地球上で最も愚かで有害な生物である人間が、自ら生み出した格差問題を簡単に解決できるはずはない。解決できるならば、愚かであったり、有害ではないはずだ。

しかし、今よりは公正で自由なゲームのルールを構築することによって、徐々にではあるが、改善はできる。漸進主義である。漸進主義も中道主義と並ぶ対立を乗り越えるためのひとつの方法論である。

社会がより良いゲームを行い続けるために何が必要かを考えることが、中道主義であり、漸進主義である。面倒なことではあるが、それが民主主義のコストである。

経世済民

日本語は英語の「Economy」を「経済」と訳しているが、そもそも「経済」とはどういう意味か。

「経済」の語源は「経世済民《けいせいさいみん》」に由来する。「経世済民」の語源は中国の古典。正確には古い漢字で「經世濟民」と書き、「世を經《おさ》め、民を濟《すく》う」が本来の含意である。つまり治世全般、言わば政治そのものを指すのが「経世済民」の含意であり、英語の「Economy」の訳として使われる現代の「経済」とは本来異なる。

東晋（四世紀）代の思想家である葛洪《かっこう》（二八三～三四三年）の著作に「經世濟俗」という言葉が登場し、「經世濟民」とほぼ同じ意味で使われていた。隋（六世紀末～七世紀初頭）代の思想家である王通《おうとう》（五八四～六一八年）の著作には「皆有經濟之道、謂經世濟民」と記され、「經濟」が「經世濟民」の略語として用いられている。以後、近代に至るまで、中国における「経世済民」「経済」の含意は、治世そのもの、政治そのもの。清朝末期（一九世紀）の科挙（言わば国家公務員試験）の「経済特科」という科目においても、「経済」は本来の意味で使われている。

中国の古典を学んだ日本の思想家や学者、政治家も、江戸時代末期まで本来の意味で「経済」を理解していたようだ。一八世紀前半の日本の思想家である太宰春台（一六八〇～一七四七年）の著作『経済録』（日本で初めて「経済」という単語が著作名に登場した書籍）には、「凡《およそ》天下國家を治むるを經濟と云、世を經め民を濟ふ義なり」と記されている。まさしく、「経済」を「治世」と定義している。

一方、一九世紀前半の思想家である正司考祺（一七九三～一八五七年）の『経済問答秘録』には「今世間に貨殖興利を以て經濟と云ふは謬なり」という一文が登場。「経済」は「貨殖興利」という捉えられ方が浸透しつつあったことを逆説的に裏づけている。

幕末期になると英国から古典派経済学の文献が流入。「経済」の訳語をめぐって興味深い事実が確認できる。日本で最初に公式に英語を学び、『英和対訳袖珍辞書』を編纂した幕府通訳詞の堀達之助（一八二三〜九四年）、日本で最初の西洋経済学の基本書である『経済小学』を刊行した神田孝平（一八三〇〜九八年）、幕末に『西洋事情』を出版した福澤諭吉（一八三五〜一九〇一年）、いずれも「経済」を「Political Economy」と紐づけている。つまり、この時期までは「経世済民」と「貨殖興利」が混在しつつも、博学な学者や思想家は「経済」の本来の意味を理解していたと言えるようだ。

しかし、明治維新に伴う近代化、殖産興業ブームの過程で、「経済」は徐々に「貨殖興利」の方に重きが置かれ、やがて「Economy」の訳語が「経済」となり、その訳語が清朝（中国）にも逆流。とうとう中国古典の「経済」の含意は、中国でも歪曲したと言われている。

「経済」大国、「経済」立国を自称する日本。相対的貧困率がOECD諸国の中で最悪レベルである現実を直視し、「経済」の含意、本来の意味について、深く考え、政策課題に向き合うことが必要であろう。

要するに、経済は政治と不可分である。経済は、単に効率を追求し、規模の極大化を図れば良いというものではない。経済はもっと複雑系の事象であり、絶対的に「正しい」経済学、絶対的に「正しい」経済理論は存在しない。

二〇〇八年九月、ブータン首相のジグミ・ティンレイ（一九五二年〜）が国連総会の演説で「GNH（Gross National

Happiness、国民総幸福）」という「幸福度を測る」という新しい概念を紹介した。世界がリーマンショックで騒然とする中だった。

成長至上主義、市場万能主義に対するアンチテーゼとなり、先進各国やグローバリズム、新自由主義に対する強烈なメッセージであった。ヒマラヤに抱かれ、伝統文化を守る神秘的で清貧な国からのメッセージであったからこそ強い説得力を持っていた。

ＧＮＰ（国民総生産）やＧＤＰは生産活動や経済活動が対象であり、物質主義的な豊かさを数値化している。ＧＤＰやＧＮＰには格差や不公正は反映されておらず、非経済的な要素も加味されていない。したがって、ＧＤＰやＧＮＰだけで国民の幸福度や社会的公正は評価できない。一方、ＧＮＨは幸福度を示す尺度であり、幸せや豊かさを感じる心理を数値化している。

もともとは一九七二年、ジグミ・シンゲ・ワンチュク国王（一九五五年〜）の提唱で初めて調査され、以後、国の政策に活用されている。国民一人当たりの幸福を最大化することによって、社会全体の幸福を最大化することを目指している。現在では、政府が具体的な政策の成果を客観的に評価するために用いている。急速な国際化の進展に伴い、ブータンでは当たり前であった価値観を改めて指標化し、国の運営に反映する必要があったという。

二年ごとに人口（約七〇万人）の約一％に聞き取り調査を実施。合計七二項目の指標に一人当たり五時間の面談を行い、これを数値化して、統計処理を行い、経年変化や地域の特徴、世代特性等を把握する。調査項目は、心理的幸福、健康、教育、文化、環境、コミュニティ、良い統治、生活水準、自分の時間の使い方の九つのカテゴリーに分類される。

ＧＤＰでは計測や判断ができない項目の典型例が心理的幸福である。正・負の感情（正の感情が、寛容、満足、慈愛、負の感情が怒り、不満、嫉妬）を心に抱いた頻度をヒアリングし、国民感情を示す地図を作る。どの地域の、どのような境遇の国民が、どのような感情を抱いているかが判別できるという。

ＧＮＨに対する批判もある。例えば、質問項目の恣意性、誘導性である。「あなたは今幸せか」という問いに対しては、「非常に幸福（very happy）」「幸福（happy）」「非常に幸福とは言えない（not very happy）」の三択であり、回答が中間の選択肢に集まりやすい。ＧＤＰ等の指標をＧＮＨで覆い隠し、若年層の失業等の現実的問題を直視しない傾向を助長するとも言われている。ブータンを理想郷と喧伝して世界の観光客を呼びこむためのマーケティング手段であるとも指摘されている。国内マイノリティであるヒンドゥー系ローツァンパに対する抑圧から世界の関心をそらすものであるとの指摘もある。ＧＮＨは幸福の主観的判定を誘導すること、政府が国益に沿うようにＧＮＨを定義することも可能であり、ＧＮＨの測定は非科学的であると批判されている。

しかし、「社会科学の女王」と言われる経済学の視点、ＧＤＰ等に代表される経済学的概念にも問題がある。その科学性や客観性が脆弱であることは、ここまでに述べてきたとおりである。

一方、ブータンでも国民の物質的欲求が高まり、教育や所得の格差が広がっている。格差是正のためには教育や就労の機会均等を政策的に推進することが必要であり、それは経済成長、別の言い方をすれば近代化によってしかもたらされない。

何が幸福であるかの価値観には個人差がある。幸福は個人が幅広い選択肢を持ち、自分の意志で自己実現を図ることにかかっている。そのことは、ブータンでも日本でも中国でも米国でも変わらない。

二〇一三年、ブータンはＧＮＨをグローバルスタンダード化する目標を取り下げ、ブータン独自目標でも構わないとする方向に舵を切った。国内ではGNH国際化を目指す国策の放棄であるとの批判もある。一方、中国の地方政府が「幸福指数」を政策目標に掲げるケースが相次いでいる。(46) GDP偏重の結果、無理な開発や過剰投資、格差拡大等の社会問題に直面し、ブータン的な方向性を参考にしようとしている。

米国のギャラップ調査でも幸福度のデータを収集している。英国レスター大学の社会心理学者エイドリアン・ホワイトも、健康、富、教育から独自に算出した国別の世界幸福度指数(人生満足指数、Satisfaction with Life Index)の地図を作成している。ホワイトの研究によれば、世界の幸福度ランキングベスト一〇は、デンマーク、スイス、オーストリア、アイスランド、バハマ、フィンランド、スウェーデン、ブータン、ブルネイ、カナダの順である。東アジアでは、中国八二位、日本九〇位、韓国一〇二位となっている。(47)

ブータン国立研究所所長であるカルマ・ウラ(一九六一年〜)は、GNHについて次のように述べている。

「経済成長率が高い国や医療が高度な国、消費や所得が多い国の人々は本当に幸せだろうか。先進国でうつ病に悩む人が多いのはなぜか。地球環境を破壊しながら成長を遂げて、豊かな社会は訪れるのか。他者とのつながり、自由な時間、自然とのふれあいは人間が安心して暮らす中で欠かせない要素だ。金融危機の中、関心が一段と高まり、GNHの考えに基づく政策が欧米では浸透しつつある。GDPの巨大な幻想に気づく時が来ているのではないか(48)」。

「幸福」とは何か。地球上で最も愚かで有害な人間という生物が、もっと真剣に深く考えなければならない問題である。

肯定の論理学

国の発展や経済の好転を望まない人間はいないだろう。しかし、何をもって国の発展、経済の好転と言うかは議論の余地があり、そういう意味においては意見の対立がある。

国や経済のあり方に改善の余地があるのか、ないのか。改善すべき点はなく、何も問題ないという状況が常態化しているのであれば、対立を乗り越える思考論理や思考方法を工夫する必要もない。改善の余地がある、問題があると思えば、意見の対立を乗り越え、具体的な改善に取り組むための合意に至る努力が必要である。本書は、これからの国や社会、世界を考え、改善するうえで、どのように考え、行動すべきかを探究している。

あらゆる国、あらゆる民族、あらゆる人間が、どのように対立を乗り越え、解を見出すのか。答えは肯定の中にある。否定からは合意は生まれない。

例えば、景気対策を例に考えよう。景気が良い、景気が悪い、両論あるのが世の常だ。景気が良いと思えば、景気対策よりも財政健全化を優先するかもしれない。景気が悪いと思えば景気対策が財政健全化よりも優先する。お互いに否定し合い、対立していても仕方がない。結論や合意に至るためには、それぞれの主張を聞き合い、肯定し合うところから隘路を見出さなくてはならない。

デフレ論争も同じである。デフレと思う意見、デフレではないと思う意見、否定し合っていても仕方がない。データや事実を確認し、共有することが重要である。しかし、事実の共有を目指す場合でも、乗り越えなければならない問題がある。そもそもデフレとはどういう現象なのか。共有した事実はその現象に合致するのか。すなわち、デフレの定義を共有したうえで、データで検証し、事実を共有する必要がある。保守とリベラルの議論を想起してほしい。異なる定義を前提に議論するから「対立の迷路」に迷い込む。

社会保障についても、充実している、充実していない、国民負担が重すぎる、もっと国民負担をしてでも社会保障を拡充してほしい、世代間格差が大きすぎる等々、意見は百家争鳴である。自論を主張し合っていても、結論や合意には至らない。社会保障の目的を明確にし、現状を評価し、目的と現状にギャップがあれば、それを埋めるべきか、どのように埋めるのか、論点を整理して結論や合意に至る必要がある。この場合は、目的を明確にすることが重要かもしれない。

意見の対立はなくならない。対立から合意に至る方法論が重要である。「対立の迷路」から脱する第一関門は事実の共有である。答えは事実の共有から生まれる。事実が共有されていなくては何も生まれない。それでもなお、さらなる障壁がある。事実を共有するためには、定義の共有も必要である。答えは定義の共有の中から生まれる。定義を共有しなくては、何も生まれない。

人間は冷静で生産的な議論が本質的に苦手である。苦手と言うよりも、自分の主張を通すために、時に定義で同意することを拒否する。共有することを避けるべく、極端なことを主張し続ける。データの解釈でも同意することを拒否する。究極のデストロイヤーである。

相手の主張を肯定するところから議論を始めると、その後の展開は大いに異なる。そうした思考や議論を重ねることで、人間は対立を緩和したり、対立を乗り越えられるかもしれない。愚かさから逃れることができるかもしれない。

人間社会が存在する限り、政治と政策は必要だ。なぜなら、人間は愚かだからである。何かを実現したいと思う場合、自分ひとりでできることはやればよい。しかし、誰かに不利益を与えたり、影響を及ぼす場合には調整が必要である。何かの政策を行う時、財源が無限にあり、その政策に全員が賛成であれば政治は必要ない。しかし、財源に制約があり、他の人間は他の政策を望んでいるのであれば、そこには調整が必要だ。その調整が政治である。

そして、政治的な主張や判断の背景や根拠になるのが思想や理念である。しかし、全員が同意する思想や理念はない。より重要なのは、目的、定義、事実、思考論理、思考方法、議論手法(作法)である。

人間は愚かである。自分のやりたいことを無理にでも実現しようとし、自分の嗜好する政策を、他人を押し退けてでも実現しようとする。「対立の迷路」に迷い込み、時に「同調の悲劇」を生む。そこに政治が必要になる。しかし、愚かな人間は他者を否定し、自己主張をする。それが有史以来の争いや紛争の根本的原因である。

相手を肯定し、議論を行う。その前提として、事実を共有し、定義を共有する。それが、本書が推奨する中道主義、中道思考である。肯定の論理学と言ってもよい。答えは肯定の中にある。

(1)──二〇一五年八月の科学雑誌『Science』に発表した論文。野生動物の絶滅に関する研究を行い、人間と野生動物の天敵関係を分析している。Chris,T.Darimont, et.al. (2015), "The unique ecology of human predators", Science, 349 (6250), August 21, 2015, pp.858-860.

(2)──仏教は約二五〇〇年前(BC五世紀頃)、ゴータマ・シッダールタによって始められた。キリスト教はユダヤ教の一派として始まり、イエス没(BC三〇年頃)後にローマ帝国域に広まった。イスラム教はムハンマドがAD六一〇年に立教し、中東から欧州南部、北アフリカに広まった。

(3)──経済学を「社会科学の女王」と最初に述べたのは英国経済学者ヘンリー・マクラウド(一八二一〜一九〇二年)である。著書『政治経済学の諸要素』(一八五八年)の中で言及した。なお、「悪化が良貨を駆逐する」という経験則を「グレシャムの法則」と称したのも同書である。"Henry Dunning Macleod, 1821-1902", The History of Economic Thought.〈巻末Webリスト①〉

(4)—物理学を「自然科学の王様」と表現した最も古い資料は、確認できる限りは一八九一年八月の英国科学雑誌『Nature』に掲載された英国科学振興協会の会議録である。数学・物理部門のオープニング・スピーチを行った英国物理学者オリバー・ロッジ(一八五一〜一九四〇年)が「自然科学の王様」と発言している。翌月の米国科学雑誌『Science』にもスピーチの要旨が掲載され、その中にも「自然科学の王様」という表現が記されている。"The British Association", Nature Vol.44, No.1138, 1891. 8. 20., pp.371-387 (p.386).〈②〉"Endowed Reseach in Physics", Science, Vol.18, No.450, 1891. 9. 18., pp.161-165 (p.165).

(5)—「鉄のトライアングル」は公共選択論の中で定着した言葉であり、政策形成過程における政官財(政官業)の強固な癒着構造を示す。利害関係を共有する政治家、官僚、財界人の「ログローリング(結託)」によって、国益や国民益よりも省益や業界益が優先される弊害を指摘している。財界等の業界団体は政治献金等で族議員を支え、官僚を天下り等で懐柔する。官僚は業界の利益を忖度し、許認可権や予算等の政策手段を恣意的に行使する。政治家は財界や官僚の望む法案成否を実現し、財界から政治献金を集め、官僚に対して影響力を行使する。

(6)—「レントシーキング(rent seeking)」は公共選択論の中で定着した言葉であり、財界人、企業、業界団体等が、自分たちに有利な方向に法制や予算等を誘導するため、政治家や官僚、政府や官僚組織に働きかけを行うこと、超過利潤(レント)を得るために活動することを指す。こうした活動を行う者はレントシーカー、ロビイスト等と呼ばれ、政官業等の利害関係者の協力関係は「ログローリング(結託)」と言われる。

(7)—「何らか変更の手段を持たない国家には、自らを保守する手段がありません。そうした手段を欠いては、その国家が最も大切に維持したいと欲している憲法上の部分を喪失する危険すら冒すことになり兼ねません」(エドマンド・バーク(一九七八)半沢孝磨訳『エドマンド・バーク著作集3 フランス革命の省察』みすず書房。二九頁)。「単純に絶対的破壊か改革無しの存続か、という選択肢以外に何か別物があるのである。(中略)立派な愛国者や政治家ならば、如何にすれば自らの国に現存する素材で最善を得られるかを常に考えるものです。保存しようとする気質と改善する能力とを合したものが、私にとって真の政治家の基準です。それ以外のすべては考えるだに低俗であり、実行されれば危険です」(同一九七頁)。

(8)――「われわれの制度のなかにある良いものはすべて救おうとする意味で保守であり、そのなかにある悪いものはすべて葬ろうという意味で急進派なのだ」(アンドレ・モロワ(一九六〇)安東次男訳『ディズレーリ伝』創元社、七七頁、一八三二年一一月二七日の演説)。「進歩発展している国は絶え間なく変化するものであります。問題は、止めることのできない変化に抗すべきかどうかにあるのではありません。要は、礼儀、習慣、法律、伝統に従って変化させて行くべきか、さもなければ、抽象的理念、現実を離れて創られた主義主張に則り変化させていくべきかであります」(ロバート・ブレイク(一九九三)谷福丸訳『ディズレイリ』大蔵省印刷局、五六二頁、一八六七年一〇月二九日の演説)。

(9)――社会契約論の代表的思想家としてはホッブズ、ロック、ルソー等が挙げられる。ホッブズは『リヴァイアサン』(一六五一年)において、自然状態は「万人の万人に対する闘争」であり、個人は安全のために社会契約によって国家を作り、国家は絶対的存在であるとした。ロックは『統治二論』(一六八九年)においてホッブズと同様に社会契約によって個人の自然権を守る国家を想定したものの、国家が個人の自由を侵害する場合には革命権を認めた。ルソーは『社会契約論』(一七六二年)において、個人間の契約によって国家を作るものの、それは個人の意思によって成立しているので、結局個人は自由であるとした。そのうえで、国家が形成されることで真の自由と平等が実現できるとした。

(10)――デビッド・ストックマンは共和党下院議員総会事務局長(一九七二～七五年)、ミシガン州下院議員(一九七六～八一年)、レーガン政権の行政管理予算局長(一九八一～八五年)を歴任。行政管理局長就任に伴って下院議員を辞任。当時、最年少閣僚であった。退任後はソロモンブラザーズ等のパートナーを務めた後、一九九九年にプライベート・エクイティ・ファンドを創立した。

(11)――ＯＥＣＤ(二〇一四)「特集：格差と成長」ＯＥＣＤ雇用労働政策局。〈③〉Federico Cingano (2014), "Trends in Income Inequality and its Impact on Economic Growth", OECD.〈④〉

(12)――Era.Dabla-Norris., et.al. (2015), "Cause and Consequences of Income Inequality : A Global Perspective", IMF.〈⑤〉

(13)――OECD (2013), Family database "Child poverty" によれば、日本の相対的貧困率(二〇一二年)は一六・一％で三六か国中三〇位、子どもの貧困率は一六・三％で同二六位、同年の厚労省国民生活基礎調査によるひとり親世帯の貧困率は五四・

六%。二〇一五年の日本の調査ではそれぞれ一五・六%、一三・九%、五〇・八%となっている。

(14)―潜在能力アプローチは厚生経済学領域でアマルティア・センが一九八〇年代に提案した概念である。「自由」「能力の個人差」「幸せの基準の個人差」「物質的厚生と非物質的厚生のバランス」「機会の平等」の五点を重視し、これらが適切に制御されれば人間の能力が向上することを主張し、選択の自由と個人の異質性の重要性を指摘した。

(15)―国籍別では、米国五七人、英国一一人、ノルウェー三人、スウェーデン・フランス各二人、イスラエル・インド・オランダ・ドイツ・フィンランド・ロシア各一人。二重国籍者を含むため、単純合計で八一人となる。

(16)―アダム・スミスが考え出した人間のモデル。功利主義等の影響も受け、物欲の充足を利己的に追求する人間、経済的合理性に基づいて個人主義的に行動する人間を「ホモ・エコノミクス(homo economicus)」すなわち「経済人」と称した。

(17)―英語では、キリスト教は「Christianity」または「Trinity」、イスラム教は「Islam」、仏教は「Buddhism」と称する。「ism」という語尾がつくことは、キリスト教圏において仏教が行動様式、性質、思考体系、主義、哲学等として受け止められたことの証左と言える。キリスト教の場合も、プロテスタントは「Protestantism」、カトリックは「Catholicism Islam」と表現されることもある。イスラム教の場合は、原理主義が「Islamic Fundamentalism」と表現される。

(18)―仏教における因縁とは、結果を生じさせる内的な直接的原因が因(hetu)であり、外的な間接的原因が縁(pratyaya)である。一切の事象は因縁によって生じ、因縁によって滅することを道理とする(因縁生滅の理)。因縁によって生滅する一切の事象は空なる存在であることを道理とする(因縁即空の理)。日常用語における因縁は、契機・由来・関係等を意味する。

(19)―拙著(二〇〇四)『公共政策としてのマクロ経済政策―財政赤字の発生と制御のメカニズム』(成文堂)一一四～一一五頁では、間接効用(時間効用を含む)を認識することによって人間の選択行動が変わることをペイオフ行列によって論証している。

(20)―「不可能性定理」は、投票等の集合的意思決定ルールの設計の困難さを示す定理である。ケネス・アローが博士論文および著書(“Social choice and individual values”『社会的選択と個人的評価』)に記したこの定理は、アロー自身は「General Possibility Theorem」と呼んでいるため、「(一般)可能性定理」とも訳される。単に「アローの定理(Arrow's theorem)」と呼ばれることもある。

(21)―星野信也(二〇〇〇)「福祉国家の中流階層化再論」(妙)『社会福祉』四〇号(日本女子大学学術情報リポジトリ)一九～二一頁、丸尾直美（二〇〇二）「21世紀はストックと分配の時代―効率と公正の調和を求めて」（妙）『LDI-REPORT』（第一生命研究所ウェブサイト）一八～一九頁〈⑥〉、岡本裕豪・増田圭（二〇〇二）「平等をめぐる議論と社会資本整備に関する一考察」『国土交通政策研究』六号（国土交通省）七頁および五七～六一頁〈⑦〉等に同旨の記述がある。筆者も二〇一五年五月の日本経済政策学会キーノート・スピーチ「経済格差問題へのアプローチ」において同趣旨の内容を報告している。

(22)―シカゴ学派はミクロ経済学的手法を様々な社会現象の分析に適用することを試みた学派である。一九二〇年代にシカゴ大学経済学部を中心に形成され、一九六〇年代前後からシカゴ学派という呼称が定着した。シカゴ学派は、リベラリズム、マネタリズム、合理的期待形成学派、新制度派、新経済史学派、公共選択学派等の多様な系譜の研究者を輩出した。

(23)―アーサー・リンドベックはスウェーデンの官僚出身の経済学者。ノーベル経済学賞設立当初から選考委員会委員であり、一九八〇年から九四年まで同委員会の議長を務めた。その間、米国の大学、ＩＭＦ、世界銀行等にも在籍している。なお、初代議長はベルティル・オーリンである。

(24)―一九七五年に行われた授賞式後の晩餐会スピーチで「ノーベル経済学賞を設立すべきかどうか事前に相談を受けていたならば、はっきり反対したであろう。（中略）ノーベル賞は、経済学においては誰ひとり持つべきではない権威を個人に与えてしまう。そのことは自然科学においては問題ではない。自然科学では、個人の影響力が及ぶのは主に同分野の専門家たちだからだ。（中略）しかし、経済学者の影響力は主に政治家、ジャーナリスト、官僚そして一般公衆といった非専門家に及んでしまう。経済科学に顕著な貢献をした者がすべての社会問題に対処できるはずだとする根拠はないが、マスコミは彼自身にそう信じ込ませてしまうまで、彼を持て囃す傾向がある」と述べている。"Friedrich August von Hayek - Banquet Speech".〈⑧〉

(25)―ラビンドラナート・タゴールはインドの詩人、思想家。カルカッタ有数の商家に生まれた。一九〇九年にベンガル語の詩集『ギーターンジャリ』を英訳刊行し、この作品で一九一三年にアジア人初のノーベル賞（文学賞）を受賞した。インドおよびバングラデシュ国歌の作詞・作曲者である。マハトマ・ガンディー等のインド独立運動を支持し、ガンディーに「マハトマ（偉大なる魂）」の尊称を贈ったのはタゴールとされている。ロマン・ロラン、アインシュタイン等の各国知識人との親交も深かった。

(26)──リアルビジネスサイクル理論は、ジョン・ミュース(一九三〇〜二〇〇五年)のアイデアに基づいてロバート・ルーカス(一九三七年〜)が定式化したマクロ経済学モデルであり、「新しい古典派」の代表的フレームワークのひとつ。景気循環要因は生産技術や財政政策などの実質変数(実物的要因)に限られ、マネーサプライや物価水準等の名目変数は景気循環に影響しないとする。「実物的景気循環理論」とも言われる。フィン・キドランド(一九四三年〜)とエドワード・プレスコット(一九四〇年〜)はこの分野に対する貢献が評価され、二〇〇四年のノーベル経済学賞を受賞した。

(27)──この分析方法は成長会計と呼ばれる手法に発展した。技術革新の影響は成長率から資本と労働の寄与分を控除した残余として算出されるため「ソロー残差」と呼ばれる。

(28)──シュンペーター(一九一二)塩野谷祐一/中山伊知郎/東畑精一訳(一九八〇)『経済発展の理論──企業者利潤・資本・信用・利子および景気の回転に関する一研究』岩波書店、一五二頁。

(29)──森嶋通夫(一九八四)「歴史の車輪を逆転させる女──サッチャーの『信仰復興』」『文藝春秋』二月号、三四六〜三六七頁、同(一九八九)『サッチャー時代のイギリス──その政治、経済、教育』岩波書店、五四〜七三頁、同(一九九四)「シュンペーター(2)──エリートの転進」『思想としての近代経済学』岩波書店、一五七〜一五八頁等に記述がある。

(30)──マルクスは、商品価値は生産に投入された「労働」に規定されると考える労働価値説を継承しつつ、時間軸を加えた「労働力」という概念を導入して剰余価値説を主張した。資本家と労働者の間で売買されるのは「労働」ではなく「労働力」であり、資本家は購入した労働力すなわち賃金以上の価値を創造し、剰余利潤を得るとする。

(31)──シュンペーター・前掲『経済発展の理論』三三頁。

(32)──シュンペーター(一九四二)中山伊知郎/東畑精一訳(一九九五)『新装版 資本主義・社会主義・民主主義』東洋経済新報社、六八頁。

(33)──Bonar, A. (1877), "Letters of David Ricardo to Thomas Robert Malthus 1810-1823", Oxford at The Clarendon Press, 1877, p.175の一八二〇年一〇月一〇日の書簡中に登場する。P・スラッファ/M・H・ドッブ(一九七四)中野正監訳『デイヴィド・リカードウ全集(第Ⅷ巻書簡集)』三一二頁では一八二〇年一〇月九日の書簡中に登場する。

(34)──「憂鬱な科学(dismal sience)」という表現を初めて使ったのは英国歴史家トーマス・カーライルであった。カーライル以降、多くの学者が「憂鬱な科学」という表現を使うようになった。Robert Dixon (2006), "Carlyle, Malthus and Sismondi : The Origins of Carlyle's Dismal View of Political Economy", Department of Economics Working Papers Series 965, The University of Melbourne, 2006.

(35)―マーシャルを創始者とし、ピグー、ケインズ、ロバートソン等によって継承されたケンブリッジ大学を拠点とする学派。限界革命以降の英国の正統派と言える。供給面から経済事象を分析した古典派理論を継承しつつ、需要面にも留意し、理論の精緻性よりも現実問題、政策対応の研究を重視した。

(36)―ロンドン貧民街の状況を改善するために経済学を志したと言われるマーシャルは、ケンブリッジ大学の政治経済学教授に就任する際のスピーチ(一八八五年二月二四日)で「冷静な頭脳と温かい心(クールヘッドとウォームハート)を持ち、周囲の社会的苦難と格闘するために進んで持てる最良の力を傾けようとする(中略)そのような人材の数が増えるよう最善を尽くしたい」と述べた。アルフレッド・マーシャル(二〇一四)伊藤宣広訳『マーシャル クールヘッド&ウォームハート』ミネルヴァ書房、一~三八頁。Alfred Marshall (1885), "The present position of economics, An inaugural lecture given in the Senate House at Cambridge", 24 February 1885, London, Mccmillan, 1985,pp.51-57. 〈⑨〉

(37)―米国経済学者サイモン・クズネッツが提唱した仮説。資本主義の発展は社会の不平等を拡大するが、経済成長に伴って格差は自然に縮小され、不平等が是正されるとする。X軸に経済成長、Y軸に社会の不平等をとり、中心が高くもりあがった逆U字型の曲線は「クズネッツ曲線」とも言われる。

(38)―「先富論」は一九八五年頃から鄧小平が唱えた改革開放の基本原則を指す。「我們的政策是譲一部分人、一部分地区先富起来、以帯動和幇助落伍的地区、先進地区幇助落伍地区是一個義務(我々の政策は、先に豊かになれる者たちを富ませ、落伍した者たちを助けること、富裕層が貧困層を援助することを一つの義務にすることである)」と繰り返し述べていた。一九九〇年代以降の中国経済の高度成長の契機となった。

(39)―当時、最も珍重されたセンペル・アウグストゥスという種類の球根は一個が一六三七年一月に一・一万ギルダーの高値をつけた。当時の一ギルダーは現在の日本円の約一万円であるため、約一・一億円相当と推計される。Dash, M. (1999), Tulipomania, Crown Publishers, 1999. 明石三世訳(二〇〇〇)『チューリップ・バブル―人間を狂わせた花の物語』文藝春秋、小山和伸(二〇一二)『不況を拡大するマイナス・バブル―恐るべきチューリップ・バブルの血脈』晃洋書房。

(40)―「南海泡沫事件」とは一七二〇年に英国で発生した投機ブームによる株価の急騰と暴落、およびその後の混乱を指す。一七一一年設立の「南海会社または南洋会社(The South Sea Company)」は、国債引受の見返りに貿易特権を得て、その利潤で引受資金を賄うことを企図した。一七一九年、国債引受の見返りに額面等価の南海会社株発行の権利を得て、国債引受会社として急成長。株価が急騰して国民の間で投機ブームが起こった。同社株価は一七二〇年初から半年で一〇倍に暴騰。他社株も連れ高となり、株価上昇を狙って多くの株式会社が無許可で設立された。政府が無許可会社規制および市場沈静化に乗り出したのを契機に株価が暴落。株価は数か月で元の水準に戻り、多くの破産者・自殺者が出た。同社株を賄賂として受け取っていた政治家に対する不信が高まり、経済恐慌のみならず王権および政権崩壊の危機に瀕したものの、王室や政府要人の関与を示す証人失踪と証拠隠滅事件が発生。事態収拾に当たったロバート・ウォルポールは国王の信頼を得て一七四二年まで政権を担当し、英国議院内閣制の基礎を築いた。議会に責任追及のための委員会が設けられ、南海会社の会計記録に関する報告書がまとめられた。この報告書は世界最初の会計監査報告書となった。「南海泡沫事件」は「バブル」の語源となり、株式会社制度、会計監査制度、公認会計士制度等の端緒となった。

(41)―「ミシシッピ事件」は一八世紀初頭にフランスが計画した北米植民地(ミシシッピ川流域)開発に関連する混乱を指す。この計画は開発バブルを引き起こし、チューリップバブル、南海泡沫事件とともに「三大バブル」として知られている。一七一七年、スコットランドの実業家ジョン・ローが開発事業を行うミシシッピ会社の経営権を取得。フランス政府は北米および西インド諸島との貿易独占権をローに付与。一七一九年、同社は東インド会社、中国会社、その他のフランスの貿易会社を併合。この間、ローは王立銀行の経営実権も握り、通貨発行権を手に入れた。ローが発行する不兌換紙幣は価格下落の激しい国債や金貨・銀貨より信用を得て、国民および投資家から支持された。こうした状況下、王室の要請により、以下のスキームで紙幣を乱発した。すなわち、ミシシッピ会社株が高騰を続けたため、ローは発行株式数を増やし、投資家に対して同社株の購入資金を王立銀行から貸し出した。同時に政府債務(国債)の同社株への転換も行われた。その結果、同社株が売れる、銀行の通貨発行量が増える、同社株価はさらに上がる、さらに銀行の通貨発行量が増える、政府債務もなくなる、通貨が市場に溢れて空前の好景気となる、という循環が生まれた。これがミシシッピバブルのスキームであった。同社株は最高で二〇倍に高騰。ピーク時の同社株の時価総額は国家予算の三〇倍以上、国家債務の三倍以上となった。しかし、一七二〇年夏、信用不安が広がり、一七二一年には同社株は元の水準まで下落。同年末、ローはフランス国外へ逃亡。英国で「南海泡沫事件」が発生したのもこの時期である。

(42)―ピケティ(二〇一四)『21世紀の資本』の「第9章　労働所得の格差」三一六～三四九頁に同趣旨のデータや解説を記しているほか、新聞・雑誌・TV等の各種インタビューでも同趣旨のことを述べている。

(43)―Thomas Piketty (2014), "I Don't Care for Marx, An interview with the left's rock star economist", New Republic, May 6, 2014.〈⑩〉

(44)―「格差の現実を直視せよ／『21世紀の資本論』著者トマ・ピケティ独占インタビュー」『週刊東洋経済』二〇一四年七月二六日、三〇～三七頁。

(45)―クルーグマン、ソロー、サマーズのピケティについての評価を述べている文献等はそれぞれ以下のとおり。Paul Krugman (2014), "The Piketty Panic", The New York Times, 2014. 4. 24.〈⑪〉Robert M. Solow (2014), "Thomas Piketty Is Right", The New Republic, 2014. 4. 23.〈⑫〉Lawrence Summers (2014), "The Inequality Puzzle", Democracy Journal, 2014 summer.〈⑬〉

(46)―中国政府は二〇一一年三月の全国人民代表大会において、GDP偏重の経済政策運営を改め、国民の幸福を追求する方向性を打ち出した。同大会で国民の幸福度を数値化した「幸福指数」を政策目標に取り入れることが議論されたのを受け、北京市、重慶市、広東省等、同指数を政策目標とする地方政府が相次いだ。全国レベルでも幸福指数に関する様々な調査が行われており、北京大学と民間保険会社の共同研究「中国二〇城市居民幸福感調査報告」等が知られている。辻隆司(二〇一四)「幸福度指数を巡る国内外の動向に関するサーベイ」『九州工業大学研究報告／人文・社会科学』六二号(九州工業大学)一～一二。〈⑭〉李栄(二〇一五)「中国における幸福感の研究状況」『ソーシャル・ウェルビーイング研究論集』一号(専修大学)三九～四七頁。〈⑮〉

(47)―エイドリアン・ホワイトの研究による二〇〇六年度のランキングである。

(48)―カルマ・ウラ(二〇一〇)「ブータン独自の経済指標で国づくり」『日本経済新聞』二〇一〇年一〇月一八日朝刊。

第2章 「正義」とは何か

世界の構造はパラダイムシフトの渦中にある。そのダイナミズムを把握するには、近世から近代、現代に至る過程でのインターナショナリズムの進展、インターナショナリズムとグローバリズムの相克等を認識する必要がある。世界は平和と豊かさを実現できるのか。それを実現できる「正義」は存在するのか。国際政治において「正義」とは何か。双方が「正義」を主張し合って争う場合、どちらの「正義」が「正義」なのか。「正義」の対立の背景には、往々にして経済的利害が存在する。「正義」の対立の本質は、経済的フロンティアの争奪戦である。ハンチントンが予言した「文明の衝突」時代に突入した二一世紀の今こそ、「正義」の正体を追究し、国際政治の本質を探究する必要がある。

「正義」を主張すると対立が生じる。国家、民族、宗教の間にはやり直しのできない歴史がある。歴史の通説に異論がある場合には、それが原因で対立が生じる。立場によって「正義」が異なるために対立が生じる。真実と考える歴史が異なるために対立が生じる。では、「正義」とは何か、歴史の通説とは何か。

歴史を過去に戻って実際に見聞することはできない。歴史は全て伝聞情報である。通説とされている歴史にすぎない。仮に見聞できたとしても、全員が同じ認識を持つとは限らない。立場によって捉え方が異なる。人間同士の認識ギャップは目前の事実についても生じる。

歴史の通説に疑義があっても、それを覆すことは容易でない。少なくとも短期間では困難である。過去の歴史を否定し、新たな通説を目指す試みは、時として戦争を起こしてきた。古今東西の歴史に対し、人間はどのように向き合うべきか。

世界の構造

パラダイムシフト

地球上で最も愚かで有害な生物である人間が戦争という悲劇を繰り返さないためには、異なる歴史観の間で歩み寄り、合意した事実を共有することが求められる。

例えば、第二次世界大戦。戦後に発足した国際連合は「United Nations」。つまり、戦勝国側を指す「連合国家」を意味する。そのため、国連憲章には現在も敵国条項が存在し、戦勝国側と敗戦国側の位置づけは明確である。敗戦国側の過去の行為に違法性があり、戦勝国側に「正義」があった。これが通説である。

一方、敗戦国側の日本においては、戦前の植民地主義は当時の世界標準であり、日本の行為に問題があったわけではない。太平洋戦争も日本が国際社会、とくに米国に追い込まれた結果であるとの主張がある。広島、長崎への原爆投下は、米国では戦争終結に向けた適切な行為であり、むしろ戦争犠牲者を減らすことに寄与したとの見方が通説となっている。しかし、日本では、原爆投下は非人道的行為であり、市民を無差別殺戮した戦争犯罪に等しいとの見方が普通である。極端な親米派日本人であっても、原爆投下に対して米国の通説を日本国内で公言して肯定することはない。

歴史の通説は基本的に勝者側の「正義」で組み立てられている。しかし、古い時代であればあるほど、歴史に対する見方が冷静になり、通説は検証され、場合によっては修正される。歴史の通説とは、そういうものである。

一九九八年、米国の政治学者イアン・ブレマー（一九六九年〜）がユーラシア・グループという国際コンサルティング会社を創設した。毎年一月、同社が発表する世界の一〇大リスクが注目を集めている。

二〇一一年には最大リスクとして「G0《ゼロ》」という概念が提示された。主要国の利害調整の場がG7からG20へ移行したものの、G20内は利害対立が激しく、実質的な問題解決能力が乏しい。国際社会のリーダーシップ不在の状況を「G0」と表現した。その後の米国の相対的弱体化、中国やロシアの台頭などに鑑みると、「G0」の予想は的中した。

二〇一六年の一〇大リスクも興味深い内容であった。第一位は「同盟空洞化」、第二位は「閉ざされた欧州」、第三位は「中国の占有スペース」。中国の海洋進出等のリスクよりも、西側および欧米諸国の同盟弱体化のリスクの方が高いと予想した。結果的に二〇一六年の国際政治の三大ニュースは、英国国民投票におけるEU離脱派勝利(六月)、米国大統領選でのドナルド・トランプ勝利(一一月)、年間を通しての中国の海洋進出。予想は的中した。

大方の予想を覆して大統領選に勝利したトランプの主張は「アメリカ・ファースト」。国力が相対的に低下し、多くの国内問題を抱える米国は、自国の社会・経済の立て直しを最優先し、国際問題への関与を可能な限り控えるべきとする主張である。トランプは米国の苦境の原因をグローバリズムに押しつけた。しかし、グローバリズムを先導してきた米国で、グローバリズムによって最も利益を得た経営者のひとりであるトランプが、グローバリズムを否定することで大統領になったという矛盾した現象は、世界で大きな地殻変動、パラダイムシフトが起きていることを感じさせる。

「パラダイム」は科学哲学者トーマス・クーン(一九二二〜九六年)によって提唱された科学史および科学哲学上の概念。一九六二年に刊行された著書『科学革命の構造』の中で初めて使われた。その後、クーンの想定を超えて、様々な分野における「基本的枠組み」を意味する言葉として定着している。

経済の観点から言えば、二〇世紀半ば以降はインターナショナリズムからグローバリズムへのパラダイムシフトの途上にあった。英国や米国の動向はパラダイムシフトに逆行する兆しなのか、あるいは、逆行ではなく、未知のパラダイムへの入り口なのか。まだ誰にもわからない。

経済と民族と宗教。人間の歴史はこの三つの要因で動いている。相互に密接に絡み合っているが、根源的な要因は経済である。表面上は民族的、宗教的な対立であっても、その深層には必ず経済的な利害関係が影響している。

経済におけるグローバリズムが変化に遭遇すれば、民族や宗教にも影響を与える。覇権国家をめぐる力学や構造にも動揺が生じる。

グローバリズムの本質は金融資本主義である。一九八〇年代以降、欧米中心の国際社会の原動力になってきたメカニズムである。そのグローバリズムに修正が求められるとすれば、欧米中心の国際社会の構造も変化せざるを得ない。すなわち、欧米中心の国際社会を構成してきた国家あるいは国際組織の概念や枠組みが変化に直面している。

現在の国際社会の構造は、一六四八年のウェストファリア条約を機に形成された。経済、民族、宗教のいずれの観点からも、この条約の歴史的意義を洞察することが重要である。一六一八年から始まったカトリックとプロテスタント間の「三〇年戦争[1]」を終結させたのがウェストファリア条約である。

その頃までの欧州は、教会や有力な王家の権力が輻輳する複雑な力学の中で動いていた。国家という概念は脆弱で、各領主は、カトリックとプロテスタント、ハプスブルク家とブルボン家等の有力王家のどこに与するかという判断の中で戦争や合従連衡に向き合っていた。

しかし、ウェストファリア条約によって、内政・外交の権力を集中させた主権国家という概念が確立。国家間で外交や戦争を行うことから、インターネイション、インターナショナルという概念が誕生した。言わば、中世貴族が形成する秩序から近世主権国家に基づく秩序に転換。以後、多くの混乱や戦争を経つつ、民族ごとに国家を形成するモメンタムも加わり、主権国家、民族国家が国際社会の基本的構成単位となっていった。

近代に入ると、国際協調や紛争回避を企図した国家連合体が組織され始めた。第一次世界大戦後の国際連盟はその先駆けである。第二次世界大戦後は、国際連合以外にも、欧州を中心に様々な国際組織が誕生し、その延長線上の進化形がEU（欧州連合）である。

その間に進展したグローバリズムの下では、国際社会における主要なプレーヤーが国家から多国籍企業や世界的に影響力のある個人に移行しつつある。個人とは、ビル・ゲイツやイーロン・マスクのようなビジネスマンや社会事業家。今や政治家や国家以上の影響力を発揮している。こうした個人を生み出したのは、金融資本主義と技術革新に基づくビジネスであり、今後もこの傾向は続くだろう。

しかし、ここに来て、英国のEU離脱、トランプの「アメリカ・ファースト」のように、国際組織による協調や融合に前向きではない傾向が顕現化している。では、個々の国家単位の国際社会に戻るのか。事態はそれほど単純ではない。

英国の場合、EU離脱が実現しても、大陸側との深い関係は変わらない。英国は「EUという欧州」と向き合っていかなくてはならない運命である。英国は長きにわたって独仏中心の欧州と対立し、それが欧州の歴史の基本構造を形成してきた。その状況は変わらない。

米国の場合、「アメリカ・ファースト」で「米国を再び偉大に」できるかと言えば、それは困難である。二〇世紀以降、経済的、軍事的な覇権国家となり、資本主義、自由主義、民主主義という価値観を浸透させるために、「世界の警察官」と称し、米国の影響下にある国を増やし、米国の覇権に挑戦する国々を駆逐していった。それこそが「偉大な米国」の源泉にほかならない。「アメリカ・ファースト」と称して内向きの国家運営をしていては、「偉大な米国」の維持復活は不可能である。

宗教的には、すでに一九九三年に米国政治学者ハンチントンが二一世紀は「文明の衝突」時代に入ることを指摘。以後のイスラム勢力台頭は周知のとおりである。欧米中心の価値観の押しつけが困難になってきた。

中国は明白な膨張政策に転じている。四〇〇〇年の歴史を誇る中国にとって、アヘン戦争敗北以降の「不名誉な時代」を脱するために、経済力が急伸している今こそ、覇権国家の地位奪還の時局到来との認識である。しかも、中国は主権国家の領域を超え、「中華民族」という価値観を駆使。国外在住の華僑の同胞意識に訴え、華僑の利益を守ることを梃子に、華僑の住む国々への影響力を高めている。

華僑と同様に世界に民族が分散するユダヤ人、世界に信者が広がるイスラム勢力についても同様のことが言える。国際的な政治経済は、主権国家単位の構造から変化しつつある。

「ブリテン・ファースト」「アメリカ・ファースト」の英国、米国は、主権国家単位での行動原理に立ち戻り得るのか。現実を考えれば、移民国家である英国、米国は、「民族国家」という価値観を伴う主権国家的意識で国家を運営することは困難である。

国内に多くの民族を取り込んでしまった現代国家。その典型が英国や米国である。英国は旧植民地から大量の移民が流入しており、ロンドンはニューヨーク以上の人種の坩堝である。米国は成り立ちそのものが移民国家。

英国や米国では、本来は中心であったはずの白人が、流入する移民に圧迫されているというストレスを蓄積し、「ブリテン・ファースト」「アメリカ・ファースト」という感情を誘発。中国やロシアも多民族国家だが、支配民族が少数民族を抑圧するスタイル。だからこそ、少数民族との紛争やテロが発生する。

経済、民族、宗教。歴史を動かす三要因は、今後も世界を国家単位で動かしていくのか、あるいは国家を超越するのか、それとも別のモメンタムを生み出すのか。現状では確たる予測はできない。

過去において世界は、フロンティアを発見し、開拓することで国家間の経済的軋轢を緩和してきた。四大文明は徐々に周辺地域を制圧し、やがて相互に浸食し合うようになった。近世に入ると、覇権国家を中心に、南米、北米、東南アジア、豪州、アフリカと場所を移しながら、常に新たなフロンティアから収奪してきた歴史である。

その過程で生じたのが一六四八年ウェストファリア条約以降のインターナショナリズムである。一〇世紀後半に入り、インターナショナリズムからグローバリズムにパラダイムシフトし、今はそのグローバリズムの弊害に直面。戻るのか、進むのか、グローバリズムの盟主である米国自身が迷走している。

地球上にフロンティアがなくなれば、次は宇宙。グローバリズムからユニバーサリズムへのパラダイムシフトである。すでに米国は二〇一五年に商業宇宙打上競争法[2]を発効し、宇宙および宇宙資源の民間利用を認めている。ルクセンブルクも宇宙資源開発に国家として取り組み始めた[3]。ロシア、中国は言うに及ばない。

グローバリゼーション・パラドックス

現下のグローバリズムについて、もう少し詳しく考えてみる。

トランプは繰り返し「Buy American and Hire American」を主張している。米国製品を買い、米国人を雇う。世界各国は貿易や投資を通して相互利益を追求してきた。「比較優位」という経済原理を介し、お互いに得意な製品やサービスを提供し合ってきた。

しかし、国家間には国境と通貨（為替）という壁があり、時によって貿易に不平等感、不公平感、不公止感が伴う。トランプは、米国の工場が国外に移転し、製造業や雇用が海外に流出していると指摘する。米国は貿易面で不利な立場にあり、世界の貿易構造は米国にとって不平等、不公平、不公正であると断じた。そして、工場を米国内に戻し、米国製品を買い、米国人を雇うことを宣言した。トランプを支持する人間にとって、これは「正義」である。

しかし、貿易や投資を極力自由化し、相互利益を追求するグローバリズムを世界に広めてきたのは、他ならぬ米国自身。トランプの主張は不条理、不可解である。

こうした状況を理解し、今後の展開を考えるうえで、グローバリズムとインターナショナリズム、あるいはグローバリゼーションとインターナショナリゼーションの違いを認識しなければならない。後者は「国際化」と訳して正解。一方、前者を「国際化」と訳すことは不正確である。あえて訳せば「世界化」「世界一体化」。

その違いを認識するには、やはり一六四八年のウェストファリア条約の歴史的意義を確認する必要がある。上述のとおり、同条約以前には近代的な意味での「国家」概念は確立しておらず、同条約以降、貿易や外交や戦争が国家単位で行われるようになった。国家間で様々な交渉が行われるので、インターネイション(国家間)、インターナショナル(国際的)、インターナショナリズム(国際主義)、インターナショナリゼーション(国際化)という概念が誕生した。「国際化」の流れは同条約以降、今日まで継続。しかし、その流れに構造的変化をもたらしつつあるのがグローバリゼーションである。

グローバリゼーションの主役は国家ではなく、国境に囚われない多国籍企業や投資家、国境に囚われない経済や文化等の動向である。

この点に関し、プリンストン大学のダニ・ロドリック(一九五七年〜)は「グローバリゼーション・パラドックス」という概念を提唱している。ロドリックは、グローバリゼーション、国家(自己決定権)、民主主義の三つは、同時に満たすことのできない「トリレンマ」と結論づけている。

グローバリゼーションと国家という組み合わせの下では、各国は競争を余儀なくされ、時に各国の自己決定権が侵害される。太平洋のTPP（環太平洋パートナーシップ協定）や大西洋のTTIP（大西洋横断貿易投資パートナーシップ協定）、米州のNAFTA（北米自由貿易協定）等が典型例である。

グローバリゼーションと民主主義の組み合わせの下では、超国家的な国際組織が物事を決定する。究極的には世界政府のような存在が必要になる。EU（欧州連合）はそのプロトタイプである。

国家と民主主義の組み合わせは現代国家そのもの。その下でのインターナショナリゼーションは「国際化」すなわち国家間交渉。それを超える超国家的な動きがグローバリゼーションである。

それを推進してきたのは米国というのが一般的認識であったが、その米国自身がグローバリゼーションにストレスを感じ、「アメリカ・ファースト」を主張し始めた。米国に代わり、グローバリゼーションの推進役を誰が務めるのか。

現実的な唯一の解決策は「適度なグローバリゼーション」を国家および民主主義と共存させることだが、それは「国際化」と同じように思える。「適度なグローバリゼーション」と「国際化」は何が違うのか。この点を突き詰めることが解決策のヒントであろう。

不条理、不可解を感じるのは、グローバリゼーションの恩恵を最も受けてきた経営者のひとりであるトランプ自身がグローバリゼーションを否定し、トランプ以上にグローバリゼーションの恩恵に浴してきた投資家や金融証券界出身者を政権入りさせていることである。

トランプは「グローバリゼーション・パラドックス」を煽って「独立した米国」の大統領となったが、自らの主張や政権幹部の抱える不条理、不可解は「トランプ・パラドックス」と言える。米国は混迷し、制御不能の状態になる危険性を高めている。

ピース・パラドックス

前章で「リベラル・パラドックス」について述べた。同じような相克は、安全保障の分野でも考えられる。誰しも平和を望んでいる。そのはずであるし、そう信じたい。どの国も、領土や資源、自国の置かれている立場等に関し、全く何も不満がない状況を前提とすれば、平和が実現し、維持されるはずである。

こういう状況でも平和を望まない人間がいるとすれば、それは誰か。例えば、武器商人。しかし、恒久平和が本当に実現する場合には、武器商人が自らの能力等を他の分野に活かして活路が得られれば、武器商人も商売替えをして八方丸く収まる。「だから武器商人がいなくなればよい」という主張は一見もっともだが、初期条件(恒久平和)が実現していなければ、武器商人を先に失った国はリスクに晒される。

各国の安全保障政策も同じことが言える。戦争や戦力に関することを規定する法律や装備は、平和状態では必要ない。では、先に法律や装備をなくすと平和が実現するかと言えば、否。先に失った国はリスクに晒される。

もうひとつ考えてみよう。抑止力という概念である。相手より強い武力を持っていれば、相手は攻撃してこないという発想である。相手がその状態で満足すれば、平和が維持される。言わば恒久優劣の関係。抑止力理論において、平和が実現する場合である。

しかし、相手も同じ考えで武力を増強すると、双方の軍備増強が続き、エスカレートする。終わりなきチキン・ゲーム状態であり、むしろ戦争のリスクを高める。武力のみならず、どういう場合に武力を行使するかという法的規定や政治判断も同じである。平和のための法的規定や政治判断と言いながら、そのことが平和を破壊するリスクを高めるというパラドックス。

前章では、自由を追求することは他者の自由を侵害するというリベラル・パラドックスに言及した。同様に、平和に関する上記の矛盾は「ピース・パラドックス」と呼び得る。リベラル・パラドックスもピース・パラドックスも、その本質的原因は同じ。人間が愚かであるためだ。

第1章でも触れたように、オバマは「核なき世界」を訴えてノーベル平和賞を受賞した。米国はもはや「世界の警察官」ではないと宣言した。その一方で、オバマは核兵器を全面更新するために今後三〇年間で一兆ドルの予算を投入する方針を承認した。

トランプは、オバマが「世界の警察官」を止め、強硬な態度をとらなかったことがシリアを増長させ、化学兵器の使用に至らしめたと主張。そして、化学兵器の拡散は容認しないという「正義」を振りかざしてシリア空爆を突如行った。

大量破壊兵器の拡散は容認しないという「正義」を振りかざしてイラク戦争を開始したジョージ・W・ブッシュ。しかし、結局イラクは大量破壊兵器を保有していなかった。

ロシアのウクライナ侵攻、中国の海洋浸出、米国の振りかざす「正義」。いずれも、人間の愚かさとピース・パラドックスを象徴する行為にすぎない。

環境を破壊し、他の生物を必要以上に殺生し、同種同士でも殺し合う人間。人間は地球上で最も愚かで有害な生物であるという自覚が必要であろう。

安全保障に関する理論は、平和を実現するための類型を整理している。例えば、単極平和論は超大国の存在が世界を平和にするという考え方である。

双極平和論は圧倒的パワーを有する二大国（二大勢力）の拮抗が平和に資すると考える。冷戦期の米ソ対立（東西対立）が典型例である。多極平和論は有力な複数国（複数勢力）の拮抗を拠り所とする。

米国の政治学者ブルース・ラセット（一九三五年〜）が唱えた民主的平和論は、民主主義国家同士では戦争になるリスクが低いとする学説である。歴史的にそうした傾向があることが根拠になっており、米国はこれを大義名分にして他国の民主化を誘導してきた。その傾向を信じたいところだが、懐疑的な面があることを否定できない。民主化を誘導し、平和を追求するために、時に米国は武力を行使し、他国の政権を転覆させ、民主的であるはずの米国が一番多くの戦争を行っている。まさしく、ピース・パラドックスである。

ここで、もうひとつパラドックスを紹介しておこう。哲学や論理学の分野で登場する「自己言及のパラドックス」。別名「嘘つきのパラドックス」。

「嘘つきのパラドックス」の事例として語られるのが「エピメニデスのパラドックス」。哲学者エピメニデス（BC六世紀頃）はクレタ人（クレタ島出身）。そのエピメニデス曰く「クレタ人はいつも嘘をつく」。新約聖書中「テトスへの手紙」に登場する言葉である。クレタ人であるエピメニデスが「クレタ人はいつも嘘をつく」と言った場合、それが真実ならば彼自身の言葉も嘘。これが「エピメニデスのパラドックス」である。この問題提起は深い。古代ギリシャ人の洞察力に敬服する。

国家が安全保障上の危機に直面し、その対応をめぐって国民に慎重論がある場合、往々にして傲慢な指導者は「国民は現実が分かっていない」と言わんばかりの上から目線で自己主張する傾向がある。そういう指導者も国民のひとり。典型的な「嘘つきのパラドックス」である。

指導者が個人の意見を主張することは自由である。しかし、国民が客観的に納得できる事実を提示することなく、危機を煽り、手続や統治構造を軽視した意思決定を行い、その結果としての紛争を国民に強要することは、他人の自由を侵害するリベラル・パラドックスにも陥っている。

こういう指導者が陥りがちなのは、自己陶酔型のパターナリズム（父権主義）である。または、内政の不人気を外交で挽回する、国民の目を安全保障や外交に向かわせるという古今東西の常套手段である。手続や統治構造を守り、論理矛盾に陥らず、法理を遵守する理性的な国民の代表こそが、民主主義における指導者に期待する役割である。

ちなみに、民主主義における意思決定の困難さを示したアローの「不可能性定理」は、独裁者は存在しないという前提である。独裁者が存在する場合、リベラル・パラドックスを物ともせず、独善的、超パターナリズム的な意思決定を強要することが可能となる。独裁者に対する最後の砦は憲法を頂点とする法理。しかし、それすらも無視する独裁者では、手の施しようがない。

独裁者や独善主義者は、人間の未来にとってはマイナス以外の何物でもない。地球上で最も愚かで有害な生物である人間の中でも、愚かさと有害さを極めている存在である。

思慮深さの必要性

「ユーラシア・グループ」選定の二〇一七年一〇大リスクの第一位は「独立した米国」であった。トランプの同盟国、友好国に対する容赦ない口撃を聞くと、従来的な感覚で日米欧を括って語ることはもはやできない。

まさしく「独立した米国」。

トランプ政権では、ロシアや中国とビジネスを行っていた経営者や金融証券界関係者が中枢を占めている。世界各国は、「独立した米国」のトランプ政権の実態に関する情報を収集・分析し、思慮深く、用心深く対応を検討することが必要な局面である。政権発足後、早々にロシアゲート事件が発覚したトランプ政権。米国は混迷している。

「独立した米国」が誕生した背景をどのように理解すべきか。かつてのソ連に準えて考えると意外に腑に落ちる。

東西冷戦末期、ソ連は軍事的・経済的負担に疲弊し、従属させていた国々への強制力が弱まった。従属国の離反に対して強制力を及ぼすことが困難になった。その顚末が「ベルリンの壁」崩壊と東欧諸国での政変。ソ連自身も崩壊し、CIS（独立国家共同体）となった。主従関係にあった「従」国家が離反し、「主」国家が崩壊したパターンである。

翻って米国。もちろん、ソ連と単純比較はできないが、西側諸国を、米国を「主」とする「従」国家の連合体に準えて整理してみる。つまり、「主」国家が様々な負担を我慢して「従」国家の面倒を見てきたものの、もはや限界。「主」国家が逆切れし、それを率直に主張したトランプが大統領に当選。「従」国家の面倒を見ることを放棄し、自らの利益を追求し始めたという構図である。

まさしく「独立した米国」。しかし、「従」国家側から見ると身勝手な主張に聞こえる。その理由は「自国の利益を犠牲にして他国の利益を守る国はない」という国際政治の現実である。米国が日本や欧州諸国の経済的・軍事的支援を行い、負担を甘受してきたのは、それが「米国の利益」に適うからにほかならない。

しかし米国自身（またはトランプおよびトランプ支持者）は、その負担は自己犠牲的なものと捉えている。民主主義を守り、自由貿易を守るため、「世界の警察官」「自由経済の守護神」としての米国の自己犠牲に基づく負担という認識である。自己陶酔的、自己正当化的な論理である。

二〇一七年のダボス会議で中国の習近平主席が自由貿易とグローバリゼーションの擁護を訴え、トランプが就任演説で保護主義とナショナリズムを訴えるという構図。主客転倒である。

米国と中国の関係が大きく変質してきた顚末とも言える。中国は二〇〇〇年にＷＴＯ（世界貿易機構）に参加。形式上は自由経済の一員となった。それを受け、二〇〇一年から米中首脳間の戦略対話を開始。陸海空および海兵隊の四軍首脳会談も毎年開催している。

二〇〇七年の海軍首脳会談で、中国がハワイを境界線として太平洋を東西分割統治することを提案したという情報が流れた。当初は噂の域を出なかったが、翌二〇〇八年、首脳会談に出席した海軍司令官ティモシー・キーティングが、その事実を認める議会証言をした。(4) もちろん、米国は中国の主張を是認したわけではないだろうが、真実とその後の展開は当事者である米中両国関係者しか知らない。

「欧中」「米中」構造が静かに進行している。欧州や米国の同盟国は、気がついたら取り残されていたという事態になりかねない。同盟国にとっては滑稽で悲劇的である。

政治や経済の動きの背景で何が起きているのか。固定観念やイメージに囚われず、徹底した情報収集と分析に努めるべきである。南シナ海での米中空母艦隊の神経戦も、その前提として米中間でどのような話し合いが行われているのか。短絡的、情緒的に考えることなく、思慮深く、用心深く、情報収集と分析を進めなければならない。

自国の利益を犠牲にして他国の利益を守る国はない。それが、地球上で最も愚かで有害な生物である人間の共同体、すなわち国家や国際社会の現実である。

例えば、日本にとって米国は同盟国、英独仏等の欧州主要国は西側友好国、中国はアジアの隣国。しかし、米国や欧州諸国が中国とどのような対話を行っているのか、どのような関係にあるのか、日本は全て知らされているわけではない。思慮深く、用心深い外交が求められる。

短絡的で情緒的な指導者は国に悲劇をもたらす。思慮深さの必要性についての認識が共有されることが肝要である。

デマゴーグ

デマゴーグの語源は古代ギリシャ語の「大衆（デマ）」を「導く（ゴゴス）」。本来は大衆指導者を指し、必ずしも否定的な意味ではない。その後、ギリシャ、ローマ等で扇動的大衆指導者が跋扈し、デマゴーグは扇動政治という悪い意味で定着。扇動はデマゴギーと呼ばれ、扇動的な嘘や噂のことを指す「デマ」の語源となった。

デマゴーグと密接な関係にあるのがポピュリズム。大衆の気持ちを代弁するという意味では、ポピュリズムも本来は必ずしも悪い意味ではない。権威層、エリート層、支配層に対抗する概念であり、むしろ民主主義の原点とも言える。

古代ローマではポピュリズムは「市民主義」「大衆主義」を意味し、元老院への対抗的概念であった。近世欧州では、知識人中心の合理主義、知性主義、ロマン主義に対立する運動としてポピュリズムが語られた。やがて、大衆の欲望に迎合して政治を扇動する手法が大衆迎合主義と定義され、扇動政治家はポピュリストと呼ばれるようになった。

米国では、一九世紀末の人民党（通称ポピュリズム党）、戦後のマッカーシズム（赤狩り）、二〇〇〇年代のティーパーティー運動等がポピュリズムに分類されることがある。欧州では、一九三〇年代のイタリアのファシズム、ドイツのナチズムが大衆の鬱積を代弁し、体制側を激しく非難。デマゴーグとポピュリズムによって政権を奪取した。

民主主義の権力の源泉は大衆。間接代表である政治家や議会が、主権者である大衆の気持ちを十分に政治に反映できないことが、デマゴーグやポピュリズムが登場する一因である。デマゴーグやポピュリズムは全体の利益の名の下に少数者を抑圧する危険性がある。それはある意味で民主主義の本質と言える。間接代表である政治家や議会が、民主主義をどのように運営するかの問題だ。

今や、デマゴーグやポピュリズムが世界中で台頭。極端な民族主義、反体制を訴える急進的な右派や左派が勢力を拡大している。

右派は「主権を取り戻す」として民族主義を扇動し、「移民は仕事を奪う」という主張を擦り込み、反グローバリズムと移民排斥を主張する。左派は格差拡大を批判。財政出動による対策を訴え、グローバリズムや移民に反対する。結果的に、反グローバリズムと移民排斥では右派とシンクロしている。

デマゴーグやポピュリズムに共通しているのは、現実の問題が抱える複雑性を無視して単純化し、極端な側面を切り取って大衆を扇動する点である。その手法として駆使され、破壊力を発揮しているのが国民投票。典型は英国のＥＵ（欧州連合）離脱問題であった。米国大統領選挙も選挙人制度はあるものの、言わば国民投票である。

歴史上、最も有名なデマゴーグ政治家はアドルフ・ヒトラー（一八八九～一九四五年）。国民投票を駆使して権力掌握に成功した。対照的に、英国首相デーヴィッド・キャメロンは情勢を読み違え、国民投票によって退陣を余儀なくされた。国民投票は両刃の剣である。

その英国のEU離脱問題は、首相テリーザ・メイが二〇一七年三月末にEUに対して正式に離脱通告した。与党保守党の議員が「政府は議会軽視。妥協できない」として辞職し[5]、スコットランドでは独立運動が再燃した。メイはEU単一市場への残留よりも移民制限を優先する「強硬離脱」を模索。残留派のみならず、離脱賛成派の中にも、単一市場や関税同盟への残留を主張する声も根強い。EUとの離脱交渉入りを前に総選挙で勝利し、求心力強化を企図したメイは六月に議会を解散して総選挙に打って出たものの、結果は裏目となった。先行きは予断を許さない。

指導者のデマゴーグ、ポピュリズム的傾向が強まる中、今後は世界各国で議会の役割が一段と重要になる。議会も指導者に同調するようになると、人間はまた惨禍を繰り返すかもしれない。間接代表である政治家や議会が民意を適切に受け止め、デマゴーグやポピュリズムの歯止め役を果たせるのか。議会の責任は重い。

人間の歴史

世界史の始まり

生存のためにやむを得ない必要最小限の捕食、生きるための捕食は生物の宿命である。他の生物を害する行為であるが、止むを得ない自然の摂理である。

捕食以外の殺戮に、もっともらしい理屈、生存のため以外の表向きの理屈を駆使する唯一の生物が人間である。生き残るため、弱肉強食の証として他民族を征服するという意識であった古代、中世、近世の方が現代よりも正直である。近代以降は「正義」を語って人間同士の殺戮を行うようになった。偽善的と言える。

他の生物と同様の存在であった時代の人間は人類である。人類は必要以上の捕食もしないし、「正義」も語らない。人類はいつから人間になったのか。

人類の歴史は、猿人、原人、旧人類、新人類に区分される。

宇宙は一四〇億年前、地球は四六億年前に誕生し、一億年から七〇〇〇万年前に地球上に霊長類が出現。サルや人類よりも鼠に近いツパイなどだ。

四〇〇〇万年前には後足立ちが可能となり、三〇〇〇万年前には尾のないサル、一七〇〇万年前にはゴリラ、チンパンジー、オラウータン等の大型のサルが出現。現在のヒト科に属する。六〇〇〇万年から五〇〇〇万年前になると、より大きな脳を持ち、二足歩行できる霊長類が登場。これが人類の直接の祖先である。

その後、猿人が登場する。ピテクス（サル）という語尾がつく学術名がついた。有名なのは中東アフリカで発見されたアウストラロピテクス。「南のサル」という意味だ。四〇〇万年前から三〇〇万年前の女性で、ルーシーと命名された。

猿人は直立二足歩行できるため、二つの点で進化を加速した。ひとつは空いた前足（手）で物を持つことが可能になり、道具の発明と使用につながった。もうひとつは脳が大きくなったこと。四本足で歩く場合は頭が重いと前のめりになるが、直立二足歩行の場合は頭の重さが垂直方向に首にかかるため、より重い頭を支えられるようになった。

二〇〇万年前にはヒト属（ホモ属）のホモ・ハビリスが出現。石器を使うようになり、他の生物を殺傷する能力を高めた。

猿人の次の段階が原人。一八〇万年から一七〇年前の原人の化石が初めて発見されたのはジャワ島。したがってジャワ原人と呼ばれる。アウストラロピテクスよりも身長が高く、脳の容量は猿人の倍以上になっていた。

六〇万年前から地球は氷河期に入り、生物は適応した。原人は毛皮を身につけ、天幕を張ったシェルターや洞窟で暮らすようになった。五〇万年前には原人による火の使用の痕跡が中国の北京で見つかっている。北京原人である。火の発見と使用は、暖を取り、夜の灯りとし、猛獣を遠ざけ、食料を加熱調理することを可能とした。脳はさらに発達し、言葉を使い始めたと考えられる。

原人の次が旧人類。五〇万年から三〇万年前に出現し、代表的なのはネアンデルタール人。脳の容量は現代人よりも大きく、精神的にも進化。死んだ仲間を弔うようになった。

そしていよいよ現代人と同じ類型に属する新人類が登場する。現生人類とも言うが、二〇万年前くらい前に出現したクロマニョン人や上洞人であり、アルタミラ（スペイン）やラスコー（フランス）ではクロマニョン人が描いた洞窟絵画が発見されている。

地球の歴史四六億年を一年に喩えると、新人類が登場した二〇万年前は一二月三一日の午後一一時三八分。新人類の歴史は極めて短い。しかし、人間の歴史はさらに短く、瞬き程度と言ってもよい。

どこまでが人類で、どこからが人間か。その境界を歴史が確認できるか否かに求めると、先史時代、有史時代という区分が可能となる。文献で事実を確認できない時代が先史時代である。

先史時代という概念は、一八六五年に英国の考古学者ジョン・ラボック（一八三四〜一九一三年）が著書『先史時代(Pre-historic Times)』を発表したことに端を発する。

人類出現後の時代は、使用された道具類の違いに基づいて区分すると、旧石器時代、新石器時代、青銅器時代、鉄器時代となる。

その区分の中で、文字が使われ始めたのは青銅器時代の末期からだ。猿人は石で石を叩いて割り、尖った石器を製作。打製石器である。旧石器時代は二〇〇万年前から紀元前七〇〇〇年前後までだ。新石器時代に入ると、割った石を磨いて形を仕上げるようになった。磨製石器である。いくつかの文明においては、新石器時代の次に青銅器時代が到来。この時代に筆記が行われ、記録が残り始めた。

文字の使用開始時期は地域によって異なるが、おおむね青銅器時代後期から鉄器時代中期。それぞれの地域で先史時代から有史時代に移行した。先史時代と有史時代との間には、神話や伝承などが口伝される「原史時代」または「中間時代」という概念もある。

英国のストーンヘンジ[6]は約四五〇〇年から四〇〇〇年前の新石器時代のもの。エジプトでは紀元前三二〇〇年頃に記録が作られ始めた。メソポタミアでは紀元前二六〇〇年頃の粘土板[7]に刻まれた文字が発見され、財政収支や土地配分等の行政的な記録が残されていた。

人間の歴史が始まる先史時代の終焉、あるいは有史時代の始まりの時期は、上述のように地域によって異なる。

仮に最も古い約五〇〇〇年前を基準とすると、地球の歴史を一年とした場合の時点は、一二月三一日の午後一一時五九分二五秒。人間の歴史はまさしく一瞬である。気の遠くなるような地球と人類の歴史の後に、ようやく出現した新人類、さらにごく直近の局面で登場した人間。その人間がわずか三五秒の間に、地球上で最も愚かで有害な生物としての歴史を刻んでいる。

道具、文字以外では、農耕が人類史、人間史にとって重要である。先史時代、人類は食料を狩猟と採取に依存し、常に飢餓と絶滅の危機に晒されていた。狩猟と採取に適した土地を求めて移動した。この状況を脱し、人類が人間となり、有史時代に移行するうえで重要な役割を果たしたのが、農耕や牧畜などの食料生産である。

農耕は紀元前一万年から紀元前八〇〇〇年頃にシュメールで始まり、紀元前九五〇〇年から紀元前七〇〇〇年頃にはインドやペルー、紀元前六〇〇〇年頃にはエジプト、紀元前五〇〇〇年頃には中国、そして紀元前二七〇〇年頃にはメソアメリカでも広まった。

農耕は作業における協力や分業を生み出し、収穫の分配等を行うために社会を形成した。科学(天候や季節を予測するための天文学等)、技術、通信(連絡)、流通(交通)等の発展にも寄与した。鉄器時代の鉄製農具の登場は農耕の生産性を飛躍的に高めるとともに、信仰、芸術等の文明の発展にもつながった。

覇権国家の変遷

有史時代以降、世界はメソポタミア、エジプト、インダス、黄河の四大文明、あるいは四大文明にメソアメリカとアンデスを加えた六大文明を中心に発展してきた。各文明はその域内勢力間で主導権をめぐる攻防を繰り返していたが、有史時代に入り、勢力圏を拡大することで他の文明に影響を与え、文明間で覇権を争うようになった。(8)

歴史上、文明を跨がる最初の覇権国家となった元は、一二七一年から一三六八年までの間、中国とモンゴル高原を中心とした領域を支配した。中国王朝としての元は北宋崩壊(一一二七年)以来の中国統一政権であり、元の後は明(一三六八〜一六四四年)に中国統治が引き継がれた。

覇権国家としての元が西アジア、欧州域まで影響を与えていた頃、欧州では都市国家ベネチアが興隆。ベネチアの通貨ドゥカートや金貨は広域で流通し、世界最初の基軸通貨と呼び得る信用を得た。以後、世界の覇権国家の歴史は基軸通貨の歴史と重なる。

一五世紀になると、スペインが覇権国家に躍り出る。その後、スペインが英国と戦争している間に、ポルトガルがスペインに代わって覇権国家として登場する。その間、スペイン、ポルトガルの金貨、銀貨は、欧州のみならず、南アジア、東南アジアを中心に基軸通貨として流通する。

一六世紀になると、今度はオランダが覇権国家となり、グルデン(ギルダー)が基軸通貨となる。

一七世紀になると三次にわたる英蘭戦争(一六五二〜七四年)を経て、覇権は英国に移り、ポンドが基軸通貨となる。フランスは英国に対抗し、第二次英仏百年戦争(一六八九〜一八一五年)を戦い、フランもポンドと基軸通貨の座を争った。その間に起きたのが、第1章で取り上げた南海泡沫事件とミシシッピ会社事件である。結局、フランス王家のダメージは大きく、一七世紀の間にフランスは覇権国家争いから脱落した。

一八世紀になると英国の独壇場となり、世界の基軸通貨はポンドに収斂。ポンドが世界最初の本格的な基軸通貨となった。一八世紀前半には、英国だけで世界のGDP(国内総生産)の約半分を産み出し、一九世紀前半までの約一世紀の間、パックス・ブリタニカを謳歌した。

パックス(pax)はラテン語で「平和」の意味。「パックス・ブリタニカ」は英国が世界の平和の鍵を握っているという含意である。一八九九年、桂冠詩人（英国王家公認の宮廷詩人）作の詩のタイトルとして最初に使用された。

この間、一九世紀後半には普墺戦争（一八六六年）、普仏戦争（一八七〇～七一年）を通じて、プロシアが勢力を伸長させたほか、南北戦争（一八六一～六五年）を経た米国の国力が急伸した。

二〇世紀前半の二度の世界大戦を経て、二〇世紀は明らかに「米国の時代」、すなわち「パックス・アメリカーナ」の世紀となった。とくに後半は、東西冷戦の政治構造の下、経済的には米国を中心とした西側先進国の時代であった。

二一世紀に入り、世界の覇権構造は揺らぎ始めている。二〇一一年に公表された英国大手コンサルタント会社ＰｗＣ（プライスウォーターハウスクーパース）のレポートは、二〇一七年に新興七か国（中国、インド、ブラジル、ロシア、インドネシア、メキシコ、トルコ）のＧＤＰが先進七か国（米国、日本、ドイツ、英国、フランス、イタリア、カナダ）を上回ると予測。二〇一七年は「二〇世紀の新興国」が「二〇世紀の先進国」を経済的に凌駕する大きな節目となると予測している。二〇一八年には中国、二〇四五年にはインドが米国のＧＤＰを抜くと予測している。(9)

その含意を咀嚼するために、英国から覇権を奪取した米国の歴史を振り返ってみる必要がある。

米国は一七七六年に独立を宣言。フランスと同盟を結んで英国と戦い、一七八三年パリ条約によって正式に独立した。合衆国憲法は一七八七年制定、一七八九年発効。陸軍司令官ジョージ・ワシントンが初代大統領に就任した。

その後、戦争と買収によって領土を拡張。テキサス共和国併合（一八四五年）、米墨戦争によるメキシコ割譲（一八四八年）によって、領土は西海岸に到達した。この頃から遠洋捕鯨が盛んになり、太平洋に進出。一八五三年、日本を食料や燃料の補給拠点とするため、軍艦を派遣して開国を要求(ペリー来航)。アジア外交に注力し始める。

しかし、一八六一年、奴隷制廃止に反対して独立を宣言した連合国(南軍)と合衆国(北軍)間で南北戦争が勃発。国家分裂の危機に陥りながら、北軍が勝利(一八六五年)。

米国がこうした状況であったことから、日本の幕末には英国、フランス、ロシアが介入。一八六八年、日本は明治維新を迎えた。

南北戦争後の一九世紀後半、鉄道網発達とともに米国は西部開拓時代に突入。鉄鋼業や石油業の発展、エジソン等による電球、電話等の発明が相次ぎ、繁栄の基礎を構築。しかし、この時点で米国は「一九世紀の新興国」にすぎない。

買収、戦争による領土拡張は続く。ロシアからアラスカ購入(一八六七年)、ハワイ王国併合(一八九八年)、スペインとの米西戦争(一八九八年)に勝利してグアム、フィリピン、プエルトリコ、キューバを植民地、保護国として獲得。一八九九年から一九一三年の米比戦争によってフィリピンを制し、一九〇〇年には義和団事件鎮圧の名目で清(中国)に出兵。一九一五年にはハイチ、一九一六年ドミニカ共和国を占領した。

一九一四年に勃発した第一次世界大戦に対しては、当初中立を表明。しかし、一九一七年に至り、協商国側(英国、フランス、ロシア、日本等)として参戦。世界の覇権争いに参入した。「二〇世紀の先進国」が「二〇世紀の新興国」に経済規模で逆転されると予測される二〇一七年。その一〇〇年前の一九一七年は、「一九世紀の新興国」であった米国が「二〇世紀の先進国」の中心を目指すスタートとなった節目の年。偶然とは言え、興味深い歴史の綾である。

その二〇一七年、「アメリカ・ファースト」を掲げるトランプが米国大統領に就任したことも因縁めいている。米国は世界に何をもたらすのか。

第一次世界大戦後、米国大統領ウッドロウ・ウィルソン（一八五六〜一九二四年）はパリ講和会議（一九一九年）で国際連盟設立を主導したものの、米国は国際連盟に加盟しなかった。国際連盟加盟に反対の論陣を張ったのは上院外交委員長、ヘンリー・ガボット・ロッジ（一八五〇〜一九二四年）であった。

ロッジの反対理由は明確であった。米国外交の原則はモンロー宣言（一八二三年）以来の孤立主義であり、米国の名誉と主権が侵害されない限り、外国の戦争に巻きこまれないことが重要である。国際連盟加盟は欧州の紛争に米国が巻きこまれ、米国青年の血を流すこととなるため、米国にとって危険な選択であると主張した。また、国際連盟では、英国植民地自治領も独立国として参加して議決権を持つことになったため、英国の発言権が強まることも懸念していた。一方ウィルソンは、第一次世界大戦のような事態を抑止するために国際連盟の集団的安全保障の枠組みに参加することは米国の責務であると主張した。

結局、議会では小差で国際連盟加盟は否決された。ウィルソンは病によって一九二〇年の大統領選挙には出馬できず、国際連盟加盟反対を掲げた共和党のウォレン・ハーディング（一八六五〜一九二三年）が当選し、米国は国際連盟に加盟しなかった。ハーディングは在職中に急逝。翌一九二四年、ウィルソンもロッジも亡くなった。

米国は他の戦勝国とともに五大国となり、一九二〇年代は欧州の復興需要もあってバブルを謳歌し、経済力が急伸。しかし、一九二九年一〇月二九日のニューヨーク証券取引所での株価大暴落（暗黒の木曜日）を契機に世界恐慌に突入。世界経済はブロック化が進み、第二次世界大戦へとつながっていく。そして、その第二次世界大戦での勝利が二一世紀後半の「パックス・アメリカーナ」を確立することとなる。

「パックス・ブリタニカ」を築いた英国が世界の主役に躍り出たのは一九世紀前半、「世界の工場」と呼ばれて「パックス・ブリタニカ」を謳歌したのは一九世紀後半。「パックス・アメリカーナ」を築いた米国が世界の主役に躍り出たのは二〇世紀前半、「パックス・アメリカーナ」を謳歌したのは二〇世紀後半である。

こうした歴史を振り返ると、二一世紀前半の今後の展開、そして二一世紀後半の世界の覇権国がどこに落ち着いているかは予断を許さない。

G7対G20

二〇一七年、経済規模で「二〇世紀の先進国」を上回る「二〇世紀の新興国」の中に、二一世紀の覇権国の候補が含まれているかもしれない。しかし現時点では、中国やインドが覇権を握ると予測はできない。二〇世紀の覇者、米国も黙っていないだろう。

ソ連崩壊や市場原理主義の限界を予見したことで著名なフランス人類学者、エマニュエル・トッド（一九五一年〜）が次のように述べている。曰く「何かが終わることと違って、何が始まるかを言い当てるのはとても難しい[10]」。蓋し、名言である。

さらに曰く「ある新聞に載った漫画が面白かった。スーパーで二人が対話している。一人が『景気刺激策が必要だ』という。他方が『そう思うけれど、どの国の景気を？』と返す。二人の買い物カートに入っているのはメード・イン・チャイナばかり[11]」。

二〇世紀後半、第二次世界大戦の敗戦国、日本と西ドイツは奇跡的な復興を遂げた。日本は一九六八年に

GDPの水準が西ドイツを抜き、世界二位の経済大国となった。[12] 一九七二年、OECD報告書[13]は日本の奇跡を分析。日本の雇用制度における終身雇用、年功序列、企業内労働組合の三点セットを「三種の神器」と称し、経済発展の主因であると説明した。一九七九年には米国の社会学者エズラ・ヴォーゲル（一九三〇年〜）の著作『ジャパン・アズ・ナンバーワン』がベストセラーになり、二一世紀は日本の時代と囃されるほどであった。

この間、覇権国家米国はベトナム政争や宇宙開発の財政負担が重くなり、財政赤字と貿易赤字、つまり「双子の赤字」という構造問題を抱え込むこととなった。一九七一年、米国大統領ニクソンは、突如ドルと金の兌換を停止。「ニクソンショック」である。米国は、覇権国家のパワーの源泉である基軸通貨の威信を傷つけてでも対応せざるを得ないほど、経済的苦境に直面していた。

これを機に、「世界の工場」は米国から日本に移行した。ちなみに、「世界の工場」という表現は、英国の経済学者ウィリアム・スタンレー・ジェヴォンズ（一八三五〜八二年）が著書『経済学理論』（一八七一年）の中で記したのが始まりである。

同年、米国の同盟国である一方、経済的な競合国として台頭してきた日本に事前予告もなく、ニクソンは日米両国の対立国である中国を電撃訪問した。東西冷戦下の政治力学に一石を投じるとともに、将来の中国の経済市場としての可能性に着目した動きであった。翌一九七二年、田中角栄が日本の戦後の首相として初めて訪中し、日中国交正常化に踏み切った。

東西冷戦下のこの時期、世界経済は西側先進国中心で動いていたため、米・英・仏・西独・日の五か国首脳による経済政策等の協議を行うG5と呼ばれる枠組みが成立した。一九七五年にイタリアが加わり、G6による第一回サミット（先進国首脳会議）が開催された。翌一九七六年にはカナダが加わって第二回サミットが開催され、世界はG7時代に入った。カナダ以外の六か国は、いずれも二〇世紀前半までの帝国主義時代における列強国である。

G7における日本のプレゼンスが高まる中、上述のヴォーゲルの著書『ジャパン・アズ・ナンバーワン』がベストセラーになった一九七九年、G7を横目に米国は米中国交正常化に踏み切った。

一九八〇年代に入って日米貿易摩擦が激化。一九八五年、G5蔵相がニューヨークのプラザホテルに集まり、日本の過大な貿易黒字を調整するために大幅な円の切り上げに合意した。いわゆるプラザ合意である。日本は円高対策のための金融緩和によって生み出されたバブル景気によってさらに経済力を高めたものの、一九八九年末に株価が最高値をつけた後に、不動産、株等を中心としたバブルは崩壊した。

同時期、日本の隣国である中国は、毛沢東死後の権力闘争と民主化運動に直面していた。一九八九年の天安門事件で民主化勢力が弾圧され、中国の暗い未来を予感させた。ところが、事実上の最高権力者となった鄧小平の下で、共産主義国家中国は経済の資本主義化に取り組むこととなる。

一九九〇年代は日本経済が低迷する一方で、アジアにおいて韓国と中国が飛躍的な発展を遂げた。以後、東アジアは日中韓三か国の力学の中で動いていくこととなる。韓国は一九九〇年代後半のアジア危機で失速するものの、中国は巨大な国内市場に支えられて経済成長を続け、二〇〇一年、WTOに加盟した。共産主義国家中国が、資本主義諸国による自由貿易組織であるWTOに加盟したことは、世界の構造が二〇世紀的なイデオロギー対立や覇権争いでは説明できない段階に入ったことの証である。そして二〇一〇年、中国のGDPが日本を抜いて世界二位となり、「世界の工場」の地位も日本から中国に移ったと言える。

一九九〇年代にはG7にEU（欧州連合）も参加するようになり、一九九七年からロシアも参加してG8となった。しかし、二〇一三年にロシアがクリミア半島のセヴァストポリを強行編入したため、二〇一四年からロシアの参加資格が停止され、G8からG7に戻って現在に至っている。

G7の枠組みとは別に、二〇〇八年、リーマンショックによる世界金融危機、世界同時不況への対応を議論するため、ワシントンで初めてG20（二〇か国・地域首脳会合）[14]が開催された。

米国大統領ブッシュの提唱で緊急に召集されたG20は、G8に中国、インド、ブラジル等、経済的な新興国を加えた枠組みである。G7が世界同時不況の克服には新興国の協力が不可欠と考えたためであり、具体的には新興国に二つのことが期待された。

ひとつは、世界経済の牽引役としての新興国の需要。もうひとつは、欧州諸国やG7各国の財政ファイナンスである。リーマンショック後の日米欧各国は大規模な財政出動による景気対策を実施する中、新興国にも景気対策を促したほか、日米欧各国の国債消化を新興国、とくに中国に期待した。

G20の枠組みでは日米欧が主導権を握ることはできず、中国を含む新興国の力学の影響が大きい。そのうえ、G20内のキャスティングボートを握っているのは中国、ロシア、ブラジル、インド、南アフリカで形成するBRICS[15]グループ。G20内でG7対BRICSのインナーゲームが始まったと言える。

中国はG8に加わってG9の一員になるべきとの提案に全く興味を示さず、あくまでG20を重視。新興国の代表としての地位を意識している。

二〇一〇年代に入ると、ギリシャを発端としてPIIGS[16]（ポルトガル、アイルランド、イタリア、ギリシャ、スペイン）諸国の財政危機が発生。EU全体の経済状況が懸念される中、ここでも各国国債の購入者として中国がプレゼンスを高めた。

その後、中国は米国債や日本国債の購入量を増やした。貿易黒字と中国人民銀行による元売り為替介入等に伴う外貨準備増加を背景にした動きである。

中国はリーマンショック後のリスク分散のため、外貨準備のユーロでの運用比率を高めていたが、ギリシャ危機に端を発した欧州ソブリン債の価格下落、ユーロ安で購入ユーロ資産に多額の評価損が発生。そこで、米ドルや日本円、米国債や日本国債に着目した。同時に、米国債や日本国債を大量に保有することは両国に対する圧力になり得ることから、中国のバーゲニングパワー向上も企図していた。さらに、外貨準備による外国債投資は、運用先である日米欧各国からの元切り上げ要求を抑止する効果もある。

一方、米国や日本にとって国債の安定消化と金利上昇抑制というメリットがある一方、中国の政治力や経済的影響力拡大をデメリットと捉える向きもある。先進国の中で財政赤字対GDP比が最悪の日本にとって、国債の国内消化率が高いことが財政不安を否定する論拠のひとつであることから、中国を含む外国人保有比率の上昇は財政不安懸念を高める。

中国がGDPで日本を抜き、世界二位の経済大国、「世界の工場」となった二〇一〇年以降、国際政治経済の調整の中心はG20に移行した。上述のとおり、G7とBRICSはそのインナーグループ的位置づけである。米国も中国による米国債購入を鑑み、G7よりもG20重視の姿勢を強めているように見える。G20は複雑な利害調整の場となっているが、中国以外の新興国のスタンスも全体の力学に影響する。新時代に入った国際社会の中で、中国は新興国の代表としての発言力強化を目指している。その戦略の延長線上に、二〇一一年に習近平が発表した「一帯一路」構想がある。

今後の国際政治を米欧亜の三極構造で考えるのか。その場合、アジアで最初の先進国の一員となった日本を、アジア諸国は「アジアの一員」と認めるのか。中国はアジアの中で日本をどのような立場に追い込もうとしているのか。韓国はどのように動くのか。

あるいは、国際政治を先進国、新興国という二極構造で捉えるのか。その場合、先進国は利害を共有して新興国に臨むのか。それとも、一部の国が他国を出し抜いて新興国と利害を共有しようとするのか。先進国のリーダーであるはずの米国大統領がモンロー主義的な動きに回帰する中、本当に二極構造は成り立つのか。

日本では、マスコミを通じて伝わるニュース等がこうした国際政治の地殻変動を十分に咀嚼しているとは言い難い。「二〇世紀の先進国」の情報、欧米の情報、とりわけ米国発の情報に偏重している。マスコミだけでなく、あらゆる分野の関係者が、歴史と日本を取り巻く環境変化を的確に捉え、情報の取捨選択をしなければならない。虚心坦懐の思考と戦略が必要である。

フォルト・ライン紛争

「文明の衝突」という概念は、一九九三年、米国の政治学者ハンチントンが同名論文を雑誌「フォーリン・アフェアーズ」に発表して登場。同論文がベースとなったハンチントンの著作『文明の衝突と世界秩序の再創造』(一九九六年)によって確立した。

ハンチントンは冷戦後の国際紛争は文明間の対立が原因となり、とくに文明と文明が接する断層線(フォルト・ライン)で紛争が激化しやすいと指摘。二〇〇一年の同時多発テロ事件やそれに続くアフガニスタン紛争、イラク戦争を予見した。

ハンチントンは主要文明をおおむね次のように分類した。誕生順に列挙すれば、ヒンドゥー（BC二〇世紀）、中華（BC一五世紀）、イスラム（AD七世紀）、西欧（AD八世紀）、ビザンティン（東方正教）（AD一六世紀）の各文明である。西欧文明と土着文明が融合したラテンアメリカ文明、多様なアフリカ文明は主要文明に分類できないかもしれないとしている。一方、日本文明（AD二世紀から五世紀）は中華文明から派生した単独国の孤立文明と類型化している。

ハンチントンは、一九世紀から二〇世紀に世界の中心であった西欧文明が、二一世紀は中華文明、イスラム文明に対して守勢に立たされると予測。西欧文明は、圧倒的優位を誇った先進文明という側面と、相対的に衰弱しつつある衰退途上文明という二つの側面を有すると指摘した。二一世紀においても西欧文明が相対的に最強であり続けることが可能である場合でも、その基盤（領土、生産力、軍事力等）の衰退は顕著であり、確実に脆弱化すると予測している。

こうした状況下、世界の枠組みは、かつてのイデオロギー対立、東西対立を軸とする勢力圏に代わり、「フォルト・ライン」によって再構築され、東西冷戦中にはなかった「フォルト・ライン紛争」が頻発するとしている。

ヒンドゥー、中華、イスラム、西欧、東方正教の各文明がその当事者だが、より大きく括れば、西欧文明と非西欧文明の対立と定義している。政治的独立を勝ち取った非西欧文明は西欧文明の支配から抜け出すため、西欧文明との均衡を求めようとするからである。ラテンアメリカ文明とアフリカ文明は西欧文明に対して劣勢であり、かつ依存的であるとして、対立を予測していないが、今後の発展次第では「フォルト・ライン紛争」に参戦してくる可能性を否定できない。

こうした文脈から考えると、一九九〇年代以降のバルカン半島における民族問題やイスラム原理主義の台頭はハンチントンの予測の範疇と言える。また、中国が尖閣諸島問題の際に、尖閣諸島を「中国の領土」と言わずに「中華民族の領土」と表現したことは、「文明の衝突」「フォルト・ライン紛争」の文脈を意識した言葉の選択である。中華文明全体を鼓舞する国家戦略を推進していると見るべきだろう。

ハンチントンは、主要文明の中核国(例えば米国や中国)が「フォルト・ライン紛争」回避のための調停ルールを確立することが今後の世界平和の条件と指摘している。

ハンチントンの定義どおり、日本が単独国の孤立文明だとすれば、パラダイムシフトが起きつつある中で日本が主要文明間でどのような位置づけとなり、どのような役割を果たすかは興味深い。

主要文明間、あるいは国家間での紛争を回避するためには、お互いをよく知ることが肝要である。そのためには、「インテリジェンス」能力を高めることが必須である。ここでは、インテリジェンスを諜報機関という意味で使っているのではない。相手のことをよく知るための情報機能という意味である。

米国では二〇を超える情報組織が情報収集力と分析力の高さを競い合っている。英国も伝統的に情報収集、分析能力の高さには定評がある。おそらく、ロシア、中国も高い情報機能を持っているだろう。

諜報活動の必要性を主張しているのではない。「文明の衝突」時代を乗り切るためには、情報組織が有するような機能が重要であることを指摘している。公開情報の中にも貴重な情報はたくさんあり、様々な資料を丹念に読み込んで分析し、初めて各国のことがわかる。

「インテリジェンス」に関する一般的な基本用語を整理しておこう。「インテリジェンス(Intelligence)」とは、収集された情報を加工、統合、分析、評価および解釈して生産される成果物(プロダクト)で、国家が安全保障政策を企画立案・執行するために必要な知識と定義される。広義では「インテリジェンス」が生産されるプロセス、工作活動、防諜活動、それを行う組織までを総称して「インテリジェンス」と言うこともある。

「インテリジェンス」の収集、分析対象となるものは、独特の用語で呼ばれている。「インフォメーション(Information)」は「生情報」とも言われ、報告、画像、録音された会話等の素材であり、加工、統合、分析、評価および解釈のプロセスを経ていないものを指す。

「インテリジェンス」は対象となる情報源によって分類される。ひとつは「ヒュミント(Human Intelligence: HUMINT)」。人的情報源から得られる「インテリジェンス」である。「シギント(Signals Intelligence:SIGINT)」は会話や信号の傍受による「インテリジェンス」。「イミント(Imagery Intelligence:IMINT)」は画像による「インテリジェンス」。衛星や偵察機等の手段を駆使して収集された画像から生産される「インテリジェンス」も含まれる。

いずれも重要であるが、「文明の衝突」「フォルト・ライン紛争」を予測し、適切な回避行動をとるためには、「オシント(Open Source Intelligence:OSINT)」の有効活用が鍵となる。「オシント」とは報道や研究論文等の公開情報から生産される「インテリジェンス」である。世界中のニュースやレポートを丹念に収集、分析すると、自ずと様々な知見が得られる。とりわけ、「文明の衝突」「フォルト・ライン紛争」に関するような「インテリジェンス」のレベルを上げていくには、他の文明圏のメディア報道や出版物、研究論文等を丹念に分析する能力が求められる。各国とも「オシント」能力を高め、相互に理解し合うことが必要である。

安全保障、経済戦略や通商交渉、外交、あらゆる分野で「オシント」能力の向上を図るとともに、「ヒュミント」「シギント」「イミント」能力の向上にも注力していかなくてはならない。

「インテリジェンス」は外交・防衛やテロ対策にとどまらない概念である。各国がインテリジェンス機能を高めることによって相互理解が深まる。

国際政治の現実

マキアベリ

中世ヨーロッパの高名な政治思想家であり、『君主論』の著者としてよく知られているニッコロ・マキアベリ(一四六九〜一五二七年)[17]。「権力のためには手段を選ばない権謀術数主義者」と評されることもあり、毀誉褒貶の多い歴史的人物である。実際には、一五世紀末期から一六世紀初頭にかけて、フィレンツェ共和国の政治家、外交官、軍人として、実務を担った能吏である。

そのマキアベリの遺した言葉(あるいは政治的原則)の中で、とりわけ重要なものが二つある。

ひとつは「戦争は始めたい時に始められるが、止めたい時には止められない[18]」。賢明な政治家や各界の指導者であれば、誰もが反芻しなければならない言葉であろう。このマキアベリの言葉に照らせば、戦争に踏み切ることには慎重なうえにも慎重でなければならない。しかし、指導者がその慎重さに欠ける場合もある。

もうひとつは「フォルトゥーナを引き寄せるだけのヴィルトゥが必要である[19]」。「フォルトゥーナ(Fortuna)」は「運(運命)」のこと。一方、「ヴィルトゥ(Virtu)」は「徳」「技量」などと訳される。「運も実力のうち」とよく言うが、その「運」は偶然にめぐってくるものではなく、自らの「徳」「技量」で手繰り寄せるものである、ということを示唆している。国にとって「運」のひとつは、国や国民が戦争の災禍に巻き込まれることなく、豊かで平和な社会が維持されることである。そのことに反対する人間はいないだろう。国の指導者が「運」を手繰り寄せるためには、「徳」「技量」、言い換えれば「政治的判断」「政治的手腕」が求められる。

各国の指導者のタイプはそういう観点から見ると興味深い。軽率で独りよがりのタイプは国や国民に被害をもたらす。世論の影響も重要である。世論が指導者を煽ることのない社会全体の雰囲気が大切である。

日本では二〇一五年に集団的自衛権に関する議論が盛り上がった。その際に新聞に掲載された軍事ジャーナリスト田岡俊次のインタビュー記事[20]が興味深い。タイトルは「問う、集団的自衛権」。記事の見出しは「タカ派の平和ぼけ、危険」。日本を取り巻く情勢に触れながら、示唆と含蓄に富んだ内容を述べている。

曰く「中国が尖閣諸島の領有権を主張しながらも『棚上げでいい』と言うのは、日本の実効支配を認めるに等しい。互恵関係回復に妥当な落としどころだ」「首相は中国包囲網をつくろうとしているようだが、米国、韓国、豪州は加わらず、成功しないだろう」「安全保障の要諦は敵を減らすことだ。敵になりそうな相手はなんとか中立にすることが大切で、あえて敵をつくるのは愚の骨頂だ」「タカ派の平和ぼけは本当に危ない」。国際政治の難しさと落としどころの探り方を巧みに語っている。

人間は地球上で最も愚かで有害な生物である。だからこそ、少しでも賢明な指導者が望まれる。人間の愚かさを体現するような人間が指導者として権力を握ることは、愚の骨頂である。短慮な言動は「ヴィルトゥ」の観点から「フォルトゥーナ」を手繰り寄せることにはならない。国民も政治家も、よく考えるべき問題である。

『君主論』に並ぶマキアベリの名作は『リウィウス論（政略論）』。『ローマ史論』と呼ばれることもある。古代ローマの歴史家ティトゥス・リウィウス（BC五九〜AD一七年）よる全一四〇巻に及ぶ『ローマ建国史』であり、一五世紀に発見された第一巻から第一〇巻に記された史実を踏まえ、政治体制や政治思想に関する主張を展開している。

一貫して現実主義を重んじ、政治の「目的」と「手段」の分離、「目的」と「手段」の適切な制御が必要であると説いている。

前述の軍事ジャーナリストのインタビュー記事のテーマは「集団的自衛権」。政治の重要な「目的」は、言うまでもなく、国民の生命と財産の安全を守り、国家の三要素（国民、領土、主権）を守ることである。「集団的自衛権」は明らかにそのための「手段」のひとつ。「手段」をどのように使うかは指導者の「ヴィルトゥ」次第。国民と国に「フォルトゥーナ」を手繰り寄せるか否かは、指導者の判断と力量にかかっている。

「集団的自衛権」は、一九四五年に発効した国連憲章第五一条において初めて登場した権利（概念）である。そもそも、国連憲章の基となった一九四四年の原案（ダンバートン・オークス提案）には明記されていなかった。一方、国連憲章第八章に定められる予定だった「地域的機関（地域共同体）」による強制行動（軍事行動等）。安全保障理事会の事前承認が必要とされ、常任理事国の拒否権によって事実上発動できなくなることが懸念された。

そこで編み出されたアイデア、つまり「手段」が「集団的自衛権」である。東西冷戦期には、「集団的自衛権」に基づいて北大西洋条約機構（NATO）やワルシャワ条約機構（WTO）等の軍事的国際組織が編成され、共同防衛体制が構築された。

しかし、冷戦終結に伴ってWTOは解体され、「集団的自衛権」の歴史的意義は低下していった。そして二〇一五年、改めて日本で論争となった「集団的自衛権」。この「手段」が「目的」に資するか否か、代替策の有無がポイントである。

国連憲章には「個別的自衛権[21]」は明記されていない。それは、国家の当然の権利、つまり自然権であり、人間に認められる「正当防衛」と同じような権利だからである。「集団的自衛権」の必要性を主張するために提示される事例の多くは、「個別的自衛権」の解釈によって論理的に対応可能。つまり、代替策がある。

「目的」と「手段」を混同しないことが肝要である。「手段」に固執するあまり、「目的」を害する結果となっては本末転倒。指導者の「ヴィルトゥ」が「フォルトゥーナ」を左右する。ちなみに「フォルトゥーナ」はローマ神話の「運命の女神」。英語の「Fortune」の語源である。

絵画に描かれている「運命の女神」の姿。運命を操る舵を持ち、運命が不安定なことを表す球体に乗り、運命の移ろいやすさを示す羽根のついた靴をはき、底の抜けた壺を持って運命(幸運)が満ちることはないことを示唆。チャンスは後からでは摑めない(やり直しはきかない)ことを象徴するように、髪は全て前で束ねられている。

『君主論』には君主の気質について、次のようにも記されている。曰く「美徳と思われる行為も自らの破滅を招くことがあり、悪徳と思われる行為から自己の安全と繁栄とが生ずる場合がある[22]」。政治とは奥深いものである。

パワーポリティクス

マキアベリズムはイタリアの政治家マキアベリの主張した現実主義的な政治手法である。目的のためには手段を選ばず、権力と策略を駆使するという含意で語られることも多いが、現実主義という意味で優れた政治論である。

近代になると、国際社会は表面上マキアベリズムを否定。大義名分を掲げつつ、実際は権謀術数を駆使して自国に有利な方向に誘導するバーゲニングパワー（交渉力）が問われるようになった。

パワーポリティクスという考え方が普及したのは第一次、第二次世界大戦の戦間期。明確な定義や定訳はないが、言わば「国家運営の政治手腕」である。二〇世紀後半の世界は東西冷戦の二極構造からG７体制に移行。今世紀に入って米欧印中露の五極構造となり、「一〇〇年に一度の危機」と言われたリーマンショックを契機にG20のプレゼンスが高まっている。世界は多極化時代に入り、パワーシフトが起きている。利害関係は複雑さを増している。国家を誤りなく運営するためには、一層の分析力、構想力、実践力が要求される。国際社会の構造変化に、各国はパワーポリティクスの限りを尽くしているのが現状である。それが国際社会の現実であり、外交はカードゲームである。

経済も当然パワーポリティクスのカードの一枚である。いや、エースのカードかもしれない。リーマンショック後、米国は中国に米国債購入を要求。かつての常識からすれば考えられないことだ。今や米国債の二大保有国は中国と日本。その中国は二〇一四年、米国債保有額を削減し、新規購入にも慎重姿勢[23]を示した。対米外交のバーゲニングパワーを高める工夫であった。

その矢先、中国は南シナ海で米軍調査船の航行を妨害。北朝鮮のミサイル発射の動きにも寛容な姿勢。一方、チベット騒乱一周年で中国内陸部に不穏な空気が流れる中、人権重視の米国はその動向を注視した。経済カード、軍事カード、人権カード等、あらゆるカードを駆使してバーゲニングパワーを競い合っている。

この間、資源大国ロシアの武器輸出額が過去最高を更新していた。資源と武器がロシアの経済復興の切り札である。中印両国はロシア製武器の二大顧客。しかし、中国は輸入からライセンス生産に軸足をシフト。

地政学的に印露に挟まれる中国にとって、印露関係は気になるカードである。ロシアと隣接する欧州。欧露融和は米国を牽制する重要なカードである。欧州に対する米中の財政出動要求に対して、ロシアカードを手の内に秘めている。

各国ともカードゲームの「腕前」を競い合う。それが、地球上で最も愚かで有害な生物である人間が形成する国際社会だ。人間は少しでも愚かさを克服し、進化すべきである。プレーヤーとしての各国の外交も当然進化すべきである。進化することが、国際社会全体に寄与する。

各国は自国にとって最善の選択をしようとする。しかし、愚かな人間が司る国家も、人間と同様の愚かさ故に、実際には「相対的最善解」を得られない。ではどうすればよいのか。相互に愚かであることを自覚するとともに、「正義」を主張し合わないことが肝要である。「話し合うとは、聞き合うこと」である。また、相手に予測されないことも重要である。「相対的最善解」をより深く考える機会を相手に与える。

例えば、米国追随の原則が対外的に明々白々であれば日本の外交行動を予測することは極めて簡単。予測が容易であるほどバーゲニングパワーは低下する。日米同盟を基本としつつも、独自の主張をすることが多極化時代の外交の要諦である。その結果としての日本のプレゼンス向上は日米関係にも好影響を与える。良好な日米関係は、日本の対中交渉力強化にもプラス。そして、親密な日中関係は欧米に対するアジア全体の地位向上に寄与する。

これからの外交には、各国とも今まで以上に深い洞察と思慮に基づいた戦略が必要である。

ミニ・マックス戦略

通商、為替、外交などの国家間交渉はゲームのような側面がある。ゲームだから「勝ち」と「負け」がある。「引き分け」もある。しかし、国家間交渉で「勝ち」「負け」があまり明確になることは好ましくない。その後の外交関係、国民感情を悪化させ、紛争や戦争に発展しかねない。

そこで、紛争や戦争を回避するという大前提の下では、表面的に望ましい結果は「痛み分け」。しかし、当事者がそれぞれ「まあ、仕方ない」「痛み分けだが、実利を得た」と思える内容が、国家間交渉の決着としては「相対的最善解」である。

ゲーム理論の常道のひとつに「最大（マックス）の損失を最小（ミニ）にする」という「ミニ・マックス戦略」がある。簡単に言えば、「ボロ負け」だけは回避する戦略である。合理的、論理的に物事を考えれば、古今東西を問わず、同じ真理に到達する。

日本の古典、吉田兼好の『徒然草』にも「ミニ・マックス戦略」が登場する。曰く「勝たんと打つべからず、負けじと打つべきなり」。双六《すごろく》の名人の言葉として記されている。まさしく「ミニ・マックス戦略」である。

例えば為替。日本は過去四〇年間、常に円安批判に晒され続けている。一九八五年にはプラザ合意によって米英独仏に円安是正を強要され、一年間で一〇〇円も切り上がった。日本にとって最大の損失、つまり「ボロ負け」状態は、何も合意できずに「日本円だけに皺寄せすればよい」「困っているのは日本だけだ」という包囲網を形成されることである。

相手の立場になって展開を考えることも勝負ごとの鉄則。中国にとっての「ボロ負け」状態は、中国元の切り上げを約束させられる「中国元版プラザ合意」。しかし、国際社会の合意が中国元に対しては「市場で決定される通貨制度への移行」を抽象的に求めるにとどまるならば、中国も「ミニ・マックス戦略」に成功する。G7やG20では通常、各国の為替介入については、「先進国は為替レートの過度な変動や無秩序な動きを監視」「協調的でない対応は全ての国に悪い結果をもたらす」と両論併記にとどめる。これも「痛み分け」である。

何とも玉虫色の決着だが、これが国家間交渉の現実である。表面的にどのような説明をするかは別にして、本質的にはドロー(引き分け)以外の着地はあり得ない。

ゲーム理論と聞くと、投機家として有名なジョージ・ソロスの名前が浮かぶ。一九三〇年ブダペスト生まれのハンガリー系米国人で、一九六〇年代に投機ファンドを立ち上げた。

「ゲームのルールが変わる時が大儲けのチャンス」[24]というのはソロスの名言のひとつである。一九九二年、英国がポンド切り下げを余儀なくされている局面(ゲームのルールが変わる局面)で、BOE(イングランド銀行)にポンドを売り浴びせ、約二兆円の史上最高の投機利益を獲得。以来、伝説の投機家となった。

ソロスは単なる投機家ではなく、思想家、篤志家としても知られている。思想家としてのソロスが提唱しているのが「再帰性(refexibity)理論」。

少々難解だが、ゲーム理論にひきつけて表現すると、「こうしたい」「こうなるべきだ」と考える人間の戦略と現実の出来事の不確定性、双方向の影響を指摘した概念である。つまり、「現実の世界は戦略によって変えられる」という面、「現実世界の変化に合わせて行動する」という面、その両面を意識することの重要性を説くのが「再帰性理論」である。

ソロスは篤志家として多くの社会活動を行っているので、投機利益を個人的に使うことには興味がないとも言われている。ＦＲＢ（連邦準備制度理事会）の元議長ポール・ボルカーは、ソロスの著書『ソロスの錬金術（The Alchemy of Finance）』の序文に寄稿している。

曰く「彼の得た膨大な利益の大部分は、発展途上国や新興国が『開かれた社会』になるよう支援することに捧げられている。ここに言う『開かれた社会』とは『取引の自由』などといった表面的なことを意味するだけでなく、重要なのは『新しい考え方や、自分とは異なった考え方や行動を受け入れる』社会であるという点である[25]」。

また、ボルカーは、ソロスは「大成功を収めた投機家として、また更なる成功の可能性を秘めながら、引き際を大事にしたことで更に名声を高めた[26]」とも述べている。そのソロス、過去に米国外交問題評議会のメンバーにも名を連ねていた。つまり、米国外交戦略の知恵袋である。

今や中国も外交戦略を立案する際に、科学者やコンピューターを駆使して、相手国やステークホルダー（利害関係者）の思考や行動をゲーム理論的に分析している。ソロス氏の「再帰性理論」に照らして言えば、「相手国の戦略と現実世界の変化に翻弄される国」とならないことが肝要であろう。

米国の大統領トランプがドル安を主張する一方、財務長官スティーヴン・ムニュチンは強いドルを主張。政権内の主張が矛盾しているが、これも外交交渉の戦略の一環であれば脱帽である。

オバマ時代にも、大統領が米ドル安、輸出増加による景気回復、つまりドル安政策を主張する一方、財務長官ティモシー・フランツ・ガイトナーが「米国の政策は強いドルを支えるものだ」と発言。外交とはそういうものだ。国家間交渉や国家戦略とは、かくも不合理、変幻自在、融通無碍であることを、強く認識するべきだろう。

ガイトナーは「米国は基軸通貨国として世界の金融安定化に向けて特別の責任がある」とも発言。その後、中国副首相の王岐山との会談に臨み、「重要な経済問題について議論する」と述べ、中国元切り上げ問題について協議した(27)。

しかし、二国間協議の内容は闇の中。真相は当事者しかわからない。今や世界の二大覇権国家の米中両国には、共通の利益もあることだろう。他国には知り得ない、他国に不利益なコミットメントが行われる可能性もある。そういう緊張感を持つことが必要である。

ゲーム理論を外交戦略に活用する米中両国。しかし、元祖ゲーム理論は中国にある。すなわち、「孫子の兵法」。

「孫子の兵法」が教える外交戦略の常道は「近攻遠交」。対立する隣国に対して優位に立つためには、隣国の背後にある遠くの国との外交関係を確立するということである。早い話が「挟み撃ち」。二一世紀の国際社会を中国春秋時代と同様に考えることはできないが、基本的な発想は参考になる。

中国の対日戦略を「近攻遠交」に当てはめれば、米国と有効な外交関係を確立することは当然である。同様に日本の対中戦略を考える場合、中国の背後の大国、インドの重要性を十分認識しなければならない。インドは、尖閣諸島や南シナ海で権益拡大を企図している中国の行動を批判し続けている。また、インドと対立関係にあるパキスタンに対して、中国が核技術協力を行っていることにも懸念を示している。しかも、インドと中国は新興輸出大国としてライバル関係。「近攻遠交」から言えば、日本は当然インドとの良好かつ戦略的な外交関係を確立する必要がある。

もちろん、日本は中国とも友好関係、戦略的互恵関係を目指すべきである。しかし、外交とは、各国が最大限の努力と知略を駆使する結果として形成されるものである。努力や知略に差がありすぎては、良いゲーム(外交)はできない。

ゲーム理論では、プレーヤーが互いに最高の努力をして形成される状態のことを「ナッシュ均衡」と言う。ジョン・フォーブス・ナッシュ(一九二八〜二〇一五年)はノーベル賞経済学者である。プレーヤー同士が協力し合わない「非協力的ゲーム」の場合、少なくともひとつの「ナッシュ均衡」が存在するというのがゲーム理論の基本である(「ナッシュ均衡」については第4章で詳述する)。

外交は表向き「協力的ゲーム」だが、本質は「非協力的ゲーム」。自国の利益を犠牲にして、他国の利益を優先する国はない。各国は果たして「ナッシュ均衡」を達成しているだろうか。自問自答が必要である。

近代まで、欧米では「孫子の兵法」はあまり知られていなかった。そのため、「孫子の兵法」は中華圏のような同一文化圏でなければ通用しない内容であるとの見方がある。一方、欧州では、「孫子の兵法」に相通じる兵法論がすでに普及していたために、「孫子の兵法」が新鮮に受け入れられることがなかったとの見方もある。

それは、カール・フォン・クラウゼヴィッツ(一七八〇〜一八三一年)の『戦争論』やアントワーヌ・アンリ・ジョミニ(一七七九〜一八六九年)の『戦争概論』といった軍事学の古典である。欧州人にとって東洋軍事学の古典の驚きを軽減したと言われている。

もっともクラウゼヴィッツの『戦争論』を批判的に取り上げた軍事学教書も出てくるようになり、その集大成がベイジル・リデル・ハート(一八九五〜一九七〇年)の『戦略論』であるが、ハートは「孫子の兵法」を称賛している。

ナポレオン・ボナパルトが「孫子の兵法」を読んでいたとの逸話もあるほか、湾岸戦争を戦った、当時米国中央軍司令官だったノーマン・シュワルツコフも愛読書は「孫子の兵法」と言って憚らない。[28][29]

フロンティア

アナン告示

二〇一七年五月、日本の自衛隊の南スーダンPKO部隊が撤収した。南スーダンへのPKO部隊派遣は二〇一二年一月。派遣開始から五年強で任務を終了した。事実上の内戦状態に戻りつつある南スーダンの現状、およびPKOをめぐる現実を鑑みると、止むを得ない。世界各国と比べ、日本ではPKOについて正確な理解が十分に浸透していない。PKOとはいかなる存在なのか。

PKO(Peacekeeping Operation、ピース・キーピング・オペレーション)は「国連平和維持活動」と訳されているが、重大な誤訳が含まれている。「オペレーション」は「作戦」である。これをあえて「活動」と訳していることが、PKOの本質に対する誤解を助長している。

そもそも国際連合(UN)は「United Nations」。直訳すれば連合国。第二次世界大戦の戦勝五か国(米英仏露中)を母体とする戦勝国連合組織である。五大国が安全保障理事会における拒否権を有する常任理事国。加盟国の中で秩序を乱す国が出てきた場合には、集団制裁(集団的安全保障を発動)する枠組みが原点だ。だからこそ、国連憲章には敵国条項(戦勝国の敵国であった国に関する事柄を決めている条項)が存在している。具体的には第五三・七七・一〇七条である。

日本国内には、日本は安全保障理事会の常任理事国を目指すべきとの意見がある。外務省がその急先鋒である。しかし、日本は未だに旧敵国という位置づけ。戦勝国側で日本が安全保障理事会の常任理事国になることを現実的な話と思っている国はほとんどない。「日本の常識、世界の非常識」である。

ＰＫＯに関しても「日本の常識、世界の非常識」がある。国連憲章で平和維持のための強制手段(軍事介入)を定めているのは第七章の「強制措置」。その前の第六章は紛争当事国(受入れ国)の同意を前提とする「平和的介入手段」を定めている。国同士の紛争ではなく、内戦等が対象のＰＫＯには国連憲章上の根拠がないため、第六章と第七章の中間という意味で「第六・五章」という呼び方もされる。

第一次中東戦争(一九四八～四九年)停戦後の「休戦監視機構」が最初のＰＫＯ。創設日の五月二九日はＰＫＯ記念日になっている。ＰＫＯの本質を理解するうえで不可欠の重要な基礎知識が四つある。

第一は一九七七年のジュネーブ諸条約追加議定書。ＰＫＯ部隊も内戦勢力等と武力衝突に発展する可能性があることから、国以外の紛争当事者にも国際戦争法や国際人道法を遵守させることを定めたものである。

第二は紛争当事国(ＰＫＯ受入れ国)と結ぶ「地位協定」。ＰＫＯ部隊の派遣に当たっては、国連が受入れ国と一括して「地位協定」を締結する。紛争当事者と武力衝突が起き、自国派遣部隊が殺傷行為等を行ってしまう場合に備え、受入れ国における訴追免除を定めるものだ。つまり、派遣国側の軍法、国内法によって自国派遣部隊の法的責任を裁く。

ちなみに、日本には軍法が存在しない。正当防衛以外の目的での武器使用が「駆け付け警護」で認められたことから、軍法を整備するのか、刑法等で対応するのかが問われている。この点は、集団的自衛権をめぐる安保法制の議論でも国会で取り上げられたが、「駆け付け警護」容認以前の状況が継続している。

一九四八年以降、累次のＰＫＯが行われる中で、大きな転機となったのが一九九四年のルワンダ内戦であった。

ルワンダ内戦では、政府側の多数派部族(フツ族)の民兵が、反政府側の少数派民族(ツチ族)を襲撃する事態に発展し、停戦協定が崩壊。この事態にＰＫＯが対応すると、必然的に政府側勢力と交戦することとなり、ＰＫＯ自身が国際法上の紛争当事者となる危険性に直面した。結果的に各国のＰＫＯ部隊は何もできず、相次いで撤退。以後、一〇〇日間で約一〇〇万人が虐殺される事態を傍観せざるを得なかった。

ルワンダの隣国コンゴでも、内戦(一九九六～二〇〇二年)等により二〇年間で約六〇〇万人が犠牲になっている。一九九〇年後半にはコソボ内戦(ユーゴスラビア)でも多くの人間が犠牲になった。

こうしたことを契機に、国連内部でＰＫＯのあり方が議論され、一九九九年八月一二日、ＰＫＯの性質を根本的に転換する国連事務総長告示が発表された。当時の事務総長はコフィー・アッタ・アナン(一九三八年～)。告示のタイトルは「国連部隊による国際人道の遵守」である。これが第三の不可欠で重要な基礎知識である。

「アナン告示」は以下のことを宣言した。

かつてのルワンダのような事態に直面した際、今後、ＰＫＯは住民保護のために行動(交戦)する。その際には、ＰＫＯ自身が国際法上の紛争当事者となることを厭わない。紛争当事者となる以上、各国のＰＫＯ部隊も戦時国際法や国際人道法を遵守する。各国ＰＫＯ部隊の行動は、各国の国内法(軍法)によって規定される(裁かれる)。この「アナン告示」を境に、国連ＰＫＯの本質が根本的に変わった。日本ではこの点が十分に理解されていない。

「アナン告示」を受け、二〇〇四年、日本は国内法を整備した。正式名称は「国際人道法の重大な違反行為の処罰に関する法律」。「アナン告示」に対応した法律ではあるものの、捕虜や文化財等に対する行為規制のみを定める内容であり、一番重要な殺傷行為に関する規定は含まれていない。なぜなら、日本は憲法上、交戦権が認められていないので、交戦によって人を殺傷することが想定されていないからだ。つまり、憲法九条の問題と関係している。

自衛隊がＰＫＯ部隊として派遣される場合、交戦を想定していないので、交戦はあり得ないという仮定（条件）が必要となる。そこで「後方支援」「非戦闘地域」「非一体化（武力行使とは一線を画する）」等の日本でしか通用しない概念が創作されることとなった。これも「日本の常識、世界の非常識」と言わざるを得ない。

ちなみに、仮に「駆け付け警護」で殺傷行為を行った場合、日本の自衛隊員は刑法的な観点からチェックを受けることになる。「駆け付け警護」でやむなく他国民を殺傷した場合、軍法によって免責も可能だが、現在の状況では刑法の業務上過失致死によって免責される道を見出すことになる。刑法では「国外犯規定」によって海外での過失行為は免責となるからである。

ゲームの舞台

日本では「ＰＫＯ五原則」がＰＫＯ協力法に定められている。第一に停戦合意の成立、第二に紛争当事国（受入れ国）の合意、第三に中立的立場の厳守、第四に基本方針の充足、第五に武器使用は必要最小限。この五原則が満たされていることを条件として、国会の承認があれば、日本の自衛隊はＰＫＯ部隊として派遣される。

ここで、ＰＫＯの本質を理解するうえで不可欠の重要な基礎知識の第四である。国連憲章にはＰＫＯに関する規定がなく、第六章の平和的介入手段と第七章の強制措置の中間をとって「第六・五章」と言われていることは先述した。国連憲章に明文規定が存在しないＰＫＯは、ＰＫＦ（平和維持軍）、軍事監視団、文民警察、民生部門の四つから構成されるのが一般的。ちなみに、ＰＫＦの「Ｆ」は「Force」だから「軍隊」そのものである。

諸外国は日本の自衛隊ＰＫＯ部隊はどこに所属していると理解しているだろうか。道路や橋を作るのに貢献しているので「民生部門」だと思うかもしれないが、実際は「ＰＫＦ」の一部である。軍隊は一般的に、歩兵部隊、機甲部隊、工兵部隊等から構成される。このうち、工兵部隊とは軍事作戦に必要な道路網、通信網、基地等を構築する部隊である。日本のＰＫＯ部隊は、諸外国からはＰＫＦの工兵部隊と認識されていることを理解しておくことが重要である。これが第四の基礎知識である。

ところで、世界各地に派遣されているＰＫＯ部隊の八三％がアフリカ諸国に集中[30]している。中近東を加えると集中度はさらに高まる。世界全体で一六のＰＫＯ部隊が派遣されているが、うち一三はアフリカと中近東。要員数では九五％に達する。アフリカと中近東以外の三か所は、ハイチ、インド・パキスタン、コソボである。

紛争や戦争の背後には必ず経済的対立が存在する。表向き民族対立や宗教対立、領土問題であっても、その深層には必ず経済的な理由があるのが古今東西の常。

既述のとおり、歴史を動かす三要因は経済と宗教と民族である。そして、一六四八年のウェストファリア条約以降、国家および国際社会という概念が確立した。国家間で交渉や競争を行うのでインターネイション（国家間）という言葉が登場。したがって、国際化はインターナショナリズムである。同時期、経済学が登場し、経済理論を精緻化してきた。しかし、現実の経済は理論が精緻化したから成長したのではない。世界の列強諸国がフロンティアを開拓することで成長してきた。その過程で、経済的利権を争って戦争を重ねてきたのが近代の歴史、人間の歴史である。

フロンティアは国際社会にとって、駆け引きのゲーム盤、ゲームの舞台と言える。国際社会にとって現在のフロンティアはアフリカ。だからこそ、アフリカで紛争が頻発し、その背後には諸外国の複雑な力学が絡み合う。その結果、ＰＫＯ部隊の大半がアフリカに集中している。そういう文脈で南スーダンＰＫＯを理解しないと、その深層把握や対応に関して判断を誤る。

本章では、米国トランプ政権誕生の背景を洞察するために、グローバリズムについて考察してきた。インターナショナリズムの次のパラダイムとしてのグローバリズム。人間は地球上にフロンティアがなくなれば、次は宇宙に進出する。ユニバーサリズムである。すでに述べたように、米国はすでに商業宇宙打上競争法を発効。ルクセンブルクも宇宙資源開発に国として取り組み始めた。

これも既述のとおり、「パラダイム」は科学哲学者トーマス・クーンによって提唱された科学史および科学哲学上の概念である。クーンの想定を超えて、様々な分野における「基本的枠組み」を意味する言葉として定着。経済の観点から言えば、インターナショナリズムからグローバリズム、グローバリズムからユニバーサリズムはいずれも「パラダイムシフト」。ＰＫＯに関して言えば、「アナン告示」はＰＫＯの「パラダイムシフト」。国連やＰＫＯの現実を理解したうえで、冷静で合理的な議論に努めることが肝要である。

今後は「日本の常識、世界の非常識」を脱する努力をするのか。あるいは、「世界の非常識」は「名誉ある日本の常識」として守り続けるのか。いずれにしても、的確な基本認識の下で、合理的な議論と判断、現実的な対応を行うことが求められる。

日本で最初に「経済」という言葉を英単語と結びつけたと思われる神田孝平と福澤諭吉。いずれも「Political Economy」を「経済」と訳した。今では「Political Economy」は何かと学生に問えば、「政治経済」と答える。政治学は「Political Science」、経済学は「Economics」、故に「Political Economy」は「政治経済」となる。

一九世紀後半以降、欧米諸国で近代経済学が脚光を浴びるようになった。数学を使う新古典派が主流になるにつれ、経済学と政治学は独立した分野として発展した。

政治や政治学という概念は古代ギリシャ時代から登場している。人間社会の存在するところに必ず政治は存在する。社会のあるところには必ず利害の対立や調整が発生し、そのためには政《まつりごと》が必要になり、それを担う政治家が誕生する。そして、政治家が拠り所とする姿勢や考え方、手法に関わる政治学や政治術が生まれる。利害と言えば、その大半は経済的利害である。政治には必然的に経済が含まれ、経済は政治によって調整される。だからこそ、本来「経済」は「Political Economy」であり、「政治経済」として一体的に捉えることの重要性が理解できる。

そういう観点から日米安保条約を読み直してみると興味深い。第二条の最後の一文は次のように記されている。「締約国は、その国際経済政策におけるくい違いを除くことに努め、また、両国の間の経済的協力を促進する」。改めて条約の正式名称を眺めてみると、「日本国とアメリカ合衆国との間の相互協力及び安全保障条約」であり、「相互協力」の中には経済関係が含まれている。

外務省ホームページの「日米安全保障条約（主要規定の解説）」の項を見ると、第二条の解説として「この規定は、安保条約を締結するに当たり、両国が当然のことながら相互信頼関係の基礎の上に立ち、政治、経済、社会の各分野において同じ自由主義の立場から緊密に連絡していくことを確認したものである」と記されており、

「社会」まで入っていることには驚く。改めて第二条の最初の一文を読むと「制度の基礎をなす原則の理解の促進」や「福祉の条件を助長する」という表現も含まれおり、イデオロギーや社会保障制度まで対象としていることに気づかされる。

古今東西、政治、経済は表裏一体、渾（混）然一体であり、それぞれを別々に知るだけでは、深層を理解できない。

経済主義

本章では世界史と国際政治の深層について考察してきた。有史以来、地球上で最も愚かで有害な生物である人間は「正義」を振りかざして対立し、戦争を行い、同種同士で殺し合ってきた。人間は自らの愚かさとどう向き合っていけばよいのか。

聖人政治に値する聖人は現実には存在しない。指導者の信じる「正義」を強引に実現しようとすれば、結局は他者の権利や自由、時には生命を犠牲にしながら、自己実現を達成するにすぎない。国際政治における自己実現とは、自分が「正義」だと考える価値を実現するための蛮行を意味する。典型的な「リベラル・パラドックス」「ピース・パラドックス」である。

次善の策として民主主義が登場した。「正義」と「正義」が相克する時には、話し合い、歩みよること以外に、人間が愚かさを顕現化させることなく、合意に到達することはできない。自らの「正義」に固執すれば、結局は争いにならざるを得ない。民主主義は次善の策にすぎない。多数決や代議制も過ちを犯すことから、民主主義を常に進歩させる努力を怠ってはならない。なぜなら、民主主義にはデマゴークやポピュリズムの潜在的危険がつきまとうからだ。

各国は国際協調を建前としつつ、自国の利益を最大化するために駆け引きを行っている。その過程では争いを回避する努力も行っており、国際社会でも民主主義の価値観を具現化するための取り組みが続いている。すなわち、国際機関を設けて共通の価値観を見出し、協調関係の強化や共同統治等に努めている。武力行使に発展しかねない対立を外交交渉で解決した例も少なくない。

しかし、国際社会には勝者の歴史が強要されていることも忘れてはならない。現在の国際機関の中核をなす国連も戦勝国の組織である。そこには、常に「正義」という美名の下に特定の価値観が入り込み、再び新たな自己実現の蛮行を発生させる危険を伴っている。戦勝国側の価値観を「正義」とし続けると、またいつかどこかで「正義」をめぐって対立が生じる可能性がある。人間は愚かさを乗り越えられるか。

日本はこの問題を考えるうえで特別な経験を有する国である。近世から近代に至る江戸時代に約二六〇年にわたって対外戦争をしなかった珍しい国である。第二次世界大戦後も七〇年以上にわたって再び戦争をしない国として歴史を刻んでいる。

この間、世界の主要国は多くの戦争や紛争を行ってきた。米中露は言うに及ばず、欧州諸国も多くの戦争や紛争に関わってきた。とくに英仏両国は、多くの紛争を誘発し、介入してきた。ドイツは、第二次世界大戦後は日本と同じような歩みを続けてきたが、最近では国際政治における軍事的プレゼンスを高めている。

当分の間、米国が引き続き覇権国家であることに変わりはない。しかし、台頭する中国とどのような関係になるかは予断を許さない。中国は、米国とアジア太平洋諸国との同盟関係を「冷戦の遺物」と呼び、西太平洋を自らの勢力圏にしようと挑戦している。米国は、南シナ海の岩礁埋め立てを続ける中国の海洋進出に神経を尖らせている。

両国が協力できる課題も多い。温暖化ガスの削減目標をめぐる合意は成果のひとつであったが、トランプの登場によって瓦解した。米中両国が協調するのか、あるいは米国がモンロー主義に走り、中国が新たな覇権国家として台頭するのか。

米国は冷戦期のような封じ込め政策ではなく、どのような方針で中国と対峙し、国益を守るのか。米国は、自国および世界にとって有害と考える国が現れれば、当該国の行動を変えるよう促し、時に排除する。可能な限り、対話と忍耐を通じて実現すべきだ。オバマが成し遂げたイラン核問題の最終合意やキューバとの国交正常化は、困難な課題をうまく解決した好例だろう。しかし、そのオバマも大統領任期終盤には今後三〇年間で核兵器を全面更新するために一兆ドルの予算を投下することを認めた。聖人政治家はいない。人間の愚かさと向き合い、人間を過信しないこと、過大評価しないことが重要である。

自由を求める人間を引きつける米国の魅力は依然として維持されている。人権と自由を守る努力を続けることができれば、米国は引き続き世界の指導者を演じられるだろう。しかし、トランプの言動はその可能性に対する不確実性を高めている。

米国と異なる価値観で動く国もある。ロシアのクリミア編入や中国の海洋進出など、地政学的対立は深刻化している。しかし、ロシアはかつてのソ連と同じではない。中国も経済ではもはや共産主義とは言えない。かつての東西冷戦に戻るとか、新冷戦が始まるという予測は、パターン化された固定観念にすぎない。

一方、テロや新帝国主義といった脅威に対応するには、国際社会が共通の価値観を醸成しなくてはならない。「世界の警察官」としての米国の力は低下している。その代替として国連による集団的安全保障は本当に機能し得るのか。国連が第二次世界大戦以前の国際組織とは次元の異なる統治機構として進化しているとの評価もある。しかし、国連をより有効で信頼性の高いものにしていくためには、国連改革が必要である。また、国連を含む国際的な統治機構の見直しが必要である。

こうした中にあって、一九二八年のパリ不戦条約(31)を具現化したとも言われる憲法九条を有する日本、世界の主要国の中で例外的に長い非戦期間を有する日本は、どのような役割を果たすべきか。日本は世界にどう貢献していくべきか。日本の特殊な立場をどう活かすべきか。パリ不戦条約を具現化した九条を残すべきか、変えるべきか。どのように外交の武器にしていくべきか。「日本の常識、世界の非常識」を世界の常識に合わせるのか、日本の非常識を活かすのか。

シュンペーターの大著『資本主義・社会主義・民主主義』はイデオロギー対立を前提としていたが、今や資本主義諸国も社会主義諸国も経済システム的には同化しつつある。民主主義はいずれの国でも脆弱さに晒されている。世界は「経済主義」という単一のモメンタムで優劣を競い合っているようにも思える。経済が手段ではなく、それそのものが目的化しつつある。「経済」とは何か、「富む」とは何か、「豊か」とは何か。

物理的、経済的なフロンティアを争奪し合っている限り、人間の歴史は繰り返し過去の轍を踏むにすぎない。フロンティアが無くなりつつある今こそ、民主主義や人間の思考のフロンティアに挑む時である。

(1)—三〇年戦争(一六一八〜四八年)は神聖ローマ帝国内の伝統的カトリックと、ドイツとスイスにおける宗教改革によって勃興した新教派(プロテスタント)との宗教戦争。当初は神聖ローマ帝国内の局地的衝突、小国間のカトリック対プロテスタントの衝突であったが、やがて欧州全土を巻き込む国際戦争に拡大。カトリックのフランス王国がプロテスタント側につくなど、次第に宗教と関係のない対立構図となった。その背景には、フランス王国ブルボン家およびネーデルランド連邦共和国と、スペイン・オーストリア両ハプスブルク家の欧州における覇権争いが影響していた。

(2)──二〇一五年一一月、オバマは商業宇宙打上競争力法に署名した。同法は、商業宇宙打上げ、商業リモートセンシング、宇宙商務局、宇宙資源探査および利用の各章からなり、商業宇宙資源開発を認めた世界初の法律である。月、小惑星その他の天体および宇宙空間上の水、鉱物を含む非生物資源採取に商業的に従事している米国市民に対し、米国が負う国際的な義務等に抵触せずに獲得された当該資源についての占有、所有、輸送、利用および販売を認めている。

(3)──二〇一六年二月、ルクセンブルクが自国を宇宙資源探査および利用の分野で欧州の中心地とする旨の政策を発表。宇宙資源開発ビジネスを標榜する複数の企業への資金供与を含む支援策を公表した。また、二〇一三年から米国航空宇宙局(NASA)エイムズ研究センターと宇宙資源開発の法的枠組構築について議論を重ねてきたことから、米国を含む他国と共同で法的枠組構築を模索することを表明している。

(4)──二〇〇八年三月一一日の上院軍事委員会公聴会でのティモシー・キーティング太平洋軍司令官の書面証言の中に記されている。Department of Defense Authorization for Appropriatisons for Fisical Year 2009, p.609,「You take Hawaii east, we'll take Hawaii west, we'll share information, and we'll save you all the trouble of deploying your naval forces west of Hawaii.」、「太平洋、米中で分割管理」「中国軍幹部、真顔で『提案』」『日本経済新聞』(二〇〇八年三月一三日)。

(5)──二〇一六年一一月四日、保守党のスティーブン・フィリップス下院議員が「政府は議会軽視であり、妥協できない」として辞職した。

(6)──ストーンヘンジ(Stonehenge)は、ロンドン西方約二〇〇キロメートルのソールズベリー近くに存在する環状列石(ストーンサークル)のこと。円陣状に並んだ直立巨石とそれを囲む土塁からなり、世界で最も有名な先史時代の遺跡である。列石はBC二五〇〇年からBC二〇〇〇年頃、それを囲む土塁と堀はBC三一〇〇年頃の建造と推定されている。夏至には礎石と中心にある祭壇石を結ぶ直線上に太陽が昇ることから、設計者に天文学の知識があったと推測されている。建造目的については、祭祀場、天文台、礼拝堂等の様々な説がある。語源は古代英語で石、蝶番、絞首台、拷問具等を意味する単語の組み合わせとされている。

(7)―粘土板は主にメソポタミアで使われた情報伝達のための手段である。粘土板を用いた文書作成はメソポタミアの楔形文字発生とともに始まったとされている。発掘によって確認された最古の粘土板文書はBC三三〇〇年頃のものであり、農作業や牧畜に関する記述がなされている。粘土板文化圏はメソポタミアを中心としてシリア、アナトリア、エラム等の広範囲にわたり、記述言語もシュメール語、アッカド語、ヒッタイト語、エラム語等、古代オリエントの多様な言語が使用されている。

(8)―歴史研究の進展により、最近では必ずしも四大文明、六大文明という整理は普遍的ではない。ギリシャ、ローマ文明に端を発する西アジア・地中海世界、インダス文明やアジアの島嶼部を中心とした南アジア・東南アジア世界、中華文明の影響が周辺域に及んだ東アジア・内陸アジア世界、近世まで他の文明や地域と遮断されていたメソアメリカ・アンデス文明を含む南北アメリカ世界というような区分もなされる。

(9)―PwC(プライスウォーターハウス・クーパース)のレポートは「一八世紀後半から一九世紀にかけて産業革命で西欧列強が力をつけたが、時代は逆戻りして、中国とインドが台頭してきた」としている。PwC (2011), "The World in 2050: The accelerating shift of global economic power : challenges and opportunities", January 2011, pp.16-19. 〈⑯〉

(10)―「空回りする民主主義」『朝日新聞』(二〇一一年一月八日)一七面八段。

(11)―同前一七面二―三段。

(12)―西ドイツは一九六〇年に名目GNPで英国を抜いて第二位になった。当時は経済規模の比較はGDPではなく、GNPで行われていた。一九六八年の日本と西ドイツの比較もGNPベースである。

(13)―労働省訳編(一九七二)『OECD対日労働報告書』(日本労働協会)。

(14)―G20の正式名称は「金融・世界経済に関する首脳会合」であるが、「金融サミット」とも言われる。大臣会合は「二〇か国財務大臣・中央銀行総裁会議」と呼ばれる。

(15)―「BRICs」はゴールドマン・サックスのジム・オニールによる造語である(二〇〇一年)。経済的影響力が急拡大していたブラジル、ロシア、インド、中国の新興四か国の影響力を総称するために考案され、当初の「BRICs」の「s」は四か国であることを示す複数形の「s」または他の新興国全体も含める意味の「s」とされた。しかし、G20に南アフリカが参加するようになり、小文字の「s」は大文字の「S」に変わり、五か国を指すようになった。

(16)—「PIIGS」はユーロ圏で財政状況が厳しいポルトガル、アイルランド、イタリア、ギリシャ、スペインの五か国の頭文字を取った略称。初出はJuliane von Reppert-Bismarckによる二〇〇八年六月二八日の記事「Why Southern Europe's Economies Don't Compete」と言われている。リーマンショック(二〇〇八年)、ドバイショック(二〇〇九年)後にこれらの国々の国債やソブリン物の信用格付に対する懸念が表面化。ギリシャに端を発して欧州財政危機が認識されるようになり、Newsweek誌の二〇一〇年五月一六日の記事「Why Pigs Can't Fly」で使用されてから英米のマスコミや金融界で急速に広まった。豚(pig)を連想させる侮蔑的なニュアンスを含んでいるとして、マスコミや金融関係者の間では使用を控える傾向が見られる。南欧四か国の略称としての「PIGS」は一九九〇年代半ばから使われていた。イタリアの政府関係者や金融関係者は財政状況が相対的に健全な自国を含めるべきではないと主張し、「PIGS」とはイタリアを除く四か国であるとしている。

(17)—「マキャベリ」「マキャヴェッリ」など複数の表記があるが、本書では文献等の固有タイトル以外は「マキアベリ」と表記する。

(18)—マキアヴェッリ(二〇一二)齋藤寛海訳『フィレンツェ史』第三巻第七章(岩波書店)二八八頁には次の表現で記されている。「戦争というものは、誰かが望んだときに始まるが、誰かが望んだときに終わるものではない」。

(19)—この表現は『君主論』第二五章で述べられている内容を意訳している。全く同一の表現はない。「フォルトゥーナ」「ヴィルトゥ」について同様の解釈をしている文献として塩野七生(一九八八)『マキアヴェッリ語録』(新潮社)があり、同著一八七頁に以下のように記されている。「名声に輝く指導者たちの行為を詳細に検討すれば、彼らがみな、運命(フォルトゥーナ)からは、機会しか受けなかったことに気づくであろう。そして、そのチャンスも、彼らには材料を与えただけであって、その材料さえも、彼らは自分の考えどおりに料理したのにも気づくにちがいない。つまり、機会に恵まれなければ、彼らの力量(ヴィルトゥ)もあれほど充分に発揮されなかったであろうし、また力量(ヴィルトゥ)をもちあわせていなければ、機会も好機にならなかったであろう」。

(20)—「問う、集団的自衛権」『朝日新聞』(二〇一三年九月一四日)朝刊四面。

(21)—「個別的自衛権」の行使要件は、一八三七年の「カロライン号事件」において初めて整理された。英国領カナダにおける反乱軍が米国船籍カロライン号を用いて物資を運搬していたところ、英国軍が米国領内で同船を破壊した事件。英国は自衛権行使である旨を主張。これに対し、ウェブスター米国務長官が「自衛権行使を正当化するためには、相手方の攻撃が『即座に』『圧倒的で』『他の手段を選択する余地がない』ことが必要である」と反論。これが自衛権行使の要件として「ウェブスター見解」と呼ばれるようになった。「ウェブスター見解」をベースにして、今日の「個別的自衛権」行使の三要件が確立した。第一に、急迫不正の侵害があること(急迫性)。第二に、他に対抗手段がないこと(必要性)。第三に、攻撃に対抗する限度にとどめること(均衡性または相当性)。

(22)—ニッコロ・マキアヴェッリ(一五三二)佐々木毅訳(二〇〇四)『君主論』(講談社)一二九頁。

(23)—米国債保有額では二〇〇八年から中国がトップとなっていたが、二〇一五年二月、六年半ぶりに首位の座を日本に明け渡した。外貨準備通貨の多様化、国内経済政策の影響等の理由もあったと推察できるが、当時のマスコミ等の分析では、対米国バーゲニングパワー強化のため、戦略的に米国債保有額の調整を行ったとされている。『日本経済新聞』(二〇一四年二月二二日)「中国、米国債の保有減、緩和策縮小牽制」、(二〇一四年七月二三日)「中国、紅い国際金融の野望、『脱ドル』経済圏形成狙う」、(二〇一五年四月一七日)「米国債保有、六年半ぶり首位転落、中国、マネー流出動く」、(二〇一五年九月一日)「人民元買いで米国債売却、米金利「意図せぬ」上昇要因」ほか。

(24)—金融関係者の間で巷間伝承されているこの原則をソロス自身が記している文献には遭遇していないが、日興證券監修(一九九六)『ジョージ・ソロス』(七賢出版)一九頁にソロスの発言(対談における発言)として「私は、ある決まったルールに従って行動しているわけではない。私はゲームのルールの変化を捉えようとしているんだ」と記されている。

(25)—ジョージ・ソロス(一九八七)青柳孝直訳(二〇〇九)『新版ソロスの錬金術』(総合法令出版)一〇頁。

(26)—同前一〇頁。

(27)—G20(二〇か国・地域財務相・中央銀行総裁会議)は二〇一〇年から正式に開催されるようになった。同年一〇月二四日のG20(韓国・慶州)において米国財務長官ガイトナーと中国副首相王岐山が会談し、為替問題が話し合われ、本文中のような応答が行われた。『日本経済新聞』(二〇一〇年一〇月二四日)。

(28)――ナポレオンが「孫子の兵法」を読んでいたという逸話の記述は関連書籍に散見されるが、論拠を明示している文献は見当たらない。一八世紀末、イエズス会宣教師アミオが『孫子』を初めてフランス語に翻訳した。そのアミオの翻訳本を日本訳した守屋淳監訳(二〇一六)『アミオ訳孫子』(筑摩書房)七―一五頁および二九二―三三五頁でナポレオンが『孫子』を読んでいたか否かを論考している。また、同書巻末論文、伊藤大輔「ナポレオン・ボナパルトは、『孫子』を読んだのか?」三一二頁および三二三―三二五頁において、ナポレオンが『孫子』を読んでいた確証は得られず、そうした伝承の形成は中国国内で行われ、世界に広まっていったと推察している。

(29)――シュワルツコフは「孫子の兵法」英語版の書評を自ら書いている〈⑰〉ほか、シュワルツコフが「孫子の兵法」を活用していたことが以下の書籍等に記されている。守屋淳(二〇〇二)『最強の孫子――「戦い」の真髄』(日本実業出版)二六六―二七一頁、ロジャー・コーエン/クラウディオ・ガッティ(一九九一)鈴木主税訳(一九九一)『シュワルツコフ正伝』(ダイヤモンド社)九三頁、『孫子を学び活かした人々』〈⑱〉ほか。

(30)――二〇一七年九月現在、PKOのミッション数は一六、うち九がアフリカである。派遣要員数一一万二四五〇人(うちアフリカ九万三三六五人〈全体の八三・〇%〉)、警察要員一万一九八二人(同九六一七人〈同八〇・三%〉)、軍事要員八万一六〇一人(同六万八一一八人〈同八三・五%〉)、文民要員一万六九〇六人(同一万四〇二七人〈同八三・〇%〉)、司令部要員一九六一人(同一六〇三人〈同八一・七%〉)。

(31)――パリ不戦条約は第一次世界大戦後に締結された多国間条約。国際紛争を解決する手段として、締約国相互での戦争を放棄し、紛争は平和的手段により解決することを規定した。一九二八年八月二七日に当時の列強諸国(米英独仏伊日)を含む一五か国が署名し、その後、ソ連等六三か国が署名。米仏協議から多国間協議に発展していったことから、米国国務長官フランク・ケロッグとフランス外務大臣アリスティード・ブリアンの名にちなんでケロッグ・ブリアン条約とも呼ばれる。

第3章　歴史の真実

議論の前提が曖昧であることは誤解と対立を生む。国際政治の「正義」を語るうえで、歴史的事実が曖昧であり、立場によって異なる認識を抱くことに対立の一因がある。米国史、中国史、欧州史、イスラム史等を辿り、国際政治における歴史的事実の曖昧さ、「正義」の脆弱さに迫る。知らないことが多いこと、知らないということを知らないことは、国際政治の「正義」を語るうえで危険なことである。その典型例は、イスラム史、中近東をめぐる歴史であろう。歴史的事実の曖昧さに対する認識を欠くと、ハンチントンが予測した「文明の衝突」は深刻さを増す。対立の背景にある歴史的事実の深層が真実であるか否かは、誰も保証できない。それが国際政治である。

「正しい」とは何か。「正義」とは何か。人間に課された難問に向き合うことなく、自分が「正しい」と思う意見、自分が信じる「正義」を主張し、強要することによって対立や悲劇が生じる。

客観的事実を確認できれば、何が「正しい」か、何が「正義」か判断できるかもしれない。しかし、客観的事実とは何かということも難問である。とくに、国内外での紛争や歴史に関する客観的事実を共有することは極めて困難である。

世界に変革が起きている場合、その背景を可能な限り理解し、事実を共有することが国際政治を平和裏に展開する要諦である。地球上で最も愚かで有害な生物である人間が災禍を繰り返さないためには努力が必要である。

そのためには、歴史的事実、客観的事実に対する冷静で多面的な見方をできるか否かが重要である。

米国の相克

ポリティカル・コレクトネス

二〇一六年の大統領選挙は、米国が直面している現実を世界に知らしめた。

米国大統領選挙では、伝統的に民主党の強い州（ブルー・ステート〈民主党のイメージカラーが青にちなむ名称〉）、伝統的に共和党の強い州（レッド・ステート〈同、共和党は赤〉）以外の「スウィング・ステート（結果が振れる〈Swing〉州）」の帰趨が勝敗を決する。

二〇一六年、最も注目を集めたのは北東部のオハイオ州（州都コロンバス）。五大湖のひとつ、エリー湖に面しており、過去の大統領選挙ではオハイオ州で勝った候補者は全員大統領になっていることから、その結果に関心が集中した。開票終盤、オハイオ州でトランプ勝利が確定。その直後、大票田（州に割り振られている選挙人の数が多い）フロリダ州でもトランプが勝利し、米国メディアは一斉にトランプ当確を流した。

改めてオハイオ州の住民構成を調べてみると、全米平均よりも欧州系比率、白人比率、キリスト教比率が高い[1]。トランプは白人の中間層および低所得層の不満を煽り、当該層の支持を吸収する戦略を展開した。

さらに、この地域が「ラストベルト」であることも重要なポイントだった。ラスト(Rust)とは金属の錆《さび》。つまり「ラストベルト」は「錆びついた地域」という意味である。オハイオ州を含む米国中西部から北東部にかけた一帯を指し、鉄鋼、石炭、自動車等、かつての主要産業が衰退した工業地帯の俗称である。使われなくなった工場や機械のことを象徴して「ラスト」と表現している。オハイオ州のほか、ミシガン州、ウィスコンシン州、ペンシルベニア州等が含まれ、二〇世紀後半は製造業の拠点であった。

しかし、他の先進国（ドイツ、日本等）や新興国（韓国、中国等）の攻勢に押され、この地域の製造業は衰退。同時に、他地域から流入した黒人やヒスパニック系、不法移民に職を奪われ、白人層の不満が鬱積していた。

この地域では、燃料電池、ナノテクノロジー、バイオテクノロジー、ＩＴ等の新しい産業も勃興しているが、主役はエンジニア。単純な職務分野で仕事を奪われた白人労働者を吸収できていない。この傾向は「ラストベルト」のみならず、米国全土に共通している。

米国の白人比率は漸減しており、二〇一五年では六一・六%。過去五年で二・一%ポイント下がっており、今世紀半ばには五〇%を切ると予測されている。こうした状況が「ラストベルト」や白人比率の高い「スウィング・ステート」での白人中間層、低所得層のトランプ支持の背景であった。

米国がトランプを選択したことは、米国と世界にどのような影響を与えるのか。トランプの選挙戦略は、米国および米国民に心の余裕がなくなってきていることを世界に知らしめた。覇権国家としての余裕がなくなっている。

そもそも「ラストベルト」が発展した理由は、この地域が石炭・鉄鉱等の資源に恵まれ、企業立地に適していたため。東海岸経由で欧州系（白人系）移民が流入し、人口が急増した。五大湖に隣接し、水運も良く、一九世紀後半以降は東海岸と鉄道でつながり、物流網も整備された。

「ラストベルト」から東海岸は米国で最初に鉄道が敷設された地域。鉄道は東海岸を南下して延伸。今日では「北東回廊」と呼ばれる米国を代表する幹線鉄道になっている。具体的には、ボストン（マサチューセッツ州）とワシントンを結び、その間には、ニューヨーク（ニューヨーク州）、フィラデルフィア（ペンシルベニア州）、ボルティモア（メリーランド州）等、多くの大都市圏を含む。

「北東回廊」の沿線域は別名「ボスウォッシュ」。ボストン（Boston）とワシントン（Washington）の語頭を合わせて「ボスウォッシュ（BosWash）」である。域内人口は約四四〇〇万人。全米の約一四%、世界の約〇・六%に相当する。「ボスウォッシュ」域内にはアイビー・リーグ大学八校(2)のうち六校が存在する。

アイビー・リーグは米国北東部にある名門私立大学のネットワーク。卒業生はアイビー・リーガーと呼ばれ、米国エスタブリッシュメント（権威層、エリート層、支配層）の中心であり、政界・財界・官界・学界・法曹界等に広範な人脈を形成している。アイビー・リーグの語源は諸説あるが、一番有力なのはアイビーは植物の蔦（ツタ、英語でivy）を表すという説。校庭に蔦が植栽され、校舎がその蔦で覆われていたため、伝統的名門校の愛称が「ツタの大学(Ivy Colleges)」になった。

「ボスウォッシュ」域内には、アイビー・リーグ卒業生たちの就職先である金融機関、大企業、マスコミ、政府機関、シンクタンク等が集積。域内GDPは米国全体の五分の一を占め、二〇一六年時点でフォーチュン「世界五〇〇社」のうち五八社が存在する。つまり「ボスウォッシュ」は米国エスタブリッシュメントの象徴的地域。この地域でのトランプ勝利は「ワシントン政治」「エスタブリッシュメント」の中心地「ボスウォッシュ」に住む白人の中間層、低所得層の反乱と言える。

アイビー・リーグと並び、かつてはエスタブリッシュメントの代名詞とされたのが「WASP(ホワイト・アングロサクソン・プロテスタント、White・Anglo-Saxon・Protestant)」である。WASPは北西ヨーロッパをルーツとする米国建国の担い手を祖先とする人々の総称であったが、その後は意味が拡大し、大半の白人を指すようになった。しかし、もはやWASPは一枚岩ではなく、高所得層・エリート層と、彼らの政策や経営に不満を抱く中間層・低所得層に分断されている。

その不満を吸収したのがトランプ。米国史上最大の番狂わせと言われた大統領選挙だったが、トランプに具体的な政策論はあまりなく、「米国を再び偉大に」というスローガンに加え、「イスラム教徒入国禁止」や「メキシコ国境に壁を建設」といった極論が、治安悪化や雇用不安に直面しているWASPを魅了した。

民主党でヒラリー・クリントンと激戦を演じたバーニー・サンダースは自ら社会主義者を名乗り、政治革命を訴えた。サンダースも中間層・低所得層、そして若年層のWASPに受け入れられた。格差是正を訴え、公立大学授業料無料化の公約は教育ローン負担に怒る学生の心を捉えた。サンダースの集会は若者で溢れ、本命ヒラリーはよもやの苦戦に政策のサンダース化を余儀なくされた。

移民反対、他国への反発は、米国だけでなく、欧州を含む世界的な傾向でもある。急進的な右派・左派双方のデマゴーグ(扇動政治家)が存在感を増している。

大統領選挙では「ポリティカル・コレクトネス」というキーワードも語られた。「WASP」は「ポリティカル・コレクトネス」である。本来は政治的中立層を意味する言葉だが、転じて、政治的に大人しい有権者層を指す。

政治と接点がなく、アクセスもできず、政治の側も接点を持とうとしなかった静かな有権者層が「ポリティカル・コレクトネス」である。歴代大統領選挙では、こうした層、つまり白人層に支持を訴えることは、増加するマイノリティの離反を招くという潜在意識があったという。トランプはそこに食い込んだ。

トランプは演説で次の二つのことを繰り返し主張した。曰く「政治家はグローバリズムを追求し、雇用、富、工場をメキシコと海外に移転させた」「グローバリズムが金融エリートを生み、その寄付によって政治家は蓄財した」。ストレスを溜めていた白人層の心に響く内容であった。

米国はどこに行くのか。米国の行き先は二一世紀の世界の構造に重大な影響を与える。米国は世界の「正義」を語るのか、米国の「正義」を語るのか。そして、果たして「正義」とは何なのか。

アメリカ・ファースト

泡沫候補として嘲笑の対象になっていた大統領選挙序盤に、トランプがまず採用したスローガンは「米国を再び偉大に(Make America Great Again)」。このスローガンは一九八〇年大統領選挙の際にロナルド・レーガンが使った。トランプはこれをコピーし、商標まで出願した。

次に採用したスローガンは「アメリカ・ファースト」。一九九二年大統領選挙の共和党予備選でパット・ブキャナン(3)が使ったスローガンのコピーである。少し前にブラックマンデーや冷戦終結等の大きな出来事もあったうえ、湾岸戦争直後の厭戦ムードの中にあり、ブキャナンが「アメリカ・ファースト」を訴えた背景が窺い知れる。

序盤で「米国を再び偉大に」と訴え、中盤以降は「アメリカ・ファースト」を多用。二つのスローガンが勝利に寄与した。問題は、大統領に就任したトランプが、実際に「アメリカ・ファースト」で「米国を再び偉大に」できるか否かである。

米国大統領選挙に先立つこと半年、英国の国民投票でEU離脱派が勝利。英国のEU離脱も「ブリテン・ファースト」である。トランプ勝利の米国は「アメリカ・ファースト」、中国とロシアはもともと「チャイナ・ファースト」「ロシア・ファースト」。国際社会は厄介な時代に入ったが、そもそも国際社会とはそういうものである。「自国の利益を犠牲にして他国の利益を守る」お人好しの国はない。それを推奨するわけではないが、残念ながら、それが国際社会の本質である。むしろ「自国の利益を犠牲にして他国の利益を守る」指導者は、自国民に対して背信行為を行っていることになる。

同盟国として米国を追随する日本。同盟国の中でもとりわけ米国に対して従順である。しかし、国際社会の現実は「自国ファースト」。米国追従を黙認する一方で、米国の「自国ファースト」に不安と不満を抱き、日本自身は「アメリカ・ファースト」なのか「ジャパン・ファースト」なのか、その点に疑問を持つ日本国民は少なくない。

戦後、米国と同盟関係にあり、米国文化の圧倒的影響を受けてきた日本人の深層心理には、親米、反米とは異なる屈折した対米感情が潜在している。日本の政策が米国の国策や国家戦略に寄与する「アメリカ・ファースト」になっているのではないか。それを是とする者の利権を潤す「ステークホルダー（利害関係者）・ファースト」なっているのではないか。米国は嫌いではないが、この際、対米関係を適正化し、日本独自の路線を進むべきではないか。この感覚は、親米・反米とは異なる「懐米」。懐疑的の「懐」である。反米まではいかない「嫌米」も入れると、日本では、親米・懐米・嫌米・反米の四つの対米感情が輻輳している。

各国首脳は、国際社会が所詮「自国ファースト」であるという現実に目を向けつつ、さらには、人間が地球上で最も愚かで有害な生物であるという自覚が必要である。そして、前章で述べた歴史を動かす三要因（経済・宗教・民族）のパラダイムシフトに対して、深い洞察が必要である。

その自覚と洞察を欠く指導者が世界に災禍をもたらし、時に戦争を起こす。覇権国家の指導者にそれがないのであれば、同盟国や交渉相手である各国首脳が覇権国家の指導者を諭すしかない。日本や欧州の指導者にも見識や深い洞察がなく、米国を諭すこともせず、現時点では覇権国家の地位を維持している米国が暴走し始めると、世界は混乱する。もちろん、中国やロシアの暴走にも同じ危険が伴う。人間社会とはかくも愚かで、世界とはかくも難しい。

トランプはロシアとの不透明な関係を疑われ、「ロシアゲート」事件の渦中にある。トランプはロシアや中国とどのような水面下の交渉を行っているのか。同盟国との信頼関係よりも、「アメリカ・ファースト」に基づくロシア、中国との関係を優先するのか。米国の変革は世界に何をもたらすのか。

パンダ・ハガー

「パンダ・ハガー」。米国では親中派をそう呼ぶ。日本で言うところの「媚中派」である。二〇一五年、マイケル・ピルズベリーの著書『一〇〇年マラソン』(邦題『China2049』)が出版され、ワシントンの外交関係者の間で静かなブームになった。

ピルズベリーは元政府(国防省、CIA等)職員であり、ニクソン政権からオバマ政権に至る間、対中政策を担うネットワークに属するひとりだったようだ。一九九〇年代後半以降、諜報情報や中国国内の報道・文献の分析、人脈(反体制派、学者等)への接触等の活動から中国の動向を調査していた。

その活動を踏まえたうえで書かれた同書の結論は、要約すると以下の三点である。

第一に、中国は共産党結党一〇〇年目(二〇四九年)を目標に、世界の経済・軍事・政治の覇権を米国から奪取する。それは、清朝末期以降、諸外国が中国に及ぼした過去の屈辱に対する復讐、清算である。当該目標は「一〇〇年マラソン」と呼ばれ、同書のタイトルとなっている。

第二に、中国国内のタカ派は、毛沢東以降の歴代指導者にその「戦略」を擦り込み、言わば洗脳。歴代指導者や幹部はその「戦略」を隠しつつ、米国を中心とする諸外国と巧みに接触。経済的・技術的支援を獲得しつつ、「戦略」実現に向けて歩を進めてきた。

第三に、歴代の米国指導者はそのことに気づいていなかった。米国内の「パンダ・ハガー」は完全に出し抜かれ、自分自身(ピルズベリー)も騙されていた。

以上の三点を様々なエピソードや具体的証拠に基づいて記している。米国中のベストセラーになったわけではないが、外交関係者を中心とする有識者の間で話題になった。

同書の結論のうち、第一と第二はやや単純すぎる、あるいは当たり前のことを大袈裟に言っているように思える。国家、とりわけ中国のような大国がそういう考え（覇権志向）を抱くのは言わば当たり前である。第三の「それに気づいていなかった歴代の米国指導者」という設定はさらに違和感を覚える。それが本当であれば、米国指導者は相当能力が低く、騙されていたピルズベリーはＣＩＡ（中央情報局）エージェントとして失格である。

ところが、同書冒頭の「著者注」は以下のように記している。曰く「本書は、機密情報が漏洩しないよう、刊行前にＣＩＡ、ＦＢＩ（連邦捜査局）、国防長官府、国防総省の代理によって査読を受けた。各機関の活動を脅かす繊細な情報を全て削除してくれた査読者の努力に感謝する」。

この「著者注」を前提とすれば、書かれていない重要な事実が存在するということである。また、同書の内容を受けた中国や関係諸国（日本を含む）の反応を見越した、あるいはそれを誘導する意図的出版物と考えることも可能であろう。

核戦争等のシミュレーション（模擬実験）を「ゲーム理論」を駆使して行うのが米国という国である。米国の歴代指導者やそれをサポートする米国首脳部は中国の「戦略」を十分に理解していたと捉える方が現実的だ。では、同書が米国の意図的出版物だと仮定する場合、米国は同書やその影響によって何を実現しようとしているのか。

同書の「著者注」と併載されている「推薦文」は元ＣＩＡ長官ジェームズ・ウールジーの記名文。ウールジーも「パンダ・ハガー」のひとりである。

曰く「パンダ・ハガーのひとりだった著者が、中国の軍事戦略研究の第一人者となり、親中派と袂を分かち、世界の覇権を目指す中国の長期的戦略に警鐘を鳴らすようになるまでの驚くべき記録である。本書が明かす中国の真の姿は、孫子の教えを守って如才なく野心を隠し、米国のアキレス腱を射抜く最善の方法を探しつづける極めて聡明な敵だ。我々は早急に強い行動をとらなければならない」。

この「推薦文」も冷静に咀嚼する必要がある。元CIA長官としてはピルズベリーが間違った情報や分析を報告していたのであれば、本来は叱責すべきであり、「推薦文」を書いている場合ではない。「推薦文」の最後の一文「我々は早急に強い行動をとらなければならない」というあたりに、他国が熟考すべき米国の「戦略」が潜んでいる。

「自国の利益を犠牲にして他国の利益を守る国はない」。国際政治の鉄則であり、人間社会の現実である。米国が、米国自身の利益を犠牲にしてでも同盟国を守ると考えるのは少々人が良すぎる。米国が同盟国を守るのは、それが米国自身の利益に叶うと判断する場合に限られる。そうでなければ、米国政府は米国民に対して背信している。

もちろん、中国が日本の利益のために行動することはない。しかし、逆に言えば、中国自身の利益になると思えば、これまでの言動を変えることもあり得る。「二〇〇年マラソン」をどのように咀嚼するかは、微妙な問題だ。米中両国がそれぞれの同盟国の与《あずか》り知らない交渉や合意を水面下で行っていると考えるのが、現実的であろう。

欧米人はウィットの効いた表現やブラックジョークを好む。財政分野では「自分の金と同じくらい注意深く他人の金を使う愚か者はいない」というジョークで、税金が無駄遣いされる傾向に対して警鐘を鳴らしている。「本当のことを本に書くほど馬鹿ではない」という表現も聞く。この観点から言えば、『一〇〇年マラソン』も斜めに読まなくてはならない。

『一〇〇年マラソン』の論旨は、「欧米や日本の犠牲になった貧しい国、中国」を支援して豊かにすれば、やがては国際社会と協調し、西側に与《くみ》すると考えてきたが、それは幻想だったというものである。

一方中国は、米国は「和平演変（平和的体制転覆）」を仕掛け、最終的には米国主導の国際秩序に中国を従属させることを画策していると考えている。現に米国が多くの国にそうした策謀を行ってきた事実に照らせば、中国が抱く懸念はもっともである。

しかし、米国はそれを「自由と民主主義という普遍的価値観を世界に普及させるための闘い」と抗弁するだろう。

米中の「真意」を推し量ってみても無意味である。「真意」は当事者しかわからない、あるいは当事者ですらわからないのが国際政治である。情報の収集と分析に努め、事実を冷静かつ客観的に整理し、米中の水面下の交渉や合意を推察しなければならない。

二〇〇七年、中国共産党第一七回大会において、江沢民（前総書記）と総書記（当時）胡錦濤の権力闘争の副産物として誕生したのが常任委員の習近平であった。

自分の系列に属する陳良宇を次期総書記に推す江沢民。一方、本命の李克強を推す胡錦濤。江沢民は胡錦濤との全面対決回避を模索し、傀儡政権化も可能と考えた大穴（無名）の習近平登用を主張。胡錦濤も李克強を次期首相とすることで妥協した。

五年後の二〇一二年の第一八回大会で習近平の総書記就任を阻止し、自らが総書記を狙った薄熙来。それに同調した周永康、徐才厚、令計画。阻止工作は失敗し、習近平が総書記に就任した。就任と同時に習近平は反撃を開始し、この四人は巨大利権に関与し、権力を私物化していたとの嫌疑をもとに「新四人組」を次々と逮捕、失脚させた。

総計二五万人にも及ぶ「貪官汚吏（汚職官僚）」摘発を断行。こうした姿勢が国民の人気を高め、習近平は「毛沢東再来」とまで言われるようになっている。国外逃亡の官僚、企業家のうち約二万五〇〇〇人が米国内に滞在。中には「新四人組」に連なる者、習近平政権の秘密を知る者も含まれ、重要指名手配中の約一〇〇人のうち約四〇人が米国に潜伏していると言われている。

その中に含まれるのが、最重要機密を知っていると言われる令計画の弟・令完成、北京五輪に絡む汚職情報を握っていると言われる郭文貴。習近平は彼らの引き渡しを米国に求めているが、米国は「居場所がわからない」として応じていない。

不思議な話であるが、そもそも二〇一二年二月、副主席（常務委員〈当時〉）として訪米した習近平に「新四人組情報（習近平の総書記就任阻止工作）」の存在を伝えたのは米副大統領のジョー・バイデンであったと報道されている。

中国要人の中には子弟を米国の大手金融機関やIT企業に縁故採用させている者も少なくない。二〇一四年、米SEC（証券取引委員会）は米企業に対し、習近平の盟友であり、汚職摘発の責任者である常務委員王岐山（規律検査委員会書記）を含む中国要人との通信記録提出を命じた。

そうした中で出版された『一〇〇年マラソン』。しかも、著者は元CIAエージェント。自ら「著者注」でCIA等の査読済と喧伝。「推薦文」を書いた元CIA長官は「我々は早急に強い行動をとらなければならない」と主張している。

何が真実で、何が「正義」なのか、判別不能である。『二〇〇〇年マラソン』が静かなブームになっていた二〇一五年秋当時、ワシントンを訪問した際、南シナ海における米中緊張も条件闘争のための「出来レース」であるとの指摘も聞いた。同時期、ロシアに情報漏洩していた日本の元自衛隊幹部（陸将）が摘発された。米中のパワーゲームにロシアも加わると、その構図は一層分析が困難になる。

マスコミ、有識者のみならず、国民全体に求められるのは、思い込みやイメージ論、何の確証もない伝聞情報だけに基づいて、単純で浅薄な論争を行わないことだ。軽率な判断と行動の「代償（ツケ）」は、紛争や戦争として後世の世代が払うことになる。賢明な論争、思考、言動に努めなければならない。

中国の野望

一帯一路

二〇一四年一一月、APEC（アジア太平洋経済協力首脳会議）において、中国国家主席習近平はかつての陸と海のシルクロード沿いに巨大経済圏を構築する「一帯一路」[4]構想を打ち出した。誰しも、中国が覇権国家の道を歩もうとしていると捉えている。

二一世紀の国際政治を考えるうえで、中国の存在は大前提である。中国の行動を分析し、予測するためには、中国の歴史をよく知る必要がある。中国は有史以来、世界の覇権国家であった時期が大半である。二一世紀の国際政治を考えるうえで、その中国の歴史に対する理解と深層の洞察が不可欠である。

今を遡ること約一八〇年。中国近代史はアヘン戦争（一八四〇～四二年）が端緒である。同戦争で清朝が英国に敗戦。香港が割譲され、以後、西洋列強による半植民地化が進んだ。一八五六年の対英仏アロー戦争、一八八四年の清仏戦争、一八九四年の日清戦争と、清朝は敗戦続き。ロシアも南下して清朝を圧迫。清朝は瓦解していく。

窮した清朝は「中体西用」を掲げて近代化を企図。日清戦争後は康有為らの進歩派官僚が「戊戌の変法」で改革を目指したものの、西太后らの抵抗によって挫折した。一九〇〇年、「扶清滅洋」を掲げる義和団事件が勃発。西太后は義和団を支持し、清朝は列強八か国に宣戦布告したものの、あえなく敗北した(北清事変)。

清朝弱体化が進む中、「滅満興漢」を掲げる漢族革命、孫文による辛亥革命が勃発。一九一二年、ラストエンペラー(宣統帝)が退位し、清朝は滅亡。中華民国が成立した。

以後、欧州列強と日本による局地的支配と軍閥の群雄割拠が続き、一九二九年にはソビエト(一九二二年建国)赤軍との中ソ紛争にも敗北。一九三一年、満洲事変勃発。翌年、日本の支援を受け、宣統帝が満州国を建国。これを契機に、反目していた中国国民党と中国共産党が連携(第二次国共合作)。日中戦争に突入した。

一九四五年、日本が第二次世界大戦で敗北。中華民国は連合国(戦勝国)の一員として香港・マカオ・旅順・大連などを除く中国全土を掌握。しかし、米国を後ろ盾とする中華民国国軍(国民党)は、ソビエトが支援する毛沢東率いる人民解放軍(共産党)との内戦に敗北。一九四九年、共産党独裁の中華人民共和国が誕生した。

以後の現代中国は、毛沢東時代(一九七八年まで)、鄧小平時代(一九九七年まで)、それ以後の三期間に大別できる。

毛沢東時代は共産党による世界革命路線を推進。ウイグル、チベットを次々と併合し、一九五一年にはソ連から旅順港・大連港・南満州鉄道を奪回。一九五二年には朝鮮戦争に介入。米韓軍を主体とする国連軍による朝鮮統一を阻止。一九六二年にはチベットからインドに侵攻(中印戦争)。一九六六年、路線対立を背景に、官僚化した共産党の打倒を呼びかけた毛沢東に紅衛兵が呼応し、文化大革命が勃発。反革命派と目された多くの人々が弾圧された。一九六九年、中ソ国境紛争が勃発。一九七二年、米国大統領ニクソン訪中を契機に米中関係が改善するとともに、日中国交正常化。一九七四年には南シナ海に侵攻し、西沙諸島を占領。
一九七六年の毛沢東の死去を契機に文革が終結。一九七八年一二月、過去の失脚から復活した鄧小平が実権を掌握した。鄧小平は共産党独裁体制を堅持する一方、経済開放政策を断行。「改革開放」によって中国の経済発展と近代化を目指した。

その間、中ソ対立を背景として、ソ連が支援するベトナムと二回（一九七九年、一九八四年）にわたり交戦。ソ連弱体化を機に、一九八八年にはベトナム領ジョンソン南礁を占領。一九八五年、ソ連の民主化、米ソ緊張緩和を進めるソ連共産党書記長ミハイル・ゴルバチョフが訪中。鄧小平の改革開放路線を中途半端と批判。中国国内に「政治の改革開放」を求める機運が台頭する。

一九八九年、民主化要求運動を弾圧する天安門事件が勃発。鄧小平は天安門広場に集まった学生らを殺傷し、「経済は開放しても、共産党独裁は変えない」姿勢を顕示した。

一九九〇年代、鄧小平は経済発展の先行する南部・臨海部をめぐり、先に富める者から豊かになって国を牽引することを推奨する「先富論」を展開（南巡講和）。一九九七年、鄧小平が死去。以後の中国は、「世界の工場」の地位を日本から奪取する高度成長を実現する一方、極端な経済格差と深刻な環境破壊に直面している。

「先富論」と並んで鄧小平が示したもうひとつの重要な言葉は「韜光養晦《とうこうようかい》」。「韜光養晦」は、能力や才能を意味する「光」を「韜《つつ》み」「養《やしな》い」「晦《かく》す」の含意。野心や才能を隠し、周囲を油断させて、力を蓄えるという処世訓。鄧小平は、中国は「韜光養晦」つまり「当面は力を蓄える」という姿勢を国民に説いたと解されている。

その後の国家主席である江沢民（在任一九九三〜二〇〇三年）期、および胡錦濤（同二〇〇三〜一三年）期前半は「韜光養晦」を堅守。しかし、胡錦濤期の終盤に徐々に姿勢が変化。二〇〇九年七月の駐外使節会議（五年に一回開催される駐在大使会議）の演説で、胡錦濤は注目すべき発言を行っている。

鄧小平が示した「韜光養晦」には後半の四文字がある。すなわち「韜光養晦、有所作為」。胡錦濤は鄧小平の遺訓を「堅持韜光養晦、積極有所作為」と修正して発言。後段の「有所作為」がなかなか難解。「やることを淡々とやる」とも解釈できるし、「やるべき時にはやる」とも訳せるそうだ。つまり、「そろそろ討って出る」とも解せる。

胡錦濤から習近平に替わって五年。「一帯一路」は「韜光養晦」に代わる新しい中国の国家運営姿勢を内外に示している。

この間、二〇〇一年、共産主義国家でありながらWTOに加盟。以来、経済力を高め、二〇〇八年の世界金融危機（リーマンショック）の際は欧米諸国に先駆けて難局を脱出。二〇一〇年、GDPは日本を抜いて世界二位の経済大国に浮上し、「世界の工場」の座に就いた。

中国は二〇一五年にはAIIB（アジアインフラ投資銀行）を設立した。二〇一〇年に「世界の工場」を制し、次は金融分野での影響力拡大を企図。AIIBはそうした文脈の中で理解する必要がある。二〇一六年のボアオアジアフォーラム終了後、習近平が「AIIBはブレトンウッズ体制への挑戦とする見方は間違い」とわざわざ発言したことに、深層が透けて見える。

第二次世界大戦の帰趨が見えてきた一九四四年七月。連合国四五か国が米国ニューハンプシャー州ブレトンウッズで戦後復興を見据えた会議を開催。戦後のＩＭＦ、ＩＢＲＤ（国際復興開発銀行）、ＧＡＴＴ（貿易関税一般協定、後のＷＴＯ）等の枠組みを決定した。

主要国によるブロック経済化が第二次世界大戦の要因となったとの反省に基づき、経済金融の国際協調体制構築と戦後復興支援による世界経済安定化を企図した。その柱は米国を中心とする世界新秩序であったことは明々白々である。ドルを基軸通貨として金一オンス三五ドルと定め、各国通貨との固定相場制（金本位制）を採用した。

しかし、ベトナム戦争等の影響を受けた米国の貿易赤字と財政赤字の深刻化を契機に、一九七一年八月、米国は突如ドルと金の交換停止を発表。ニクソンショックである。とは言え、その後もＩＭＦ、世界銀行（ＩＢＲＤから発展）等の米国中心の国際金融体制は継続。ＢＩＳ（国際決済銀行）等をめぐる米欧の確執はあるものの、広義のブレトンウッズ体制は続いている。

この間、アジアの国際金融機関としては一九六六年に日米主導で設立したＡＤＢ（アジア開発銀行）がある。ＡＤＢの拡大強化を図る構想もあるものの、中国の出資比率上昇に伴う発言権拡大を警戒する米国の反対でなかなか実現しない。一九九七年のアジア通貨危機後、日本はＡＭＦ（アジア通貨基金）創設を目指したものの、やはり米国の猛反対で頓挫。米国はアジアでの米国の影響力低下を懸念している。

日本はやむなく二国間協定等で通貨危機に対応してきた。その代表例が日韓通貨協定であったが、二〇一五年、韓国は同協定を打ち切る一方、最大の貿易相手国である中国との通貨協定は延長。同様の動きは他国でも広がっており、貿易決済で人民元を使うケースも漸増。人民元の国際化を進める中国主導の通貨圏が広がっている。

そして、二〇一五年のＡＩＩＢ設立。インフラ整備を支援するという中国の巧言に、投資資金不足に悩むアジア諸国、ビジネス拡大を企図する各国が追従した。東南アジア一〇か国、インド、サウジアラビア、ニュージーランド等に続き、英独仏伊が参加を表明。その後、韓国、カナダ、豪州等も参加表明(5)。

米国と日本は未参加である。米国も今後参加に転じる可能性がある。自国の国益重視の米国。それが当然の国家の本質である。総合判断としてＡＩＩＢに参加することのメリットを認識できれば、米国は参加するだろう。一方、米国追従の日本。米国からの慎重対応の求めに従順に応じている。日本は、米国と中国の水面下の交渉に留意しなければならない。

近代史以外の大半の期間において、中国は常に世界の超大国であった。是非は別にして、今またその状態に戻りつつある。隣国日本は、好き嫌いの問題ではなく、中国と上手くつき合っていくしかない。

米国は日本にとって重要な同盟国である。しかし、いくら追従しても、米国自身の国益を犠牲にしてまで日本を守ることはない。それが国家の本質であり、現実である。

この局面、日本はＡＩＩＢに参加するという判断が合理的であろう。ただし、その後の米国の参加を見越した(予測した)うえで、米国に先んじて参加表明すべきである。その際、水面下で中国とどのような条件闘争を行うか。米国にどのような配慮をして、米国に貸しを作るか。それが日本の現実的判断であろう。

今後、国際社会における日本の立ち回りは一層難度を増す。中国と米国が内通し、気がついたら双方から梯子をはずされる展開は避けなくてはならない。

地球上で最も愚かで有害な生物である人間は、競い合い、争い合う宿命にある。少しでも混乱と被害の少ない状況を作る出す努力を怠ってはならない。

九段線

「九段線」とは聞きなれない単語だが、中国が南シナ海の領有問題に関連して使用している用語である。「U字線」または「牛舌線」とも言われる。南シナ海は、北は中国、東はフィリピン、南はインドネシア、西はベトナムに囲まれた海域。おおむね「U字型」「舌」のような形をしていることから、「U字線」「牛舌線」の呼称が生まれた。

第二次世界大戦後の一九五〇年代、中国が南シナ海全域の領有を主張するために地図上に引いた九本の線のことを指す。それに先立ち、台湾(中華民国)も同様の目的で「十一段線」を提示。調べてみると、中国の「九段線」は台湾の「十一段線」に端を発している。一九五三年、中国が支援していた北ベトナム(当時)領海との整合性を考慮し、「十一段線」から二本の線を除去。「九段線」となった。

中国の主張は、「九段線」内(ほぼ南シナ海全域)は中国に属するというもの。周辺国にとって受入れ不可能な主張である。豊富な漁場、資源(石油、天然ガス等)、重要航路を含む南シナ海領有に関し、フィリピン、インドネシア、ベトナム以外に、マレーシア、ブルネイ等も中国と対立している。とくに、近年、南沙(スプラトリー)諸島、西沙(パラセル)諸島をめぐる対立が加熱。ベトナムは両諸島領有を主張する国家的な大キャンペーンを展開している。

中国も神経を尖らせ、その後、南沙諸島において埋立ておよび人工島造成を加速。米国との緊張関係も高まっている。最近では、米国が南沙諸島での中国の活動に懸念を表明。南沙諸島の永暑礁(ファイアリークロス礁)に接近した米軍哨戒機に対し、中国海軍艦艇が「中国の軍事警戒圏(Military Alert Zone:MAZ)に接近している」という表現で警告することも頻繁に起きている。MAZという表現は国際的に共有されている領空または防空識別圏(Air Defense Identification Zone:ADIZ)とは異なる概念であり、中国独自の主張である。

二〇一五年春、米国政府関係者は「世界中の砂で埋め立てても主権を作ることはできない」「中国が造成中の人工島の領海と主張する一二海里内に米軍を進入させる」と相次いで発言。中国も「他国の領空領海に侵入できる国はない」と反論し、米国を牽制。(6)

相互の発言だけを聞いていると、一触即発である。地球上で最も愚かで有害な生物である人間の真骨頂と言える。

二〇〇七年、米中海軍首脳会談で中国側が「ハワイを境にした太平洋の米中分割統治」を主張した。以後、中国は沖縄、台湾、フィリピンを結ぶ「第一列島線」、小笠原、グアムを結ぶ「第二列島線」を意識し、米国との神経戦を展開。南シナ海は「第一列島線」内に位置する。

南沙諸島に対する中国の領有権主張には無理があるが、そもそも南沙諸島の岩礁等の多くが「島」に該当するか否かも争点である。国連海洋法条約によれば、満潮時に水没する岩礁等は「島」に該当せず、「領土」とは認められない。同条約上、「島」や「岩」は以下のように規定されている。

「島」とは、自然に形成された陸地であり、水に囲まれ、高潮時においても水面上にあるものをいう(第一二一条一項)。

人間の居住または独自の経済的生活を維持することのできない「岩」は、排他的経済水域(EEZ)または大陸棚を有しない(第一二一条三項)。

人工島、施設および構築物は「島」の地位を有しない。これらのものは、それ自体の領海を有せず、また、その存在は、領海、排他的経済水域または大陸棚の境界画定に影響を及ぼすものではない(第六〇条八項)。

南沙諸島は一八の岩礁・砂州(「島」に該当するものは一二)からなり、環礁を形成。総面積は約〇・四三平方キロメートル。人が居住できる場所はない。しかし、広大な排他的経済水域(Exclusive Economic Zone:EEZ)の基点となり、軍事的要衝でもあるため、関係各国が領有権を主張。実効支配している岩礁等に各国が軍隊や警備隊を配備しており、さながら「世界の火薬庫」である。

南沙諸島は古くはベトナムを植民地支配していたフランスが領有していたが、一九三八年に日本が領有を宣言。新南群島と命名し、終戦近くまで実効支配。一九五二年のサンフランシスコ講和条約により、日本は南沙諸島、西沙諸島の領有権を放棄。しかし、同条約において帰属先を明示しなかったため、各国間の領有権争いに発展し、今日に至っている。

干潮時のみ海面上に出現する岩礁・砂州は「干出岩」「暗礁」と呼ばれ、これらは「領土」とは認められず、EEZも設定できない。各国は「干出岩」に対しても領有権を主張。中国は南沙・西沙・東沙・中沙諸島を総称して南海諸島と命名。「九段線」の範囲内として、全域の領有を主張している。

中国とベトナムの間では領有をめぐって軍事衝突も発生した。一九七四年「西沙諸島の戦い」で中国は南ベトナム(当時)と交戦。勝利した中国は、以後、西沙諸島を実効支配している。一九八八年、中国は西沙諸島に滑走路を完成させ、南沙諸島に侵攻。「南沙諸島(赤瓜礁)海戦」に勝利した中国は、以後、赤瓜礁(ジョンソン南礁)、永暑礁等を実効支配している。

一九九〇年代半ばから、南沙諸島、西沙諸島における中国の活動が活発化。二〇〇七年からは、同海域で軍事演習を繰り返している。二〇一〇年、訪中した米国の国務副長官ジェイムズ・スタインバーグに対し、中国は南シナ海を「自国の主権及び領土保全と関連した核心的利害地域である」と公式に伝達した。

現在、中国は多くの「干出岩」周辺を埋め立てて人工島や軍事施設を建設。赤瓜礁でも「南沙諸島海戦」直後から海面下の岩盤を土台に建造物を建設。さらに、二〇一二年から岩礁の埋め立てを開始。すでに護岸、桟橋、宿舎等の施設が完成。中国は「干出岩」を「領土」として、EEZを設定できると主張している。

二〇一五年四月、同海域の衛星写真が欧米メディアで大きく報じられた。永暑礁に完成間近の滑走路は約三〇〇〇メートル。大型軍用機を含むほとんどの航空機の離着陸が可能な規模である。南沙諸島の渚碧礁(スービ礁)、西沙諸島の永興島(ウッディー島)でも同規模の滑走路やミサイル基地、レーダー基地建設の兆候があり、写真を分析・公表した英国軍事研究機関「IHSジェーンズ」は、これらが中国空軍の前哨基地になると指摘している。

南シナ海のみならず、中国は日本の島嶼部でも強硬な主張を展開している。尖閣諸島をめぐる摩擦はよく知られているが、日本の首都である東京都に属する沖ノ鳥島でも神経戦が続いている。

中国は、日本の沖ノ鳥島は「岩」であり、同島を基点としたEEZは認められないと主張。この主張は、南沙諸島、西沙諸島に関する中国自身の主張と矛盾している。そもそも、沖ノ鳥島は満潮時でも水没せず、「干出岩」ではない。

沖ノ鳥島は東京から一七四〇キロメートル。小笠原村に帰属し、南北約一・七キロメートル、東西約四・五キロメートル、周囲約一一キロメートル。干潮時は環礁の大部分が海面上に出現。満潮時は東小島(旧称・東露岩)と北小島(旧称・北露岩)で構成される。面積は東露岩一・五八平方メートル、北露岩七・八六平方メートル。海抜は第二次世界大戦前(一九三三年)の調査では各々一・四メートルと二・八メートル。二〇〇八年調査では同〇・九メートルと一メートル。高潮(満潮)時も同六センチメートルと一六センチメートルが海面上に残る。

一九三三年調査では、東露岩、北露岩のほか、海抜二・二五メートルの南露岩、同一メートル未満の三つの露岩が記録されていたが、その後の風化と海食によって亡失した。

沖ノ鳥島はスペイン(一五四三年)、オランダ(一六三九年)、英国(一七八九年)に発見されていたが、一九二〇年、国際連盟により日本の委任統治領と認定された。一九三九年、灯台や気象観測所の建設が始まるものの、日米開戦後に工事は中断。珊瑚礁を爆破した水路跡や灯台・観測所基盤が残存。建設工事を発見した米艦艇が砲撃を加えたという記録も残っている。

一九五二年、サンフランシスコ講和条約により小笠原諸島とともに米国施政下に置かれた後、一九六八年、日本に返還された。一九七七年、沖ノ鳥島を基点として領海(一二海里)とEEZ(二〇〇海里)が設定された。沖ノ鳥島が海食により亡失して定義上の「島」と認められなくなると、日本の国土面積(約三八万平方キロメートル)を上回るEEZが消失する。そのため、一九八七年、島の亡失を防ぐため、両島周囲の護岸工事を開始。翌年には、鉄製消波ブロック、コンクリート護岸、チタン製防護ネットの設置を完了した。

二〇〇一年頃から中国の海洋調査船が沖ノ鳥島のEEZ内に進出。二〇〇三年以降、中国と韓国が沖ノ鳥島に対する日本の対応に異議申し立て。二〇〇四年、中国が沖ノ鳥島は「島」ではなく「岩」であり、日本の「領土」とは認めるがEEZは設定できないと主張した。

二〇〇五年、日本は沖ノ鳥島への灯台設置を決定。二〇〇七年、沖ノ鳥島灯台の運用が開始され、同灯台は海図に記載された。

二〇〇八年、日本は国連大陸棚限界委員会(Commission on the Limits of the Continental Shelf:CLCS)に対して沖ノ鳥島を基点とする海域を大陸棚の延長域として申請。中韓両国は「沖ノ鳥島は島ではなく岩である」として異議を申し立てた。

二〇〇九年、日本は環礁部分に船舶接岸を可能とする港湾建設を決定。二〇一〇年、日本は沖ノ鳥島保全法を施行し、港湾建設に着手した。

二〇一一年、CLCSで日本と中韓が対立。審議は紛糾し、沖ノ鳥島に関する日本への勧告案は採決されないまま、今日に至っている[7]。

二〇一二年、CLCSは沖ノ鳥島北方等の太平洋四海域約三一万平方キロメートルを日本の大陸棚として認定。ただし、同島南方海域の大陸棚については中韓の異議申し立てを踏まえて判断を先送りした。

二〇一三年から港湾建設が本格化した。「第一列島線」と「第二列島線」の中間地点である沖ノ鳥島周辺の海域の位置づけは、中国の軍事行動に大きな影響を与える。建設工事の重要性が認識できる。

日本、中国双方の主張は相容れないが、東アジアおよび西太平洋の平和と安全のためには、両国は軽々にファイティングポーズを取ってはならない。前述の中世ヨーロッパの政治思想家マキアベリの名言が思い出される。曰く「戦争は始めたい時に始められるが、止めたい時には止められない」。

ダイヤモンドと真珠

二〇一一年一二月、米国大統領バラク・オバマはノースカロライナ州フォート・ブラッグ陸軍基地で演説し、「イラク戦争終結」を宣言。米国の対イラク戦争は八年九か月で幕を閉じた。

二〇〇七年のピーク時には約一七万人に達したイラク駐留米軍。最後の部隊約四〇〇〇人も二〇一一年内に撤退した。

二〇〇三年三月の開戦以来、約四五〇〇人の米兵、約一一万人のイラク国民の犠牲を伴ったイラク戦争。その評価は後世に委ねられるが、オバマは「我々は、国民によって選ばれた政府を持つ、独立し、安定し、自立した国家をイラクに残した。これは多大なる成果だ」と演説した。

イラク戦争終結宣言に先立つ二週間前に国務長官ヒラリー・クリントンがミャンマーを訪問。ミャンマー政府が民主的改革を進めれば、米国による対ミャンマー経済制裁を解除する用意があることを示唆した。

さらにそれに先立つこと二週間前、オバマは豪州北部のダーウィン豪空軍基地を訪問。今後、同基地に米海兵隊約二五〇〇人を駐留させる計画を発表した。

米国の安全保障戦略は明確かつ計画的に転換し始めていた。二〇〇〇年代初頭の一〇年間、9・11を契機に中東重視、対テロ戦争を明言した米国。しかし、アフガニスタン・イラク戦争が終結したことから、その方針は転換した。

今度は、インド洋、西太平洋を中心とする海洋安全保障を重視。この変化は、二〇〇〇年代になって以降の中国の急速な経済的、政治的、軍事的プレゼンス拡大に伴うものだ。

中国の南下政策に対して、南から北に向かって「のど輪」を押しつけるような中国シフト。あるいは、中国の南下を防ぐ封鎖戦略と言ってもいい。中国は東シナ海、南シナ海の海洋権益への関心を隠さず、顕著な軍事行動をとっている。また、直接インド洋に抜ける陸路を確保するため、ミャンマーへの関与も強めている。

海洋安全保障に舵を切った米軍にとって、海軍はアジア太平洋艦隊の様相を呈している。一方、二〇一一年一二月一日の中国新華社系新聞が「中国海軍は太平洋艦隊を創設すべき」とする社説を掲載。米中両国の熾烈な駆け引き、新たなパワーゲームが始まっている。

インドの西側はアラビア海、東側はベンガル湾。アラビア海は、イラク・アフガニスタン戦争の終結に加え、地理的に中国から遠いこともあり、米国の安全保障上の緊張感は緩和している。一方、ベンガル湾はミャンマーに接しており、米国、中国、インドの三大国の三つ巴の力学の「渦中の海」となった。

インドシナ半島を中心に考えれば、東側が南シナ海、西側がベンガル湾。インドシナ半島も安全保障上の重要性が一段と増したが、中国はもともと一九九〇年代からＣＬＭＶ四か国（カンボジア、ラオス、ミャンマー、ベトナム）に対する影響力強化に腐心。

二〇世紀後半は「石油の時代」。そのため、産油国に対する影響力、産油国の動向が国際政治の重要なポイントとなり、中東を舞台とする紛争や緊張が世界を揺るがした。時は移り二一世紀前半。経済成長の中心がアジアに移ったことを反映し、紛争や緊張の中心もベンガル湾、マラッカ海峡、南シナ海というアジアの海洋エリアにシフト。米国の戦略転換は非常に明解である。日本も、世界の変化に的確に呼応しなければならない。

こうした中、インド洋沿岸国で最大の海軍力を有するインド。アフリカ東部から、中東、インド、東南アジアを結ぶ各国との連携を進める「ダイヤモンドのネックレス」戦略に取り組んでいる。インドの「ダイヤモンドのネックレス」戦略にとって、ネックレスの東端はミャンマーとの関係強化がポイントである。

一方、ミャンマーを経由したベンガル湾への陸路確保を企図する中国。ミャンマーを含むインド洋沿岸国の港湾開発を援助し、中国海軍の拠点とする「真珠の首飾り」戦略を展開している。

アジアをめぐるパワーゲームは、米国対中国、インド対中国の力学で動いている。米国の「のど輪」、インドの「ネックレス」、中国の「首飾り」が錯綜し、インドシナ半島を中心としたアジアの首筋が息苦しくなってきた。

世界のパワーゲームの構造変化は、日本を含む極東の安全保障にどのような影響があるのか。

二〇世紀後半は、主に台湾海峡や朝鮮半島での有事を念頭に置いていた米軍のアジア戦略。パワーゲームの構造が変化すれば、当然、米軍の戦略も変わる。

米軍にとって、アジア最大の海兵隊の拠点であった沖縄。南シナ海、ベンガル湾から遠く、中国ミサイル攻撃網の射程圏拡大、高度化に伴い、その標的になりやすい位置になった。つまり、戦略拠点としての劣化である。そのうえ、海兵隊の拠点である普天間基地の移設問題が迷走していることもあり、ますます沖縄の軍事的意味が変わってきている。

米国も中国も、安全保障戦略や軍事戦略の立案に際し、「孫子の兵法」や「ゲームの理論」を活用していると言われている。「孫子の兵法」が主張するように、敵対する双方が、情報の収集、戦力の整備、徹底した分析、的確な判断を行い、各々が合理的な戦略を徹底して追求していくと、結局双方互角の展開となり、「ゲームの理論」の「ミニ・マックス戦略」的な状況に近づく。

前述のとおり、「ミニ・マックス戦略」とは、想定される「最大の損害」が「最小」になるように行動する戦略。有事の際、自軍の被害を最小化させるべく、アジアにおける新たなパワーゲームが始まっている。ちなみに、想定される「最小の利益」が「最大」になるように行動する戦略は「マクシミン戦略」と言う。

「孫子の兵法」の第二篇「作戦篇」は「用兵とはスピードである」と説く。第三篇「謀攻篇」では「戦わずして勝つ」ことを目指し、そのために、第四篇「形篇」では「必勝の形をつくる」ことを諭す。第七篇「軍争篇」では「戦場にいかに先着するか」、第十一篇「九地篇」では「脱兎のごとく進攻せよ」と教えている。

これらを総合すると、アジア地域において、どのようなポジションに、どのような戦力を配置するかが、有事の際の帰趨を左右する。

もちろん、戦争は回避しなくてはならない。第十三篇「火攻篇」では「軽々しく戦争を起こすな」と諭し、そのためにも第十二篇「用間篇」は「情報こそ最重要」と教え、諜報戦の意義を指摘している。

ハンチントンが独自文明と評した日本。大国によるパワーポリティクスが展開される二一世紀のアジアにおいて、どのような役割を果たすべきか。日本が「アジアで唯一の先進国」「アジアで唯一の欧米諸国と特別な友好関係にある国」「アジアで唯一の経済大国」「アジアで唯一の特別な地位を保障された国」という時代は終わった。日本は、独自の情報と自立した分析力で、パワーゲームの間隙を縫って国家を運営し、国際社会の平和に貢献していかなくてはならない。

EUの迷走

汎欧州

英国のEU離脱交渉が始まった。なぜ英国はEUから離脱するのか。その背景は簡単ではない。背景を知るには、欧州の歴史を理解することが必要である。

EUは汎欧州主義(パン・ヨーロッパ)の歴史に端を発している。汎欧州主義は、欧州全体の統合を目指す思想のことである。

古くは古代ギリシャ、ローマ時代より、他地域(アジア、アフリカ、中近東等)との対比から欧州を一体的に捉える思想が萌芽。キリスト教圏と他宗教(イスラム教、仏教等)圏の対立という要素も影響していた。

狭義の汎欧州主義の元祖はリヒャルト・クーデンホーフ・カレルギー(一八九四〜一九七二年)。日本人とオーストリア人のハーフである。父はオーストリア・ハンガリー帝国駐日大使(伯爵)、母は大使公邸に勤務していた日本人だった。一家は一八九六年に離日。クーデンホーフは一九一七年にウィーン大学で哲学博士号を取得。第一次世界大戦で母国が敗北すると、一家の領地の大半は没収された。

クーデンホーフはユダヤ人平和主義者アルフレート・フリート(一八六四〜一九二一年、ノーベル平和賞受賞者)の著書『汎米州』を読んで感銘。汎欧州運動を開始する。クーデンホーフが一九二三年に出版した『汎欧州』がベストセラーとなり、汎欧州運動が拡がる。この本は日本語を含む多くの言語に翻訳された。同書の要旨は、第一次世界大戦後の疲弊・分裂状態にあった欧州諸国を統合し、台頭する米国や共産主義国家(ソビエト)、アジアの新興国(日本)に対抗すべきということだ。

一九二六年、第一回汎欧州会議がウィーンで開催され、二四か国、二〇〇〇人以上の政治家、学者等が参加。クーデンホーフは、妻がユダヤ人であったことも影響し、ナチスの民族的ナショナリズム、ゲルマン民族至上主義を批判。ヒトラーとの対立が始まる。

ヒトラーとクーデンホーフは同時代の欧州政治家である。ともにオーストリア・ハンガリー帝国出身。著書『汎欧州』の名声によって一九二〇年代にはすでに欧州文壇の寵児となっていたクーデンホーフに対し、数年遅れで表舞台に登場したヒトラーは対抗意識もあったようだ。一九三二年、第三回汎欧州会議でクーデンホーフはヒトラーを痛烈に批判。翌一九三三年、ドイツ首相に就任したヒトラーは『汎欧州』を発禁、焚書(焼却)とした。

一九三八年、ドイツによってオーストリアが併合される前夜、クーデンホーフは米国に亡命。汎欧州運動本部はナチスに占拠され、数万点に及ぶ文献や書類が処分された。クーデンホーフはかつての主君の末裔ハプスブルク公と組み、自らを首班とするオーストリア亡命政府樹立を画策したものの、実現できなかった。

終戦後の一九四七年、クーデンホーフは欧州議員同盟を創設。欧州統合の糸口を探るものの、実際の動きはクーデンホーフ以外を主軸に進み始めた。一九四七年OEEC(欧州経済協力機構)、一九四八年ベネルクス三国関税同盟、一九五一年ECSC(欧州石炭鉄鋼共同体)、一九五八年EEC(欧州経済共同体)、一九六七年EC(欧州共同体)、一九九五年EU(欧州連合)と続く。今日では、この過程で活躍したフランスの政治家ジャン・モネが「EUの父」と言われている。

クーデンホーフが欧州統合の元祖であることは間違いないが、その考え方は、世界のブロック化、欧州諸国による植民地主義に同調的だったとも言われている。

一九七二年、オーストリアの山村で逝去。墓には日本庭園の枯山水様式の石庭があるそうだ。碑文には「欧州合衆国のパイオニア」と記されている。

ブレグジット

英国のEU離脱、通称ブレグジット。英国(Britain)、退場(exit)を合成した造語である。離脱派勝利の背景には、移民急増やEUによる主権制限に対する不満があった。離脱派の中心は英国独立党(UKIP)党首ナイジェル・ファラージ。保守党の前ロンドン市長ボリス・ジョンソンも加勢した。

残留派は、離脱によって英国が受ける甚大な経済的被害の懸念を煽る「恐怖計画(Project Fear)」を展開したが、奏功せず。

一方、離脱派による二つの主張は奏功。ひとつは、離脱すればEUに拠出している予算が浮き、公的医療健康保険システムNHS(National Health System)に予算を回すことが可能との主張。もうひとつは、離脱すれば欧州市民(大陸側から渡英者)が減少し、高騰している住宅価格が下落するとの主張。労働党の現ロンドン市長サディク・カーンも住宅価格高騰対策を選挙公約に掲げていたことから、問題の深刻さが伺える。

庶民に身近な問題を関連づけたことも奏功し、離脱派が勝利。大衆心理を選挙キャンペーンに利用し、ポピュリズム(大衆迎合主義)を扇動したとも言える。

しかし、離脱騒動の深層にはもっと根深い本質的問題が影響している。それを理解するには、マーガレット・サッチャーの首相時代(在任一九七九〜九〇年)まで遡ることが必要である。

「鉄の女(アイアン・レイディ)」と呼ばれたサッチャーの業績は、第一に「英国病」克服のための国内改革、第二にアルゼンチンとのフォークランド戦争、第三に米国大統領ロナルド・レーガンと共闘した東西冷戦対応、第四は欧州統合への対応である。

フォークランド戦争で英国の主権保持の断固たる姿勢を示したサッチャー。他の三つの業績も英国の栄光と主権保持、とりわけ、ドイツを中心とする欧州に対する英国の主権保持という意味では共通している。国内改革は市場原理を重んじたサッチャリズムとして知られている。しかし、サッチャリズムは国内改革のみならず、冷戦対応、欧州対応を含めた対外的な強硬姿勢、「大英帝国の栄光」を守るための主権保持の姿勢全体を指すと理解するのが妥当である。そして、国内改革と東西冷戦への対応は欧州統合問題と密接に関係している。

欧州統合に対するサッチャーの基本姿勢は、市場統合（単一市場）には賛成、通貨統合および政治統合（予算拠出）には反対。その底流にあるのはドイツに対する警戒心である。

米国大統領レーガンと協力し、ソ連共産党書記長ゴルバチョフを懐柔。冷戦終結を進めた一方で、ドイツ再統一には警戒的。再統一を成し遂げたドイツ首相ヘルムート・コール（一九三〇～二〇一七年）との関係も微妙だった。

欧州統合についても終始慎重姿勢。その理由は、欧州の通貨・政治統合は遠からず「ドイツの影響力が大きい欧州（German Europe）」出現につながると考えたからだ。英国にとって欧州統合への対応は常にドイツとの闘い、そして主権を守る闘いと言える。フランスは地政学的な宿命から宿敵ドイツと交流せざるを得ず、島国英国とは基本的な立場が異なる。

もちろん、英国内にも欧州統合賛成派はいたが、サッチャー首相は英国の国益のためには「栄光ある孤立（Splendid Isolation）」[8]も辞さない考えであり、それがサッチャリズムの真髄であると受け止められた。そのため、サッチャー首相は英国の孤立を恐れた財界・保守党内部から疎まれ、退任に追い込まれた。

ブルージュ演説

英国のEEC加盟はフランスのシャルル・ド・ゴール大統領によって二度拒否され、一九六九年にようやく承認された。

それから一〇年。サッチャーが登場した頃の欧州は、EEC、ECSC(欧州石炭鉄鋼共同体)、Euratom(欧州原子力共同体)等が並存する時代。諸組織をまとめてECs(欧州共同体)と呼んでいた。サッチャーは自由貿易の信奉者。英国の経済・貿易のためには、欧州統合が保護主義的にならないようにすることが英国の国益であるとの立場であった。

英国は農業人口が少なく、農産品を輸入に依存。そのため、サッチャーはEC(欧州委員会)予算の七割を占める農業補助金の英国の受け取りが少なく、分担金(拠出予算)から補助金を差し引いた英国の純負担は過大と主張。分担金の払戻しを求めた。一九八四年、サッチャーの要求は実現。EC諸国からサッチャーは利己的で欧州統合に後ろ向きと批判されたが、この間の経緯を詳述した『サッチャー回顧録―ダウニング街の日々』(一九九三年)は非常に興味深い内容である。

払戻し問題とともに、サッチャーの主要関心事は連邦主義的な欧州統合の実現を阻止することであった。

一九八八年七月、欧州統合推進派であったEC委員長ジャック・ドロール(一九二五年〜)が欧州議会で演説し、「一〇年後にはEC諸国の立法の八〇%がEC起源のものになる」[9]と発言。その二か月後、サッチャーはブルージュ(ベルギー)の欧州大学院で講演。その切り出しは「この学校は勇気がある。私に欧州統合の話をさせるのは、ジンギスカンに平和共存の話をさせるようなものだ」[10]という名台詞。「鉄の女」の面目躍如である。

講演の骨子は、欧州統合は権力や決定権の分散に配慮すべき、概念的存在である統合欧州が国家主権を侵してはならない、独立国家間の自発的協力こそが重要、統合欧州は保護主義を排した単一市場を目指すべき、欧州という概念は伝統的・文化的に米国も含む大西洋共同体的なもの、等々の内容であった。

このブルージュ演説は、統合推進派の欧州官僚（ユーロクラット）や独仏等の大陸諸国に対する英国の民主主義、議会主義、自由主義の伝統に基づく反論と言える。

翌一九八九年四月、ドロールはＥＭＵ実現（通貨統合）の具体的スケジュールを示すドロール報告を発表。さらに、ベルリンの壁崩壊ひと月前の同年一〇月、やはりブルージュでドロールが「歴史は加速する。我々も加速しなければならない」[11]と発言。サッチャーはドロール報告やドロール発言に反発し、ドイツの早期再統一、ＥＭＵによる単一通貨発行、欧州社会憲章、欧州軍創設等に反対を表明した。

しかし、サッチャーはＥＭＳ（欧州通貨システム）下での為替変動メカニズムへのポンド参加、人頭税導入などで欧州統合反対派から反発を受ける一方、英国の孤立を恐れる保守党・財界等の推進派からも疎まれ、翌一九九〇年一一月、退陣を余儀なくされた。

後任の英国首相ジョン・メージャー（一九四三年～）は一九九二年に欧州連合（ＥＵ）条約（マーストリヒト条約）に調印したものの、サッチャーの懸念も踏襲し、通貨統合や欧州社会憲章に関する英国の適用除外（オプト・アウト）を獲得。統一通貨ユーロにも、域内の自由移動を認めるシェンゲン協定にも参加していない。

一九九七年の総選挙では労働党が勝利し、トニー・ブレア（一九五三年～）が首相に就任。親欧州に大きく舵を切り、欧州社会憲章への参加、欧州安全保障・防衛政策の樹立も容認。

この間、上院議員に叙せられたサッチャーは、ＥＵ条約、とりわけ通貨統合に激しく反対。保守党内に反欧州の「ブルージュ・グループ」が生まれ、賛同者が漸増している。二〇一三年に他界して四年、サッチャーの影響力はまだ健在である。

サッチャーの欧州統合とドイツ再統一に対する慎重姿勢の背景は同根。と言うより、両者は密接不可分、表裏一体。サッチャーのドイツ観を『回顧録』等から推測すると、以下のとおりである。

ドイツは、自らの忌まわしい歴史(ナチス等)を踏まえ、近隣諸国から疎まれたり、自身が再び暴走しないように、欧州の一部に組み込まれたいと思っている。しかし、実際にそうなると、ドイツの影響力は大きく、やがて「欧州のドイツ」ではなく、「ドイツの欧州」になってしまう。サッチャーはそのように考えていたようだ。

『回顧録』には具体的には次のように記されている。「ドイツ人は、自分たちが自らを統治することが不安なため、自己統治をする国がないような制度をヨーロッパで確立したいのである。このような制度は長期的には不安定になるのみで、またドイツの大きさと優位性から、均衡のとれないものになるに違いない。ヨーロッパ的なドイツに執着することは、ドイツ的ヨーロッパを創造してしまう危険がある」[12]。

ドイツ再統一は予想を上回るペースで進み、フランス大統領フランソワ・ミッテランとEC委員長ジャック・ドロールは「ドイツを拘束し、ドイツの優位性を抑制するような構造の連邦主義的ヨーロッパ」[13]の構築を目指した。

サッチャーは、こうした動きは結果的に仏独枢軸となり、その先はドイツの優越につながると危惧。欧州大陸の二大巨頭である独仏連携を阻止するという英国の伝統的外交手法にとってマイナスと判断していた。

さらにサッチャーは、ドイツを牽制するために米国が欧州に関与すること、および英仏が連携することが重要と考えていた。しかし現実は、ドイツ再統一に不安を抱くソ連共産党書記長ゴルバチョフと米国大統領レーガンに接近したものの、両者ともドイツ再統一を妨げることはなく、仏大統領ミッテランも英国よりも隣国ドイツとの融和を進めた。

サッチャーは、早すぎるドイツ再統一は、欧州連邦主義の進展、仏独ブロックの強化、米国の欧州撤退、という三つの憂慮すべき流れを生むと指摘。[14] その後の展開はほぼサッチャーの予測どおり。ドイツ一人勝ちの現実は、順調すぎたドイツ再統一と早すぎたユーロ導入が主因である。

二〇一三年一月にロンドンで演説を行った保守党の英国首相デービット・キャメロンは、EUの地盤沈下を止めるために改革が必要と指摘し、EUの競争力の中核は単一通貨ではなく、単一市場であると主張。サッチャリズムへの回帰である。さらに、加盟国はEUに過度に委譲した権限を取り戻すべきであるとして、EUと再交渉すること、その上でEU残留の可否を問う国民投票を二〇一七年末までに実施すると表明。

キャメロンは、保守党内の反EU派の圧力、EU脱退を掲げる英国独立党(UKIP)の躍進(地方選挙の議席数一八倍の伸長)、野党労働党の支持率上昇、反EU世論、「メルコジ」路線(ドイツ首相アンゲラ・メルケルとフランス大統領ニコラ・サルコジの独仏協調によるEU寡頭支配)等に晒され、二〇一五年に迫る総選挙対策として国民投票を打ち出さざるを得なかった。国民投票が行われる前提条件は、二〇一五年総選挙で保守党が勝利し、キャメロンが続投すること。幸か不幸か、保守党が勝利し、国民投票を断行。その結果がEU離脱決定であり、残留を主張したキャメロンの退陣。皮肉なものだ。

米国務長官だったヘンリー・キッシンジャー(一九二三年〜)が名言を残している。曰く「ドイツは欧州には大きすぎ、世界には小さすぎる」。[15]

一九七〇年代以降、ＥＣ諸国に漂っていた地盤沈下への懸念、欧州の将来に対する悲観論は「ユーロペシミズム」と言われた。英独仏の確執、南欧諸国の財政危機など、「ユーロペシミズム」が再来しかねない雰囲気である。

中東の憂鬱

イスラム教の歴史

ユダヤ教、キリスト教、イスラム教は、同じ神を信仰している。意外に知られていないが、ルーツを共有している。イスラム教は、ユダヤ教とキリスト教の後に誕生した一神教で、偶像崇拝を排し、神への奉仕を重んじ、信者の相互扶助や一体感を重んじる点が特徴的である。キリスト教とイスラム教を比較すると、キリスト教は内心の信仰を重視するのに対し、イスラム教は戒律に従った行動を重んじる。内心は外からはわからない。そこで、イスラム教では行動を重んじ、毎日五回の礼拝、豚肉・酒の禁止等の戒律を遵守することを信仰の証とする。ユダヤ教も行動を重んじ、その戒律はイスラム教よりも厳格なようだ。イスラム教では戒律を遵守することを「神に貸しを作る」と表現し、世界の終末に神から「貸し」を返してもらえると信じられている。

現在、イスラム教徒は世界の総人口の約二〇％。五人に一人、約一六億人と言われている。キリスト教に次ぐ規模である。よく聞く「ムスリム」は「神に帰依する者」を意味するアラビア語であり、イスラム教徒のことを指す。

ムスリムの居住地域は世界中に広がっており、中東を中心としつつ、西アジア、東南アジア、中央アジア、南アジア、アフリカ、欧州にも多くの信者がいる。中東、西アジアでは国民の大半がムスリムであり、中にはイスラム教を国教と定め、他宗教を禁じている国もある。欧州では、フランスのムスリムは約六〇〇万人、人口の約一〇%。英国でも、ムスリムは国内第二位の規模になっている。ムスリムの数は信者の多子傾向やアフリカ内陸部等への布教拡大によって、現在も増加を続けている。[16]

イスラム教の国々は、歴史的には中国やインドと並び、長らく世界を牽引する先進国であった。軍事的にも一七世紀末までは欧州諸国に対して常に優位を維持してきた。文化面・学術面でもイスラム教は卓越していた。幾何学文様、植物文様、文字文様等によるアラベスクの装飾はイスラム芸術の象徴である。

上述のように、イスラム教では偶像崇拝は禁止。キリスト教会や仏教寺院は偶像(肖像画や神仏像)を祀っているが、イスラム教のモスク(礼拝所)ではアラベスクで彩ることによって崇高さを表現している。アラベスクのような精密な幾何学文様を描くには幾何学(数学)の知識が不可欠。そのため、イスラム世界では自然科学が発達した。毎日五回、聖地メッカへ礼拝するためにはその方角を正確に知る必要がある。そのため、天文学も発達した。宗教と自然科学が共存していたのもイスラム教の特徴である。

余談だが「アルコール」や「アルカリ性」等の化学用語もアラビア語起源。語頭の「アル」は英語の「The」に当たる冠詞である。

イスラム教の開祖はムハンマド。誕生は西暦五七〇年頃、没年は六三二年。イスラム教は六一〇年にムハンマドによって始められた宗教である。

イスラム教は唯一絶対の神アッラー（アッラーフ）を信仰し、神が最後の預言者ムハンマドを通じて人々に下したコーラン（クルアーン）の教えに従う一神教である。アッラーは多くの神々の中の一神であったが、ムハンマドはメッカ占領後にアッラー以外の神像を全て破壊。アッラーだけの崇拝を求めた。

六一〇年、ムハンマドはメッカ郊外でアッラーの啓示を受けたと主張し、イスラム教を開創した。信者は少しずつ増えたものの、メッカからは弾圧される。六二二年、弾圧を逃れるため、信者をメディナ（マディーナ）に移住させた。これをヒジュラ（聖遷）と言い、以後メッカと対立する。

メディナのイスラム教共同体（ウンマ）は現地のユダヤ人と対立し、やがて戦争が勃発した。ムハンマドは近隣のユダヤ人やアラブ人を次第に制圧し、六三〇年、ついにメッカを占領。カーバ神殿にあった偶像を破壊。そこを聖地とし、アッラーの信仰を求めた。

ムハンマドはメッカ征服を企図していた他の部族も撃破。ムハンマドの名声は広まり、アラビア各地の部族長や指導者が使節を送ってくるようになった。こうしてイスラム教がアラビア中に伝播し始める。折しも、東ローマ帝国やササン朝ペルシア帝国が衰退していた時期でもあり、ムハンマドの勢力は急速に拡大した。

翌々年、ムハンマドは病没。メディナの人々は後継者にアブー・バクルを選び、その地位をカリフと定めた。イスラム教共同体では宗教指導者と政治的指導者は分離していない。政教一致の体制を採り、その指導者がカリフである。

しかし、アブー・バクルを後継者と認めない有力者が続出。こうした勢力は結託してメディナ襲撃の準備を始めた。ついに戦争が勃発。アブー・バクル側が勝利し、カリフ制はイスラム教の政治体制として確立。そして、共同体と軍事力の維持のため、略奪品を求めて征服戦を継続した。

こうしてムスリムによる征服戦争は続き、約一〇年余で東ローマ帝国領のシリアとエジプトという肥沃な領土を獲得した。六三六年、ムハンマドから三代目のウマル（二代カリフ）は重武装のペルシア軍を撃破。六四二年、ペルシア皇帝自ら率いる親征軍も撃破。ペルシア帝国領もムスリムの支配下となる。陸の遠征と並行して、海からも遠征を開始。六三七年、アラビア半島東部のオマーンからインドに向けて進軍。ボンベイを奪取した後もインド方面への攻撃を繰り返した。こうした陸海の遠征によって、イスラム教は各地に広まり、短期間のうちに大規模なイスラム教国を築き上げた。

拡大の過程で内紛も生じ、二代カリフ・ウマル、三代カリフ・ウスマーンは暗殺され、六五六年、ムハンマドの従弟アリーが四代カリフとなる。配下のウマイヤ家ムアーウィアが反発し、両者は交戦。六六一年、アリーは殺害され、ムアーウィアがカリフとなるが、これを機にシーア派とスンニ派に分裂した。

アリーの支持勢力はムハンマドの従弟アリーとその子孫のみがカリフを継承する資格があると主張してシーア派を形成。ちなみに「シーア」は「党派」という意味。「シーア・アリー」で「アリーの党派」を意味する。

ムアーウィアを支持する体制派は「ムハンマド以来の慣習（スンナ）に従う者」という意味でスンニ派を形成。ムアーウィアはウマイヤ家の伝来地であるシリアを重視し、ダマスカスに遷都。息子ヤジードへのカリフ世襲に腐心。その後約一〇〇年弱の期間をウマイヤ朝と呼ぶ。

六八〇年、ムアーウィアが死ぬと、アリーの息子フセインが蜂起するも、ウマイヤ朝に敗れて戦死。ウマイヤ朝でも反乱が多発。六八四年、マルワーンがカリフに就くも、在位一年で妻に暗殺される。六八五年、新たにカリフに就いたアブドゥル・マリクの治世で、ウマイヤ朝の混乱は漸く沈静化した。

七〇八年、北アフリカ一帯を征服。七一一年、イベリア半島に上陸。現地キリスト教国（西ゴート王国）を滅ぼし、ピレネー山脈を越えてフランスに進軍。やがてキリスト教徒の抵抗が強まり、八世紀中盤、フランスを放棄。その後もイベリア半島は占有した。

一方、東部でも七〇五年に遠征を再開。サマルカンド、中央アジア、トルキスタン一帯を制圧し、七五一年には唐軍と交戦、撃破。その後、進軍を支えた将軍が部下に殺害され、イスラム教国の領土拡張は終息する。

シーア派とスンニ派

四代カリフ・アリーの子孫は一二代目で断絶。そのため、シーア派にとって現在は「イマーム(指導者)」不在の状態。世界の終末直前に最後のイマームが救済のためにマフディー(救世主)となって再臨すると信じられている。

アリーの子孫が断絶するまでの間に、シーア派の中では誰を指導者として認めるかをめぐって分派した。五代イマームをめぐり、ザイドを支持する者とそうでない者に分派。前者はザイド派と呼ばれ、現在ではイエメンに多く見られる。

七代イマームとしてムーサ支持派とその兄イスマイール支持派に分派。ムーサ支持者は十二イマーム派と呼ばれ、現在のシーア派の約八五%を占め、イラン、イラク、バハレーンなどに多い。イスマイール派は東アフリカや南アジアに多い。

シーア派とスンニ派は指導者の系譜以外に何が違うのか。シーア派は相対的に内心の信仰を重視する一方、戒律についてはスンニ派の方が厳格。スンニ派は偶像崇拝を厳しく禁止。一方、シーア派は四代カリフ・アリー（シーア派にとっての初代イマーム）等の肖像画を奉じたり、聖者廟（墓）を詣る習慣がある。また、戦死したフセイン追悼の宗教行事（アーシューラ）がある。スンニ派もシーア派も断食・巡礼・礼拝等の方法に違いはほとんどない。なお、異端少数派（アラウィ派、ドルーズ派等）には巡礼や断食を行わない派もある。

歴史的にシーア派を支えてきたのはイランである。一方、両派が対立しているのはイラク。現在のイラクはシーア派だが、かつて（サダム・フセイン大統領下）はスンニ派であった。

同じ派の中でも、学派の違いもある。トルコ、シリア、イラク、エジプト、インド、東ヨーロッパ、中央アジアでは、最も寛容で近代的とされるハナフィー学派（スンニ派）が主流。同学派はオスマントルコ帝国の公認学派であった。

イランはジャアファル学派（シーア派）、アラビア半島は戒律に最も厳格なハンバル学派（スンニ派）、マグリブはマーリク学派（スンニ派）、東南アジア、東アフリカはシャーフィイー学派（スンニ派）が多いそうだ。

シリアやイラク等ではシーア派とスンニ派が対立しているような報道も見受けるが、両派は宗教的正当性をめぐって争っているのではない。

両派の対立が表面化したのはイラン革命（一九七九年）以後である。イラン革命は、亡命中の指導者ホメイニ師を帰国させ、親米パーレビ政権を打倒した政変であった。イラン対岸の湾岸諸国は国内に多数のシーア派住民がいるため、シーア派によるイラン革命が自国に影響することを危惧しつつ、今日に至っている。

現在、イラン、イラク、バーレーン、アゼルバイジャンでは、人口的にはスンニ派よりシーア派が多数派。シリア、レバノン、湾岸諸国、イエメン、アフガニスタン等にもシーア派住民が多数いる。

その中でイラン（および現在のイラク）のみがシーア派政権だが、それ以外の国の政権は基本的にスンニ派。つまり、シーア派は人口的には多数派でも政治的には非政権側。そのため、シーア派住民は相対的に貧困層が多く、経済的にも劣位に立たされている。

つまり、両派の対立は宗教的理由ではなく、政治的・経済的理由である。スンニ派政権にとってシーア派住民は常に不安定要因であり、両派の対立が結果的に宗派抗争に発展する結果を招いている。

米国空爆を受けたシリア。大統領バッシャール・アル・アサドが率いるアラウィ派はシーア派系少数派。反政府勢力は多数派のスンニ派。反政府勢力には、スンニ派に加え、世俗派、在外シリア人、自由シリア軍（離反兵）、ヌスラ戦線（アルカイダ系武装過激派）なども参画。内部抗争も絶えない。

一方、政府側をシーア派の大国イランが支える。イランとシリアは反イスラエルを掲げる「抵抗の枢軸」の中心。レバノンのシーア派組織ヒズボラもアサド政権を支援。さらに、イランとシリアは旧ソ連時代からのロシアの軍事的友好国。シリア沿岸にロシアの唯一の地中海海軍基地（タルトス）を擁していることも影響している。

「抵抗の枢軸」に「抵抗」しているのは親イスラエル・親米のサウジアラビアやカタール。サウジアラビアはスンニ派の大国。また、米国と足並みを揃えたフランスにとって、シリア、イスラエルは有力な武器輸出先である。

この複雑難解なシリアおよび中東情勢に、日本を含む域外国が安易に与することは結果的に国家および国民のリスクを高めることになるだろう。

オスマントルコ帝国

今日のテロ拡散の背景を知るうえで、少なくともオスマン帝国崩壊とイラン革命（イスラム革命）について理解する必要がある。

今日の中東の政治的混乱、それを背景とするテロ拡散の淵源は、二〇世紀初頭のオスマン帝国崩壊まで遡る必要がある。もっと遡れば、古代ローマ帝国、中世イスラム帝国の歴史等に踏み込まなくてはならないが、ここではあくまで近代史以降の整理にとどめる。

「オスマントルコ帝国」という表現は正確ではない。一二九九年の建国の始祖、オスマン一世に由来して「オスマン帝国」と称することは間違いではないが、帝国内は多宗教・多民族が共存。トルコ民族だけの国ではなかったことから、「オスマントルコ帝国」ではなく「オスマン帝国」と呼ぶのが適切と言えよう。

最盛期は一七世紀後半。領土は東欧南部、バルカン半島、黒海・カスピ海沿岸、アナトリア半島（西アジア）、中東、アラビア半島沿岸、北アフリカに及び、南欧を除く地中海沿岸全域がオスマン帝国であった。

最盛期以降、西欧諸国やロシア帝国の南下に伴い、領土は徐々に縮小。同時期、トルコ民族主義が強まってきたことから、アラブ民族等の他民族が反発。国内は徐々に混迷の度合いを強めていった。

そうした中で勃発した第一次世界大戦。オスマン帝国はバルカン半島の汎スラヴ主義拡大を抑える意図もあり、バルカン半島に進出するドイツに接近。第一次世界大戦は同盟国側（ドイツ側）の一員として参戦した。ここからが今日に至る背景である。

大戦中に国内のアラブ人等が蜂起。これに目をつけたのが協商国側、とくに英国である。英国の工作員としてオスマン帝国に派遣されたのがトーマス・エドワーズ・ロレンス。通称「アラビアのロレンス」。

ロレンスはアラブの名門ハーシム家に接近。ハーシム家の当主はフサイン・イブン・アリー。後のヨルダン王家の直系の祖となる。その息子がファイサル・イブン・フサイン。後のイラクとシリアの初代国王である。ロレンスは彼らを扇動し、オスマン帝国からのアラブ独立のために活躍。しかし、その本当の目的は、オスマン帝国軍をアラブ人対応に釘づけにし、英国軍の行動を容易にするためだったと言われている。

そして、その間に行われたのが矛盾に満ちた三重外交。すなわち、英国がアラブ人に独立を約束した「フサイン・マクマホン協定」(一九一五年)、英仏露がアラブ地域の三分割統治を密約した「サイクス・ピコ協定」(一九一六年)、英国がユダヤ人に独立を約束した「バルフォア宣言」(一九一七年)であった。[17]

第一次世界大戦終結(一九一八年)後、オスマン帝国は一九二二年に崩壊。トルコ共和国が誕生する一方、分離された中東、アラビア半島、北アフリカは、アラブ人の期待を裏切り、西欧諸国が植民地支配または委任統治。これが、今日まで続く混乱の始まりだ。

その後、一九四〇年代にかけて中東諸国が次々と独立。しかし中東諸国は、第二次世界大戦終結(一九四五年)後の米ソ東西対立の力学に影響されるとともに、一九四八年のイスラエル独立によって反イスラエル・反シオニズムの力学に翻弄され、今日に至っている。

「シオニズム」とは、故郷パレスチナにユダヤ人国家を建設する運動のこと。しかし、そのパレスチナはアラブ人にとっても故郷。ここに、ユダヤ人とアラブ人の根深い対立が発生した。前述のように、その本来の淵源は古代まで遡る。

中東諸国のうち、イランは一九二六年に独立(パーレビ朝)。ソ連の南方に位置することから、第二次世界大戦後は米国が支援していた。

一九五三年、石油国有化を断行しようとした首相モハマンド・モサッデグが米英両国による干渉で失脚。国王モハマンド・レザー・パーレビ自らが全権を掌握し、CIA、FBI、モサド（イスラエル情報機関）の支援で秘密警察を組織。以後は圧政の下で、近代化・西欧化（白色革命）を推進した。

しかし、圧政による抑圧と白色革命に対する国民の反発が高まり、一九七九年、亡命中のルーホッラー・ホメイニ師（シーア派）を精神的支柱として、反国王・イスラム国家樹立を目指すイラン革命（イスラム革命）が勃発する。しかも、革命勢力は米国の影響を駆逐する一方、東西冷戦下のソ連にも頼らず、第三世界自立の先駆けとなった。

一九八〇年、米国はイランと国交断絶。米英両国はイランに輸出予定であった武器をイスラエルに転売。イスラエルはその武器をイランと対立関係にあった西側の隣国イラクに輸出。イラクは長年国境線をめぐってイランと対立していたほか、シーア派によるイスラム革命成功がイラク国内のシーア派に飛び火することを懸念。こうした背景から、一九八〇年、イラクは突然イランに侵攻し、イラン・イラク戦争が勃発。一九八八年まで続いた。

米国は政治力学上、イラクを支援。ところが、その背景では、第一次世界大戦の時と同様に矛盾に満ちた多層外交が再び行われた。

宗教・民族対立に端を発したレバノン内戦（一九七五年から一九九〇年）に介入してシーア派組織（ヒズボラ）[18]の捕虜となった米兵救出のため、米国はレバノンの後ろ盾であったイランに接近。ヒズボラへの仲介を期待しての接近であったが、その見返りに米国はイランに武器を輸出。さらに、その代金を米政府高官が議会に無断で中米ニカラグアの反共ゲリラ（コントラ）[19]に供与。一九八六年、事態が発覚し、イラン・コントラ事件として米国内外での大スキャンダルとなった。

イラクを支援しつつイランに武器を輸出するという矛盾の一方、支援したイラク大統領サダム・フセインが力をつけ、やがて米国と対峙するという矛盾も生み出した。

同時期、さらなる矛盾が進行する。イラン革命が東側の隣国アフガニスタンや国内イスラム勢力に波及することを懸念したソ連が、一九七九年、アフガニスタンに侵攻。サウジアラビア（サウド家）はアフガニスタンの王家支援のため、富豪であったビン・ラディン家に協力を要請した。

ここで登場するのが一族の一員であったウサマ・ビン・ラディン。要請に応じてアフガニスタン入りし、米国はウサマを支援。ウサマはムジャヒディン（イスラム義勇兵）を組織化し、これがアルカイダのルーツとなる。一九八九年、東西冷戦終結直前、弱体化したソ連はアフガニスタンから撤退。一九九〇年、ウサマはサウジアラビアに英雄として帰国した。

フセインもウサマ・ビン・ラディンも米国が支援して育てたとも言えるのは皮肉な経緯である。やがて、両者とも米国と戦うことになる。

一九九〇年、軍事大国化したイラク（当時世界四位の軍事大国との評価）が油田権益を狙ってクェートに侵攻。一九九一年一月一七日、多国籍軍による空爆が開始され、湾岸戦争が勃発。多国籍軍の圧倒的な勢いにより、三月三日に停戦。しかし、この早期停戦によってイラクの戦力が温存されたことが、後のイラク戦争につながる。

湾岸戦争敗戦により求心力を低下させたフセイン政権に対し、シーア派やクルド族等が蜂起(一九九一年以降)。フセイン政権による反政府勢力弾圧の犠牲者は一〇万人以上と言われている。

一九九三年、米国大統領ジョージ・H・W・ブッシュ(父)暗殺未遂事件が発覚。米国はイラク諜報機関への報復ミサイル攻撃を実施するなど、一九九〇年代を通して、両国間は緊張関係が継続した。

二〇〇二年一月、ジョージ・W・ブッシュ(子)による有名な「悪の枢軸(イラク、イラン、北朝鮮)」発言。翌二〇〇三年三月二〇日、米国は大量破壊兵器保有の嫌疑を理由にイラク攻撃を開始。「国連決議一四四一」が国際的な正当化の根拠となった。五月一日、ブッシュによる戦争終結宣言。一二月一三日、フセイン拘束。フセインは裁判を経て、二〇〇六年一二月三〇日に処刑された。

一方のウサマ。湾岸戦争に際してサウジアラビアが国内への米軍駐留を認めたことに反発。反サウド家、反米姿勢を強める。一九九二年、ウサマはサウジアラビアを出国。サウド家による追放とも言われ、ビン・ラディン家もウサマとの関係断絶を宣言。以後、ウサマはスーダンおよび世界各地を潜伏。一九九六年以降はアフガニスタンを拠点としたと言われている。

その間、NY世界貿易センタービル爆破事件(一九九三年)、旅客機同時爆破ボジンカ計画等発覚(一九九五年)、サウジアラビア米軍基地爆破事件(一九九六年)、ケニア・タンザニア米大使館爆破事件(一九九八年)、イエメン沖米艦襲撃事件(二〇〇〇年)、米同時多発テロ(9・11)事件(二〇〇一年)等、多くのテロ事件に関与したと言われている。

「9・11」後にウサマ・ビン・ラディンの名前を初めて知った人も多いだろう。その後の一〇年に及ぶ米国との闘争の末、ウサマは二〇一一年五月二日、米海軍特殊部隊の軍事作戦によって殺害されたと報道されている。

関係文献によれば、ビン・ラディン家とブッシュ家はビジネス上のつながりがあったそうだ。ウサマの父ムハンマドとブッシュ（父）はカーライル投資グループを通して懇意な関係にあった。[20] さらに、ウサマの長兄サーレムはブッシュ（子）が経営していた石油会社の共同経営者だったという。[21] ウサマと対立したブッシュ親子。当事者同士にしかわからない因縁があるのだろう。

ウサマが組織した過激派組織アルカイダは、シリアを含む中東諸国に広く潜伏。シリア国内では、フランス同時多発テロ事件で犯行声明を出した「ＩＳ（イスラム国）」と対立している。シリアでは、一九六三年以降、現在のバアス党政権が継続。アサド親子による支配は一九七一年以降続いている。アラブ民族主義を標榜し、当初からイスラエルと対立。四度の中東戦争を戦い、一九六七年の第三次中東戦争で失ったゴラン高原奪還が悲願である。

ＩＳの淵源もイスラエル問題に帰着し、発足は二〇〇〇年頃に遡る。[22] 二〇一四年六月、アサド政権打倒を企図した米国によるＩＳへの武器供与を米共和党議員ランド・ポールが米上院で指摘したほか、同年一一月、中東への深入りを躊躇する米国防長官チャック・ヘーゲルは辞任した。

第一次世界大戦やイラン革命（イスラム革命）時と同様に、矛盾に満ちた駆け引きが行われている可能性が高い。いや、国際政治の裏側では、当然そういうことが起きていると考えるべきだろう。

国際情勢の状況判断には深い洞察力が必要だ。複雑な歴史的背景と国際力学を抱える中東情勢にはとくに注意を要する。中東情勢に関与しようとする域外国の判断と行動は、自国および自国民のリスク極小化を念頭に置くのであれば、単純なものではない。

シリア情勢

シリア内戦による死者はすでに三〇万人以上。内戦を逃れて国連難民高等弁務官事務所（UNHCR）に登録されたシリア難民は二〇一五年八月末現在で約四一〇万人。総人口の約二割に及ぶ。トルコ、ヨルダン等、周辺国の難民キャンプに避難していたものの、生活環境悪化等から、欧州諸国に移動している。

「内戦」と聞くとシリア人同士の紛争と思いがちだが、実際は、国内外勢力入り乱れての代理戦争が行われている無秩序な状態。政府、反政府組織、過激派、少数民族、諸外国が敵味方判別不能の戦闘状態。シリアのアサド大統領は現状を「内戦」ではなく「真の戦争状態」と表現。UNHCR特使の米女優アンジェリーナ・ジョリーはシリアの状況は「二一世紀最悪の人道的危機」と表現し、警鐘を鳴らした[23]。

シリア内戦の端緒は二〇一一年一月。チュニジアとエジプトで起きた「アラブの春」の影響である。アラブ各国で不満を蓄積した市民の抗議デモが頻発し、「アラブの春」が連鎖。シリアも例外ではなかったが、シリア固有の事情から、市民の抗議デモは「内戦」へと激化していく。

しかし、シリア内戦に至る根本的原因は親子二代にわたるアサド政権の圧政であった。端緒は一九六三年、アラブ社会主義バアス党が政権奪取。一九七一年、ハーフィズ・アル・アサド（父）が大統領に就任。二〇〇〇年にアサド（子）が大統領を継ぎ、世襲によって権力を独占した。

バアス党は「アラブ民族主義」を提唱。シリアは多様な宗教や宗派を抱える国であるため、アサド政権は「アラブ」という単位に求心力を求めた。アラブ民族主義はアラブ世界統一を目指すイデオロギーに転化。同じ「アラブ人」として、宗教・宗派・出身地等の差異を乗り越え、シリアを結束させることを企図したのである。

こうした主張の結果、アラブ世界に居座るイスラエルとの対立は必然。シリアは四度の中東戦争を戦い、現在も対イスラエル戦時体制下。一九六七年の第三次中東戦争でイスラエルに奪われたゴラン高原奪還はシリアの悲願である。

アサド政権は、アラブ世界統一とイスラエル殲滅という二つの大義による求心力維持に腐心してきたが、「アラブの春」を契機に、圧政下の腐敗横行、自由制約、生活苦や貧困等に対する不満が高まり、市民の抗議デモが飛び火したという経緯である。

二〇一一年三月、「アラブの春」の影響を受けて反政府デモが始まった。アサド政権は抗議デモを弾圧。その結果、抗議デモ発生から二か月後にはアサド政権打倒運動に発展。デモ隊と治安部隊および政権支持者との衝突が発生。二〇一一年八月には「血のラマダン」と呼ばれた激しい弾圧が行われた。

この頃を境に、シリア情勢は「衝突」から「内戦」へ激化。反政府勢力は好戦的なメンバーや軍の離反兵士が中心となり、二〇一一年九月には武装集団「自由シリア軍」を結成。

エジプトやチュニジアでは軍が政府の命令に背き、市民弾圧を拒否し、「アラブの春」を後押し。シリアでもそうした展開が予想されたが、シリアの「正規軍」はアサドの親族や側近が率いる忠誠心の高い親衛隊。逆に「自由シリア軍」を圧倒した。しかし「自由シリア軍」も予想外に善戦。二〇一二年後半には攻勢に転じ、首都ダマスカスと第二都市アレッポに到達。シリア内戦は徐々に複雑化していく。

アサド率いるイスラム教アラウィ派は少数派。反政府勢力は多数派のスンニ派。宗教対立の様相を色濃く呈していた。

反政府勢力には、スンニ派に加え、世俗派、在外シリア人、自由シリア軍（離反兵）、ヌスラ戦線（アルカイダ系武装過激派）なども参画。内部抗争も絶えず、二〇一七年現在もその状況に変わりはない。

一方、政府側の背後はシーア派の大国イランが支える。イランとシリアは反イスラエルを掲げる「抵抗の枢軸」(24)の中心。レバノンのシーア派組織ヒズボラもアサド政権を支援。さらに、イランとシリアは旧ソ連時代からのロシアの軍事的友好国。シリア沿岸にロシアの唯一の地中海海軍基地(タルトス)を擁していることも影響している。

「抵抗の枢軸」に「抵抗」しているのは親イスラエル・親米のサウジアラビアやカタール。サウジアラビアはスンニ派の大国でもある。

一方、米国と足並みを揃えたフランスにとって、シリア、イスラエルは有力な武器輸出先である。

シリア情勢、およびシリアをめぐる国際力学を正確に理解することは困難である。当事者たちですら、何が真実かを把握しかねている。また、アラウィ派、スンニ派、シーア派等の主張や教義の違いは、非イスラム教徒には正しく理解することは不可能であろう。国際的な「正義」を掲げてシリア情勢に介入することは、無謀かつ「正義」の客観性に乏しいと言える。

「自由シリア軍」攻勢の背景には、アサド政権打倒を目指す内外勢力からの武器供与等の支援が寄与。具体的には、米英仏独等の欧米諸国、サウジアラビア、カタール等の湾岸諸国、そして南部シリアと国境を接するトルコである。

一方、ロシア、中国はアサド政権を支援。両国の動きの遠因は三〇年前の国際政治に遡る。

一九七八年、エジプトがイスラエルと単独和平合意(キャンプ・デーヴィッド合意)。一九七九年、イランでイスラム革命が発生。イランは「親米・親イスラエル」から「反米・反イスラエル」へ大転換した。

イスラエルと戦争状態にあったシリアは革命イランに接近。シリアにとって敵（イスラエル）の敵（イラン）は味方。イラン・イラク戦争（一九八〇～八八年）とレバノン戦争（一九八二～八五年）等を通してイランとの関係が強化された。つまり、イスラエル・米国に対峙する主役が「エジプトを盟主とするアラブ諸国」から「イラン・シリア同盟」に代わったということである。

この変化は、当然のように、中東でのイスラエル・米国の覇権拡大を望まないソ連（ロシア）・中国のイラン・シリアへの接近をもたらした。

シリアがレバノンやトルコと国境を接しているという地政学的事情も内戦を複雑化させた。レバノンと敵対するイスラエルは、シリアによるレバノンへの武器供与・輸送を阻むためにシリア国内を空爆。ＮＡＴＯ（北大西洋条約機構）加盟国トルコは、シリア内戦の影響が越境しそうになると武力で応酬した。

さらに、サラフィー主義者の台頭も影響する。サラフィー主義は「厳格主義」とも言われ、行動規範を初期イスラム（サラフ）思想に求める運動である。シリア内戦が始まると、国外から武装した過激なサラフィー主義者が流入した。

サラフィー主義者は二〇一一年末頃から「ヌスラ戦線」等を組織し、「ジハード（聖戦）」を展開。かつて「ジハード」はアフガニスタン、イラク、リビア等で目立っていたが、現在はシリアで多発。敵はアサド政権である。「アルカーイダ」や「ＩＳ（イスラム国）」等の参入もシリア内戦を複雑化。これらの組織は当初、シリア反政府勢力から歓迎されていたようだが、やがて組織間の勢力争いに発展。二〇一三年頃から「自由シリア軍」等と交戦するようになり、関係悪化。ここでも、敵味方相入り乱れている。

シリア北東部のイラク国境付近では、サラフィー主義者と少数民族クルド人との衝突も勃発。クルド人は政府軍やアルカーイダを襲撃し、事実上の自治領を確保。その背景にはレバノンのヒズボラ（シーア派原理主義政党）の加勢もあるようだ。

過激派組織と対立するようになった欧米諸国や反政府勢力は、アサド政権退陣を要求しなくなるという奇妙な構図に至り、シリア内戦は敵味方判別不能の混沌が続いている。

さらに、亡命在外シリア人勢力も参入。シリア内戦を祖国復帰・政権奪還の好機と捉え、国外から干渉。反政府勢力に武器供与や資金支援を行っているが、亡命在外勢力同士の抗争も起きている。また、アサドはシーア派。反政府勢力はスンニ派。宗派対立の様相も呈している。

いずれにしても、シリア内戦は混沌とした「真の戦争状態」であり「二一世紀最悪の人道的危機」。何が正義で何が悪か、判別困難である。結局、無垢の市民や弱者が難民化せざるを得ない状況となっている。[25]

シリア内戦開始から現在に至るまで、欧州諸国への難民流入が増加している背景にはいくつかの理由がある。

第一は、難民キャンプの環境悪化と難民増加。第二に、欧州諸国に入国しにくくなる可能性があること。欧州諸国では難民受け入れに批判的な世論があり、国境移動の自由を保障するシェンゲン協定（一九八五年）見直しを求める声も根強い。第三に、他の中東諸国、とくに湾岸協力会議（Gulf Cooperation Council：GCC）加盟六か国（バーレーン、クウェート、オマーン、カタール、サウジアラビア、アラブ首長国連邦〔UAE〕）が難民受け入れに消極的であること。

スンニ派GCC諸国はシーア派イランの支援を受けるシリアと対立しており、シリア反政府勢力を支援。資金や武器等を供与している。しかし、同時にシリア難民に過激派組織のテロリスト等が紛れている危険性を懸念。また、UAEやカタール等の小国は人口が少なく、すでに自国民を上回る数百万人の外国人労働者を受け入れていることから、難民受け入れには否定的である。

難民の多くは、セルビア、ハンガリー、ドイツ、オーストリアというルートで欧州を目指した。難民問題が深刻化した二〇一五年秋当時の状況を振り返ると、以下のようであった。

人口九九三万人のハンガリーには、年初から約一五万人以上の難民が流入。ハンガリーは南接するセルビア国境の監視を強化。警察官約二〇〇〇人を配置し、軍投入も検討。越境防止フェンス(高さ四メートル)を乗り越えた者は逮捕する方針を表明した。

難民の多くはハンガリー経由のドイツ入りを希望。経済が堅調で難民受け入れに寛容であるドイツでは、難民への住宅や食料の提供に加え、子どもの学校通学も認めた。ドイツの難民受け入れ数は同年初からすでに四〇万人以上。ドイツとオーストリアは緊急人道措置として、ハンガリーを通過した難民の受け入れを決定。電車やバスを用意した。ハンガリーも難民のドイツ、オーストリア入りを黙認。ブダペストとミュンヘン、ウィーンを結ぶ国際列車が難民を運んだ。ドイツ政府は難民急増対策として、避難所設営、職業訓練、語学教育等のために一〇〇億ユーロ(約一兆三〇〇〇億円)を拠出する方針を決定した。ドイツ首相アンゲル・メルケルは、欧州各国での難民受け入れの分担を主張。また、人道的援助が必要な難民と、経済難民や不法移民とを区別した。

英国首相デーヴィッド・キャメロンも、以後五年間で最大二万人のシリア難民の受け入れを決定。シリア国境付近の避難所の子どもや孤児を優先して受け入れる方針を明らかにした。しかし、すでに欧州各国入りした難民の受け入れには否定的であった。これを認めると、さらに難民が欧州各国に流入すると予想したからだ。シリア周辺の難民キャンプで待機することを促した。その一方、キャメロンは空軍無人機（ドローン）でのシリア空爆に踏み切った。英国人の過激派戦闘員が対象と表明した。英国はイラクでの米国等有志連合による空爆には参加していたが、シリア空爆は議会が未承認。キャメロンは本国でのテロを計画していた戦闘員が対象であり、空爆は自衛措置であり、合法だと説明。凄い理屈であった。

大陸経由で流入する難民問題の深刻化は英国内のＥＵ離脱の世論と結びつき、キャメロンは翌二〇一六年にＥＵ離脱をめぐる国民投票を実施。ＥＵ離脱が多数を占め、キャメロンは退陣。後継首相テリーザ・メイも難民問題への対応に苦闘している。

フランス大統領フランソワ・オランドは、ＩＳを対象としたシリア国内での米軍等有志連合による空爆に参加の意向を表明。フランスはそれまで、シリア空爆はＩＳと敵対するアサド政権を利するとして不参加。しかし、シリア難民流出抑止のために内戦収束を目指すという理屈で方針転換。これも凄い理屈であった。真相は、アサド政権に近いイランやロシアとの関係強化が狙いだった。また、米英がＩＳ対応に関してアサド政権と協力関係になったため、フランスだけがアサド政権排除に固執する意味がなくなりつつあったためでもあった。

英国同様、フランスでも難民排斥、ＥＵ離脱を主張する世論が強まり、マリーヌ・ルペンの国民戦線が台頭。二〇一七年大統領選挙の帰趨に世界の注目が集まったが、前年まで無名であったエマニュエル・マクロンが勝利。親ＥＵ、難民保護を肯定するマクロンはその後の国政選挙でも新政党を勝利に導き、英国とは対照的な動きとなっている。

いずれにしても、シリア情勢およびシリア難民[26]を受け入れる欧州諸国の国内事情も複雑であり、シリアをめぐる主要国の利害関係は敵味方の区別がつかない。日本を含むアジア等の域外国が、シリア情勢およびそれに関連した欧米諸国の国際力学に関与することには常に不透明性とリスクが伴う。

イスラエル問題

中東和平は、国際問題の中で最も複雑、難解かつ解決が困難な課題である。米国大統領に就任したドナルド・トランプは、その中東を最初の外国訪問先として選び、イスラエル、パレスチナ双方のトップと会談した。トランプの真意は不明である。世界平和に貢献する姿勢を示したと評したいところだが、トランプの言動から推察すると、とてもそのようには思えない。国民と世界の目を、米国内政の行き詰まりから国際外交に向けさせる狙いではないかと思われている。

上述のとおり、中東紛争の原因を作ったのは第一次世界大戦における英国主導の三重外交。すなわち、アラブ人に独立を約束した「フサイン・マクマホン協定」、アラブ地域の三分割統治を密約した「サイクス・ピコ協定」、ユダヤ人に独立を約束した「バルフォア宣言」。

ここでは、第一次世界大戦後のパレスチナをめぐる展開を扱う。中東問題を考える際の必要最低限の情報である。

パレスチナとはシリア南部、地中海東岸一帯の地域を指す。この地は、ユダヤ教の聖典において「イスラエルの民に与えられた約束の地」と説かれていることから、ヘブライ語で「エレッ・イスラエル(イスラエルの地)」と呼ばれている。

イスラエルはアブラハムの孫ヤコブの別名。アブラハムはユダヤ教、キリスト教、イスラム教の信徒、いわゆる「啓典の民」の始祖。最初の預言者で「信仰の父」とも呼ばれる。その孫ヤコブは古代イスラエル王の祖先。伝統的にユダヤ人の祖先と考えられている。

ユダヤ教、キリスト教、イスラム教は、同じ神を信仰。意外に知られていないが、ルーツは同じである。

パレスチナは長い間、イスラム国家の支配下に置かれていたが、ユダヤ教、キリスト教、イスラム教の信徒(人種的には全てアラブ人)が共存していた地域。第一次世界大戦の頃はオスマン帝国の域内であった。

一九世紀末、つまりオスマン帝国末期、欧米で生活していたユダヤ人(ユダヤ教徒)のパレスチナ帰還運動(シオニズム)が起き、ユダヤ人のパレスチナ入植が始まる。

その中で行われたのが、第一次世界大戦下での英国による三重外交。大戦後、パレスチナは英国の委任統治領となった。

ユダヤ人の入植が増加するに伴い、アラブ人(イスラム教徒)との摩擦が強まり、アラブ人は英国に対してユダヤ人の入植制限を要求。英国はユダヤ人とアラブ人の板挟みとなり、両大戦の戦間期、パレスチナではユダヤ人、アラブ人、英国軍の衝突が頻発。

第二次世界大戦終了後、ユダヤ人とアラブ人の対立が激化。英国は事態収拾を困難と判断し、委任統治を終了させる意向を表明。

英国は発足直後の国連にパレスチナ問題の仲裁を提訴。一九四七年一一月、国連は同地域にユダヤ人とアラブ人の国家を建設する決議を採択(パレスチナ分割決議)。

この決議では、ユダヤ人国家は面積でパレスチナ全体の五六%を占め、テルアビブ等の都市と肥沃な地域を包含。人口構成はユダヤ人五五%、アラブ人四五%。

一方、アラブ人国家は同四三%。同地域にはユダヤ人はほとんどおらず、人口構成はユダヤ人一%、アラブ人九九%。

ユダヤ教、キリスト教、イスラム教共通の聖地であるエルサレムやベツレヘムを含むパレスチナ中央部のわずかな地域(全体の一%)は、中立の国連管理地域とする予定であった。

ユダヤ人はこの決議を歓迎したものの、アラブ人は反発。結果的に、この決議はユダヤ人、アラブ人の対立を決定的にしてしまったと言える。

ユダヤ人とアラブ人の武力衝突が頻発するようになり、パレスチナは事実上の内戦状態に突入。

一九四八年五月一四日、英国によるパレスチナ委任統治終了の日にユダヤ人はイスラエル建国(独立)を宣言。翌日には、反発する周辺アラブ諸国がパレスチナに侵攻し、第一次中東戦争(イスラエル独立戦争)が勃発した。

第一次中東戦争におけるアラブ側の兵力は約一五万人、イスラエル側は約三万人。兵力ではアラブ側優位であった。

もっとも、兵士の士気はイスラエル側の方が高く、また参戦したアラブ諸国(エジプト、サウジアラビア、イラク、ヨルダン、シリア、レバノン)は相互不信から連携がうまく取れなかったと言われている。

戦況が次第にイスラエル優位となる中、一九四九年六月、双方とも国連の停戦勧告を受諾。イスラエルはパレスチナ分割決議以上の領土を確保したものの、聖地エルサレムは新市街地(西部)しか確保できす、首都はテルアビブに置くこととなった。

アラブ側はエルサレム旧市街地(東部)を含むヨルダン川西岸地区がヨルダン領、地中海沿岸のガザ地区がエジプト領になり、アラブ人居住地は分断された。

この結末に双方とも不満。イスラエルは独立したものの、ユダヤ教の聖地「嘆きの壁」を含むエルサレム旧市街地には出入できなくなった一方、アラブ側はイスラエルの建国を許し、イスラエルよりも少ない地域しか占有できなかった。

イスラム系アラブ人（パレスチナ人）の多くが故郷を追われ、パレスチナ難民となって周辺に流出。この結末が、今日に続く対立の原型である。

一九五六年、エジプトがアスワンハイダム建設をめぐって英米両国と対立。エジプトは英米両国への対抗措置としてスエズ運河国有化を宣言。

スエズ運河を利用していた英仏（米ではなく仏）両国が国有化に反発。エジプトと対立していたイスラエルを煽って第二次中東戦争（スエズ動乱）を扇動。同年一〇月、イスラエルはシナイ半島（イスラエルとエジプトの中間地帯）に侵攻した。

英仏も軍事介入してスエズ運河地帯に進軍。すると、エジプトを支援していたソ連のみならず、米国も英仏に反発。一一月六日、各国は国連の停戦決議を受諾。

結局、英仏はエジプトによるスエズ運河国有化を追認。軍事的にはエジプトに勝利したイスラエルは米ソの圧力によって外交的には敗北。エジプトは軍事的には敗北したものの、スエズ運河国有化を果たし、アラブ諸国の盟主としての地位を確立。英国は中東での影響力を一気に失った。

一九六七年、ゴラン高原でのユダヤ人入植地建設をめぐってイスラエルとアラブ諸国が対立。ゴラン高原は、イスラエル、レバノン、ヨルダン、シリアの四か国が接する国境地帯である。

同年六月、イスラエルはエジプト、レバノン、ヨルダン、シリアの空軍基地を先制攻撃。第三次中東戦争が勃発。アラブ諸国は緒戦で四〇〇機以上の航空機を破壊され、制空権を喪失。その結果、地上戦でも敗北。イスラエルは、ヨルダン領エルサレム旧市街(東部)、ヨルダン川西岸地区、エジプト領ガザ地区、シナイ半島、ゴラン高原を一気に占領。

開戦六日後に早くも停戦が成立したため、「六日戦争」と呼ばれる第三次中東戦争。国連はイスラエルの領土拡大を否認。イスラエルは建国当初の領土に押し戻されたものの、事実上、パレスチナ全域を実効支配。第一次中東戦争時以上のパレスチナ難民が発生した。

なお、イスラエルはスエズ運河東岸も占領したため、スエズ運河は前線地帯となり、第四次中東戦争が終わるまでの八年間、使用できなくなった。

その後、イスラエルとエジプトの間で散発的な軍事衝突を起こしつつ、数年が経過。一九七三年一〇月六日、エジプトは失地回復のためシリアとともにイスラエルを先制攻撃。第四次中東戦争が勃発した。

ユダヤ教徒の休日(ヨム・キプールと言われる贖罪日)を狙った先制攻撃であったこと、エジプトは第三次中東戦争での制空権喪失の経験を踏まえ、地対空ミサイルで徹底的にイスラエル空軍機攻撃を行ったこと等が奏功し、緒戦はエジプト優勢。

しかし、地力に勝るイスラエルはまもなく反撃。一度は占領されたゴラン高原やスエズ運河周辺域を奪還。やがて、国際社会の調停により一〇月二三日に停戦成立。第四次中東戦争は、「一〇月戦争」「ヨム・キプール戦争」とも言われる。

戦闘期間中、アラブ産油国は原油価格を引き上げたほか、イスラエルを支援する米蘭への石油輸出を禁止。

日本を含む親米西側諸国にも輸出制限を行い、第一次石油ショックが発生。
これを機に、アラブ産油国は欧米オイルメジャーから価格決定権を奪取。以後の産油国の発展につながっていく。

第四次中東戦争後、イスラエルとアラブ諸国の関係に構造的変化が生じる。アンワル・アッ・サダトが反イスラエル路線を転換。一九七八年三月、キャンプ・デービッド合意（エジプト・イスラエル和平合意）に調印。アラブ諸国の結束を崩した一方、サダトはノーベル平和賞を受賞。しかし、三年後、イスラム原理主義者により暗殺される。

一九七九年二月、イランではイスラム革命が勃発。親米国王パーレビは追放され、国外亡命していたホメイニ師が帰国。反米イスラム国家が誕生した。

イスラム革命の波及を恐れた周辺アラブ諸国や米ソ両国は、イランの隣国イラクを支援し、イラン・イラク戦争を扇動した。

一九八二年、イスラエルがレバノンに侵攻（アラブ側は第五次中東戦争と認識）。ところが、それまでの自衛戦争とは異質であったため、イスラエル国内が厭戦ムードとなって撤退。

一九八七年、ガザ地区でイスラエル軍に対する大規模な抵抗運動（第一次インティファーダ）が発生。インティファーダはアラビア語で「反乱」「蜂起」を意味する。

一九九〇年のイラクのクウェート侵攻を機に、翌一九九一年、湾岸戦争が勃発。アラブ諸国同士が対立する展開となり、中東情勢は複雑化していった。

さらに、産油国と非産油国の利害対立、冷戦終了、ソ連崩壊等の影響から、アラブ諸国の対イスラエルの姿勢が多様化。結局、イスラエルの敵対勢力はアラブ諸国から非政府組織であるパレスチナ解放機構（PLO〈一九六四年設立〉）等に移行。

一九九一年、中東和平会議開催。一九九二年、イスラエルで和平派のイツハク・ラビンが首相に就任。一九九三年、米国で中東和平重視のビル・クリントンが大統領に就任。ラビン、クリントンの活躍により、同年九月、イスラエルとPLOが相互承認し、パレスチナ暫定自治協定に調印。

その結果、ヨルダン川西岸地区とガザ地区はパレスチナ自治政府が統治することとなり、ヤーセル・アラファトが初代大統領に就任。一九九四年、ラビンとアラファトはノーベル平和賞を受賞。しかし、それぞれイスラエル極右勢力、パレスチナ過激派から憎まれ、一九九五年、ラビンは極右ユダヤ青年に暗殺される（アラファトは二〇〇四年に病没）。

その後も不安定な情勢が続いた後、二〇〇〇年、イスラエルの右派政党党首アリエル・シャロンがエルサレム「神殿の丘」[27]訪問を契機にパレスチナ全域で第二次インティファーダが発生。中東和平は崩壊した。「神殿の丘」はイスラム教管理下にあり、ユダヤ教、キリスト教は宗教的行事を行わないことになっていたにもかかわらず、シャロンがそれを破ったと言われている。

翌二〇〇一年、イスラエル首相に就任したシャロンは、PLOやハマス（一九八七年設立）をテロ勢力と見なして幹部暗殺を開始。ハマスは一九八七年に設立された政党。アラビア語の「イスラム抵抗運動」の頭文字を取って「ハマス」と命名されている。

二〇〇六年、イスラエルが再びレバノン侵攻。二〇〇八年、ガザ地区を実効支配するハマスとイスラエルの間で紛争勃発（ガザ紛争）。二〇一四年、イスラエルはガザ地区に侵攻。

二〇一一年には「アラブの春」が発生。イスラエル、パレスチナを囲むアラブ諸国では民主化勢力による政変が勃発。

北に位置するシリアでは、独裁政権（アサド）側が民主化勢力を駆逐。今日に至るシリア内戦に発展。詳細は既述のとおりだが、今や米露中英仏、ＩＳ（イスラム国）、反政府組織等、敵味方入り乱れて泥沼状態。

この間、二〇〇四年に死去したアラファトの後を受けてパレスチナ自治政府ではマフムード・アッバースが第二代大統領に就任。イスラエルでは二〇〇九年、ベンヤミン・ネタニヤフが二度目の首相就任。

二〇一七年、米国大統領に就任したトランプは、内政が迷走する中、大統領就任後初の外国訪問先として中東を選び、そのネタニヤフとアッバースと会談した。ネタニヤフに「米国とイスラエルは共通の価値を有する」と語り、米国大統領として初めてエルサレム「嘆きの壁」[28]を訪問。シャロンの「神殿の丘」訪問を彷彿とさせる。アッバースには「和平仲介のために何でもやる」と述べ、中東混迷の鍵を握るイランについて「イランを孤立させ、テロ資金を根絶させ、核兵器を保有させない」と放言した。

しかし、中東和平に向けた具体的提案等はなかった。トランプは、シリア内戦や中東問題に深く関与しているロシアとの不透明な関係を米国内で問われている最中である。「ロシアゲート」事件の渦中にあるトランプにとっては、中東訪問も内政崩壊を繕う外交カードであることは間違いない。こうした各国の利己的事情も中東情勢をさらに複雑化させている。

固有文明の日本

北方領土と竹島

ハンチントンが固有の文明と評した日本。「文明の対立」の二一世紀の世界でどのような役回りを果たすのか。とくに、米中露の駆け引きで激変する東アジアの政治構造の中で、日本は繊細な立ち回りを強いられる。

「太平の眠りを覚ます上喜撰、たった四杯で夜も眠れず」。幕末、マシュー・ペリー提督率いる黒船来航の際に流行った狂歌である。銘茶の「上喜撰」を「蒸気船」に、「四杯」の「杯」は船を数える単位にかけ、ペリー艦隊の四艙の蒸気船を指している。

現在の日本は、外交的摩擦や国際情勢の激変に直面している。日本の歴史上六度目と言える。

第一は、古代日本が律令国家として確立する契機となった中国大陸(隋・唐)と朝鮮半島(高句麗・百済・新羅)の激変期。六六三年、白村江の戦いで唐・新羅連合軍に敗れた倭国。以後、朝鮮半島から撤退し、唐への朝貢を止め、七〇一年に日本という国名を宣言。

第二は元寇(蒙古襲来)。元・高麗連合軍が日本に侵攻してきた文永の役(一二七四年)と弘安の役(一二八一年)。中国では元日戦争、韓国では日本征伐と表現されている。

第三は豊臣秀吉の朝鮮出兵。明・李氏朝鮮連合軍と戦った文禄の役(一五九二年)、慶長の役(一五九八年)。中国では朝鮮戦争、韓国では倭乱とも言われている。

第四は、幕末から明治維新(一八六八年)。欧米列強諸国の圧力に直面した日本は、以後、国際社会と対峙し、アジアで唯一の近代国家として列強の仲間入りを果たす。

第五は、敗戦(一九四五年)とその後の東西冷戦。日本は西側の一員に組み込まれ、国際社会の中で、米国の同盟国、アジアで唯一の先進国、アジアで唯一の西側の特別な友好国として認知されてきた。

ちなみに、太平洋戦争史が勝者である連合国側の「正義」で語られていることを不満に思っている日本人も少なくない。一方、日本人が勝者の「正義」を批判する一方、日本の中における幕末史も勝者の「正義」で語られている。薩長史観であり、偏りが激しい。日本人の深層心理の複雑さが垣間見える。幕末以前の歴史に関しても同様の傾向がある。

それはともかく、現在は六度目である。東西冷戦終結(一九九〇年)、それ以後の中国、インド等の新興国台頭。国際社会の中心もG7からG20にシフトし、中国とロシアは日本に対する外交姿勢を軌道修正している。さらに、米国ではトランプが登場し、日米関係も変化に直面している。

二〇一二年、ロシア大統領ドミートリー・メドベージェフが北方領土を訪問した。その後、大統領に復帰したウラジミール・プーチンも北方領土政策を強化している。中国の海軍艦船、漁船等を駆使した意図的な領海侵犯によって尖閣諸島等でも緊張状態に置かれている日本。幕末の狂歌に準えれば「太平の眠りを覚ます中国漁船、大統領で夜も眠れず」。日本は目覚めを余儀なくされており、虚々実々の駆け引きが行われている国際社会に生きていることを再認識させられている。

そして、戦後から最近まで、敗戦国として領土問題に明確な主張をしてこなかったことが北方領土や竹島等をめぐって困難な状況を生んできた。

一八五五年の日露通好条約以降、千島列島と樺太は、日本とロシアの国境地帯であった。樺太千島交換条約（一八七五年）、ポーツマス条約（一九〇五年）、サンフランシスコ講和条約（一九五一年）の中で、その帰属は変遷を重ねて今日に至っている。

サンフランシスコ講和条約で、日本は千島列島と樺太を放棄。日本は、その際の千島列島の範囲に北方四島（択捉、国後、色丹、歯舞）は含まれていないという立場だが、ロシア（当時ソ連）は含まれていると主張。そもそもソ連はサンフランシスコ講和条約に参加していない。

ソ連による日ソ中立条約の一方的破棄、対日参戦は一九四五年八月九日。日本の無条件降伏（八月一五日）後の八月一八日、千島列島に侵攻を開始。九月五日までに北方四島も占領。日本にとっては許し難い展開であるが、ソ連にしてみれば戦争行為による正当な占領と定義。

以後、ソ連の立場は、北方四島はソ連の領土であり、日ソ間に領土問題は存在しないということ。どこまで行っても両国の主張は平行線である。

一九五六年の日ソ共同宣言で国交回復。ソ連崩壊に伴って誕生したロシア大統領ボリス・エリツィンと日本の首相、細川護熙の間で交わされた東京宣言（一九九三年）によって、北方四島が領土問題になっていることを両国が認知した。

二〇〇一年、プーチンと森喜郎によるイルクーツク声明では東京宣言を再確認したものの、その後は進展がない。むしろ、小泉政権以降は、ロシアは領土問題の存在を否定、日本はロシアの不法占拠、四島一括返還を主張する降着状態に逆戻り。現在もその延長線上の展開が続いている。

立場が変われば見方も変わる。お互いの「正義」をぶつけ合っているだけでは事態の進展は困難と言わざるを得ない。

二〇一七年夏現在、北朝鮮はお家芸の「瀬戸際外交」を展開している。ミサイル発射を繰り返し、核兵器とＩＣＢＭ（大陸間弾道弾）の保有を誇示している。

隣国、韓国との外交も難しい。二〇一二年の韓国大統領、李明博の竹島上陸に端を発する一連の言動は、日本から見ると、隣国の指導者として常軌を逸していた。とりわけ、天皇陛下のことに言及するに至っては万事休す。日韓の隣国関係を大きく損ねた。

韓国大統領は退任後に厳しい状況に置かれる歴史を繰り返している。李明博もソウル市長時代の不正が取り沙汰され、竹島上陸直前に実兄や側近が逮捕された。退任後は大統領本人にも司直の手が伸びることが噂される中での突如の竹島上陸であった。

内政の不人気を外政で挽回するのは古今東西の常套手段。日本との緊張を高め、竹島上陸で日本に一矢報いた英雄として、退任後に司直の手が及びにくくするという背景を指摘する向きもあった。仮にそうであれば、個人的理由から日韓関係を悪化させるという意図であり、一国の指導者としてはあってはならない行動と言える。

李明博の竹島上陸は、日本国民が竹島問題を強く認識する契機となった。韓国の一部新聞も「かえって日本に自己主張の機会を与えた」と論評している。

そもそも日韓の国境線は一九五二年四月のサンフランシスコ講和条約で確定した。同条約では、日本の放棄すべき地域を済州島（チェジュド）、巨文島（コモンド）、鬱陵島（ウルルンド）と明記。竹島は含まれなかった。

サンフランシスコ講話条約締結前から、韓国は米国に対し竹島の領有を主張していたが、米国は「竹島が朝鮮の一部として領された事実はない」として、条約の内容が確定した。そうした事実を踏まえれば、韓国による竹島実効支配は「不法占拠」である。

一九五二年一月、竹島領有に関する韓国の主張がサンフランシスコ講和条約に反映されない情勢が確定しつつあった中、韓国大統領、李承晩が国境線を一方的に宣言。いわゆる「李承晩ライン」である。

李承晩ラインの引き方を見ると、竹島を取り込むために無理な線引きをしている。日本の領土である対馬の北側から、李承晩ラインの南東隅に真っ直ぐに国境線を引けば、竹島はラインの外側になってしまう。そこで、対馬の東側で李承晩ラインは不自然に南側方向へ屈折。その先から南東隅に国境線を引いた結果、竹島はギリギリ含まれるという構図である。

そもそも竹島は、歴史的には中世から日本漁船の補給中継基地。一六一八年には、江戸幕府が伯耆国（現在の鳥取県）の漁民に「渡海許可」を発行していた。これは竹島への「渡海許可」ではなく、竹島の北西に位置する鬱陵島への「渡海許可」である。鬱陵島周辺は豊かな漁場であったため、主に伯耆国や隠岐から出漁。その際の寄港地として、竹島が利用されていた。

一六三三年、江戸幕府は鎖国令を発布。しかし、その後も竹島への渡航は禁止されなかったことから、江戸幕府が竹島を日本の領土としていたことは明らかである。一九〇五年、明治政府が閣議決定で竹島領有を対外的に示した後、太平洋戦争での敗戦、李承晩ライン、サンフランシスコ講和条約に至る。

サンフランシスコ講和条約締結の翌一九五三年には、韓国側の守備隊による日本漁船の拿捕や銃撃が行われ、犠牲者も発生。同年七月、日本の海保巡視艇に二〇〇発の銃弾が撃ち込まれた。以後、韓国は竹島の武装化を徐々に進め、日本の艦船の接近を認めていない。記録によれば、一九六五年の日韓基本条約締結までの間に、日本漁船三二八隻が拿捕され、抑留者三九二九人、死亡五人、負傷三人。銃撃された海保巡視艇は一六隻に及んでいる。

この間、一九五四年と一九六二年に日本は竹島問題を国際司法裁判所（ＩＣＪ）に付託することを韓国に提案。しかし、いずれも拒否されて今日に至っている。そして、二〇一二年にも三度目のＩＣＪ付託の日本側提案を拒否。理があると思えば、受けて立つのが筋であるが、上述のような経緯を踏まえれば、ＩＣＪで韓国に不利な結論が出ることを懸念しているようだ。

李明博は竹島上陸後に「国際社会における日本の影響力は低下している」[29]と発言した。一連の強硬姿勢の背景には、自身の置かれた立場に加え、こうした日本に対する認識も影響していた。

二〇一三年、朴槿恵が大統領に就任した。日本に対する強行姿勢が目立ったが、内政混迷、不祥事等によって二〇一七年三月に大統領を弾劾された。後を受けて大統領に就任した文在寅は北朝鮮に融和姿勢を示す一方、日本への対応方針はまだ明確ではない。なお、本書が脱稿した二〇一七年九月現在、北朝鮮による挑発行動（ミサイル発射、核実験等）がエスカレートしており、今後の展開は予測できない。

靖国神社

日本を考えるうえで、靖国神社という非常に特殊だが根深い問題も理解しておく必要がある。

韓国には国立墓地であるソウル顕忠院がある。ここには、独立運動家や国家功労者、朝鮮戦争、ベトナム戦争の戦没者、歴代大統領等が祀られている。一九五五年に朝鮮戦争戦没者の国軍墓地として作られ、一九六五年に国立墓地に発展。一九九六年から顕忠院と呼ばれている。約一七万人が祀られ、うち亡骸があるのは五万人強。厳粛な雰囲気が漂う顕忠院。国家としてこうした施設は必要だろう。

米国にはアーリントン国立墓地がある。アーリントンは一八六四年開設。首都ワシントンD.C.のポトマック川対岸にある広大な国立墓地。当初は南北戦争の戦没者墓地として開設。敵味方関係なく葬送。その後、遡及して独立戦争戦没者も祀られた。今では、第一次・第二次世界大戦、朝鮮戦争、ベトナム戦争等の戦没者、テロ犠牲者等の墓地が広がっている。軍最高司令官である歴代大統領も埋葬対象だが、アーリントン内に墓所があるのはウィリアム・ハワード・タフト(第二七代)、ジョン・F・ケネディ(第三五代)の二人である。

アーリントンでは全ての宗教(無宗教も含む)が許容されている。自由の国、米国らしい国立墓地と言えよう。また、埋葬の決定権は国や運営者側にはなく、本人と遺族の意思次第。信仰の自由を完全保障している。アーリントン内の墓石には故人の信仰を表す宗教的マーク(Authorized Emblems)を刻印。現在の種類は約五〇。仏教やイスラム教は当然のこと、日本の新興宗教や無神論者のマークも存在する。

アーリントンには無名戦士墓地もある。各国首脳が諸外国を公式訪問すると、当該国の無名戦士墓地に弔問、献花するのが慣行。訪米する各国首脳はここに献花に訪れる。無名戦士墓地は身元不明戦没者の遺体を一体だけ、全無名戦士戦没者の代表として祀るのが一般的のようである。

日本では千鳥ヶ淵戦没者墓苑が無名戦士墓地と擬せられることがあるが、千鳥ヶ淵は引き取り手のない戦没者、身元不明戦没者の納骨堂である。

英国圏の対応は独特である。「コモンウェルス戦争墓地委員会」という六か国(英国、インド、豪州、カナダ、ニュージーランド、南アフリカ)で構成される政府間組織が戦没者墓地を所管している。

委員会は、第一次・第二次世界大戦で英国連邦諸国の軍役に就いた約一七〇万人の戦没者、約七万人の民間戦没者の追悼、墓地および記念碑の維持管理を担っている。世界各国に二万か所以上の墓所、約二五〇〇か所の集合墓地、二〇〇か所以上の記念碑があり、日本では横浜市保土ケ谷区に英連邦戦没者墓地がある。ドイツのビットブルク墓地、インドネシアのカリバタ英雄墓地、台湾の忠烈祠等も国立墓地。意外に知られていないが、フランスの凱旋門は無名戦士墓地の扱いだ。

日本には国立墓地はない。それに関連して、長年論争の的となっているのが靖国(靖國)神社の扱いである。靖国神社は日本の軍人、軍属等を主な祭神として祀る「神社」。単立宗教法人であり、神社本庁には属していない。その設立の経緯等は以下のとおりである。

戊辰戦争後の一八六八年、官軍総督の有栖川宮熾仁親王が官軍戦没者の招魂祭を江戸城で斎行。同年、京都でも慰霊祭が行われ、幕末維新の戦没者を慰霊する動きが全国で活発化した。

こうした中、大村益次郎が東京に招魂社を創建することを建議。明治天皇の勅許を得て、一八六九年、靖国神社の現在地に「東京招魂社」が創建された。一八七九年、東京招魂社は官幣社となって「靖国神社」に改称。「靖国」は「春秋左氏伝」に登場する「吾以靖国也(吾以って国を靖んずるなり)」を典拠として明治天皇が命名した。

靖国神社の現在の祭神(柱)数は約二五〇万。軍人・軍属が中心であることから、英語では「War shrine」(戦争神社)と表記される場合がある。柱数一万以上の戦没者は、太平洋戦争約二一三万、日中戦争約一九万、日露戦争約九万、満洲事変約一・七万、日清戦争約一・四万。

祭神は靖国神社の内規に従って合祀される。戦死・戦傷病死した軍人・軍属のほか、東京裁判(極東国際軍事裁判)

等による刑死者（日本政府は「法務死者」、靖国神社は「昭和殉難者」と呼称）や抑留者、戦闘の犠牲になった動員学徒・疎開児童等も含まれている。軍人・軍属の中には、内地勤務における傷病死亡者、準軍属の外務省等の公務員も含まれており、戦没者とは少々印象が異なる。

女性は約六万柱。従軍・救護看護婦や沖縄戦における「ひめゆり学徒隊」「白梅学徒隊」等の七女学校の女学生も含む。

幕末維新の関係者は、新政府側の戦没者は含まれているが、幕府側や維新後の反乱軍の戦没者は含まれていない。長州藩士、土佐藩士等[30]は維新殉難者として合祀。会津藩士も天皇を守護したとして合祀されている。一方、旧幕府軍兵士、奥羽越列藩同盟兵士、新選組・彰義隊等の旧幕臣や、明治維新の功労者であっても、その後明治政府と対立した西郷隆盛等[31]は祀られていない。意外にも、天寿を全うした乃木希典、東郷平八郎等の軍人も戦没者でないとして祀られていない。

幕末戦没者のこうした扱いには薩長史観が反映しており、「正義」とは何かという観点からは大いに問題がある。

敗戦に伴い、一九四五年、ＧＨＱ（連合国軍最高司令官総司令部）が神道指令を発布。一九四六年、靖国神社は国の管理を離れ、宗教法人法に基づく単立宗教法人に転化した。

ＧＨＱは靖国神社廃止も検討したが、賛否両論あった。そこでローマ教皇庁に所属するブルノー・ビッテル神父とパトリック・バーン神父に意見を求めたところ、「戦勝国か敗戦国かを問わず、全ての国は戦没者に敬意を払う権利と義務がある。靖国神社廃止はＧＨＱの占領政策に馴染まない」との進言を受け、靖国神社存続を決定した。

終戦に先立つ一九四四年、連合軍の「日本の信仰の自由」という報告書は、次のように記している。

「近年設立された国家的英雄を祀る靖国神社、明治神宮、乃木神社等は、軍国主義・国家主義的精神を鼓舞する施設であり、日本政府も、宗教ではなく、愛国主義の表現形態であると繰り返し主張している。閉鎖を命じても信仰の自由に反しない」。

「但し、現実的には、国家主義的神社であっても、強制的閉鎖は逆効果を招く恐れがあるので望ましくない。公的秩序や安全保障に反しない限り、個人的信仰の対象としては存続を認めるべき」。

信仰の自由を日本政府に要求したGHQ。靖国神社を廃止し、自ら信仰の自由を否定することを回避したと言える。良くも悪くも、米国は合理的で現実的な国だ。


設立当初、靖国神社は内務省、および陸軍省・海軍省が共同管理。天皇、皇族の親拝や代参が行われ、祭主は武官が務めた。

戦前は陸海軍が対象者を決定。しかし、敗戦による靖国神社の一宗教法人化、陸海軍の廃止、対象戦没者激増(二〇〇万人超)等の事情から合祀制度が変容。対象者決定は厚労省の所管となった。合祀に際して靖国神社から遺族に連絡はしたものの、同意を必須としなかったため、本人・遺族の意向は考慮されていない。そのため、遺族が不満を表明する事例や裁判もあった。

一九五二年以降、政府主催の全国戦没者追悼式が毎年開催されている。一九六四年には靖国神社で行われたが、以後は日本武道館で開催。一九六九年から一九七四年にかけて、靖国神社の国家管理化を目指す法案が何度か国会に提出されたものの、成立せず。以後、閣僚参拝が行われるようになった。

一九七五年の終戦記念日（八月一五日）に三木武夫が参拝（首相の終戦記念日参拝は初）。「首相としてではなく、個人として参拝」と説明したことに端を発し、以後、首相の靖国参拝時の「立場」が注目されるようになる。なお、三木以前の歴代首相一一人中七人が通算三一回参拝。三木に続く三代の首相も通算一六回参拝している。

一九七九年四月にA級戦犯一四名が合祀。唯一の文官戦犯となった広田弘毅の遺族は「合祀に同意していない。靖国神社に祀られているとは考えていない」と発言した。

三木から四代目の中曽根康弘が一九八五年終戦記念日に公式参拝。中曽根は通算一〇回参拝しているが、一九八五年が最後。その際、初めて中国が「首相の公式参拝」に抗議した。

以後の参拝首相は一八人中三人。一九九六年七月二九日の橋本龍太郎、二〇〇六年終戦記念日を含む通算六回の小泉純一郎、そして二〇一三年一二月二六日の安倍晋三である。

この間、昭和天皇は通算八回親拝。しかし、一九七五（昭和五〇）年一一月二一日を最後に、天皇の親拝は行われていない。理由は様々論じられているが、昭和天皇がA級戦犯合祀に否定的であったとの説が有力である。宮内庁長官富田朝彦の「富田メモ」、侍従卜部亮吾の「侍従日記」等がそれを裏づけている。

靖国神社の歴史的・宗教的・政治的・国際的等々の特殊性を踏まえ、靖国神社に代わる国立追悼施設の設置を推奨する意見もある。千鳥ヶ淵を国立追悼施設として拡充することも提案されている。

小泉政権時代には国立追悼施設に関する懇談会が設置され、二〇〇二年に報告書がまとめられた。二〇〇五年には、超党派の国立追悼施設を考える議員連盟も発足した。

二〇一三年五月、安倍は訪米時に「日本人が靖国神社を参拝するのは米国人がアーリントン墓地を参拝するのと同じ」と米マスコミに発言[32]。

同年一〇月、米国の国務長官ジョン・フォーブス・ケリーと国防長官ヘーゲルが訪日時に千鳥ヶ淵を訪問、献花。この訪問は日本の招請ではなく、米国の意思で行われた。米国高官は日本のマスコミに「千鳥ヶ淵はアーリントンに最も近い存在。国務長官と国防長官は、日本の閣僚がアーリントンに訪問、献花するのと同様に戦没者に哀悼の意を表した」と発言[33]。

米国はそれ以上の解説を加えていないが、安倍の発言に対する牽制と捉えるのが妥当であろう。

A級戦犯は、第二次世界大戦、太平洋戦争の戦争責任者として認識されているのが歴史の通説である。戦勝国、敗戦国当事者間の事実であり、合意である。戦勝国側および内外の戦争犠牲者から見れば、戦争に責任があった者はもっと多数いたと想定できるが、ある意味、全ての責任を負って、戦争責任の追及を終息させる役割を担った面もある。

したがって、その歴史的通説、事実および合意を否定する言動は、その上に成り立っている現在の関係を不安定化させるものである。米国高官の千鳥ヶ淵訪問には深い意味がある。

外交の鉄則

二〇世紀後半の日本は、米国の同盟国、アジアで唯一の先進国、アジアで唯一の西側諸国との友好国として、良く言えば安定的、別の言い方をすれば外交的に緊張感を欠いた状態に置かれていた。ハンチントンに「固有の文明」と称された日本は、パラダイムシフト下の二一世紀の今、「外交の鉄則」を再認識することが必要である。

「外交の鉄則」のひとつは「立場が変われば見方も変わる」。ロシア大統領メドベーチェフの北方領土訪問、韓国大統領李明博の竹島上陸、中国漁船による尖閣周辺の領海侵犯に日本人の多くは不快感を抱いている。相手には相手の理屈がある。他国の主張の歴史的背景や論理を詳しく知り、分析する必要がある。日本が国際社会の中で「固有の文明」として創造的で主体的な外交を展開するためには、そうした能力を高めることが不可欠である。

外交の鉄則はほかにもある。「自国の利益を犠牲にして他国の利益を守る国はない」。当たり前の話だ。米国は重要な同盟国であるが、米国が自国の利益を犠牲にして日本を守ることはない。日本を守ることが米国の利益になる限りにおいては日本を守る。是非の問題ではなく、それが現実である。

「いずれかの国にとってボロ勝ち、ボロ負けという結果はあり得ない」。ワンサイドゲームはあり得ないというのも「外交の鉄則」である。仮にワンサイドゲームの外交が現実化すると、紛争や戦争につながる危険性が高い。表面上はドロー（引き分け）。しかし、それぞれの当事国が内心「実利を得た」と思う我田引水の結論と世論に導くのが外交手腕であり、国内政治の手綱さばきである。

TPPは二〇〇六年、シンガポール、ニュージーランド、チリ、ブルネイの四か国でスタートした。このマイナーなTPPが注目される契機となったのは二〇〇九年秋に米国大統領オバマ来日時のスピーチである。「アジア太平洋国家として、米国はこの地域の将来を形づくる議論に加わる」と発言。米国がTPPに加わるのは米国経済圏への囲い込み戦略、中国締め出し戦略の一環。自国の利益を考えてのゲーム開始である。わざわざ来日時に発言したことは、日本への参加要請のシグナル。ワンサイドゲームにしないための日本の戦略が問われた。ようやく交渉がまとまりかけた矢先、米国大統領にトランプが就任。トランプはグローバリズムを批判し、TPP離脱を宣言。TPPは頓挫し、今後の展開は予想がつかない。外交とはかくも変幻自在、制御不能なものであり、魑魅魍魎の棲む世界である。

一九八九年、ＡＳＥＡＮ（東南アジア諸国連合）六か国と日米を含む六か国の一二か国で発足したＡＰＥＣ（アジア太平洋経済協力）も米国の囲い込み戦略。しかし、今や中国、ロシアも参加しており、その意義は変質。一方、米国抜きのＡＳＥＡＮプラス３（日中韓）、プラス６（日中韓プラス印、豪、ＮＺ）。こちらでは中国による囲い込み戦略が巧みに進行。米中Ｇ２による虚々実々の駆け引きが行われている。一方、米国は太平洋でのＴＰＰと呼応して大西洋でもＴＴＩＰを推進し、米国経済圏構築、中国締め出しを企図。対抗して中国は一帯一路構想を立ち上げ。しかし、ＴＴＰもＴＴＩＰもトランプ登場で頓挫。世界の覇権争いはまさしくパラダイムシフトの渦中にある。

「表面と実態の使い分け」も「外交の鉄則」。形式的には交渉や協定に合意しても、細部の取決めで不利益を回避するのは外交の常識。その点、日本は他の主要国に比べて愚直である。島国であり、かつ近世から近代にかけて鎖国していたが故に、外交下手になったのかもしれない。経済連携の動きは外交そのものであり、逆に言えば外交は経済そのものである。ＴＰＰは様々な経済分野のルールメイクに関わる外交交渉であり、参加を表明しつつ、ＡＳＥＡＮプラス３等への対応を巧みに絡め、細部の取決めで不利益を回避する合理的戦略が必要である。円を基軸通貨にする戦略にも本格的に着手できないまま今日に至った日本。ＡＭＦ構想も米国の反対によって頓挫。今はまたＡＩＩＢで中国に煽られる日本。アジアにおいて日本が安定した立場を保障されていた二〇世紀後半から、国際情勢が極めて流動的な二一世紀に入り、「固有の文明」である日本は「表面と実態の使い分け」を巧みにできるのか。今後の日本の動向は、世界史、とりわけアジア史の帰趨に大きく影響する。

日中韓三国、あるいは北朝鮮を含む四国は、長い歴史的背景を抱えつつ、相互に警戒心と親近感を輻輳させている。中東情勢を域外国が正確に理解できないのと同様に、東アジア情勢も域外国にとって臨場感を持って把握することは困難である。日本と韓国は中国に対して複雑な感情を抱きつつ、中国の古典には大いに親しんでいる。「孫子の兵法」もそのひとつだ。「孫子の兵法」は紀元前五〇〇年頃の中国春秋時代の軍事思想家孫武の著作。古今東西の中で最も著名な兵法書のひとつである。

「彼を知り己を知れば百戦危うからず。彼を知らずして己を知れば一勝一敗。彼を知らず己を知らざれば戦うごとに必ず危うし[34]」。「孫子の兵法」の中でもとくによく知られている名言である。情報の重要性を指摘した名言だが、「彼を知らず己を知らざれば戦うごとに必ず危うし」は単なる情報不足のことではなく、情報処理が不適切で的確な判断が行われない場合は失敗することを諭している。太平洋戦争における日本のインパール作戦は、自らの戦力を誤認(過信)するとともに、国内の不満と不安の矛先をかわすために作戦強行を命じて悲惨な結末を迎えた。

「主は怒りを以て師を興すべからず[35]」。その含意は、「一時の感情で行動を起こすな」ということである。しかし、それでも関係し続けなくてはならないのが隣国の宿命。「諸侯の謀《はかりごと》を知らざれば、予め交わるを能《あた》わず[36]」。すなわち、相手の状況や考え方をどう推察するかということがポイントである。

「激水の疾《はや》くして石を漂わす[37]」。含意は「勝負の節目と見れば瞬時に行動を起こす」ということである。「兵の形は水を象《かたど》る[38]」。その含意は、「水は高いところを避けて低いところに向かう。軍隊も、兵力の充実しているところを避けて、隙《すき》のあるところを攻撃する」。国際社会における日本の影響力が低下する一方、韓国の経済力が向上しているという状況判断をした韓国大統領李明博。その結果が、日本に対する強硬姿勢や竹島上陸であり、韓国世論の反日感情を煽った。

「戦わずして人の兵を屈す」(39)。争いごとに至らしめることなく、問題を解決することが望ましいのは言うまでもない。隣国に背を見せることなく、しかし紛争にしてはいけない。これが鉄則である。この教えはさらに続く。曰く「上兵は謀を伐つ。其の次は交を伐《う》つ。其の次は兵を伐つ。其の下《げ》は城を攻む」(40)。上策は相手の謀《はかりごと》を未然に防ぐこと。次策は相手を孤立させること。次々策は交戦すること。最も避けるべきは城を攻めること。現代の国際社会においては、上策と次策の範囲にとどめるのが賢策である。日本の戦後歴代政権が竹島実効支配の既成事実の積み上げを放置してきた結果が現在の状況である。いまさら取り返しがつかない。このうえは、既成事実という「謀」の積み上げをアピールさせないことが、竹島問題を日韓間で深刻化させない要諦である。

「呉人《ごびと》と越人《えつびと》とは相悪《にく》むも、其の舟を同じくして済《わた》り風に遭うに当たりて、其の相救うこと、左右の手の如し」(41)。良く知られた「呉越同舟」のくだりである。一般には「仲の悪いもの同士が同席する」という程度の解釈で浸透しているが、その真意は「危機に直面すれば団結する」ということである。北朝鮮問題等で危機が高まると日韓関係が好転するという見方もあるが、北朝鮮と韓国は同じ民族である。韓民族が結束する可能性もあり、現実の展開は単純ではないだろう。

二〇世紀後半の日本は、アジアにおける唯一の先進国および世界の経済大国という自負が、「危機」を「危機」と認識できず、隣国の成長、自国の相対的地盤沈下を客観的に直視することの障害となり、対応を怠り続ける一因となった。「固有の文明」の日本は、激動する世界、今後の国際社会の中での立ち位置を問われている。政治力、経済力、文化力、軍事力(抑止力)、国際的影響力など、様々な要素の有形無形の集合体、混然一体となったものが外交の総合力であり、外交(国際政治)力学である。日本の総合力の源泉は何と言っても経済力。日本の影響力が低下しているとすれば、「失われた二〇年」の間に進んだ日本経済の劣化によるもの。日本にとって経済力の復元が重要な課題である。その一方、経済力に依存しすぎていたのも事実。外交が総合力である以上、政治力、文化力、軍事力、国際的影響力など、他の面も進化や強化が必要である。こうした外交問題の帰趨は国際世論にも影響される。日本の主張を通すためには、日本が国際社会で影響力を持つことが重要なポイントである。だからこそ、経済力を筆頭に、政治力、文化力、軍事力など、多面的な国力を高め、外交の総合力を向上させることが求められる。

(1)―州政府に申告されている祖先による構成比(%)は以下のとおりである(二〇一〇年データ)。ドイツ系二六・五、アイルランド系一四・一、イングランド系九・〇、アメリカ系(特定民族を祖先と考えない人々)七・九、イタリア系六・四、スラヴ系五・七、フランス系二・五、その他二七・九。人種別の構成比(同上)は、白人八二・七(非ヒスパニック白人八一・二)、黒人一二・二、ヒスパニック三・一、アジア一・七、その他〇・三。宗教的には、キリスト教七六・一(プロテスタント五三・九、カトリック二二・二、その他一・〇)、ユダヤ教一・三、イスラム教一・〇、仏教〇・五、その他四・一、無宗教一七・〇。

(2)―ブラウン大学、コロンビア大学、コーネル大学、ダートマス大学、ハーバード大学、ペンシルベニア大学、プリンストン大学、イェール大学の八校からなる。

(3)―ブキャナンはCNNの人気政治討論番組『クロスファイア』の初代司会者であった。

(4)―「一帯一路(Belt and Road 〈B&R〉、One Belt, One Road 〈OBOR〉)」とは、二〇一四年一一月に中国で開催されたアジア太平洋経済協力首脳会議で習近平が提唱した経済圏構想である。中国西部から中央アジアを経由して欧州につながる「シルクロード経済ベルト」(「一帯」の意味)と、中国沿岸部から東南アジア、スリランカ、アラビア半島の沿岸部、アフリカ東岸を結ぶ「二一世紀海上シルクロード」(「一路」の意味)の二つの地域で、インフラ整備、貿易・投資を促進する計画。それぞれ、二〇一三年に習近平がカザフスタンのナザルバエフ大学とインドネシア議会で行った演説が初出である。アジアインフラ投資銀行(AIIB)、中国・ユーラシア経済協力基金、シルクロード基金等を活用した投資拡大、および中国から発展途上国への経済援助を通じ、人民元の基軸通貨化、中国を中心とする世界経済圏確立を目標にしていると言われている。二〇一七年五月、北京で一帯一路国際協力サミットフォーラムが開催された。それに先立つ二〇一五年五月、習近平はロシア大統領プーチンと会談し、一帯一路とユーラシア経済連合の連結を企図する共同声明を発表。同年一一月、プーチンは米国主導のTPPを批判し、中国の一帯一路とロシアのユーラシア経済連合の連携がアジア太平洋の繁栄をもたらすとする寄稿文を世界の新聞各紙に掲載した。

(5)――二〇一七年九月一九日現在、AIIBの参加国は八〇か国、うち域内国四六か国、域外国三四か国。授権資本一〇〇〇億ドルのうち、域内国七五〇億円、域外国二五〇億ドル。

(6)――「南シナ海、米中緊張高まる」『日本経済新聞』(二〇一五年五月二三日)ほか。ラッセル米国務次官補、ウォレン国防省報道部長が相次いで発言。ダニエル・ラッセル国務次官補は上院外交委員会公聴会でも同趣旨の発言。これに対して中国の洪磊外務省副報道局長が反論している。

(7)――CLCSは国連海洋法条約に基づく機関。海洋沿岸国が二〇カイリを超える大陸棚設定を申請する場合、関連情報をCLCSに提出し、CLCSが勧告を行う。CLCSは日本が申請した七海域に対する勧告を二〇一二年四月に行ったものの、沖ノ鳥島を含む海域についての判断は留保した。沖の鳥島をめぐる日中韓の対立は現在も二〇一一年の状態が継続している。

(8)――「栄光ある孤立(splendid isolation)」という言葉が初めて使われたのは、英国の外交姿勢を議論していた一八九六年一月一六日のカナダ議会。その五日後の一月二一日、英国政治家ジョゼフ・チェンバレン(後の首相ネヴィル・チェンバレンの父)が演説で使用し、翌二二日に『ザ・タイムズ』が社説で取り上げ、定着していったと伝わる。サッチャー自身は「二度の世界大戦によって栄光ある孤立の時代は終わった」(一九七九年一〇月一八日演説、“Winston Churchill Memorial Lecture 〈“Europe - the obligations of liberty”〉”, 1979 Octorber 18. Margaret Thatcher Foundation) 〈⑲〉と発言したほか、英国の国益が栄光ある孤立によって実現されるかと問われて「英国は孤立という方針は採っていない」(一九八八年七月二八日下院質疑“House of Commons, Parliamentary Debates 〈Hansard〉", Thursday, July 1988, Volume 138, cc539-44. Hansard 1803-2005) 〈⑳〉等と述べ、否定的な考えを示しているものの、対EC（当時）の強硬姿勢等から、むしろ逆説的にサッチャーの外交姿勢に「栄光ある孤立」という冠が付されるようになった。そうした展開を受け、神余隆博（二〇一三）「サッチャリズムと欧州統合—欧州債務危機の序章」『月刊資本市場』（三三五号）、Christopher Meyer（2012）, "Cameron in Europe : The Return of Pavlov's dog", Huffpost, 7th Feb 〈㉑〉、Ben Jackson, Robert Saunders, "Making Thatchers Britain", Cambridge University Press 〈㉒〉等にサッチャーの外交方針が「栄光ある孤立」であったと記されている。

(9)—Official journal of the European Communities.Debates of the European Parliament,1988-89 session, Report of proceedings from 4 to 8 July 1988, English ed., No.2-367, p.125, pp.137-140. 本資料一四〇頁に該当発言があるが、本文中「EU諸国の立法」の部分は、正確には「我々の経済関係の立法並びに恐らく財政関係および社会関係の立法（our economic legislation, and perhaps even our fiscal and social legislation as well）」と述べている。

(10)—Margaret Thatcher, "Speech to the College of Europe ("The Bruges Speech")", 20 September 1988. Margaret Thatcher Foundation. 〈㉓〉

(11)—Address given by Jacques Delors (Bruges, 17 October 1989), ルクセンブルグ大学〈㉔〉

(12)—マーガレット・サッチャー（一九九三）石塚雅彦訳（一九九三）『サッチャー回顧録—ダウニング街の日々』（日本経済新聞社）三五九頁。

(13)—同前三七二頁。

(14)—同前四三九頁。

(15)—この発言は、英国歴史学者ティモシー・アートン・ガッシュのインタビュー記事（二〇一二年二月九日、米L.A.Times、独Spiegel）の中で報じられている。神余隆博（二〇一三）「サッチャリズムと欧州統合—欧州債務危機の序章」『月刊資本市場』（三三五号）四四頁。同趣旨の発言として、ヘンリー・キッシンジャー（一九九四）岡崎久彦監訳（一九九六）『外交』（日本経済新聞社）三二〇—三二一頁において次のように述べている。「ドイツの力が非常に強大になり、既存のヨーロッパの機関だけでは、ドイツとその他のヨーロッパのパートナーとの間にバランスが保てない」。

(16)—日本国内のムスリムの数は定かではないが、日本の外務省は、日本人で最大約五万人、在日外国人で最大約二〇万人と推定している（二〇一七年現在）。

(17)―フサインはハーシム家当主、マクマホンは英国外交官、サイクスは英国特使、ピコはフランス外交官、バルフォアは英国外務大臣の名前である。

(18)―ヒズボラは一九八二年に結成されたレバノンのシーア派組織。アラビア語で「神の党」を意味する。イランとシリアの支援を受けており、欧米各国はヒズボラの軍事部門をヒズボラの全体または一部をテロ組織に指定している。

(19)―コントラはニカラグアの親米反政府民兵（ミリシア）の通称。一九七九年のサンディニスタ革命政権に対抗するため、米国政府の資金提供によって組織された。三派に分かれて活動した反政府民兵をサンディニスタ政権側がコントラと総称した。「コントラ」は何かに「対する」「反する」という意味のスペイン語の接頭語である。

(20)―ブッシュ（父）米国大統領がムハンマドにカーライル投資グループを紹介し、ムハンマドの資産運用を支援していたことを示す文献がある。ベンジャミン・フルフォード（二〇一〇）『ステルス・ウォー――日本の闇を浸食する5つの戦争』（講談社）一四〇頁。

(21)―同前一四〇頁に記されている。また、サーレムの米国における代理人ジェームズ・R・バスが、ブッシュ（父）米国大統領が設立した石油会社に投資していたことを記した以下の文献もある。ジャン・シャルル・ブリザール／ギョーム・ダスキエ（二〇〇二）山本知子訳（二〇〇二）『ぬりつぶされた真実』（幻冬舎）二七三頁、クレイグ・アンガー（二〇〇四）秋岡史（二〇〇四）『ブッシュの野望　サウジの陰謀――石油・権力・テロリズム』（柏書房）一三〇頁、"Fahrenheit 9/11' Is s Red-Hot Ticket; At the Film's Premiere, the White House Takes the Heat", The Washington Post, June 24, 2004. "A Film to Polarize Along Party Lines", The New York Times, May 17, 2004. "The Barreling Bushes; Four generations of the dynasty have chased profits through cozy ties with Mideast leaders, spinning webs of conflicts of interest", Los Angeles Times, January 11, 2004. "The Reliable Source", The Washington Post, September 26, 2001.

(22)―報道および関連文献によれば、ＩＳは「ＪＴＪ」「ＭＳＣ」「ＩＳＩ」「ＩＳＩＬ」「ＩＳＩＳ」と組織や名前を変遷させている。

(23)―二〇一三年六月一八日、アンジェリーナ・ジョリーはヨルダンとシリア国境の難民キャンプを訪問し、難民から実情を聴取し、この発言に至った。〈25〉

(24)―二〇一〇年八月二日に国際危機グループのレポートで使われている。"Drums of War : Israel and the "Axis of Resistance"", 2 August 2010, International Crisis Group. 〈㉖〉、二〇一二年にはイラン高官等が「抵抗の枢軸」という表現を使っている。「イラン最高指導者側近 シリア電撃訪問」『東京新聞』(二〇一二年八月八日)、「シリア軍関与 イランが認める」『朝日新聞』(二〇一二年九月一八日)、立山良司(二〇一五)「『アラブの春』二年目の動向」『「アラブの春」の将来』(日本国際問題研究所)。

(25)―二〇一七年八月現在、アサド政権、反体制派、ISIL、クルド人の四つの勢力が国土を四分して争っている。ロシア、イランがアサド政権を支援する一方、対立する反体制派をトルコ、サウジアラビア、カタール、ヨルダン、UAE等のアラブ諸国が支援している。一方、ISILと対立するクルド人は米国が支援している。

(26)―二〇一七年八月現在、シリアの人口約二六〇〇万人のうち約六五〇万人が国内避難民となっている。一方、国外難民としては、トルコ約二九九万人、レバノン約一〇一万人、ヨルダン約六六万人、イラク約二三万人、エジプト約一二万人。バルカン半島を経由しての欧州への難民流入は小康状態となっている(二〇一七年九月現在の外務省情報)。

(27)―「神殿の丘」はエルサレム旧市街にあるユダヤ教、イスラム教の聖地である。「神殿の丘」には岩のドーム(AD六九〇年築)とアル・アクサ・モスク(AD七一〇年築)が建っている。AD七〇年、ローマ帝国によるエルサレム攻囲戦の際に神殿が破壊される。この時に破壊された城壁の一部が「嘆きの壁」である。ヨルダン支配下の東エルサレム(一九四八～六七年)では、イスラエル人は旧市街への立ち入りを禁じられていた。現在、「神殿の丘」はイスラエル領土内にあるが、管理はイスラム教指導者が行っているため、ユダヤ人とキリスト教徒は「神殿の丘」で宗教的儀式を行う事を禁止されている。二〇〇〇年九月二八日、右派リクード党首シャロンが「神殿の丘」を訪問。これに反発したパレスチナ市民がアル・アクサ・インティファーダ(第二次インティファーダ)を引き起こした。こうした経緯を経て、キャンプ・デービッド合意は事実上、破綻している。

(28)―「嘆きの壁」は、BC二〇年頃、ヘロデ大王が建造したエルサレム神殿外壁の西側部分。当該神殿はユダヤ教で最も神聖な建物であったが、前注に記したとおり、ユダヤ人による反乱(ユダヤ戦争)鎮圧時のエルサレム攻囲戦で破壊され、西壁のみが残った。ユダヤ人は「西の壁」と呼んでいる。この部分を含め、ヘロデ大王時代の外壁の基礎部分はほぼ全部が残っている。「嘆きの壁」の呼称は一九世紀の欧州旅行者がこの壁を「ユダヤ人が嘆く場所」と呼んだことに由来する。「ユダヤ教徒のエルサレム立入りは禁止されていたが、一九六七年の第三次中東戦争以降、立ち入りが許された。
(29)―「竹島訪問 動機は慰安婦問題 韓国大統領語る」『朝日新聞』(二〇一二年八月一四日)、「李・韓国大統領:竹島上陸 背景語る 歴史問題で日本に不満」『毎日新聞』(二〇一二年八月一日)。
(30)―吉田松陰(長州藩士)、久坂玄瑞(同)、高杉晋作(同)、坂本龍馬(土佐藩士)、中岡慎太郎(同)、武市半平太(同)、橋本左内(福井藩士)、大村益次郎(長州藩医)等は祀られている。
(31)―江藤新平(佐賀藩士)、前原一誠(長州藩士)等は祀られていない。
(32)―「強行参拝 孤立招く 米と隙間風 外務省懸念」『朝日新聞』(二〇一三年一二月二八日)、"Japan is Back, A Conversation with Shinzo Abe", Foreign Affairs, Vol.92, No.4, pp.2-8.
(33)―「米国務長官らが千鳥ヶ淵墓苑で献花」『AFPニュース』(二〇一三年一〇月三日)〈㉗〉、「安倍首相 靖国参拝 米の懸念を無視 対日評価一変か」『毎日新聞』(二〇一三年一二月二七日)。
(34)―孫武『孫子』「謀攻篇六」。孫武はBC六世紀代の中国春秋時代(斉国出身)の武将・軍事思想家。
(35)―同前「火攻篇四」。
(36)―同前「九地篇八」。
(37)―同前「勢篇三」。
(38)―同前「虚実篇七」。
(39)―同前「謀攻篇一」。
(40)―同前「謀攻篇二」。
(41)―同前「九地篇五」。

第4章 対立と同調

公共とは何か、公共政策とは何か。このことに対する認識は、あらゆる分野の問題に関係する。もはや公共に無関係な人間行動は存在しない。そのことに気づかない「合理的な愚か者」としての人間は、環境破壊や食料危機を深刻化させ、世界の持続可能性を脅かしている。人間が対立を乗り越える思考論理を有しなければ、「対立の迷路」に入り込み、やがては根拠のない正論に依存して「同調の悲劇」を誘発する。そうした事態に陥る深層には、人間の心理、人間としての本質が影響している。事実を共有し、公共概念を認識し、人間行動の特徴、人間心理の影響を理解すること。そうした思慮深さなしでは、人間は「対立の迷路」と「同調の悲劇」を回避できない。

「正しい」とは曖昧なものである。絶対に「正しい」ことは存在しない。人文科学や社会科学、政治や経済において、「正しい」か否かを判断することは困難である。何かを指向することは自由だ。しかし、その指向を他者に対して「正しい」と証明し、強要することはできない。強要すれば対立が生じる。

「正義」とは怪しげなものである。人間は「正義」を掲げて戦争をする。対立する者同士が「正義」を主張する場合、どちらの「正義」が「正義」なのか。

人間の本質的な矛盾や限界と向き合わない限り、対立を解消することはできない。人間が人間である限り、対立を根絶することは不可能である。それでも、対立と向き合い、平和と豊かさを追求する努力を止めてはならない。しかし、平和とは何か、豊かさとは何かということも一様ではない。平和と豊かさの定義にも、「正しい」とは何か、「正義」とは何かという問題がつきまとう。

人間は常に自己矛盾、論理矛盾の渦中にある。それに気づかない限り、「対立の迷路」から抜け出せない。迷路に迷い込んでいることすら気づかない。気づかないまま対立を解消しようとすると、自分の意見が「正しい」と主張し、自分に「正義」があると陶酔する。さらに深刻なのは、論理的な根拠なしに同調する人間が出現することだ。感情的な共感と倒錯は「同調の悲劇」を生む。時に惨劇となる。

政策に対立や論争はつきものだ。「対立の迷路」から抜け出し、「同調の悲劇」を招かないためには、事実に基づく議論を行うことが重要である。しかし、何が事実かを認定し、共有する知的作業にも「対立の迷路」と「同調の悲劇」が忍び寄る。

人間社会は、飢餓、貧困、格差、環境破壊、人口爆発、食料危機等、様々な問題に直面している。それらの問題は、「対立の迷路」を生み出し、「同調の悲劇」を招き寄せ、争いに発展する。人間は対立と同調の呪縛から逃れられるだろうか。

公共政策とは何か

オートファジー

二〇一六年、日本の科学者、大隅良典（一九四五年〜）がノーベル生理学・医学賞を受賞した。受賞理由は細胞のオートファジー機能の解明に寄与したことである。オートファジーとはラテン語の「自分（AUTO）」と「食べる（PHAGY）」の合成語。日本語では「自食《じしょく》」と訳されている。

オートファジーという合成語を生み出したのはクリスチャン・ルネ・ド・デューブ。一九一七年生まれの英国の細胞生物学者であり、一九七四年にノーベル生理学・医学賞を受賞。二〇一三年、母国ベルギーで安楽死した。

一九六〇年代、デューブは空腹時の飢餓応答に現れる細胞現象をオートファジーと記した。その現象の解明に多くの科学者が挑戦した。デューブは一九六二年にロックフェラー大学教授に就任。大隅は同大学に留学し、デューブとオートファジーに遭遇した。

人間の体は数十兆個の細胞からできており、細胞の生命活動を維持するために不可欠な物質が蛋白質である。蛋白質は、炭水化物、脂質とともに、人間の生命維持に必要な三大栄養素。その種類は二万以上と言われている。

不要になった蛋白質を分解し、必要な蛋白質に作り替える、言わばリサイクルの仕組みがオートファジーである。蛋白質の寿命は種類によって異なり、長いものは数か月、短いものは数十秒。人間は毎日約二〇〇グラムの蛋白質を生成または摂取する必要があり、そのうち摂取は約七〇グラム、残りはオートファジーによって生成されている。

細胞内には液胞と呼ばれる構造物があり、その中に不要になった蛋白質を分解して処理するリソソームという小器官がある。リソソームは言わば「ゴミ処理・再生工場」。この液胞やリソソームが機能不全に陥ること、つまりオートファジーが低下して不要な蛋白質が溜まることが、アルツハイマー病、パーキンソン病、癌、糖尿病等、多くの疾病の原因と考えられている。

そのため、オートファジーの解明は、医学や薬の進歩に大きな影響を与える。一九九〇年代、大隅は酵母細胞の中で蛋白質が分解される様子を電子顕微鏡で観察し続け、特定の遺伝子がオートファジーに関係することを発見。これがノーベル賞の受賞理由である。その後も、多くの科学者が研究に取り組み、今では数十種類の遺伝子等がオートファジーに関係することが判明している[1]。

人間が一定期間食料を摂取しなくても生存できることや、胎盤を介して母親から栄養を得ていた出産直後の赤ん坊が栄養不足にならないのは、オートファジーの仕組みで栄養を補っているためと見られている。

ところで、ノーベル賞受賞後に大隅が日本にとって気になる発言をしている。現在の日本の大学院生や科学者の研究環境は厳しく、このままではノーベル賞を受賞するような研究者は出てこなくなると警鐘を鳴らした。

どうしてそんなことになっているのか。その原因は、科学技術開発、あるいは研究者や技術者の養成に関する予算や政策が脆弱なためである。日本の財政赤字対ＧＤＰ比は主要国の中で最も高く、財政が逼迫している。そのため、科学技術関連予算も潤沢ではない。では、なぜそれほど財政赤字が増えたのか。支出内容に原因を求めれば全分野が関係しているものの、構造的要因を考察するために公共事業費および社会保障費に着目してみる。

公共事業関係のステークホルダー（利害関係者）は、公共事業費は過去に比べると削減されており、財政赤字の主因ではないと主張するだろう。しかし、一九六〇〜二〇一五年の五六年間の日本の公的資本形成の対GDP比は七・七％、実額にして一三八九兆円。同時期のG7の他の六か国合計の同比は三・九％。仮に同比が欧米並みであった場合は七〇四兆円となるため、差額の六八五兆円が他の目的に使うことができた計算になる。[2] これは戦後の予算実額を積算したものであり、現在価値に直すと約一〇〇〇兆円になる。[3] 欧米比で言えば、それだけ過剰に自然を破壊し、インフラを造り、維持管理・更新費が増嵩しているということだ。人口減少社会に入った日本にとって、この現実をどのように是正するかは重大な問題である。インフラを社会資本と言えば聞こえは良いが、過剰なもの、不要不急なもの、将来世代に過度な財政負担を強いるものは、とても資本とは呼べない。社会負債と表現すべきである。

社会保障はどのように考えるべきか。高齢化に伴い、医療・介護・年金等の財政負担は増え続けている。医療や介護の中に、過剰なもの、不要不急なもの、将来世代に過度な財政負担を強いるものは含まれていないか。十分な資産や所得のある高齢者に過度な年金を給付していないか。そもそも年金は権利なのか、保険なのか。合理的に考え、見直すことが必要である。

こうした点が改まらない限り、科学技術のみならず、他の全分野の予算や政策が影響を受ける。もちろん、他分野でも過剰なもの、不要不急なものの見直しは必須である。科学技術の中にも、適切に使われていない予算、合理性の乏しい政策があるだろう。

いずれにしても、そうした現状が大隅の指摘につながっている。「あれば便利」という政策や予算は「なくても平気」と同義である。そもそも、公共政策や財政によって支えなければならない分野とは何か。さらに言えば、そもそも公共政策、あるいは財政とは何か。究極的にはこの問いに到達する。各国共通の問題だが、日本はとくに深刻である。

不要になったものを分解し、必要なものに作り替える。それがオートファジーである。政策や予算もオートファジー的に改廃を行い、不要になったもの、緊要性の低下したものを止め、必要なものに作り替える。公共政策においてもオートファジーが必要である。

人間は自然的生物としてはオートファジーを行うものの、社会的生物としてはオートファジーに抵抗する。自然的生物としての機能は無意識である一方、社会的生物としての機能は自意識の下に置かれている。ここに違いがある。

社会的生物としてオートファジーを行えないのは当然である。人間自身が何かを嗜好し、判断し、主張しているからだ。地球上で最も愚かで有害な生物としての人間の特性が顕現化する。

政策や予算の取捨選択においては必ず対立が生じる。自分が望む政策や予算は否定されたくない。だから、お互いに否定しない。お互いに口を挟まず、他者の邪魔をしない。結果的に、政策も予算も構造化し、肥大化していく。この傾向は各国共通である。米国の公共選択論の研究者が予算編成過程の構造問題として一九六〇年代から指摘し始めた。代表的な研究者は前述のジェームズ・ブキャナン(一九一九～二〇一三年)やゴードン・タロック(一九二二～二〇一四年)である。ブキャナンは一九八六年にノーベル経済学賞を受賞している。

財源は有限であるため、政策や予算の構造化、肥大化の傾向を制御できない場合は、全分野への対応が先細りになる。日本はその傾向が相対的に強い。財源が無尽蔵でない限り、オートファジーなき公共政策は徐々に沈みゆく船と同じである。

公共概念

国や自治体が行う行為は全て公共政策である。内政のみならず、外交も公共政策である。では、公共政策とは何か。この問いの回答は意外に難しく、人間や社会の本質に迫る。

筆者が公共政策系大学院で教員をしていた時[4]、毎年最初の講義で学生にこの点を常に質した。「公共政策とは何か」と問うと、「役所の行うこと」「民間企業にはできないこと」という行為主体に着目した回答のほか、「公共的な問題を解決すること」という対象分野に着目した回答がよく返ってきた。「では、公共とは何か」とさらに問うと「私的ではないこと」という禅問答のような回答が続く。「では、私的なこと、公的なことの違いは何か」と問うと、多くの学生が「私的なことは、他人に影響を及ぼさないこと」という回答に至る。「では、他人に影響を及ぼさないこととは何か」とさらに問う。「自分だけでできることとか、物の売買とか」とやや自信のない反応になる。勘の良い学生は問題の本質に気づき始める。

「公共政策とは何か」「公共とは何か」「他人に影響を及ぼさないこととは何か」。これらの問いを深く考察することが、人間が「対立の迷路」を抜け出し、一定の解を見出す鍵である。学生のみならず、地球上で最も愚かで有害な生物である人間全体の課題である。

人間は動物である。類型としては哺乳類だ。人間だけが生物や哺乳類の中で特別な存在なのか。人間自身は自らの分類基準に従って特別な存在と自己評価しているだろうが、それは本当か。

人間の祖先が動物の段階では「公共」という概念は存在しなかった。やがて、食料を確保するため、複数で狩猟や収穫を行い、家畜を飼い、農業を行うようになる。集団の誕生である。集団の中では一定のルールが自然に発生し、序列や秩序が生まれる。「公共」というより「秩序」という表現が適当であろう。集団は集団外に対しては自由である。狩猟にしろ、収穫にしろ、集団の行動に制約はない。だから「公共」は存在しない。

ところが、猟場、放牧地、水源等をめぐって他の集団と摩擦が生じる段階になると、集団内の「秩序」は問題解決に役立たない。最初は集団同士の争いによって問題を解決する。争いによって集団同士の間で序列を決め、さらに大きな集団を形成する。その集団はさらに拡大し、やがて原始社会、古代国家へと進化していった。

この段階になり、いよいよ「公共」概念が萌芽する。集団内の序列や秩序、争いだけでは解決できない問題をどうするのか。あるいは、争いを避け、別の方法で利害を調整し、問題を解決できないか。

もちろん、この段階でも序列上位の者が利害調整の役割を担うこともある。言わば「権力」による問題解決である。しかし、「権力」そのものも争いの対象になる。争い自体を回避するために、古代ギリシャや古代ローマでは、集団内の代表者たちによる合議という利害調整メカニズムを生み出した。民主主義のルーツである。

ここに至り「公共」という概念の輪郭が見えてくる。「公共」とは「利害調整が必要なこと」と言ってよい。では、公共政策とは何か。この輪郭に従えば「利害調整が必要なことに関する対応」が公共政策である。

ちなみに、学生には「官民」と「公私」の違いは何かということも質した。この問いに対する回答も一様ではないが、「官民」は行為主体の属性、「公私」は行為対象の分野と定義できる。利害調整が必要な公共政策を「民」が行うこともあれば、「官」が行う行為の中にも公共政策ではないこと、つまり私的性格の強いものもある。「対立の迷路」を抜け出すためには、「官民」「公私」の定義と複雑性についても熟考が必要である。

コモンズの悲劇

中世、近世、近代と「公共」概念は進化し、公共的な利害をどのように調整するかということは、政治学や社会学、あるいは宗教上、倫理上の問題として取り扱われてきた。

一九六八年、米国の生物学者ギャレット・ハーディン（一九一五～二〇〇三年）が雑誌『サイエンス』に「コモンズ（共有地）の悲劇」というタイトルの論文を発表した。

共有地である牧草地には、近隣の集落や農民が牛を放牧する。それぞれの集落や農民は自分の儲けを最大化するため、より多くの牛を放牧する。自分の所有する牧草地であれば、牛が牧草を食べ尽くさないように放牧数を調整するが、共有地ではそうはいかない。自分が放牧数を増やさなければ、他の集落や農民が増やすかもしれない。そうなれば、自分の儲けが減る。相互に疑心暗鬼になり、全員が牛を増やし続ける。牧草地が自由に利用できる限り、牧草は新たに生長するスピードよりも速く消費され、結果的に牧草地は荒廃する。そして、最終的には全ての集落と農民が牧草地を利用できなくなる。

ハーディンはこの事例のように、多くの者が利用できる共有資源が乱獲、乱費されることで、資源の枯渇を招くという傾向を論証した。以来、政治学や経済学ではこの傾向を「コモンズの悲劇」と呼んでいる。

牧草地の事例では、農民同士は直接の利害関係者であり、その限りにおいては公共性が相対的に低い。しかし、農民たちが牧草地を荒廃させると農民以外の地域住民や地域社会に被害をもたらし、公共性の高い問題となる。

牧草地は荒廃するが、全ての農民が滅びるのではない。最後まで残った農民が全ての牧草地を独占する。こうした展開に準え、現代経済における市場崩壊とその後の市場独占の過程も「コモンズの悲劇」によって説明されることがある。

「コモンズの悲劇」が起きるのは、共有地や共有資源がオープンアクセス、フリーアクセスの場合に限られる。その場合は、公共政策として何らかの調整が必要となる。

例えば、資源獲得者が利益を享受する場合、あるいは正の外部性（外部経済性）がある場合、資源獲得に対価を課し、それによって乱獲やオープンアクセス、フリーアクセスを制御することが考えられる。また、有償で所有権や独占権を与えるとともに、資源を一定水準に維持する義務を課して管理させる手法によっても「コモンズの悲劇」を回避することができる。現代の公共政策では、多くの分野でこうした考え方が採用されている。ただし、対象者の選定、および選定方法等をめぐっては、別の工夫も必要である。

共有地や共有資源を周辺地域の構成員に限って利用させる「ローカル・コモンズ」という概念も登場した。厳密な意味のコモンズではないが、地域が共有する資源や土地からの収益を構成員に分配する共同事業は「擬似コモンズ」とも呼ばれる。(3)

近代、現代になるにつれ、「コモンズの悲劇」的な利害調整を要する領域が拡大し、公共性を伴う課題は無尽蔵である。今や公共性を伴わない事象は皆無と言っても過言ではない。典型例は食料や環境の問題である。

食料問題の場合、漁業資源は海洋がオープンアクセスである一方、農業資源は各国の中で生産されることから、食料の種類によって公共性の強度と特性が異なる。また、農業生産全体に影響が及ぶという観点から、地球温暖化は極めて公共性の高い問題である。

地域住民による「ローカル・コモンズ」的な管理手法は、自然保護や環境保全の分野で応用されている。しかし、対象となる自然や環境が地域に限定されない場合には「ローカル・コモンズ」的な管理手法では対応できない。大気、水質、土壌等の汚染は負の外部性(外部不経済性)が強く、その影響は特定地域にとどまらない。環境対策を義務づけ、違反に対する罰則を伴う強い規制手法でなければ実効性が伴わないだろう。

究極の環境問題である地球温暖化は典型的な「コモンズの悲劇」の事例である。地球は人間全体にオープンアクセス、フリーアクセスであったことから、全員が好き勝手に利用し、汚染してきた結果が地球温暖化である。温暖化ガス排出規制や地球利用に関するルールを定めることが必要である。

世界の持続可能性

地球温暖化

かつて、空気が公共財であると考える人はいなかった。二〇世紀後半になると、先進国と発展途上国、南北間の利害対立が先鋭化した。環境問題もそのひとつであり、空気は公共財になった。

公害や温暖化等、地球環境悪化に気づいた先進国では、開発抑制や環境保全への関心が高まった。二酸化炭素等の温室効果ガスを排出して空気を汚すことは、人間や地球にとって良くないという認識が広がり、温室効果ガス排出量を抑制し、世界各国が生産や成長を制御することの必要性が認識され始めた。

発展途上国は先進国の身勝手な言い分に反発した。公害を発生させ、環境を悪化させてきたのは先進国。これから成長を目指す発展途上国を同列に扱うのは不公平であるとの反発だ。

先進国、発展途上国、双方の主張にそれぞれ理がある。先進国は、産業革命以降の近代化の過程で環境破壊、公害、生物絶滅等をもたらしてきたことを省み、その傾向を是正しないと人間も地球も維持存続が困難になるという危機感を訴える。一方、発展途上国は、先進国が環境破壊や地球温暖化の元凶であり、温室効果ガスの排出抑制、成長制御に取り組む責任は先進国にある。温室効果ガスを排出し続け、豊かな生活を享受しておきながら、発展途上国を同列に扱い、対策を求めるのは不合理だと主張する。

双方が歩み寄らず、資源を浪費し、地球環境を破壊し続ければ、典型的な「コモンズの悲劇」に陥る。「対立の迷路」から抜け出すことはできない。

一九七二年、環境問題に取り組む国際機関として国連環境計画（UNEP）が設立され、「持続可能な開発」という概念が登場した。

一九八七年、環境と開発に関する世界委員会（WCSD）の報告書「我ら共有の未来（Our Common Future）」において、「持続可能な開発」とは「将来世代が自らの欲求を充足する能力を損なうことなく、現在世代の欲求を満たすような開発」と定義された。同時代の人間同士の対立にとどまらず、世代間の対立、現在と未来の対立が意識され始めたことは画期的である。

一九九二年、国連加盟国、国際機関、NGO等が参加して、リオ・デ・ジャネイロで「地球サミット（国連環境開発会議）」が開催され、「気候変動に関する国際連合枠組条約」が締結された。一五五か国が署名し、一九九四年に発効した。同条約では「締約国の共通だが差異のある責任」「開発途上国等の国別事情の勘案」「迅速かつ有効な予防措置の実施」等の原則の下、先進国に温室効果ガス削減のための義務が課された。

地球温暖化の主因は先進国にあるとする発展途上国の主張、および発展途上国の開発の権利を認める一方、環境問題は先進国だけでは解決不可能であり、発展途上国にも共通の責任があることを示す「共通だが差異のある責任」という原則を導き出した意義は大きい。

ここでの先進国とは、一九九二年当時のOECD加盟国（二四か国）とロシア・東欧圏の市場経済移行諸国（一一か国）であった。

愚かで利己的な人間や国家の対立を乗り越え、「共通だが差異のある責任」という合意に達した「地球サミット」の成果は、単に環境問題にとどまらず、様々な分野において「対立の迷路」から抜け出すヒントを示している。

同条約の事務局はボンにある。締約国の最高意思決定機関である締約国会議（Conference of the Parties:COP）は条約発効翌年から毎年開催されている。原則論の先が難しい。総論賛成、各論反対は人間社会の常。「共通だが差異のある責任」の実効性を担保する先進国と発展途上国の合意、先進国間の調整は容易でない。

COP1（第一回締約国会議）は一九九五年にベルリンで開催された。COP3までに二〇〇〇年以降の排出量目標を設定すること、目標達成に必要な具体的措置を決めること、発展途上国に対しても削減努力を促す方法を検討すること、等を内容とする「ベルリン・マンデート」を発表した。

一九九七年、COP3が京都で開催され、締約国は「京都議定書」に合意した。六種類の削減対象ガスについて、二〇〇八年から二〇一二年までの間に先進国全体で一九九〇年対比平均五・二％削減の全体目標と国別目標を決定。そのための手法である排出権取引（ET）やクリーン開発メカニズム（CDM）等を含む政策パッケージは「京都メカニズム」と呼ばれた。CDMは、先進国が発展途上国に資金・技術を供与して温室効果ガス削減対策事業を行い、その削減量を当該先進国の削減達成値に参入できるシステムである。

ところが二〇〇一年、温室効果ガス排出量世界一位の米国が、発展途上国の不参加を不満として「京都議定書」から離脱。本音は排出量規制が米国経済に悪影響を及ぼすと考えた故だが、愚かで利己的な人間社会の愚行の典型例である。

たしかに、大量の温室効果ガスを排出する中国、インド等の発展途上国に削減義務が課されなければ、地球温暖化の抑止効果は低い。しかし、だからといって温室効果ガス最大排出国の米国が離脱することは肯定できない。米国の「京都議定書」離脱をめぐる主張は、二〇一七年、世界を驚愕させているトランプの精神構造と同じ論理である。

二〇〇二年のCOP8はニューデリーで開催された。先進国と発展途上国の対立は続いたものの、「共通だが差異のある責任」を再確認し、「京都議定書」未批准国に対し批准を強く求める「デリー宣言」を採択した。

二〇〇五年、発効要件である一九九〇年の温室効果ガス排出量の少なくとも五五％を占める五五か国の締結国が批准し、「京都議定書」は発効した。

発展途上国にも義務を課す制度の確立は、二〇〇九年にコペンハーゲンで開催されるCOP15での採択が目標であった。COP15では産業革命以前からの気温上昇を二度以内に抑えるという原則目標に合意したものの、協議の透明性、公平性に対する懸念等から、具体的合意には至らなかった。

それから六年。二〇一五年にパリで開催されたCOP21で「パリ協定」が成立。「京都議定書」と同じく、拘束力を有する協定である。二〇〇〇年代に入り、地球温暖化に伴う気候変動による被害は着実に拡大している。干ばつ、海面水位上昇、感染症拡大、絶滅種増加等、温暖化や異常気象に対する危機感から、温室効果ガス排出量削減の必要性が再認識された結果と言える。

「パリ協定」[6]では、各国に排出量削減目標の作成・提出、および目標達成のための国内対策が義務づけられた。また、各国の対応を国際的に検証していくグローバル・ストックテイク（世界全体での進捗確認）というルールを構築。各国に条約上の義務遵守を求める仕組みである。

「パリ協定」は画期的な国際合意だが、もちろん課題もある。例えば、全体としての拘束力はあるが、各国の排出量削減実績に対しては拘束力がない。また、各国の目標値を合計しても平均気温二度引下げ目標には達しない。グローバル・ストックテイクの結果、削減量が足りないと判明した際の対処方針も定められていない。各国の事情に配慮した結果であり、「パリ協定」の成否は今後の対応如何である。

「パリ協定」は二〇一六年、中国や米国の批准によって五五か国以上および世界の温室効果ガス排出量の五五％を超える国の批准という要件を満たし、発効した。ところが同年秋、米国大統領にトランプが当選。トランプは温暖化そのものを否定し、二〇一七年、「パリ協定」離脱を宣言した。トランプの主張は二〇〇一年の米国の主張と同じである。米国は愚かで利己的な主張を制御できるだろうか。

今後の展開は予断を許さないものの、人間は二〇世紀半ばにローマクラブが鳴らした警鐘にようやく応え始めたと言える。

ローマクラブは一九七〇年に設立された民間シンクタンクである。イタリアのオリベッティ社会長アウレリオ・ペッチェイ（一九〇八～八四年）と英国人科学者アレクサンダー・キング（一九〇九～二〇〇七年）が、資源・人口・軍拡・経済・環境破壊等の地球的課題に対処することを目指して設立した。本部はスイスである。一九六八年、世界各国の科学者・経済人・教育者・各分野の学識経験者等の約一〇〇人がローマで準備会合を開催したことからローマクラブという名称になった。

ローマクラブが資源と地球の有限性に着目し、一九七二年にまとめた研究報告書の中で言及した概念が「成長の限界」である。同報告書は、人口増加や環境汚染等の傾向が改善されなければ、一〇〇年以内に成長は限界に達すると警鐘を鳴らした。人間は「成長の限界」を超えるため、科学技術を進歩させ、開発と貿易による発展を追求し、結果的に問題をさらに深刻化させ、むしろ「成長の限界」リスクを高めている。

報告書の中に有名になった一文がある。曰く「人間は幾何級数的に増加するが、食料は算術級数的にしか増加しない」。子供が生まれてその子供がまた子供を生むため、人間は「掛け算」で増えていく。一方、食料は同じ土地では年一回、同じ量しか生産できない。つまり、食料供給量は「足し算」でしか増やせない。この点を踏まえた警句である。

この文のオリジナルはマルサスの著書『人口論』に登場する。人間は、マルサスやローマクラブの警鐘に応え得るだろうか。

人口爆発

環境問題と連動する人口増加と食料危機にも対応が必要である。日本のように人口減少に直面している国もあるが、世界全体では人口増加が問題である。人口増加は食料に関して「コモンズの悲劇」的な危機を誘発する。

第2章で述べたように、人間の歴史は極めて短い。宇宙誕生は一三七億年前、地球誕生は四六億年前。七〇〇万年前に登場した猿人は一〇〇万年前に石器を使い始めた。一〇万年前、新人類が登場。火を起こし、弓矢や釣り針を作り、人間の歴史が始まった。

農耕や牧畜が始まったBC八〇〇〇年頃の人口は一〇〇万人。それから五五〇〇年かけて一億人に達した。さらに二五〇〇年経過し、AD初めに二億人に到達。つまり、一億人増えるのに二五〇〇年要したが、人口増加のペースは加速する。

AD一〇〇〇年に三億人、一六五〇年頃に五億人、一八〇〇年に一〇億人に達した。ここから産業革命や植民地主義による経済拡大の影響もあって人口増加が加速。一九〇〇年に二〇億人となり、一〇〇年で一〇億人増えた。

化石燃料の大量消費が始まり、一九六〇年には三〇億人。六〇年で一〇億人増えた。そこから四〇億人(一九七四年)までは一四年、五〇億人(一九八七年)までは一三年、六〇億人(一九九九年)、七〇億人(二〇一一年)までは各一二年。そして今は七三億人。国連は二〇五〇年の世界人口を九七億人と予測している。

世界の人口は一分に一四〇人、一日で二〇万人、一年で七〇〇〇万人増えている計算になる。毎年六〇〇〇万人が死亡し、一億三〇〇〇万人が誕生する。

人口増加は、資源枯渇、格差拡大、温暖化等の問題を惹起する。化石燃料を大量消費し、表土と森林を失い、水と食料が不足する。人口増加による自然への負荷は自然の恵みを上回る。人間同士で争っている時ではない。独占や浪費をすることなく、共有し、共生し、共存しなくてはならない。

ワシントンに本部を置く「アース・ポリシー・インスティチュート」の設立者、レスター・ブラウンは一九三四年生まれの思想家、環境活動家である。ブラウンの著作は四〇以上の言語に翻訳され、ワシントンポスト紙には「世界で最も影響力のある思想家の一人」と評されている(7)。

ブラウンの著作としてよく知られている「プランB」シリーズ。二〇〇三年に『プランB―エコ・エコノミーをめざして』、二〇〇六年に続編『プランB 2.0―エコノミーをめざして』、二〇〇八年に『プランB 3.0―人類文明を救うために』を刊行した。

人間は資源を過剰消費することによって経済を拡大してきた。それは持続不可能なバブルである。このまま過剰消費を続けるとバブルが崩壊して世界経済は破綻する。その前に持続可能な経済、社会システムに移行することが急務。これがブラウンの主張である。

ブラウンはさらに指摘する。新興諸国の所得増加により三〇億人が大量に穀物を消費し、先進国並みに家畜肉を消費している。世界の耕作地の約三分の一は肥沃な表土を急速に失っている。単位面積当たりの穀物収穫量増加率が二〇〇〇年頃から鈍化しており、世界の農民は気候変動の影響に直面している。人口が急増している西南アジア、アフリカを中心に、世界の食料問題は危機的状況を迎えつつある。

ブラウンは、地球温暖化を阻止するために二〇五〇年までに温室効果ガス排出量を八〇%削減しなければならないと予測している。世界は破滅を回避するために、従来どおりの「プランA」から持続可能な「プランB」に移行すべきである。人口を安定させ、貧困を改善し、温暖化を抑止する諸施策を講ずること、それがブラウンの主張する「プランB」という概念である。

人口増加は人間一人が利用可能な土地を減少させる。一人当たりの穀物耕作地は一九五〇年に〇・二三へクタールだったが、二〇〇八年には〇・一〇ヘクタールを割り込んだ。半減以下である。毎年七〇〇〇万人ずつ増えていく人口を養うことは困難となりつつある。土地、水、資源等を欠乏させ、格差を生み出し、資源の争奪戦や紛争を招く。何億人もの人間が生存レベル以下の生活水準を余儀なくされ、世界全体の緊張状態が高まる。

世界で最も急激に人口が増え続けているアフリカでは、そうした現象が現実化している。例えば、西アフリカのサハラ砂漠南縁部のサヘル地方。西のセネガルから東のソマリアに至るこの地域では、土地、水、資源をめぐる紛争が絶えない。雨量の減少と過放牧が草地を破壊。砂漠化が進み、北部の遊牧民は南部の農業地域へと追いやられている。

スーダンの人口は二〇世紀後半に四倍以上に膨張した。その間、牛、羊、山羊の数が約二〇〇〇万頭から約一億六〇〇〇万頭と八倍になり、餌や放牧用の草地も激減。北部がイスラム教徒、南部はキリスト教徒という宗教の違いも影響した紛争が続き、すでに二〇〇万人以上が戦禍で死亡している。

ルワンダの悲劇もよく知られている。人口増加に伴い薪の需給が逼迫。一九九一年時点で、国内の森林が持続的に生産できる量の倍を上回る薪を消費していた。樹木がなくなると、藁やその他の作物残留物が燃料として使われ、土壌中の有機物が減少し、土壌悪化は地域に住む人間の健康も損なった。やがて食糧が十分に行き渡らなくなり、国民の不満は極限状況に達し、一触即発の状態になった。一九九四年、大統領ジュベナル・ハビャリマナの搭乗機が撃墜されたのを契機に内戦が勃発。政府側のフツ族が一〇〇日間で約一〇〇万人のツチ族とフツ族穏健派を殺戮した。

この時、国連PKOが何もできず、PKOのターニングポイントになったことは第2章に記したとおりである。

人口増加は水の配分をめぐる国際紛争の原因となる。典型例がナイル川の下流、中流、源流域に位置するエジプト、スーダン、エチオピアの三か国である。それぞれ、現在七五〇〇万人、三九〇〇万人、八三〇〇万人の人口が、二〇五〇年には一億二一〇〇万人、七八〇〇万人、一億八三〇〇万人になると予測されている。全体で約二倍であり、水の需要量が大幅に増える。ナイル川の水は今でも地中海に達するまでにほとんど消費されている。エチオピアとスーダンの取水量が増えると、エジプトは深刻な水不足に陥る。三か国は水利用に関する協定を結んでいるが、今後の動向は予断を許さない。

アフリカだけではない。インドの人口は二〇〇七年に一二億人に達したが、二〇五〇年には一七億人を超える。水不足、食料不足、格差拡大等に影響され、ヒンズー教徒とイスラム教徒の間の緊張が高まると予想する向きもある。

中央アジアのアラル海に流れ込むアムダリア川とシルダリア川の共同利用をめぐり、周辺五か国間（カザフスタン、キルギスタン、タジキスタン、トルクメニスタン、ウズベキスタン）に協定が存在するものの、すでに五か国の水需要量は二つの河川の流量を二五%上回っている。アムダリア川の上流に位置するトルクメニスタンは、今後農地を五〇万ヘクタール開拓する計画である。この地域の社会情勢は安定しておらず、協定に沿った水資源管理のための協力が十分に機能しない可能性がある。

人口と自然システムの関係は安全保障問題と密接に関係する。部族、民族、宗教等の違いをめぐる対立を表面化させ、紛争勃発の契機となり得る問題である。

食料危機

人口増加は食料問題に重大な影響を与える。環境問題と同様の構造を余儀なくしている。先進国の美食、過食が食料問題を深刻化させていることは否定しがたい。

食料問題を否定する論者もいる。生産技術の革新や農地増加によって食料は増産可能であり、食料危機に陥る科学的根拠はないとする。しかし、食料危機の発生を認めない論者も、先進国の人間が相対的に過食であることは否定しないだろう。栄養過多、栄養不足の基準は一概に決められないが、平均的には、先進国は摂取過剰、発展途上国は摂取不足の傾向にある。人間の食料摂取量が健康的に生きるのに必要な程度にとどまっていれば、食料問題の深刻度は緩和される。

人間が一日に必要な摂取カロリー量は、年齢、体格、人種等によって異なるが、おおむね二五〇〇キロカロリー前後と言われている。しかし、インドやアフリカの貧困層は一日二五〇キロカロリー程度で生き長らえ、栄養失調に直面している。

一方、FAO（世界食料機構）の最新統計[8]によれば、米国人の供給カロリー（一人一日当たり、以下同）は三七五〇キロカロリー。飢餓層の二〇倍である。ただし、ここで言う供給カロリーは上述の摂取カロリーとは異なる。供給カロリーには廃棄分も含まれている。過剰生産、食品ロス分である。

G7の中で最大供給カロリー国は、一九六〇年代から一九八〇年代は英国、フランス、イタリア等の欧州諸国、一九九〇年代以降は米国と変遷している。G7以外では、豪州やベルギーが米国を上回るほか、一九九〇年代にはトルコ等、欧米以外の一部の国でも米国を上回っていた。

アジアでは欧米並みの国はない。上記のFAO統計では韓国が三〇四〇キロカロリー、中国が二九九〇キロカロリーとなっている。日本は先進国の中では例外的に低く、供給カロリーは二六三九キロカロリーであるが、それでも飢餓層の摂取カロリーの一〇倍を上回る。

日本の国内統計によれば、日本は一九九六年度に二八二二キロカロリー（酒類を除くと二六七〇キロカロリー）になって以降は低下傾向にあり、二〇一五年度は二六三九キロカロリー（同二四一八キロカロリー）である。しかし、引き続き廃棄分が多いと推察できる。実際の摂取カロリーはそれほど多くないが、そうであるならば、そもそも捨てるほど作るべきではない(9)。

日本に遅れて高度成長を実現した韓国では、一九七〇年代に入って日本を追い越し、七〇年代半ばには三〇〇〇キロカロリーを超え、七八年に三一七七キロカロリーに達した。一九八〇年代以降は三〇〇〇キロカロリー前後を推移していたが、二〇〇八年以降は過去最高を更新し続けている。

さらに遅れて高度成長期に突入した中国では二〇〇四年に初めて日本を追い越し、一九六〇年当時の二倍近くの水準に到達した後、二〇一〇年には三〇〇〇キロカロリーを超えた。一三億人の人口が大量の食料を消費し、しかも畜産消費の割合が高くなっている。世界全体に大きな影響を与え、最近の畜産製品や穀物の価格高騰にもつながっている。また、貧富の差が激しいことを鑑みると、富裕層の過食はかなりの水準に達していると推察できる。

アジアにおいて、FAO統計ベースで供給カロリーが二五〇〇キロカロリー未満であるのは、アフガニスタン、タジキスタン、カンボジア、ラオス、モンゴル、北朝鮮、バングラデシュ、インド、スリランカ、パキスタン、ネパールである。

上記の中で最低は北朝鮮の二一一〇キロカロリー。一九六〇年代初めには韓国と大差のない水準であったが、一九八〇年代以降、食料生産の停滞が続いており、発展するアジアの中では特異な低水準が続いていることが想像できる。

なお、日本の食料自給率の指標には、カロリーベースと生産額ベースの二種類がある。前者は一日一人当たりの国産供給熱量を供給熱量で除した値で、最新(二〇一五年度)で三九%。後者は食料の国内生産額を国内消費仕向額で除した値で、同じく六六%。しかし、上述のとおり、廃棄食品等も含まれていることから、本当の意味での食料自給率はよくわからない。輸入分のカウントの仕方や、休耕地等を活用した食料増産の可能性等も勘案すると、本当の食料供給能力や自給率は不透明である。食料安全保障等の観点からも、正確な把握が必要である。

貧富の差が激しい国々では、平均的な供給カロリー数では食料事情を論じることはできない。上述の中国のように、総供給カロリーの過半を富裕層が占有しているからだ。また、食品を廃棄している量や過食分だけを比較し、どの国が最も地球環境や食料事情に有害な国であるかを検証することも必要であろう。

食料問題と環境問題の関連を考える好事例が熱帯雨林やマングローブ林の破壊である。熱帯雨林は食料生産のために焼畑にされたり、木材資源として伐採され、激減している。地球環境全体にも影響している。

マングローブ林の破壊、減少は深刻である。マングローブ林は水質浄化機能を有するほか、魚や甲殻類等、生物の宝庫である。マングローブ林の破壊も水質や生物への影響のみならず、地球温暖化を助長している。

マングローブ林の破壊、減少の主因は、木炭材料としての過剰伐採や、工業用地やエビの養殖場等への転用である。養殖エビの大半は日本を含む先進国に輸出される。一九六〇年に六〇〇トンであった日本のエビ輸入量は、一九九四年に過去最高の三二万トンに達した後に減少に転じ、二〇一六年には一六万トンに半減した。しかし、それでも世界二位の輸入国である。一位の米国の輸入量は五〇万トンを超えており、群を抜いている。[10]

全世界のエビ生産量の過半は、中国、インド、東南アジア諸国が占めている。それらの国のマングローブ林は一九七〇年代後半から急速に質や量が低下した。マングローブ林の湿地に残る有機物を栄養にしてエビが育つ。そのため、エビの養殖が盛んに行われていたが、有機物もなくなり、湿地は放棄され、また別の場所に養殖池が作られる。その繰り返しによってマングローブ林が急減。さらに、養殖エビの病気予防の薬品が使用され、汚染された水や汚泥の影響で周辺の生態系全体が悪化した。

エビ消費量増加の影響はそれだけではない。消費量は養殖だけでは賄えないため、天然エビも捕獲する。トロール漁法を用いる場合、網によってエビ以外の他の水産資源も根こそぎ捕獲するが、換金性の低い小魚等は廃棄される。結果的にエビだけでなく、マングローブ林全体の生物数を減少させ、環境破壊を加速させた。

マングローブ林周辺の住民は木材を衣服や住居の材料に使うほか、小魚等、そこに生息する生物を食料としていた。つまり、衣食住全てに関わるマングローブ林の破壊、減少は、地域住民の生活破壊でもある。ではエビの消費を抑制すれば良いのかと言えば、それほど単純な話ではない。マングローブ林を持つ発展途上国にとってもエビの養殖は外貨獲得のための重要産業であり、養殖縮小は経済や住民に打撃を与える。食べる側も、養殖する側も、人間は地球上でかくも愚かで有害な生物である。

先進国を中心に行われている漁獲規制についても課題がある。まず、ＡＢＣ、ＴＡＣ、ＩＱ、ＩＴＱなどの用語を理解する必要がある。

ＡＢＣ(Allowable Biological Catch)は生物学的許容漁獲量。つまり、漁獲対象の魚種が絶滅しないための許容漁獲量。乱獲防止のための指標である。二〇〇六年、米国の科学専門誌『サイエンス』が「今のまま乱獲を続けると二〇四八年には世界の海で魚が獲れなくなる」と警告。[11] この危機に対処するための指標がＡＢＣだ。

もうひとつ、ＡＢＣとセットのＴＡＣ(Total Allowable Catch)という指標は漁獲可能量。つまり、漁業従事者に認められる年間漁獲可能量であり、魚種ごとに定められるのが一般的である。

一九八二年に国連海洋法条約が採択され、一九九四年に条約が発効した。同条約は「海の憲法」とも言われ、各国に排他的経済水域の設定権、海洋資源の利用権を認める一方、領海における生物資源の保存・管理を義務づけている。

アイスランド、ノルウェー、米国、豪州等、漁業先進国と言われる諸外国ではＴＡＣ制度によって資源量も漁獲量も回復傾向が顕著である。とりわけ、漁業が重要産業であるアイスランドは、一九七〇年代のニシン不漁を契機に他国に先んじてＴＡＣ制度を導入。その結果、ニシン漁が劇的に回復するとともに、水産資源の自給率は約二六〇〇％という高水準を実現した。

このＡＢＣをめぐって、日本と諸外国では対照的な動きになっていたことが、日本の漁業および漁業従事者を衰退させている原因のひとつである。

日本は一九八三年に同条約に署名し、一九九六年に批准。一九九六年に「海洋生物資源の保存及び管理に関する法律(通称ＴＡＣ法)」が発効し、一九九八年にＴＡＣ制度を導入した。二〇一七年現在、日本では八魚種にTACを設定[12]している。

魚種の選択基準は、第一に漁獲量が多く、国民生活上の重要な魚種、第二に資源状態が悪く、緊急に管理を行うべき魚種、第三に日本周辺で外国人により漁獲されている魚種。この三基準に照らして八魚種が選択されている。

漁獲量はピーク時(一九八二年)の一二八二万トンから四八四万トン(二〇一二年)まで減少。一九七二年から一九八八年まで漁獲量世界一を維持していたが、現在(二〇一一年)は養殖を除くと世界八位。

その背景には、大きな原因がふたつある。ひとつは、ABCとTACの関係。漁業資源および産業としての漁業が回復している漁業先進国では、TACはABCより低く設定するのが普通である。なぜなら、ABCは魚種を絶滅させないためのギリギリの水準であるため、TACがそれを上回ってしまえば、ABCの意味がない。

ところが、その意味のないことを日本は続けていた。つまり、ABCを上回るTACを設定していたために漁業資源は減少の一途。捕獲される魚の大きさも小さくなっていた。何と愚かなことか。最近では改善されたとは言え[13]、そうした状況下で水産庁や漁業関係者が主張していた論理が「漁業資源が本当に危機的か否かはわからない」「海全体の資源の状況はわからない」というものである。

日本の水産庁は「漁獲管理情報処理システム」を一九九七年より稼動させ、主な漁業団体および漁協と都道府県庁に端末を設置し、漁獲量データを収集していた。にもかかわらず、ABCを上回るTACを設定し続けていた背景には、総じて言えば、不漁でも補助金によって漁業を支える制度に拘泥するステークホルダー(利害関係者)の力学が影響していた。

もうひとつの大きな原因は、ＴＡＣの量ではなく設定方式。漁業関係者の間で「オリンピック方式」と呼ばれる手法にある。

魚種ごとに日本全体のＴＡＣを設定するため、漁は言わば「早いもの勝ち」。ＴＡＣに達した段階で漁は規制されるため、各漁業従事者、漁船はいち早く大量に捕獲することを目標とし、結果的に乱獲が継続。集計には時間を要するため、結局ＡＢＣを上回る量に設定されたＴＡＣをさらに上回る量が捕獲され、水産資源の減少につながっていた。本末転倒である。

これに対して、アイスランドやノルウェーでは、ＴＡＣの設定方式にＩＱやＩＴＱ呼ばれる手法を採用し、漁業資源および漁業の劇的な回復を実現した。

ＩＱ(Individual Quota)は個別漁獲割当方式。ＴＡＣで設定された漁獲量を漁業従事者ごとに割り当てる方式だ。自分の漁獲可能量が決まっているため、魚の成育、市場価格、同業者の動向などを見極めながら、生育状態の良い魚だけを適切な時期に捕獲し、高値で出荷している。

さらに、ＩＴＱ(Individual Transferable Quota)は譲渡性個別割当方式。つまり、漁業従事者間でＩＱを売買できる。自分に割り当てられたＩＱも、天候や設備投資(船舶等の準備状況)、乗組員の確保状況、市場動向によっては、採算を維持できないこともあり得る。そういう場合には、ＩＱを同業者に譲渡するシステム。

漁業先進国(アイスランド、ノルウェー、米国、豪州など)ではＩＴＱ方式を採用。漁業従事者は計画的に漁を行うことが可能になり、採算が改善。最近では他産業よりも所得水準が高いケースも多くなり、若年層が新たに漁業に参入している。

こうした動きの背景には、消費者(国民)意識も影響している。すなわち、欧米諸国では資源量の減少している魚種を消費者が購入しない傾向が定着した。きっかけは、モントレーベイ水族館（米国）が始めた「Seafood Watch」[14]。魚種ごとに資源状態を判定し、危機レベルを表す赤、黄、青に分類してリスト化して公表。魚屋やレストランでもこの表示を行うため、消費者は資源状況の悪い魚種の購入を回避し、結果的に漁業従事者もそうした魚種の捕獲を自粛した。TACの影響で価格が多少高くなっても、消費者はそれを受け入れ、そのことによって漁業従事者の採算や所得も改善。つまり、全体として「コモンズの悲劇」を乗り越えるための好循環が実現していた。

社会保障

環境、人口、食糧とは少し視点が違うものの、社会保障分野で起きている現象も「コモンズの悲劇」的と言える。財源に限りがある社会保障サービスは「コモンズの悲劇」における共有地に擬すことができる。

北欧のように高負担、高福祉によって十分な社会保障を実現している例もあるが、多くの国で社会保障は財源問題を抱えている。典型的なのが本格的な少子高齢社会に突入した日本である。財源不足の下での過剰な社会保障という認識は社会のストレスを高め、高齢者や弱者への不満、若年層の不安につながり、放置すると深刻な対立を生む。

社会保障のルーツ英国では、一六〇一年にエリザベス救貧法が制定された。救貧院という施設を作り、貧者を救済することを目的とした。世界初の公的扶助であり、この法律が社会保障のスタートとも言われる。

一七世紀後半以降、近代化や産業革命に伴う工業化によって都市部に労働者が集まり、一八一九年には工場法が制定され、労働環境の改善が図られた。ロバート・オーエンによる子供の労働禁止、ウェッブ夫妻（シドニー・ウェッブ、ベアトリス・ウェッブ）のナショナル・ミニマム（最低限の生活保障）、ロイド・ジョージによるリベラル・リフォーム（学校給食・年金・医療保険・失業給付等の導入）等が進み、今日の社会保障の基礎が形成された。

世界史には常に裏面史がある。社会保障の源流を形成する動きは、国民を強制労働させるための補助手段だったという説や、労働者の組織化、労働組合運動に対抗する施策だったという見方もある。

プロシアのオットー・フォン・ビスマルクが世界で初めて本格的な社会保障を構築した。プロシアの場合、産業革命で先行した英国をキャッチアップするために、労働者に過酷な労働を課すための対策であったと言われている。

ビスマルクは、疾病保険（一八八三年）、災害保険（一八八四年）、老齢疾病保険（一八八九年）を相次いで構築した。拠出制であり、英国の救貧法とは異なる。ビスマルクの導入した社会保障も一八七八年の社会主義取締法と表裏をなし、言わば社会主義運動を抑えるための「飴と鞭」政策である。

プロシアの動きに触発され、第一次世界大戦を挟む期間に欧州主要国で社会保障の整備が進んだ。そして、一九二九年以降の世界恐慌、および第二次世界大戦を経て、本格的な社会保障が普及していく。

現代の社会保障の基本的発想は一九四二年の英国ベヴァリッジ報告を土台にしている。ウィリアム・H・ベヴァリッジ（一八七九～一九六三年）は英国の経済学者であり政治家。「社会保険と関連サービス」と題された報告書は、第二次世界大戦後の英国のみならず、日本を含む各国の社会保障の動きに大きな影響を与えた。英国の社会保障は「ゆりかごから墓場まで」をスローガンに、均一主義（均一拠出と均一給付）、ナショナル・ミニマム、全国民対象の包括給付という三つの原則によって構築された。

一九四四年にはＩＬＯ（国際労働機関）総会でフィラデルフィア宣言[15]が採択された。「労働は商品ではない」という価値観が明記され、雇用安定や社会福祉向上を目指す第二次世界大戦後の基本的な流れを形成した。

この間、米国では一九三五年にニューディール政策の一環として社会保障法が制定された。社会保障という言葉はこの法律で初めて使われたと言われている。公的扶助や社会保険の整備が図られたものの、全国民が対象ではなかった。

第二次世界大戦後、戦死者遺族や傷病兵の支援に加え、「貧困との戦い」「偉大な社会」をスローガンにしたリンドン・ジョンソン大統領の下で社会保障が整備された。一九六五年の一般教書演説に基づいて、メディケア（高齢者医療保険）、メディケイド（低所得者医療保険）、フードスタンプ（低所得者の食事支援）、ヘッドスタート（低所得家庭の幼児就学支援）等が制度化された。ジョンソンの社会保障への取り組みは、戦前のフランクリン・ルーズベルトによるニューディール政策の業績に匹敵するが、在任中のベトナム戦争の激化に注目が集まり、この点に関する評価が十分になされていない。

「大砲かバターか」と揶揄されたジョンソン時代は、社会保障支出と戦費の双方を拡大せざるを得ず、ジョンソンは大砲もバターも選択した。この過大な予算支出が、その後のインフレ、ドル安、双子の赤字（財政赤字と貿易赤字）問題の背景となり、その解決策として金融資本主義、金融政策依存による経済運営への道を辿り、今日に至っている。

二〇〇〇年代に入り、オバマが新たな国民皆保険制度（オバマケア）を導入したものの、トランプの登場によって先行きは不透明になっている。

この間、北欧諸国（スウェーデン、フィンランド、ノルウェー、デンマーク、アイスランド）で構築された社会保障は相対的に国民の支持を得ており、これらの国が幸福度ランキングで常に高順位となる背景となっている。国によって違いはあるが、他国と比較すると高負担・高福祉の制度であるものの、総じて無料またはわずかな自己負担で医療、介護、教育、および保育を受けることができる。

また、所得保障は国、具体的な社会保障は自治体という役割分担が明確であり、地方分権が顕著である。高齢者ケアと保育は社会システムの中で行われている一方、年金水準はそれほど高くなく、高齢者の労働比率は高い。

米国のように低負担・低福祉がよいか、北欧のように高負担・高福祉がよいか。各国において、政策論として対立する論点である。

すでに人口構造が定常化している国は、現在の社会保障を維持継続することが可能である。一方、今後人口構造の少子高齢化が進む国においては、国民負担と社会保障のあり方は重要な政策課題である。典型的な国は日本であり、政策論の対立が絶えない。

日本では一九六一年に国民皆保険、国民皆年金がスタートし、高度成長と人口増加の下では順調に推移してきた。

しかし、少子高齢化や核家族化の急速な進展は、日本の医療、年金に大きな変化をもたらした。慢性期治療が必要な高齢者が病院に長期滞留する社会的入院が激増し、介護が必要な高齢者を自宅で家族が支えることも容易ではなくなった。低成長下で税収が伸び悩む中、医療を含む社会保障費の増加は、財政問題を深刻化させている。介護保険が二〇〇〇年からスタートしたものの、高齢者、要介護者の増加のため、相次ぐ保険料の引き上げ、介護サービス利用者の絞り込み等の問題に直面している。

「団塊の世代」と呼ばれる戦後ベビーブーマー世代の本格的高齢化を目前に控え、地域ごとの医療・介護対応を目指した地域包括ケアシステム（二〇一二年）、地域医療構想（二〇一五年）、介護医療院（二〇一八年）[16]等もスタートした。地域単位での制度運営が立案されたということは、北欧と同様に、具体的な社会保障は自治体が担わざるを得ない現実を示している。

高度先進医療のあり方にも議論は及ぶ。iPS細胞やロボットを活用した技術など、医療の進歩には際限がない。生命倫理や尊厳死等の問題にも向き合わなければ、社会保障費は膨張し続け、財政負担が限界に達する。高度先進医療や再生医療にどう向き合っていくかは各国共通の課題だが、急速に高齢化が進む日本にとっては喫緊の課題である。

一般論として、高齢者への過剰な医療や助成等は回避すべきとの意見がある一方、そうした論者も自分自身や家族が病気になった時も同様に考えることは容易でない。ここに人間の葛藤がある。医療や介護に関する問題を、どのように考え、意見の対立を乗り越えるべきだろうか。

経済に手品はない。財政にも手品はない。したがって、社会保障の中でも、とくに経済と財政に密接に関係する年金にも手品はないはずだが、少子高齢化が急速に進む日本では、年金に関する政策論、あるいは年金の持続可能性についての意見が「対立の迷路」に分け入り、出口が見えない。その原因は多岐にわたるが、大きな論点が二つある。

第一は所得代替率という考え方。日本政府は国民に対して、年金受給額は現役時代の所得の一定割合を保障すると説明している。これが所得代替率であり、将来にわたって五〇%を保障すると約束している。しかし、将来の経済や所得の環境を予測することは困難である。所得代替率という考え方は本当に継続可能なのか。

第二は年金財政の将来見通し。日本政府は二〇〇四年の年金改革の際に「一〇〇年安心の年金」と称していた。一年先も正確に予測できない経済の世界において「一〇〇年安心」という説明は詐欺同然である。そして、その試算においても非現実的な経済前提を置いている。(17)

年金の将来見通しは試算の前提次第で如何様にもなる。どこの国でも同じである。非現実的前提で試算すれば、わざわざ対立の原因を作るに等しい。

年金改革で国民合意を形成するためには、政府に対する信頼が肝要である。日本政府は英国の名宰相、ベンジャミン・ディズレーリの言葉を嚙み締めるべきである。曰く「嘘には三つある。軽い嘘はただの嘘。重い嘘は真っ赤な嘘。最も罪の重い嘘は政府の嘘(18)」。政府は謙虚でなければならない。政府は正直でなければならない。政府は真摯でなければならない。これなくして、いずれの国でも年金改革は成功しない。

年金改革は、手品的、奇術的であってはならない。手品は古くは日本では「手妻《てづま》」「品玉《しなだま》」と称したが、近代以後、西洋のマジックが流入。手品、奇術と言われるようになった。

マジック用語的に説明すると、日本の年金改革は、遠目に見せるステージアップマジック(大勢を前に行う手品)を演じ、「現役世代のため」「制度安定のため」と信じさせている状況である。このマジック、クロースアップマジック(少人数で向かい合って行う手品)としては演じない。非現実的な前提条件や、現役世代の個人にとっては決して良いことではない事実がバレてしまうからだ。

米国のマジシャン、ハワード・サーストンが手品の鉄則を述べている。第一に、披露する前に現象を説明してはいけない。第二に、種明かしをしてはいけない。第三に、繰り返してはいけない。

日本の年金手品。これから何が起きるか説明していない、種明かしをしていないという点では二つの鉄則はクリア。問題は第三の鉄則。二〇〇四年、二〇一六年と同じような手品を繰り返している。いずれ観客に種がバレ、手品は失敗する。

人間の人生に手品はないが、年金の説明には手品がある。古代西洋では、手品や奇術は呪術の類であり、支配者の権力の源泉のひとつであった。不思議な能力を持つこと、民衆とは異なる存在であることを誇示する手段だった。とは言え、度のすぎた呪術を喧伝すると、魔女狩りに遭った史実もある。

対立の迷路

ペイオフ行列

人間は愚かである。故に、環境も食料も社会保障も問題を解決できない。相互に譲り合い、時に自己欲求を抑制することが、間接的、中長期的には自分にとっても全体にとっても良い結果をもたらすことを理解できない。

愚かな選択を行い、間接的、長期的な「相対的最善解」を選択できないことの影響が同一世代内にとどまるうちは自業自得と言える。しかし、影響が将来世代に及ぶ場合には看過できない。現在世代の愚かな選択が将来世代の災禍となることは問題である。

環境、食料、社会保障。いずれの問題においても、現在世代の愚かな選択のツケは将来世代に課される。愚かさ故に「対立の迷路」を抜け出せず、現在世代は「相対的最善解」を選択できない。そのツケを課され、文句ひとつ言えない将来世代は「沈黙の被害者」[19]である。

人間の愚かさを理解するうえで、ペイオフマトリックス(利得行列)という手法が参考になる。ペイオフと聞くと金融制度を想起するかもしれない。金融機関が破綻した際、預金全額は保障しない仕組みを「ペイオフ」と言う。この場合のペイオフは英語の「pay off」の「捨てる」「廃棄する」という意味から命名された。一方、経済学の利得行列を意味するペイオフは「pay off」の「採算が合う」「収支が合う」「見合う」「利益を生む」という意味から派生した。

一例を挙げよう。AとBの二人の人間がいる。この二人が予算の使途を決めるが、選択肢は公共施設建設と企業・大学の研究開発支援の二つである。

AとBの効用(便益)には、予算執行に伴う直接効用と、予算執行の効果が顕現化する結果として享受する間接効用がある。短期的効用と長期的効用と言ってもよい。

公共施設建設に予算を使う場合、初年度にAは五、Bは三の直接効用を得る。公共施設建設の経済効果は当該年度が中心であるが、次年度以降、施設完成に伴う観光客の増加等によって得られる間接効用をAが一、Bが二とする。AとBの直接効用の合計は八、間接効用の合計は三、合計効用はAが六、Bが五、効用全体では一一となる。

一方、企業・大学の研究開発支援に予算を使う場合、研究開発器材等の販売による初年度の直接効用はAが一、Bが二とする。つまり、直接効用はあまり大きくない。もっとも、新技術や新製品の開発に伴い、次年度以降に就業者や学生の増加、企業収益の増加等に伴って地域経済が活況を呈し、間接効用はAが六、Bが四とする。AとBの直接効用の合計は三、間接効用の合計は一〇、合計効用はAが七、Bが六、全体では一三となる。

AとBは予算をどちらに使うだろうか。おそらく公共施設建設である。AもBも自分にとって直接効用の大きい方を選ぶ。個別でも全体でも合計効用の大きい「相対的最善解」、つまり研究開発支援を選択しない。

さらに単純化して整理する。対立する二人、AとBがいる。二人の間に懸案があり、解決のためにXとYの選択肢がある。

Xを選択すると、直接効用としてAが一、Bが二を得る。Yを選択すると、Aは二、Bは一の直接効用を得る。一方、間接効用は、Xを選択すると、Aが二、Bが一である。Yを選択すると、Aが一、Bが二である。AとBのどちらかが譲ってXまたはYを選択すると、双方とも直接効用と間接効用の合計は三となり、双方の合計は六となる。

しかし、AとBは譲り合うことができない。なぜならば、いずれも自分の直接効用が二となる方の選択を主張するため、折り合いがつかない。「対立の迷路」に入り込み、話し合ってそこから抜け出すことができない状態である。

そこで、X、Yとは異なるZという選択肢が提供されると仮定する。Zの直接効用はA、Bともに二。しかし、間接効用はA、Bともに〇である。AもBも目先の直接効用を重視してZを選択する。A、Bそれぞれの効用合計は二、双方の効用合計は四にとどまる。

「合理的な愚か者」とはそういう行動を取る人間のことを指している。国同士でも同じである。要するに、人間および人間が運営する国は、直接的で短期的な効用や便益に着目しがちと言い換えることができる。これが「合理的な愚か者」としての人間の思考、行動パターンである。

人間の想像力欠如、理解力不足が招く愚行と言ってよい。教育、環境、社会保障など、社会を安定化させる政策に予算を投下すると、中長期的にはより大きな効用や便益を得られるとしても、それを見通し、効果を待つことを選択できない。

公共選択論

予算と人間行動のこうした関係に着目し、財政赤字が必然的に拡大する傾向を明らかにしたのがブキャナンやタロックが先駆者となった公共選択論である。米国議会の予算編成過程に着目し、異なる分野に利害関係を有する議員同士、ステークホルダー同士が相互に邪魔をしないという関係を指摘した。お互いに邪魔をしないという「暗黙の了解」である。その結果として予算は肥大化していく。さらに、不況時の予算拡大には賛成するが、好況時の予算縮小には反対する。この非可逆的な人間行動によってケインズ政策は必然的に失敗し、財政赤字が拡大していくことを指摘した。

人間の愚かさの影響は予算以外の公共政策にも及ぶ。誰かに利益(便益)を与える政策は導入しやすいが、止めにくい。誰かに不利益(コスト)を課す政策は導入しにくいが、止めやすい。それは、利益、不利益が及ぶ範囲が集中するか、拡散するかの違いによる。つまり、「便益拡散コスト集中」の政策の場合、不利益を受けるステークホルダーが反対のロビー活動を積極的に行う一方、一人ひとりの便益が寡少であることから賛成のロビー活動は活発化しない。そのため、その政策は導入されにくい。逆に「便益集中コスト拡散」の政策の場合、便益を受けるステークホルダーは賛成のロビー活動を必死に行う一方、コストは拡散して認識されにくいために反対のロビー活動は活発化しない。つまり、国民全体の税負担で特定の組織や個人に便益が集中する予算が実行され、固定化していく。この人間行動が予算肥大化の傾向を生み出す[20]。

公共選択論は民主主義の欠陥も指摘している。政治学における民主主義万能論と経済学における市場主義万能論は多数派重視(多数決)というパラダイムを生み出した。また、意思決定プロセスにおけるプルラリズム(多元主義)の弊害を抑制するため、パワーエリートモデルとの折衷案として官僚制を生み出した。マックス・ウエーバーが指摘するように、現代国家の運営には専門性と利害調整力を備えた官僚制が不可欠であった。しかし、その官僚制も成長制約に直面して限界を露呈している。技術革新や社会変革の速さにも対応できなくなった。民主主義の欠陥や官僚制の限界は、公共政策を「多数者による専制[21]」に至らしめる危険性を秘めている。人間行動の傾向が生み出すポピュリズムの影響である。筆者は拙著『公共政策としてのマクロ経済政策』において、マクロ経済政策ですら人間行動の傾向に影響されることを指摘している。

民主主義と官僚制に代わる新しいパラダイムが生み出されない中では、「適度な民主主義と適度な官僚制」の追求が当面の唯一の対応策である。しかし、上記の旧著および本書は、成長制約と急速な技術革新、社会変革の下で、民主主義と官僚制が現実世界に的確に対処できない事態を指摘している。善後策としては、公共政策やマクロ経済政策の運営を客観的なルールに委ねることが一案である。

さらに、現在の政策選択や財政支出に意見を述べたり、影響を及ぼすことのできない将来世代や自然環境等の「沈黙の被害者」に配慮する政治家、官僚、国民の倫理的価値観が求められる。しかし実際には、政治家も官僚も国民も、そうした倫理的価値観に反する愚かな行動を繰り返している。

人間には本能的に現状維持と変革指向の両方の体質が内在している。現状維持体質は、旧弊への固執、変化への抵抗、慣性への依存、危機の軽視、自己正当化等の反応を生む。その結果、組織や社会のガラパゴス化[22]が進行する。いずれの国も同じであるが、日本はその傾向が強い国と言えるだろう。旧弊への固執、変化への抵抗、慣性への依存、危機の軽視、自己正当化等の結果、事態が深刻化すると変革指向体質が顕現化する。それが適度な段階で発露するか、行きすぎた現状維持が破壊的終局を迎えざるを得ない段階で発露するかによって現象面の違いがある。後者の場合、人間や組織や社会に悲劇的な結末を強いることもある。その傾向が強いのも日本である。

いずれの民族、社会、国も両方の体質を有する。人間が「合理的な愚か者」であるが故である。最近の英国や米国のストレスも同じであろう。直接的、短期的な効用を考えると、移民を拒否し、経済統合に反対することには合理性がある。しかし、英国や米国は移民を受け入れ、自国経済圏を拡大することによって発展してきた。間接的、長期的な影響を考えると、移民は労働力増加、経済統合は分業による効率化やシナジー効果につながり、いずれも両国の成長の源泉となってきた。今後もその可能性が高い。しかし、それを想像し、待つことができないので移民も経済統合も拒否する。「合理的な愚か者」とはそういう選択をする。

こうした状況は人間社会の拡大と関連している。プラスサム、ゼロサム、マイナスサムの違いと言ってよい。人間社会の誕生以来、近代に至るまで、基本的にはプラスサムの世界が続いていた。文明圏、民族圏、宗教圏が徐々にスピルオーバーする過程で、経済は常にプラスサムであった。列強諸国、先進国は、植民地を拡大し、産業革命を経て、経済的フロンティアを生み出し続けてきた。列強諸国、先進国は、増え続ける利得の分配をめぐって争った。第1章で述べたように、近代から現代に至る過程で世界経済は産業資本主義から金融資本主義にシフトした。「無から有を生む」マネーゲームは経済的フロンティアを拡大し続けてきた。

マネーゲームの限界が近づき、先行きの不透明性が増しているものの、その構造は今も続いている。

しかし、地理的、物理的フロンティアは限界に達しつつある。残されたフロンティアはアフリカ大陸を含め、世界のごくわずかにすぎない。先進国経済も移民や新興国の需要への依存度が高まっている。通商条件も先進国側の都合によるワンサイドゲームとはいかない。こうした状況だからこそ、英国や米国のストレスが高まっている。

米国主導の中国包囲網であるＴＴＩＰとＴＰＰが米国自身の変節で暗礁に乗り上げる一方、中国主導の「一帯一路」構想の具体化が進みつつある。ドイツを筆頭に欧州諸国は中国経済および「一帯一路」構想に積極的に参画する動きが鮮明化してきた。もはや世界は、二〇世紀後半の西側と東側、自由経済と計画経済、資本主義と共産主義、民主主義と国家主義、先進国と発展途上国、西洋と東洋、等々のパターン化された構造では説明し切れない。

世界は単純な経済的プラスサムの時代から、ゼロサム、マイナスサムの時代に移行しつつある。覇権構造の変化を予感させ、心理的不確実性を高めている。そのことが、英国や米国の「ブリテン・ファースト」「アメリカ・ファースト」の背景に潜む社会的深層心理である。

こうした状況になると、人間の「合理的な愚か者」の体質が今まで以上に顕現化する。他国や他者の不利益を省みず、自国と自分の直接的、短期的な効用や便益に関心を集中させ、「相対的最善解」にはほど遠い選択をし続ける。

例えば日本。世界経済がプラスサムでなくなれば日本も大きな影響を受ける。その場合、日本は国内市場に依拠して経済発展を企図するが、人口減少のうえ、社会資本投資の一巡や産業成熟化による制約がある。

移民の受け入れにも否定的な社会だ。したがって、従来型のマクロ経済政策や公共投資をワンパターンで継続するものの、それが間接的、長期的には「相対的最善解」ではなく、むしろリソースを浪費する選択であることは容易に想像がつく。典型的な「合理的な愚か者」の行動である。それが「失われた二〇年」から「失われた三〇年」になりかけている日本の現状であり、上述の人間の本能的現状維持の体質である。

それが首尾よくいかないと気づくと、あるいは無意識のストレスが限界に達すると、日本も英国や米国と同様に「ジャパン・ファースト」の傾向を強めるだろう。むしろ、その際にはもうひとつの変革指向体質が極端に強く顕現化し、破壊的終局を求めがちな傾向がある。それが日本という国の潜在的危険性である。

ナッシュ均衡

ペイオフ行列はゲーム理論の範疇に属する。ゲーム理論とは、経済や社会において複数の人間が関わる選択、意思決定、行動の合理性やメカニズムを対象としている。相互依存状況の中でどのような現象が起きるかを論理的、数学的なモデルを用いて説明する。

古代以来の哲学者や数学者も人間行動に関してゲーム理論的考察を加えていたと言えるが、現代的な意味でのゲーム理論は数学者ジョン・フォン・ノイマン（一九〇三～五七年）と経済学者オスカー・モルゲンシュテルン（一九〇二～七七年）の一九四四年の共著『ゲームの理論と経済行動』によって確立した。本来は当時の主流派経済学（新古典派）への批判を目的として構築された理論であったが、その有用性から経済学全体に大きな影響を与え、現在では経済学において中心的役割を担っている。

ゲーム理論の対象はあらゆる人間行動と戦略的判断である。戦略的判断とは、自分の利得が他者の行動から影響を受ける状況、つまり相互依存状況において、どのような行動がどのような展開と結果をもたらすかを考えることを意味する。経済学が扱う状況の中でも、完全競争や独占を除くほとんどのケースはこれに該当する。

ゲーム理論は、経済学だけでなく、政治学、法学、社会学、経営学、人類学、心理学、生物学、工学、コンピュータ科学などの様々な学問分野で応用されているほか、軍事や外交等、実際の政策分析でも利用されている。とくに、米国、ロシア、中国等は積極的に活用していると言われている。

本来は「合理的な愚か者」的な選択を回避させるための情報を提供することがゲーム理論に期待される役割だが、実際には、人間が「合理的な愚か者」であることを前提に相手の行動を予測し、その裏をかく、あるいは先回りして対応する戦略的判断を提供している。ゲーム理論そのものの利用の仕方が「合理的な愚か者」に陥っている。人間はかくも愚かである。ゲーム理論的な狡猾さは「対立の迷路」の出口を提供するのか、それともさらに複雑で輻輳した「対立の迷路」へと人間を誘うのか。

ペイオフ行列による人間行動の分析は、公共政策における選択、社会や国の運営における選択を考えるうえで、初歩的なゲーム理論的思考トレーニングである。行列中の計数設定が重要なポイントであり、効用を計数化するために厚生経済学的な難問をクリアしなくてはならない。計測可能な具体的便益のみを対象とすることも一案である。

日本には「損して得とれ」という格言がある。英語にも「Sometimes the best gain is to lose」という同様の言い回しがある。この格言の奥は深い。自己抑制的な行動が巡りめぐって自分の利得となって還元されることを意味しているが、ペイオフ行列的に言えば、直接的、短期的な非最善解が間接的、長期的かつ全体的な「相対的最善解」であることを示している。利他的な行動が結果として中長期的、総合的な利得を極大化するとも言える。ゼロサム、マイナスサムの中で「自分ファースト」に行動する人間、社会、国は、結果的に損をする「合理的な愚か者」である。人間が「相対的最善解」を選択できるほど賢明になることは不可能であるが、論理的、合理的に考えると、直接的、短期的な非最善解の選択は間接的、長期的に損をすることに気づくだけでも人間は進化するだろう。

第2章で示したように、外交や国際交渉はカードゲームのような側面がある。表向きは「正義」を争っているように演じつつ、その実はゲームである。それを裏づけるように、大国はゲーム理論のスキルを実際の外交戦略の検討に応用している。ゲーム理論が有用なのは、複数のプレーヤーが存在する、各プレーヤーは各々目的を有する、各プレーヤーの行動は他のプレーヤーに影響を与えるという状況であり、まさに外交そのものである。

ゲームである以上、相手プレーヤーの設定したルールやフィールドでプレーする受け身の姿勢に終始すると負ける確率が高い。外交は、自国の行動が相手国の行動に影響を与えることにより、変わっていく。内政においても、人間は知らないうちにゲーム理論的な行動を取っている。次項で取り上げるニムビィシンドローム的な行動もゲーム理論的に説明できる。外交においても、内政においても、人間は愚かであり続けるのか。「正しい」「正義」が曖昧なことであるとすれば、人間はどうすればよいのか。

ゲーム理論の展開は、プレーヤーの数（二人、または三人以上のn人）、利得の結果（ゲームによる利得の顚末、つまり、ゼロ、プラス、マイナスのいずれか)、プレーヤーの協力関係(協力または非協力)によって異なる。外交は典型的な「n人の非協力ゲーム」である。

「n人の非協力ゲーム」に対する解のひとつが、数学者ジョン・フォーブス・ナッシュ(一九二八〜二〇一五年)が導いた「ナッシュ均衡」である。すなわち、「他のプレーヤーの行動を所与とした場合、どのプレーヤーも自分の行動を変更することによってより高い利得を得ることができない」という均衡点の存在を証明している。

ナッシュ均衡の証明に従えば、外交においては「他のプレーヤーの行動は所与」ではないので均衡点は存在しないことを意味する。だからこそ、常に状況の変化に応じて弾力的(可変的)な主張と行動が求められる。観念的に言えば、「相手国に読まれるような主張や行動はするな」という当たり前の鉄則の重要性を示唆している。

相手国(A国)に行動を読まれれば、つまり予測されれば、相手国にとって自国の行動は所与となり、二国間外交において相手国が主導権を握る。その両国の外交交渉に対して、周辺国や利害関係国は何らかの対応をする(静観するという対応も含む)ことから、結果的には「n人の非協力ゲーム」となる。仮にA国が周辺国や利害関係国の対応まで全部予測できれば、A国は主体的に「ナッシュ均衡」的な状況を生み出すことできる。ゲーム理論的には巧みな外交と言える。

しかし、現実にはそうした状況は想定し難いので、外交においては「ナッシュ均衡」は存在し得ないと考えるのが妥当であろう。

例えば、地球温暖化対策における外交力学。「温暖化対策に積極的に取り組む」「温暖化対策は進んでいるのでこれ以上は取り組めない」「温暖化対策には反対だ」という三パターンのいずれかの主張が固定化している国の行動は所与である。その中で、影響力の大きい大国が主張を変える場合、大国以外の他国の主張が全て固定化している場合、大国にとって予測可能、すなわち所与となるので、大国は「ナッシュ均衡」が追求可能となる。パリ協定離脱を宣言した米国大統領トランプの行動を彷彿とさせる。

核大国の米国大統領オバマが「核廃絶」を訴えたことは、ゲーム理論的に言えば先手を打ってゲームの流れを変えようとしたと言える。ほとんどの他国の反応は予測可能であったので、その時点においてオバマは「ナッシュ均衡」を目指して「新しいゲーム」を始めた。オバマはノーベル平和賞を受賞したうえで、今度は向こう三〇年間で核兵器を全面更新するために一兆ドルを支出する方針を決定した。ゲーム理論的には、明らかに全てのゲーム相手を翻弄し、ゲームの主導権を握っている。

米国が予測不可能な行動を取っているように思えるのが北朝鮮。しかし、国際世論の警告を無視して核開発やミサイル発射を続ける北朝鮮の行動も米国が所与としてゲームメイクしているとすれば、米国がどのようなゲーム展開を想定しているかは世界にとって重要な問題である。

外交において「ナッシュ均衡」を探究する努力をするべきだが、実際には不可能である。それが外交である。

ニムビィシンドローム

ニムビィ（NIMBY）シンドロームという公共政策のテクニカルタームがある。「Not In My Back Yard」の頭文字をとってNIMBYである。

ニューヨークのマンハッタンでホームレスの居住施設を建てようとしたところ、地域住民が「自分たちの居住区に建てるな」と反対した。人情としては理解できる。「Back Yard」とは裏庭。つまり「自分の庭で余計なことをするな」「俺に嫌なことをするな」という意味である。

このことに端を発して、米国の公共政策の専門家がニムビィシンドロームという造語を使うようになった。つまりニムビィシンドロームとは「自分に不利益なことは拒否する」症候群であり、万国共通の人間の本質を上品に表現した言葉である。「自分だけよければよい」症候群とも言える。

この問題はあらゆる分野で生じる。公共事業、医療・介護・年金に代表される社会保障、食料、教育、環境、防衛、あらゆる分野で「自分に不利益なことは拒否する」「自分だけよければよい」という現象が生じる。

この傾向の強弱には国によって差や特徴がある。宗教や文化もその差や特徴に影響を与えている。その差や特徴は、国や社会の世相や世論にも反映されるほか、各国の財政状況にも影響を与える。財政状況が相対的に厳しい国はニムビィシンドロームの傾向が強いかもしれない。ニムビィシンドロームの傾向が強い国民性にもかかわらず財政状況がそれほど悪化していない国では、民主主義や統治機構が有効に機能しているのかもしれない。あるいは、強権的な政治が行われているのかもしれない。

例えば、人口減少地域において新たな宅地造成や市街地開発を行うケースを考えてみよう。人口動向からすれば合理的ではない。しかし、開発事業者はそれを歓迎し、住民も新しい市街地ができることに前向きかもしれない。

その地域や国の財政状況が良好であれば何の問題もない。しかし、財政状況が厳しい中でそうした政策を選択すれば、財政状況はさらに悪化する。他の政策(例えば、医療、介護、年金、保育、教育等)予算を削減して財源を捻出する場合、削減対象予算のステークホルダーや住民は反対する。

政策や予算のステークホルダーは直接的関与のある人間だけではない。予算の観点から考えれば、何かの予算を増やせば、何かの予算が影響を受ける。財源を増税や国債発行で賄えば、間接的に全ての国民が影響を受ける。予算を介さない場合もある。何かの政策が自然や環境に影響を与えれば、間接的に全ての人間が影響を受ける。

現在、先進国の中で最も財政状況が厳しい日本。急速な高齢化に伴う社会保障費増加も財政悪化の一因だが、ニムビィシンドローム的な傾向が強いことも関係している。日本は伝統的な文化や宗教の影響から、他者を気遣う遠慮や自制の国民性を有している。そのため、表面上はニムビィシンドロームが強くないように思える。しかし、財政状況は極端に悪化している。自己利益を露骨に求めることはなくとも、潜在的なニムビィシンドロームが政治や行政の意思決定に影響している可能性がある。むしろ、自覚症状のないニムビィシンドロームの方が深刻かもしれない。

ニムビィシンドロームによって開発事業は継続され、需給バランスが崩れ、土地は売れ残り、既存の宅地や旧市街地の地価まで値下がりし、国民全体の資産価値も低下。造成や開発に予算を投入した分だけ財政余力は減少し、他の政策に投入し得る財源を失う。全員が苦しむ愚かな展開である。空港、港湾、高速道路等のハードな社会資本のみならず、医療、介護、年金等のソフトな社会資本に関する予算も同様である。全ての分野にニムビィシンドロームが生じている。

潜在的なニムビィシンドロームの結果、ステークホルダーが「自分だけよければよい」という政治や行政を追求すれば、全体として破綻に近づく。最も深刻な問題は、その破綻に直面するのは、ニムビィシンドロームを追求する当事者世代ではない点である。地球上で最も愚かで有害な生物である人間は、自らの世代の行為によって将来世代に負荷をかけるという他の生物には見られない現象をもたらしている。

日本は仏教の影響が大きい社会であり、「自利」と「利他」という概念が浸透している。公共政策や経済学においては「private interest」と「public interest」の和訳として使われることもある。もちろん、仏教の「自利」「利他」と公共政策の「private interest」「public interest」の本来の意味は異なる。

仏教の「利他」は他者を思いやることであり、「自利」は自分の悟り。しかし、他者を思いやる気持ちが身につかなくては、自分の悟りも得られないと教えている。そういう意味では「自利」と「利他」は不可分の概念である。

「private interest」と「public interest」も同様である。社会や国が破滅すれば、自分も影響を受ける。「public interest」を毀損させる「private interest」の追求は、結果的にどちらも守ることができない破滅に至る。

直接的、間接的な利得のみに関心が集中し、間接的、長期的な「相対的最善解」を選択できない「合理的な愚か者」である。当事者世代がこの世を去った後のことなので、それを気遣うことなく行動するという意味では「合理的」かもしれない。しかし、地球上の生物で、子孫を破綻させるような行動をとる生物はいない。やはり「愚か者」である。結果的に、やはり「合理的な愚か者」となる。

程度の差はあれ、どの国や社会にとっても共通の宿命である。人間が地球上で最も愚かで有害な生物である限り、ニムビィシンドロームの呪縛から逃れることはできない。人間はニムビィシンドロームの超克が必要である。

財源が潤沢であれば、ニムビィシンドロームは表面化しない。それぞれがやりたいことをやり、不干渉であればよい。しかし、財政的にそうはいかないから問題が深刻化している。そして、「コモンズの悲劇」を乗り越えられず、人間は安易な財源確保という愚かな選択に深入りし始めている。

正義のマジック

信念論の錯覚

「正しい」とは曖昧なものである。絶対に「正しい」ことは存在しない。どちらが「正しい」かをめぐって、出口のない「対立の迷路」に迷い込む。「正義」とは怪しげなものである。人間は「正義」を掲げて戦争をする。対立する者同士が「正義」を主張する場合、どちらの「正義」が「正義」なのか。

特定の意見や考え方が「正しい」と信じ込み、そのことに依存する傾向があるのは人間の性である。相対的に「正しい」解を見出す能力と忍耐力に欠ける人間は、普遍的ではない「正義」を強要するために「同調の悲劇」を生み出す。

自分が「正義」と感じる何かに根拠なく同調する。事実を調べ、確認することもなく、同調する。過度な同調が社会全体に広がると、抑圧、圧政、暴力、時には殺戮へとエスカレートする。人間は「同調の悲劇」を回避できるか。

何が「正義」かを絶対的に結論づけようとすると「同調の悲劇」に至る。結論づける必要はない。「正しい」とは曖昧なものである。「正義」とは怪しげなものである。その認識があるだけで、かなり平和的で進歩的な社会になる。知らないことが多いことを知ることが重要である。それだけで「対立の迷路」も「同調の悲劇」も回避できる。しかし、地球上で最も愚かで有害な人間にはそれができない。

絶対に「正しい」結論がないのであれば、どこかに落とし所を見出すのが人間同士の話し合い、国同士の交渉である。中間的な結論、折衷案にほかならず、言わば玉虫色の解決策である。

「それは駄目だ。信念に基づいて行動すべきだ」。このような意見を聞くことは珍しくない。とりわけ、政治家に対してそうした「信念論」で檄を飛ばす人間がいる。「信念論」は適切だろうか。「信念論」で対立を解決できるだろうか。

「信念論」を語る深層心理は屈折している。自分の意見に一致している政治家を応援し、自分の意見の実現を求めているだけという場合が大半である。政治家が信念に基づいて行動することに満足するのであれば、「信念論」の推奨者は「結論に異を唱えない。貴方が信念に基づいて行動した結果であれば、自分は如何なる結論も受け入れる」という姿勢でなければならない。それが論理的な対応である。

しかし、実際にはそうならない。「信念論」を主張する人間は、往々にして政治家の信念が自分の考えと異なる場合には反対する。つまり、「信念論」は単なる自己主張にすぎない。「合理的な愚か者」のメカニズムと密接に関連している。かなり深刻な「合理的な愚か者」である。

第1章で示したように、一般的に語られる「保守」と「リベラル」の概念は本来の意味と異なる。しかし、誤用されている概念にあえて準拠して表現すれば、政治の結論、政策の落とし所は「良識的な保守」と「現実的なリベラル」の領域、つまり正規分布の中位層にしかない。

「信念論」のみならず、「極論」や自称「正論」は甘い罠である。深刻な「合理的な愚か者」が陥りやすい怠惰な自己主張にすぎない。なぜ怠惰か。自分が「正しい」「正義」と考える意見を裏づける事実を探究し、確認し、意見の異なる人間に対して論証し、説明することは、骨の折れる仕事だ。「極論」「正論」「信念論」に逃げ込むことは、骨の折れる仕事である知的作業を回避する怠惰な逃げ道にほかならない。その知的作業を回避すれば、「対立の迷路」と「同調の悲劇」から逃れることはできない。

「中道」という言葉がある。元は仏教用語であり、ブッダが快楽からも苦行からも覚りは得られないことを諭した教えが「中道」である。偏りのない生き方や考え方、つまり「中道」であることが「正しい」状態であり、偏りや偏見は「邪」と諭している。

この場合の「正しい」は「正解」や「正義」という意味ではない。「合理的な愚か者」の人間社会においては、「中道」以外にペイオフ行列的な「相対的最善解」を導き得ないという意味において「正しい」のである。

「善悪」に対する仏教の捉え方も参考になる。ブッダは「自分のためにもなる、他人のためにもなる」ことが「善」、「自分のためにはなるが、他人のためにはならない」ことは「悪」だと教えている。自分のためだけになること、自分だけが納得することには偏りがある。偏ることは「邪」であり「悪」。自分のことだけを考える人間、自己主張が強い人間は「邪悪」となる。

仏教では何かを「裁く」ことを戒める。自分の考えで人や物ごとを「分別」して「裁く」ことは「中道」ではなく、何か偏った状態である。「裁く」は「捌く」とも書く。「裁く」は善悪や是非を決めてしまうこと。「捌く」は手偏に別と書いて、まさしく自らの手で物事を分けること。自分の意見にも一理あるが、相手の意見にも一理ある。それが現実である。バッサリと「分別」して「裁（捌）く」ことでは丸く収まらない。だから「信念論」ではペイオフ行列に適切に対応できない。

「分別」は「差別」にもつながる。人間の争いごとは、深層心理の中にある「差別」が原因である。戦争や紛争は、国家や民族や宗教の優劣意識、つまり相手を「差別」することに端を発する。独り善がりでなく、「無分別」で「中道」であること。それが肝要である。

儒教にも「中庸」という言葉がある。仏教は哲学であり、儒教は処世術。仏教の「中道」は心のあり方、物の考え方であり、仏教の教えの本質である。一方、儒教の「中庸」は身の処し方と言える。

政治学や経済学の中の特定の考え方や理論が、人間社会の平和と豊かさを絶対に実現できるなどと主張することは、およそ「中道」にはほど遠い。傲慢以外の何物でもない。典型的な「合理的な愚か者」である。「合理的な愚か者」にはペイオフ行列における「相対的最善解」を選択することはできない。

「対立の迷路」から無理に脱出しようとすると「極論」「正論」「信念論」に依存しがちである。知的作業を回避した怠惰で安易な選択である。その結果として「同調の悲劇」に陥る。「同調の悲劇」が始まっていることに気づかずにいると、「極論」「正論」「信念論」はさらにエスカレートする。その過程で、人間は悲観的に考え、悲観的なことを言いすぎる。あるいは、楽観的に考え、楽観的なことを言いすぎる。

人間とは、かくも厄介で救いようのない生物である。

ミュンヒハウゼンのトリレンマ

「中道」にこそ現実的な解がある。そう考えると、いろいろな課題の見え方、社会の景色が変わってくる。

例えば、社会保障。日米欧各国では、少子高齢化に伴う世代間ギャップ、移民増加に伴う不公平感、財政負担等が問題になっている。

世代間ギャップ是正、不公平感改善、財政負担軽減のために、現在の社会保障水準を大幅に削減すべきと考えるのか。そうしなければ社会保障は破綻すると予言できるのか。移民排斥を正当化するのか。あるいは、客観的、合理的な根拠なく、現在の制度は「一〇〇年安心」、未来永劫にわたって盤石と強弁するのか。

いずれも偏っている。民主主義的な合意が成り立つ選択は「極論」「正論」「信念論」からは得られず、様々な意見を交えた熟議からしか生まれない。

外交や安全保障をめぐる問題も同じである。世界は必ず第三次世界大戦に向かうと断じるのか。米国が「世界の警察官」として平和を守り続けると強弁するのか。「パックス・シナーエ」が成立すれば世界平和が実現するとして、中国の台頭を正当化するのか。予言することは不可能である。外交も安全保障も「相対的最善解」は中間にしかない。

戦争によって利益を得るため、積極的に戦争勃発を画策する武器商人や陰謀家にとって、答えは中間ではない。しかし、世界が破滅的な混乱に陥れば、長期的には武器商人や陰謀家も破滅に至る。彼らも所詮「合理的な愚か者」である。

「合理的な愚か者」が自分だけ利益を得る結末を迎えるのか、「中道な賢者」によって社会全体が「相対的最善解」に到達するのか。結末は神のみぞ知る。人間が「中道」を駆使できるか否かは、人間がどの程度の期間を想定して思考するかという時間軸、および自分の利益の実現可能性をどのように想定するかという予想確率に影響される。しかし、その時間軸、予想確率が「正しい」か否かも絶対的根拠はない。

小説『ホラ吹き男爵の冒険』のモデルになった一八世紀プロイセンのミュンヒハウゼン男爵（一七二〇〜九七年）。楽しいホラなら笑えるが、「極論」「正論」「信念論」を正当化するためのホラは笑えない。

「ミュンヒハウゼンのトリレンマ」は論理学の定理のひとつである。「Aが正しいことを示す根拠はB、Bの根拠はC、Cの根拠はD、Dの根拠はE」という具合に根拠の追求は終わることがなく、Aがホラでないことを絶対的には証明できないことを示唆する。

時として「Dの根拠はA」と最初に戻ることを循環論法と言う。前述の日本の年金財政計算の説明を彷彿とさせる。「Aが成立するようにB、C、Dを設定する。なぜならば、B、C、Dの根拠はAが成立することだから」という循環論法である。

「ミュンヒハウゼンのトリレンマ」は、理論や意見の普遍的な根拠を得ることは簡単ではないことを示唆している。永久論法や循環論法に陥らないためには、全員が共通の認識に立たざるを得ない客観的事実を発見し、共有することである。自然科学はそれが可能なことが多いが、社会科学や人文科学、政治や経済では容易でない。いや、不可能である。だから「中道」的な思考を有していないと、「対立の迷路」に入り、やがては「同調の悲劇」に陥る。

「ミュンヒハウゼンのトリレンマ」はドイツの哲学者ハンス・アルバート(一九二一年～)が著書『批判的理性論考』(一九六七年)の中で提起した定理である。『ホラ吹き男爵の冒険』の中で、底なし沼に落ちたミュンヒハウゼン男爵が自分で自分の髪を引っ張り上げて脱出したエピソードから命名された。同趣旨の論理問題は古代ギリシャ時代から数学者や哲学者の間で論争されてきた。

どんなことでも「正しい」と主張するためには根拠が必要である。根拠を問われて明確に答えられない人間は、根拠の代わりに「正義」を語る。「同調の悲劇」の始まりである。

山本七平の警鐘

日本は仏教的な精神文化が色濃く残っている国である。同調性の強い日本社会は、他者の言動の予測可能性が高い社会であり、対立を回避し、「相対的最善解」を求めやすい環境にある。しかし、現実には必ずしもそうなっていない。

たしかに日本は、世界全体で見れば相対的に豊かで平和である。日本は明確な対立を嫌う「中道」社会である。「中道」には長所、利点があるものの、短所、欠点もある。「中道」にも警鐘を鳴らしておくことが必要である。

豊かで平和であると信じられてきた日本の相対的貧困率が先進国の中で最悪水準であることが明らかになった。高等教育への進学率が急速に低下し、子供の貧困も深刻化している。太平洋戦争に至る過程では、言論統制が行われ、治安維持法で弾圧が行われ、無謀な戦争によって三〇〇万人の国民が命を落とした。

日本には、極端なことを嫌う傾向とは別に、もうひとつの体質が存在する。それが「中道」と因果関係があるならば、深刻な問題だ。社会の体質的傾向の強さが発揮される時はよいが、弱さが露呈する時には問題が深刻化する。

「中道」あるいは漸進的解決は、内容的にも時間的にも極端なこと、拙速なことを回避する傾向がある。ところが、対立の調整が暗礁に乗り上げる場合、あるいは調整のために時間を要する場合、さらには対立を乗り越えるための知的作業が億劫になる場合、「中道」は雰囲気に依存する選択や決定を誘発する。雰囲気、すなわち「空気」に流される迎合的な体質。山本七平(一九二一〜九一年)が指摘した「空気の論理」である。

山本七平は著書『「空気」の研究』(一九七七年)の中で、日本社会の「空気的判断」に警鐘を鳴らしている。曰く「日本には『抗空気罪』という罪があり、これに反すると最も軽くて『村八分』刑に処せられる[23]」のである。「空気」に流されると、何も判断しない、何も行動しないという「傍観」「思考停止」に陥る。そして、「傍観」「思考停止」に陥っている間に「極論」「正論」「信念論」が主流になる。

山本七平に先んじること約一〇〇年、一九世紀日本の代表的知識人である福澤諭吉（一八三五〜一九〇一年）の論説「人の説を咎む可らざるの論」に、以下のように記されている。この論説は福澤諭吉が主宰した『民間雑誌』第三編（一八七四年）に掲載された。

曰く「天下の人、夢中になりて、時勢と共に変遷する其中に、独り前後を顧み、今世の有様に注意して、以て後日の得失を論ずるものなり。故に学者の議論は現在其時に当ては効用少なく、多くは後日の利害に関るものなり。甘き今日に居て辛き後日の利害を云ふ時は、其議論必ず世人の耳に逆はざるを得ず[24]」。

「前後を顧み、今世の有様に注意して、以て後日の得失を論ずる」とは、現在直面している課題について十分に議論することの必要性を訴えている。しかし、「空気」に流されると往々にして十分な議論は行われない。

例えば、日本のエネルギー問題。福島第一原発事故を経験し、事故処理の渦中にある日本にとって、今後の原発政策の選択肢は、現状維持・推進、フェイドアウト（漸減・段階的廃止）、即時廃止の三通りである。

即時廃止は、使うことは止めても、現に存在する原発を廃炉にする技術が確立していない以上、正確に表現すれば「即時使用中止、しかし廃炉の技術が確立していない。存在する以上、燃料冷却ができない事態が生じれば、使用していなくてもリスクはある」ということである。

現状維持・推進の立場の論拠として、代替（火力等）発電のための原燃料（石油・ガス等）輸入による貿易赤字拡大、原発は低コストであるという「前提」に基づく経済的メリット等が説かれる。福澤の一節「現在其時に当ては効用少なく、多くは後日の利害に関るもの」「今日に居て辛き後日の利害」という件《くだり》を嚙みしめなくてはならない。

フェイドアウトするには、原発代替エネルギー技術の開発が不可欠であり、そのための取り組みに全力を尽くさなくてはならない。しかし、現実には政府、産業界、学術界が全力を尽くしているようには見えない。

日本国内の世論や政治経済情勢を鑑みると、原発問題の結論を出すことは容易でない。そうした「空気」に流され、だから結論を出さない、出せないという「傍観」「思考停止」である。再生可能エネルギーによる原発代替のみならず、日本が原発問題を超克するためのポイントはいくつもあるが、「それは無理」と簡単に断じる向きもある。そうした人間たちは、福澤翁のさらなる件も噛みしめなければならない。

曰く「これがため、或は虚誕妄説の譏《そしり》を招くことあれども、其妄説なるものは唯、今世の耳に触れて妄説なるのみ。其耳と其説と孰《いずれ》が正しきや、今日を以て裁判す可きに非ず[25]」。現在の非常識は未来の常識、現在の常識は未来の非常識かもしれない。大切なのは「できない理由を並べるのではなく、どうしたらできるかを考える」こと。日本人、日本社会が一番苦手なことであり、それが日本の様々な問題につながっている。

廃炉技術の開発、使用済燃料の保管・処分等のためには、原子力や原発に関する優れた研究者や技術者を育成していくことが不可欠。また、福島第一原発の事故処理に当たる人材も確保しなければならない。しかし、人材流出は続いている。東京電力の退職者は累増し、原子力関係学科の大学生、大学院生は志願者、入学者とも激減している。原発反対派、推進派いずれにとっても、人材がいなければ廃炉も推進もできない。しかし、そうした主張をする人間自身は、事故現場に入って燃料デブリや使用済核燃料に向き合う当事者ではないため、無責任で気楽な論争に終始している。

本当に議論していればよいが、結論のない「対立の迷路」の中で自論を唱えるばかり。議論している気になって、その実は「傍観」「思考停止」に陥っている。根拠のない「正論」「極論」「信念論」を展開しているにすぎず、「相対的最善解」を得られない典型的な「合理的な愚か者」である。

原子力・原発関係の人材育成、事故処理対応要員確保のため、そうした人々を歓迎・鼓舞する雰囲気と現実的な環境整備が必要である。心理学者、斉藤環（一九六一年〜）のインタビュー記事が示唆に富んでいる。[81] 見出しは「なぜ『脱原発』に踏み出せない」「日本人の精神性一因」「空気には逆らえない」。

曰く「廃炉技術の温存のために、僕は限定的な再稼働を主張しているのだが、それを言うと原発反対派からもたたかれる。『再稼働を口にするなんて許せん』と。でも、実はそういう姿勢が、原発を温存させてきた構造の反復になるのではないか」。

冷静で現実的な議論を妨げる日本独特の「空気」。逆もまた真なり。脱原発を主張すると「経済の現実がわかっていない」と遠巻きにする自称経済人や自称有識者の「空気」。どちらの「空気」も有害である。

「空気」によって冷静で現実的な議論が妨げられると、議論自体を回避する傾向が生まれ、情報不足と根拠のない確信、つまり思い込みが積み重なっていく。そして、情報不足の状況が常態化し、その中で次々と適切でない選択や判断が行われていく。

二〇〇一年にノーベル経済学賞を受賞したジョージ・アカロフ（一九四〇年〜）の「レモン理論」は、情報不足や情報の非対称性（例えば、生産者と消費者の間の情報格差）は、悪いものばかりを流通させ、不適切な選択を生み出すことを論証している。

政策も同じである。情報不足、情報の非対称性の下では、適切な選択や判断ができない。「空気」に流されて「傍観」「思考停止」に陥ると、社会は情報不足、情報の非対称性の下に置かれ、「相対的最善解」を選択できない。「合理的な愚か者」である人間が生み出す「空気の論理」に通じる社会的欠陥である。

なぜ「レモン」なのか。「レモン市場」は、経済学において財やサービスの品質が消費者に未知であるために、不良品ばかりが出回る市場のことを指している。「レモン」は英語のスラングで質の悪い中古車を意味する。中古車は実際に購入して運転してみないと本当の品質を知ることができないという含意である。また「レモン」には英語で「良くない」「うまくいかない」等の含意もあり、転じて「欠陥品」という意味でも使われている。

アカロフは、中古車市場で購入した車は故障しやすいと言われる現象のメカニズムを論証した。生産者や販売者は取引する財の品質を熟知しているのに対し、消費者や購入者は財の本当の品質について情報が不足している(情報の非対称性)。そのため、販売者は購入者の無知につけ込み、悪質な財を良質な財と称して販売。結果的に、購入者は良質な財も買いたがらなくなり、市場には悪質な財ばかりが出回る。

具体例である。良いレモンと悪いレモンが半分ずつの市場を想像してみる。品質を熟知している販売者は、良いレモンは二〇ドル、悪いレモンは一〇ドルで売りたいと考える。購入者は情報不足のため品質を見分けられないが、良いレモンと悪いレモンが半々ぐらい存在していることは何となくわかっている。このため、購入者にとってレモンの想定価値は、良いレモンと悪いレモンの平均である一五ドル。したがって、購入者は一五ドル以上のレモンは買わない。購入者の行動を予想する販売者は、二〇ドルの良いレモンを売ることを断念。悪いレモンだけを販売する。この結果、悪いレモンばかりが市場に出回り、社会全体の厚生は低下する。この現象は「逆選抜」と呼ばれる。

「レモン理論」は現実の様々な問題に当てはまる。

集団思考と沈黙の螺旋

人間社会、国際社会に恒久平和は訪れない。なぜなら、人間は地球上で最も愚かで有害な生物だからである。

東アジア情勢も緊張が絶えない。北朝鮮の度重なるミサイル発射に加え、トランプが大統領に就任以降の米国は強硬姿勢が顕著。米朝双方が軍事的威嚇の連鎖に陥っている。日本を含む周辺諸国、関係諸国は的確な対応をしなければならない。「紛争が起きない」「紛争を起こさない」ようにすることが「相対的最善解」である。その点に反対の人間はいないと信じたい。北朝鮮の動向が耳目を集める二〇一七年、日本では大手電機メーカーの経営危機が連日報道されていた。過去の「空気」的な経営戦略の失敗であった。

国の安全保障であれ、企業の経営であれ、判断ミスを生む人間心理、意思決定権者の行動原理を認識することが重要である。とくに最近の日本社会の「空気」は、その必要性を感じさせる。

「集団思考」という心理学の用語がある。英語では「グループ・シンキング」、日本語では「集団浅慮」と訳される場合もある。米国の社会学者ウィリアム・H・ホワイト（一九一七～九九年）が一九五二年に雑誌『フォーチュン』の記事[27]の中で使い、その後米国の心理学者アーヴィング・ジャニス（一九一八～九〇年）が「集団思考」を政治や軍事分野の分析に適用した。

ルーズベルトは日本の真珠湾攻撃の可能性をなぜ過小評価したのか。トルーマンは朝鮮戦争で中国が参戦する可能性をなぜ検討しなかったのか。ジョンソンはベトナム戦争の泥沼化の警鐘をなぜ軽視したのか。ケネディはキューバ侵攻計画の非現実性をなぜ見逃したのか。ジャニスは公開された記録を丹念に調べ、米国大統領と政府・軍幹部で構成される集団の意思決定の失敗を分析した。

米国情報機関は、ＣＩＡ、国務省、ＦＢＩ等の多元構造になっており、ホワイトハウスが的確な判断を行い得るように工夫されている。それでもなお判断ミスをする条件として、ジャニスは以下の三点を指摘している。

第一に、団結力のある集団であること。第二に、組織のガバナンス体制に構造的欠陥があること。第三に、刺激の多い緊張状況に置かれていること。

第二の条件の具体的な要素は、公平なリーダーシップの欠如(メンバーに平等かつ十分な発言機会を与えないこと)、多様性の欠如(メンバーの社会的背景やアイデンティティの同質性・均一性)である。ジャニスは、以上のような条件が揃っている状況下で、人間は「集団思考」によって不的確または誤った判断をしてしまうと結論づけている。国家や企業、どのような組織であっても参考になる分析だ。

「集団思考」とよく混同される概念が「集団心理」である。「群衆心理」とも言うが、集団が過剰反応したり、ストレスが極端に高まった状態を示している。

一九世紀末の欧州情勢の中で、政権や王権を脅かすほどになりつつあった大衆の動きを否定的に捉えた三人の心理学者、イタリアのシピオ・シゲーレ(一八六八～一九一三年)、フランスのギュスターヴ・ル・ボン(一八四一～一九三一年)、英国のウィリアム・マクドゥーガル(一八七一～一九三八年)によって「集団心理」の概念が提起された。

「集団心理」「群衆心理」は、何か全体の「空気」のような意見やムードに影響されて形成される大衆や社会の雰囲気や精神状態のことを指す。北朝鮮と米国の威嚇行為の連鎖は、日本を含む周辺諸国に某かの「空気」を蔓延させ、社会の「集団心理」に影響を与えつつある。日本社会はとくに顕著だ。

「集団思考」は不的確かつ間違った意思決定をする原因、「集団心理」は社会全体の雰囲気や精神状態。両者は異なる概念である。

「集団心理」の概念が確立してから半世紀以上経た一九八〇年、西ドイツの社会学者エリザベート・ノエレ・ノイマン（一九一六〜二〇一〇年）が『沈黙の螺旋理論』（一九八〇年）という本を出版した。

人間には孤立を恐れ、回避しようとする本能がある。自分の周囲や社会の多数意見がどのような内容であるかを推測し、その多数意見に同調しようとする習性である。自分が多数意見と異なる意見を抱いていると推測すると、自分の意見を言わなくなり、その結果、特定の意見がスパイラル状に蔓延していく社会のムードを「沈黙の螺旋」と称した。

ノイマンの著書の日本語版は、日本経済がバブルの雰囲気に酔いしれていた絶頂期の一九八八年に出版された。言わば、山本七平氏の「空気」のドイツ版概念と言ってよい。

二〇〇一年九月一日、米国同時多発テロ事件が勃発。許し難い蛮行である。報復を訴えるブッシュ、同調する米国世論と連邦議会。もちろん、そういうムードになることは理解できる。九月一四日、連邦議会はブッシュに報復のための「必要で適切なあらゆる軍事力」を行使する権限を与える決議を採択した。上院は全会一致、下院は四二〇対一で可決。

下院で唯一の反対票を投じたのが民主党女性議員、バーバラ・リー（一九四六年〜）。リーの決議に反対する演説は、賛成議員たちの心にも響いたという。ベトナム戦争時の史実を取り上げ、次のように述べた。「私たちは過去の過ちを繰り返すことはできない。一九六四年に連邦議会はジョンソン大統領にあらゆる必要な手段をとる権限を与えた。連邦議会は憲法上の責任を放棄し、ベトナムでの宣戦布告なき長い戦争に米国を送り出した。トンキン湾決議に反対した二人のうちの一人、上院議員ワイン・モース（一九〇〇〜七四年）は反対演説で、『歴史は、連邦議会が合衆国憲法を守らず、台無しにするという重大な過ちを犯したことを記録するだろう』と語った。モース上院議員は正しかった。私は今日、私たちが同じ過ちを犯しているのではないかと恐れている」[28]。

トンキン湾決議とは、ベトナム戦争時の決議である。一九六四年八月、北ベトナムのトンキン湾で北ベトナム軍哨戒艇が米国海軍駆逐艦に二発の魚雷を発射したとされるトンキン湾事件。この事件を契機に米国は本格的にベトナム戦争に介入、北爆を開始。連邦議会は、上院八八対二、下院全会一致で大統領支持の決議を採択した。上院の反対票二票のうちの一票を投じたのが上述のモースである。一九七一年六月、ニューヨーク・タイムズが「ペンタゴン・ペーパーズ(国防省の内部文書)」をスクープ。トンキン湾事件は米国が仕組んだ謀略だったことを暴露した。

「9・11」を契機に米国はアフガニスタン空爆を開始。さらに二〇〇三年、イラクの大量破壊兵器保有を理由に米英両国がイラクへの軍事攻撃を開始。日本も自衛隊をサマワに派遣。同年一二月、イラクのフセイン大統領は逮捕され、二〇〇六年に処刑された。二〇〇四年一〇月、米国調査団が「イラクに大量破壊兵器はなかった」との最終報告書を提出。米国政府も大量破壊兵器に関する当初のCIA情報が間違いであったことを認めた。米国に同調した英国では、開戦前にブレアが「フセイン政権が生物化学兵器を保有している」との報告書を議会に提出。この情報の真偽をめぐって自殺者まで出る騒動となり、ブレアは「国民を騙した」として支持率が急落。任期途中の退陣に追い込まれた。

「沈黙の螺旋」は大いなる過ちの原因になる危険を抱えている。そうした過ちを犯さないための最大限の努力は、多数意見や「空気」に流されず、異論や少数意見を堂々と表明することだ。ノイマンは「沈黙の螺旋」による過ちを克服する方法として、多数意見にあえて異を唱える者を意図的に用意することを提唱。「悪魔の代弁者」と命名している。上述のとおり、「集団思考」に陥る第二条件の具体的要素のひとつは「メンバーに平等かつ十分な発言機会を与えないこと」である。

二〇〇〇年代前半には、「沈黙の螺旋」的な組織的体質に起因する企業事件や「9・11」に関連する不祥事が米国でも連続した。[29] どこの国にも潜伏する問題であるが、民族や国の体質によって濃淡がある。

最近の世界、とりわけ日本社会の雰囲気が気になるのは筆者だけだろうか。山本七平が心配した日本。「空気」と「沈黙の螺旋」に支配され、「集団思考」に陥り、自由な発言が抑圧されている。オリンピック開催に異を唱える者、政府の施策に意見する者を遠巻きにする「空気」がある。原発政策に関しては、推進意見、反対意見、双方を包み込む「空気」がある。「傍観」と「思考停止」である。気持ちの悪い不健全さを感じる。多数意見と思い込んでいる多数意見は、本当に多数意見だろうか。

アビリーンのパラドックス

一九九六年、米国の経営学者ジェリー・ハーヴェイ(一九三五～二〇一五年)が『アビリーンのパラドックスと経営に関する省察』という本を出版した。「アビリーン」とは本の中の挿話に登場する土地の名前である。要旨は次のとおりだ。

ある夏の日、米国テキサス州の町で家族が団欒していた。家族の一人が遠くのアビリーンに旅行することを提案する。家族の誰もがアビリーンへの旅行を望んでいなかったにもかかわらず、「きっと他の家族は旅行を望んでいる」と誰もが思い込み、その提案に反対する者はいなかった。道中は暑く、埃っぽく、とても不快。本当は誰もアビリーンに旅行したくなかったという事実を家族が認識したのは、旅行から帰った後だった。

以上のような挿話である。「アビリーンのパラドックス」は「集団思考」のひとつのパターンであり、社会心理学が扱う現象として説明される。国家や社会、集団が向かおうとしている目的地。多くの人間がそこに行くことに同意しているのだろうと勝手に推測し、誰も何も言わない状況である。

社会全体のそういうリスクに警鐘を鳴らし、歯止めをかけ、バランスを維持する役割のマスコミ、ジャーナリズム自らが「アビリーンのパラドックス」を扇動する場合は悲劇的である。「本当にアビリーンに行きたいのか。アビリーンは快適な場所ではない」と政治家や学者が警鐘を鳴らしても、マスコミ、ジャーナリズムがそれを無視し、果ては攻撃したり、嘲笑するようでは、その効果が減殺される。「第四の権力」の誤用、濫用である。

社会や歴史の悲劇は、対立による争いから発生するばかりでなく、同調による沈黙からも発生する。過度の同調は対立よりも悲劇的だ。集団内の意見表明を自粛し、自由な議論が行われない状況下、何の根拠もなく多数意見を忖度し、集団の意思決定が「集団思考」によって行われ、悲劇に陥る。

「アビリーンのパラドックス」は言わば「事なかれ主義」。集団がその構成員の実際の選好や嗜好とは異なる決定をしてしまう人間および人間社会の欠陥を指摘している。上述の米国心理学者ジャニスが一九八二年に出版した『集団思考』(副題は「政治的決定と失敗の心理学的研究」)という著作の中(一七五頁)で、集団が欠陥のある決定をする兆候として、以下の七点を挙げている。

第一に代替案を十分に考えない、第二に目標を十分に精査しない、第三に採用しようとしている選択肢の危険性を検討しない、第四に一度否定された代替案の再検討をしない、第五に情報を十分に集めない、第六に情報の取捨選択に偏向がある、第七に非常事態に対応する計画を策定しない。

上記七点を噛みしめると、日本の現状が懸念される。緊張が高まる安全保障政策のみならず、産業政策でも、金融政策でも、欠陥のある決定をしてしまう危険性があることを感じる。「そんなことはない。杞憂ではないか」という意見もあるだろう。しかし、「空気」とは、気づかないからこそ「空気」である。

では、「空気」を認識するためにはどうしたらよいのか。違う「空気」を吸ってみると、気づかない「空気」の匂いや雰囲気を感じる。つまり、自分と異なる意見を持っている人間や集団と議論や交流をすることだ。

政府であれ、企業であれ、欠陥のある意思決定をしないために、「集団思考」「沈黙の螺旋」「アビリーンのパラドックス」等の概念を理解し、自問自答してみることが有益である。

日本における共謀罪導入をめぐる論争の過程で、インタビューを受けた元ＣＩＡ諜報員エドワード・スノーデン（一九八三年〜）の発言が興味深い。[30] スノーデンはＮＳＡ（米国家安全保障局）による大規模な個人情報監視を告発し、ロシアに亡命中。このインタビューの中で、ＮＳＡが極秘情報監視システム（エックスキースコア）を日本側に供与していたことを暴露している。日本政府は、国民のメールや通話等の大量監視を行える状態にあることを指摘し、「共謀罪」捜査のための情報活動、つまり個人情報監視が行われるようになることに警鐘を鳴らしている。そして、同趣旨の懸念を表明した国連特別報告者ジョセフ・カナタチ（マルタ大教授）の意見[31]に同意すると述べている。「中道」の観点に照らせば、カナタチの意見も全否定すべきではない。

日本は今、「沈黙の螺旋」を誘発するような「空気」が徐々に濃くなっている。仮にその「空気」が希薄になっても、日本はすぐにその「空気」が蔓延する体質を有していることを認識すべきであろう。

日本には「長い物に巻かれる」という格言がある。「長い物」に抗う言動をとると「空気が読めない」という評価を下される。「空気が読めない」言動を指して「KY」と揶揄することが若者の流行語になる社会である。不健全と言わざるを得ない。自由な発言、冷静な分析、客観的な論評を阻む日本社会の雰囲気は別の意味で「KY」。この場合の「KY」は「空気が良くない」である。

前述の「集団思考」「集団心理」という概念は市場の心理分析にも登場する。「集団思考」の特徴は危険性の無視ないし軽視。同じ銘柄への過剰投資、見通しの甘さなどの事態を招く。「集団思考」に伴う過度な投資行動は市場(金融・証券・不動産等)においてよく見られる現象である。十分な分析をすることなく、市場の権威やムードに追随し、上昇局面では過度に楽観的、下落局面では過度に悲観的な行動を取りがちである。こうした行動は結果的に過大なリスクに直面する。

ベテランあるいはプロの投資家は、論理的に決定するタイプと直感的に判断するタイプに大別可能である。山本七平が言うところの「論理的判断基準」と「空気的判断基準」に類似している。

直感的に判断することを英語では「ヒューリスティック(heuristics)」と言う。ただし、この場合の「空気的判断基準」は過去の豊富な経験に裏づけられた直感。一般人や素人が「空気」に流されることとは少々異なる。往々にして「ヒューリスティック」なプロは局面が変わる前に手仕舞い(売り抜け)、「空気」に影響される素人は高値摑みに陥りがちである。

偽薬のことを「プラセボ」または「プラシーボ」と言う。語源はラテン語である。「プラシーボ効果」とは、薬理効果のない単なる乳糖やビタミン剤でも、「これは良く効く薬だ」と言って飲ませると症状が緩和し、薬効が出ること。反対語は「ノセボ」または「ノーシーボ」。「これは副作用が強い薬だ」と言って飲ませると、副作用が出たり、症状が悪化することを「ノーシーボ効果」と言う。薬の過剰使用を抑制するため、医師が意識的に「プラシーボ効果」を念頭にビタミン剤等を処方することも許されている。人間の自己暗示が物理的・化学的・生理的効果を伴って実際に影響を与える注目すべき現象である。

市場や経済の世界でも「プラシーボ効果」を援用して解説する向きもある。ポジティブな自己暗示の下では投資が成功し、ネガティブな自己暗示の下では失敗する。「信ずる者は救われる」と同時に「正直者は馬鹿を見る」。「論理的判断」ではなく、「空気的判断」に近い現象である。

こうした双方の違いは、様々な政策に関する論調でも観察できる。財政、社会保障、教育、エネルギー戦略、安全保障。いずれの政策も、「空気的」な主張に流れることなく、「論理的」な分析と対応が必要である。

ゼロ戦と大和

「ランチェスター戦略」は英国の航空エンジニア、フレデリック・ランチェスター（一八六八〜一九四六年）に由来する。

一九一四年、ランチェスターは「合理的な意思決定」のための数理モデルを発表した。戦闘行為の検討手法として注目され、オペレーションズ・リサーチ（「合理的な意思決定」のための科学的手法）における代表的概念のひとつとなった。転じて、経営戦略の分野でも活用されている。競合する大企業間、あるいは大企業と中小企業間の経営戦略の論理的思考に転用され、「ランチェスター経営」という表現も登場した。

「ランチェスターの第一法則」は「強者の戦略」。一般化して言えば、強者の採るべき経営戦略は追随作戦。競合相手と同質性がある場合は、規模で圧倒し、低い生産コスト等のスケール・メリットで優位な立場に立つことを推奨する。競合相手との同質性とは「標準化」「汎用化」とも言える。逆説的だが、「標準化」「汎用化」戦略は、もともと競争力があって、競合相手に対して優位な立場にある場合に選択するのが合理的である。

一方、「ランチェスターの第二法則」は「弱者の戦略」。弱者が広範な分野で強者と全面的に戦っても勝機はない。そこで、特殊な分野に特化し、大企業の隙間(ニッチ市場)に注力することで勝機を見出す。言わば「特注化」「差別化」。戦闘で言うならば、小兵力で大軍と戦う場合、見通しの良い平原で交戦すれば敗戦確実。そこで、狭い谷間のような場所に軍を進め、相手の戦力・火力を発揮できなくし、接近戦、一対一の戦闘に持ち込む戦略だ。

もちろん、現実はそんなに簡単・単純な話ではない。一方、単純化しないと本質が見えてこないのも一面真理である。

欧米企業のみならず、韓国・台湾・中国等のアジア企業にも猛追され、相対的に「弱者」となった日本のエレクトロニクス産業が「強者の戦略」である「標準化」「汎用化」の生産構造となっている一方、相対的に「強者」である自動車産業が「弱者の戦略」である「特注化」「差別化」の生産構造になっているパラドックス現象は興味深い。

ランチェスターは第一次世界大戦における人類史上初の空中戦に興味を抱いた。敵味方の戦果・損害について研究し、そこから導かれた法則が「ランチェスター戦略」の基礎となった。簡単に言うと、データに基づいた「論理的判断」である。以後、数学者である米国の数学者バーナード・クープマン(一九〇〇～八一年)等のグループによって「ランチェスター戦略」が精緻化され、太平洋戦争における日本軍との空中戦で大きな成果を収めた。

日米航空機による空中戦。開戦当初はゼロ戦の圧勝。苦戦する米軍は一九四二年六月、不時着した一機のゼロ戦をアクタン島(アリューシャン列島ダッチハーバー近郊)で接収。これを徹底的に研究した。

その結果、ゼロ戦の優位性は航続性能、旋回性能、上昇性能と分析。そこで、米軍はゼロ戦相手に格闘戦(ドッグ・ファイト)は不利と判断。一方、横転性能、急降下性能の弱点を発見。そこで、はるか上空から急降下し、ゼロ戦に一撃離脱という戦法を選択。

加えて「ランチェスター戦略」を参考にして空中戦における戦闘力格差をつけることに着眼。ゼロ戦一機にたいして四機(うち一機は予備機)編隊で応戦し、「一対一」のドッグ・ファイトをしない空中戦術。発案者(米海軍少佐ジョン・サッチ)にちなんで「サッチ・ウィーブ(Thach Weave)」と呼ばれた。

「一対四」の急降下一撃離脱作戦。「ゼロ戦は無敵」という「空気的判断」に陥り始めていた日本軍に対して、「論理的判断」に依拠した米軍。優劣は一気に逆転した。

山本七平が『空気の研究』の中で「空気的判断」の事例として取り上げているのが戦艦大和の出撃である。サイパン陥落(一九四四年七月)前に検討された大和出撃。しかし、開戦以来、米軍との交戦経験を積み、米軍の戦力・戦術情報に長けた参謀本部の判断は「サイパンまで到達困難。到達しても機関、水圧、電力等が無傷でなくては、主砲の射撃が行い得ない」として、大和出撃案を却下した。

翌年の沖縄戦(一九四五年三月から六月)。大和出撃に関して、山本曰く「サイパン時になかった『空気』が沖縄時には生じ、その『空気』が決定したと考える以外にない[32]」「沖縄の場合、サイパンの場合とちがって『無傷で到達できる』という判断、その判断の基礎となりうる客観情勢の変化、それを裏づけるデータがない限り、大和出撃は論理的にはありえない[33]」としたが、実際には大和は出撃して撃沈された。

「論理的」には無理な選択を、「空気的」なものが後押ししたと山本は分析する。さらに続くのが次の一文である。

「日本には『抗空気罪』という罪があり、これに反すると最も軽くて『村八分』刑に処せられるのであって、これは軍人・非軍人、戦前・戦後に無関係のように思われる。『空気』とはまことに大きな絶対権をもった妖怪である。一種の『超能力』かも知れない。何しろ、専門家ぞろいの海軍の首脳に、『作戦として形をなさない』ことが『明白な事実』であることを、強行させ、後になると、その最高責任者が、なぜそれを行ったかを一言も説明できないような状態に落とし込んでしまう[34]」。

古今東西を問わず人間に共通する体質ではあるが、日本人および日本社会は、その傾向が相対的に強いと言えよう。

同調の悲劇

デストピア

「空気」は匂いも姿もない。知らない間に「空気」が変わっていた、ある日気づいたら、ずいぶん以前と様子が違う、というのが怖い展開である。

二〇一三年、日本の重要閣僚が次のような発言をした。発言どおりに紹介する。曰く「ナチス政権下のドイツでは、憲法は、ある日気づいたら、ワイマール憲法が変わってナチス憲法に変わっていたんですよ。誰も気づかないで変わった。あの手口、学んだらどうかね[35]」。なるほど日本では、小中学生の教科書検定基準もある日気づいたら変わっていた。[36] 暗澹たる気持ちで閣僚発言のニュースを聞き、「デストピア」という言葉が脳裡をよぎった。

デストピア（またはディストピア）はユートピア（理想郷）の反対語である。デストピアの語源は「悪い」を意味する古代ギリシャ語。つまり、デストピアは「暗黒郷」。一九世紀の英国思想家、ジョン・スチュアート・ミルが一八六八年のスピーチで最初に使った。

その後、英国作家ジョージ・ウェルズが一八九五年に出版した小説『タイムマシン』にデストピアが登場。やがて、デストピアを扱う小説や作品が続き、デストピア文学というジャンルが生まれた。デストピア文学は、一九二〇年代以降、ソ連の誕生やファシズムの台頭など、全体主義への懸念が広がった時期に普及した。

小説に登場するデストピアの多くは、徹底的な管理統制社会として描かれている。その描写は作品ごとに異なるが、傾向としては以下のような特徴を有している。

体制側のプロパガンダによって、表向きは理想社会を喧伝。その一方、国民を洗脳し、反体制的国民は治安組織に粛正される。表現の自由は否定され、体制側が有害と見なす出版物や言論は禁止される。

表向きの理想社会と裏腹に、体制側に「社会の担い手と認められた国民」と「そうでない国民」に分断され、政治的・経済的に深刻な格差が生まれる。前者については体制側が優遇し、後者は往々にしてスラム街を形成する。人口政策も管理され、恋愛や出産も前者には寛容、後者には厳格な規制が敷かれる。後者に対する言わば「愚民政策」を、前者は当然のこととして是認し、対外的にはその実態が隠蔽される。

現代においても、北朝鮮等を彷彿とさせるが、他の国々でもそうしたことが行われる潜在的危険性が存在し、現実にそうした傾向を有する国もある。日本はどうだろうか。

短編小説(ショートショート)の大家、日本の星新一(一九二六〜九七年)の作品にもデストピアが度々描かれていた。そして、デストピア文学の名作と言えば、ジョージ・オーウェルの『一九八四年』である。

オーウェリアン

ジョージ・オーウェルは一九〇三年生まれの英国のジャーナリストであり、作家。一九五〇年に亡くなるが、その前年に全体主義的デストピアを描いた『一九八四年』を出版した。同書の大まかな内容は次のとおりである。

一九五〇年代に発生した核戦争を契機に、世界は三つの超大国に分裂。境界地帯での紛争が絶えない。作品の舞台である超大国のひとつ「オセアニア国」では、思想・言語・結婚・食料など、あらゆる国民生活が管理統制されている。「テレスクリーン」と呼ばれる双方向TVシステムによって、国民の全ての行動が体制側に監視されている。役人である主人公が国家体制に疑問を持ち、やがて逮捕・拷問されて転向していくというのが基本的ストーリーである。

オセアニア国の権力者は「ビッグ・ブラザー」。街には肖像があふれているが、その正体は謎に包まれ、実在するか否かも定かでない。モデルはスターリンである。ビッグ・ブラザーが党首を務める絶対政党の三つのスローガン、「戦争は平和である」「自由は屈従である」「無知は力である」が街の至る所に掲げられている。「戦争は平和である」と聞くと、二〇一三年から二〇一五年にかけて行われた日本の安全保障論争の中で登場した「積極的平和主義」という言葉を連想する。

英語の「Big Brother」が「独裁者」の隠語になったのは、この作品が契機である。このほかにも、ダブルシンク（同時に矛盾した考えを信じること）やニュースピーク（イデオロギー的な詭弁）等々、『一九八四年』に登場するオーウェルによる造語は全体主義を表現する一般的語彙として定着した。『一九八四年』は七〇以上の言語に翻訳され、全体主義的、管理主義的な思想や社会のことを「オーウェリアン」（オーウェル的世界）と呼ぶようになった。

二〇一五年四月四日の日本の信州大学入学式。山沢清人学長が新入生に対するスピーチで「スマホやめますか、信大生やめますか」と語りかけ、話題になった。スマホ依存症が懸念される昨今、若い世代のみならず、大人もスマホに取りつかれている。日本においてインターネットニュースの無料配信を最初に始めたのは、報道内容に偏向のある某新聞社。その結果、若年層を中心に影響が出ている。「タダより怖いものはない」という格言どおりである。若者も大人も新聞社の情報に偏りがあることを認識せず、そうしたニュースや解説・論評を鵜呑みにしている。スマホが「テレスクリーン」のイメージと重なる。

ちなみに、スマホの産みの親とも言えるスティーブ・ジョブス（一九五五〜二〇一一年）は、自分の子供にはスマホの使用を制限し、iPadもiPodも持たせていなかったそうだ。早逝したスティーブ・ジョブスにデストピア文学作品を書いてもらいたかった。

自由からの逃走

二〇一六年以降、欧州諸国は激動している。同年六月の英国国民投票で英国のＥＵ離脱賛成派が勝利。各国ではＥＵ離脱支持の政治家や政党が台頭。二〇一七年のオランダ国政選挙では離脱派政党が第二党に躍進。その一方、英国国政選挙では離脱派の保守党が過半数割れ。逆に、フランス大統領選挙では欧州統合派のマクロンが当選し、続く国政選挙では新政党が圧勝して二大政党を粉砕。欧州はEUが弱体化して自国第一主義に染まっていくのか、あるいは欧州統合派が巻き返すのか。EUの中心である英独仏三国の力学構造から目が離せない。両大戦期と同様の「独 vs 英仏」の構図になるのか、あるいは伝統的な「独仏(大陸) vs 英」になるのか。今後の展開は予断を許さない。

第3章で述べたように、そもそも欧州の歴史は英仏独を主軸とした戦争と対立の繰り返しである。後世になって、現在の混乱は過去の欧州史に続く新たな対立の始まりだったと言われる可能性もある。

よく知られているように、ヒトラーが政界に進出した当初は選挙によって正当性を得た。その後、高い支持率の下で首相の権限を強め、国民の人権を制約する法律を成立させ、気がついたら独裁が確立していた。

最近の内外情勢を鑑みると、一九四一年に出版されたエーリヒ・フロム(一九〇〇~八〇年)の名著『自由からの逃走』を思い出さざるを得ない。フロムはドイツの社会心理学、精神分析学、哲学の研究者。ジークムント・フロイト(一八五六~一九三九年、オーストリア人)、カール・グスタフ・ユング(一八七五~一九六一年、スイス人)と並ぶ二〇世紀の精神分析学三巨頭のひとりである。

フロムはフランクフルトに生まれ、社会学者アルフレート・ウェーバー(一八六八~一九五八年、ドイツ人、マックス・ウェーバーの弟)、哲学者カール・ヤスパース(一八八三~一九六九年、ドイツ人)等の下で、社会学・心理学・哲学等を学んだ。ナチス政権成立直後の一九三三年、ジュネーヴ(スイス)に転居。一九三四年、米国に移住し、以後は米国やメキシコで研究・教鞭活動に従事。一九七四年、スイスに居を構え、晩年を過ごした。

そのフロムがファシズムの登場背景を分析して出版した『自由からの逃走』。自由が与えられた大衆の行動に関する分析である。曰く「ファシズムと戦うためには、ファシズムを理解しなければならない。(中略)ファシズムを勃興させた経済的社会的条件の問題のほかに、人間的な問題を理解する必要がある」[37]。戦前のドイツは、何が原因で国民はあのような選択を行い、何に導かれてあのような状況に陥ったのかを問うている。

その理由をフロムは「自由」に求めた。近代において確立された個人の「自由」が、人間の本質的な弱さと結びつき、権威主義とナチズムを生み出したと結論づけている。すなわち、「自由」を得た国民が、社会や経済の中で自分の欲求(所得、自己実現願望)を満足させられない状況(不況や他国との通商・外交関係)に不満とストレスを蓄積し、「自由」を束縛するほどの強権的な体制や指導者が自分たちの欲求を実現してくれるという逆説的な幻想に囚われたと説明している。そして、人間の内面に潜むサディズムや権威主義と結びつき、「自由」に自己実現できない鬱積した気持ちを、『自由からの逃走』的な選択、すなわち強権的な政治を選択することで和らげるという構図である。内面に潜むマゾヒズムの発露とも言える。

「自由」に思考し、「自由」に決定し、「自由」に行動することは、実はストレスの溜まる作業である。一方、強権的で権威的な者や組織の判断に同調することは、そのストレスを回避する安易で心地よい選択なのだ。個人や社会が「自由」の意味、「自由」に伴う権利と義務を履き違え、他者の「自由」や人権を否定して自己実現を求めるという顚末に至った。

「自由」だから何を決めてもよいということではなく、「自由」であっても許されない選択や判断があることを、今の世界は自問自答する必要がある。日本も例外ではない。しかも、選択や判断の前提となる情報や報道が操作されていればなおさらである。

人間はかくも愚かで有害な生物である。自身の欲求を追求することのみの思考・行動に陥っていないか。指導者も深く自省しないと、人間は再び災禍を繰り返すことになるだろう。

人間の限界

正常化バイアス

日本は世界有数の地震国である。日本列島そのものが、ユーラシアプレート、太平洋プレート、フィリピンプレートの境界線上にあり、周期的に大規模地震に見舞われている。次の大規模地震と恐れられているのが南海トラフ地震である。

二〇一一年の「3・11」を契機に巨大地震に対する被害想定の見直しが行われた。これも「危機管理」。二〇一三年三月一八日には南海トラフ巨大地震の新たな被害想定が公表された。死者三二・五万人(二〇〇三年想定では二・五万人)、全壊家屋二三九万戸(同九四万戸)、経済被害二二〇兆円(同八一兆円)に及ぶ。これを受け、該当地域に位置する愛知県が五月二八日、静岡県が一一月二九日に被害想定の見直し結果を公表。愛知県では全戸の一六・五%に当たる三八万戸が全半壊、静岡県では全人口の三四・九%に相当する一三一万人が避難生活を余儀なくされると見込んでいる。

同年一二月一九日、内閣府中央防災会議が首都直下地震の被害想定を公表。関東はプレート(岩板)が複雑に重なり、発生の可能性が指摘されるM七超級地震は二一タイプ。三〇年以内に七〇%の確率で起きるとされるM七級地震では、死者二・三万人、経済被害約九五兆円の最大想定。

二〇〇年から四〇〇年間隔で発生しているM八級も被害概要も試算。M八級の関東大震災型地震が起きると、震度七の地域は神奈川県内三四市区町村、東京湾岸埋立地や相模川、酒匂川沿いなどに広がる。津波の高さは、三浦市一〇メートル、藤沢市・大磯町八メートル、鎌倉市・平塚市六メートル、東京湾内は二メートルから六メートル。海岸から内陸六〇〇メートルまで到達し、揺れや火災も含めた全壊・焼失建物は最大一三三万棟、死者は最大七万人。余震が頻発し、ライフラインは断絶。鉄道や道路の運行再開・復旧には数か月を要し、経済被害は一六〇兆円と推計している。

日本海溝から相模湾付近に延びる相模トラフで発生する「最大級」地震(M八・七)の被害については、発生頻度が二〇〇〇~三〇〇〇年間隔で「確率が低い」として推計しなかった。検討委員は「発生確率が低い地震を想定しても現実的対策につながらない」とコメントしていたが、「3・11」の「想定外」の災害の教訓は活かされているのだろうか。

上記の南海トラフ巨大地震、首都直下型地震の被害想定を読んで「すぐに起きるわけでもないし、そもそもあくまで最大想定」と心の中で思うことは、すでに「喉元すぎれば熱さ忘れる」状況に陥っていると言える。「たぶん大丈夫だろう」と思う深層心理には、心理学的には様々な「認知バイアス」が影響している。

二〇〇三年韓国大邱市の地下鉄駅構内で発生した停車中車両の放火事件(約二〇〇人が死亡)。出火直後の列車内映像が公開され、多くの人が驚いた。

車両内に煙が充満し、映像からは危険であることが一目瞭然。しかし、乗客は炎上寸前の車両内で黙って座っていた。被害者の証言によれば、「何が起きているかわからなかった」「誰も逃げようとしなかったので、自分もしばらく様子を見ていた」とのこと。全員が異常に気づきつつ、周囲の乗客が騒がずに座っているので自分も座っていたという事態は、「大災害につながるはずがない」「皆と同じようにしていれば問題ない」という「正常化バイアス」「同調バイアス」現象と解釈されている。

危機的な現実を否定する「非常呪縛」に支配されていたと表現する心理学者もいる。「非常呪縛」の「金縛り」状態を破ったのは、車両全体がバックドラフト（爆発的燃焼）のように炎上し始める直前に誰かが発した「火事だ」の一声。催眠術師が催眠（呪縛）を解く掛け声や合図のようだ。我に返った乗客はガラスを叩き割って炎上する車両から脱出した。

二〇一一年一〇月二日のNHK特集で、住民五六〇〇人のうち七〇〇人が津波の犠牲になり、人的被害率が最も高かった宮城県名取市閖上《ゆりあげ》地区の検証番組が放映された。津波到達は地震発生から一時間後であったものの、その間、住民は避難行動をとらなかった。番組では、「何とかなる」「何も起きない」という根拠のない「正常化バイアス」が人々の心理に働いていたと指摘。

人間が集団で事故や災害に遭遇すると、「正常化バイアス」「同調バイアス」「愛他バイアス」という三つの心理的要素（認知バイアス）が生まれ、危機回避から外れた行動をとったり、パニックを引き起こす傾向がある。「同調バイアス」による「非常呪縛」が集団の場合ほど発生しやすいのは万国共通。しかし、周囲の「空気」に流される習性の強い日本人は相対的に「非常呪縛」に陥る危険性が高いと指摘されている。

欧米人の定番ジョークを紹介しよう。沈没寸前の客船における各国国民の自己犠牲行動。救命ボートが足りず、誰かが犠牲にならないと全員が死ぬという極限状況である。英国人に「あなたこそ紳士だ」と言うと粛然と海に飛び込んだ。米国人に「あなたはヒーローになれる」と言うとガッツポーズで飛び込んだ。ドイツ人に「これはルールだ」と言うと納得して飛び込んだ。日本人には「皆がそうしている」と言うと慌てて飛び込んだ。日本人に対する悪意を若干感じるものの、それぞれの国民性を言い当てているからこそ、定番ジョークになっている。

「3・11」では、上述の「閖上地区の悲劇」や「大川小学校の悲劇」[38]が発生した一方で、「正常化バイアス」を回避し、平時からの準備・訓練、臨機応変な判断・対応によって大勢の人命が救われた「釜石の奇跡」[39]「大船渡小学校の奇跡」[40]もあった。

巨大地震の想定被害の見直しが、「正常化バイアス」や「同調バイアス」に流されて軽視されるようでは困る。その一方、過重な公共投資を行うための方便として使われることも許されない。最も重要な災害対策は、公共投資等のハード対策ではなく、災害時の行動原則や心構え等のソフト対策であることを忘れてはならない。

リンゲルマン効果

巨大地震対策が十分かつ真摯に行われないとすれば、その原因のひとつは上述のとおり「正常化バイアス」。さらに、もうひとつ認識しておきたいのが「リンゲルマン効果」である。ドイツの心理学者マクシミリアン・リンゲルマン（一八六一～一九三一年）が行った「綱引き実験」に由来する現象である。

一対一で綱引きを行う場合、二対二で綱引きを行う場合と、徐々に人数を増やし、それぞれの場合の一人当たりの力の入れ方を計測。結果は、一対一の場合を一〇〇とすると、二人の場合は九三、三人では八五と漸減し、八人で綱引きした場合には四九まで減少。つまり、参加人数が増えるほど一人ひとりの力が発揮されないという現象が発生。集団で作業を行う場合、人数が増えるほど一人当たりのパフォーマンスが低下するということである。

集団になるほど「他の人が何とかしてくれる」という手抜き心理が無意識のうちに働く「群集心理」の一類型と言ってよいだろう。例えば、道で人が倒れている場合。他に誰もいなければ助ける人も、他に多くの通行人がいると行動が鈍るという現象も「リンゲルマン効果」の影響がある。

「リンゲルマン効果」は「社会的手抜き」とも呼ばれ、一九六四年の米国での女性暴行殺人事件が例示として指摘される場合がある。アパートで女性が被害に遭っていたものの、三八人の住民が目撃していながら誰も警察に通報せず、結果的に被害者は三〇分後に殺害された事件である。

数年前に起きた中国での交通事故被害少女の放置死亡事件も同様の類型に属する。交通量の多い道路で少女が交通事故に遭って倒れていたものの、誰も助けようとせず、少女は死亡した。原因は「リンゲルマン効果」だけではないものの、群集心理的な「社会的手抜き」が影響していたことは否めない。

日本国内でも同種の事件事故が起きている。人口が多い大都市ほど「見て見ぬふりをする」「自分ひとりぐらい」という「群集心理」が影響する傾向は強い。

一般的な仕事でも同じことが言える。複数メンバーが責任を共有する仕事では「リンゲルマン効果」が発生しがちだ。一方、一人ひとりの責任を明確にし、個々に担当を割り振ると「自分がやらなければ仕事は終わらない」という自覚を余儀なくされる。

仕事のミーティングでも、自分が責任者でない仕事では、良く言えば出しゃばらずに沈黙。違う言い方をすれば「他の人が何とかしてくれるだろう」という当事者意識の希薄さ、発言すれば責任を負わされるという忌避意識。ビジネスの世界で、社員数の多い大企業よりも少人数のベンチャー企業の方が一人ひとりのパフォーマンスが高いという傾向と合致する。

福島第一原発事故の背景として指摘された過去の経過にも、「正常化バイアス」や「リンゲルマン効果」に類似した関係者の深層心理が垣間見える。

GE社で営業運転実績がなかったマークI（福島第一原発の型式）の導入、事故発生確率が低いので大丈夫という「安全神話」、二系統両方を近接地下室に設置した緊急時補助電源、採用されなかった防潮堤嵩上げ提言、「過去の例は稀」という理由で無視された最大津波想定等々、「想定外」ではなく「リスク軽視」「リスク対策回避」と言える。当時の「政治的バイアス」「経営的バイアス」のみならず、関係者の深層心理に「正常化バイアス」「リンゲルマン効果」等が影響していたことを認識する必要がある。

「社会的手抜き」を防止するためには、「何のために」という目的意識の共有、「自分がやらなければ」という当事者意識の醸成が不可欠である。

マッカーサーの警鐘

ダグラス・マッカーサー（一八八〇～一九六四年）は敗戦後の日本の占領軍最高司令官である。そのマッカーサーが米国に帰国後、上院軍事外交合同委員会において、日本人は「勝者に追随し、敗者を蔑む傾向を持っている」[41]と発言している。興味深い発言であり、幕末期から明治初期にかけて大衆の間に広がった「勝てば官軍、負ければ賊軍」という風潮を連想させる。勝者に追随する日本人の傾向は「勝ち馬に乗る」とも表現されるが、いずれにしても、勝者の主張、勝者の論理を絶対化する気質につながっている。

政治家として、あるいは社会科学全般をフィールドとする学者の端くれとして日本の世相と向き合っていると、日本社会に「勝者に追随し、敗者を蔑む」傾向があることを実感する。勝者や強い者、権力に対して、何か反対してはいけないような雰囲気、意見することを自粛する「空気」を醸成する。日本の憂慮すべき社会体質と言える。他国にも同様の傾向を観察できるが、日本人および日本社会は相対的にその傾向が強い。

経済政策についても同様のことが言える。旧態依然とした景気対策の有効性が低下していること、財源を浪費して機会費用が増嵩していることはわかっているにもかかわらず、「景気対策が不要と言うことは非常識」という暗黙の「空気」が漂っている。金融政策も同様だ。日本では「異次元緩和」と称する異常な金融政策が行われてきた。それに伴う円安と株価上昇の効果は評価しつつも、その手段が常軌を逸していることや将来リスクについて議論しようとしない。「転ばぬ先の杖」として議論を深めることは「正常化バイアス」に陥らないために必須の対応だが、ここ数年、勝者である首相や政権の経済政策に異論を唱えることには暗黙の圧力がかかっていた。そういう雰囲気が国会やマスコミにも蔓延し、その間に「異次元緩和」はエスカレート。もはや簡単には修正や調整ができない段階に入っている。

二〇二〇年東京オリンピックも同様である。東京開催は歓迎しつつ、壮大すぎるメインスタジアム、この財政状況下で大会(二週間)終了後直ちに解体予定の施設を新設すること、東京と地方の格差拡大、猛暑の八月となる開催時期の問題等々、いずれも十分に議論されない。オリンピックメインスタジアムの無理な建設日程による過労によって、建設会社の若者が自殺する事態も発生している。しかし、オリンピック開催に否定的な意見を述べることは何か憚られるような「空気」が漂う。

ここ数年、政治の状況にも懸念が強まっている。十分な議論を行わず、「対立の迷路」を抜け出す努力もしない強行採決。行政文書の公開を拒み、時に保存を拒否する政府の姿勢。システム技術(記憶媒体)的には記憶容量は無限に近い状態になり、全資料、全データが保存可能な時代である。政治および行政に関する文書は「完全保存」「いつかは完全公開」が当たり前の時代である。何十年後かに公開されてこそ、過去の検証と未来への反映が可能となる。行政文書、行政情報は「完全保存」「いつかは完全公開」を原則にしなければ、多くの情報が存在すら認識されないまま「闇から闇へ」消えていく。それでも、勝者である首相や政権に意見しない社会体質が日本にはある。

上述の山本七平の著書『空気の研究』は日本人と日本社会の深層心理を支配する「空気」について鋭く分析している。曰く「われわれは常に、論理的判断の基準と、空気的判断の基準という、一種の二重基準のもとに生きているわけである。そしてわれわれが通常口にするのは論理的判断の基準だが、本当の決断の基本となっているのは、『空気が許さない』という空気的判断の基準である」[42]。二〇〇〇年以降になって、日本では高校生の間で「KY（空気を読めない）」という言葉が流行した。由々しき社会体質である。

ここで言う「論理的判断」は、本書の主張としての「中道」からすれば、政策に賛否があっても、双方の意見を聞き合い、落とし所を探る論理的な議論の必要性を説いている。情報を即公開できないのは当たり前。しかし、情報や文書を「保存できない」「廃棄した」などと強弁し、議論を回避する政府の姿勢がまかり通る日本社会は由々しき事態に陥っている。

論理的に考えれば「中道」以外の結論はない。しかし、「中道」もその用い方を間違えると「空気的判断」の呪縛に囚われ、結局は悲劇をもたらす可能性があることを肝に銘じるべきである。「中道」という価値観そのものも、中道的に考えると「絶対」ではないということである。ミュンヒハウゼンのトリレンマが生じている。

情報が積極的に開示されないならば、情報を集めなくてはならない。十分な情報があってこそ、様々な政策課題に対してより的確に対応することが可能となる。

雁の群れは、湿地や砂州で餌を啄《ついば》み、休息を取る。その際、群れに危険が迫らないように、周囲の状況を観察する見張り役がいる。言わば情報収集役であり、「奴雁《どがん》」と呼ばれる見張り役の雁のことを指す。「奴雁」という呼称を広めたのは福澤諭吉と言われている。

一八七四(明治七)年、雑誌に掲載された福澤の論説「人の説を咎《とが》む可らざるの論」。福澤諭吉全集第一九巻に収録されている。曰く「学者は国の奴雁なり。奴雁とは群雁野に在て餌を啄むとき、其内に必ず一羽は首を揚げて四方の様子を窺ひ、不意の難に番をする者あり、之を奴雁と云ふ。学者も亦斯の如し」。

日本を取り巻く内外情勢は常に動いている。直面する政策課題も難問ばかり。雁の群れならぬ国民に危険が迫らないように、学者と言わず、政治家も、官僚も、経営者も、「奴雁」の役割の重要性を認識しなければならない。

日銀の前川春雄総裁は「日銀はまさに国の奴雁であるべきだ」と説いていた[43]。総裁を辞した二年後の昭和六一(一九八六)年に取りまとめた高名な「前川レポート」。高度成長後の日本経済のあり方を説いた。内需型への転換、産業構造改革、規制改革、自由化等々、その後の日本の課題を先取りした警世のレポート。まさしく「奴雁」の真骨頂であった。

群れは餌を啄むために足下に気を取られる。しかし、皆が足下ばかりに集中していると、空から猛禽類に襲われたり、周囲に迫る危険に気がつかない。「異次元緩和」に奔走する現在の日銀。足下に餌をたくさん撒くことに腐心して、上空や周囲への注意力が衰えては困る。

「奴雁」の精神が大切なのは、経済の分野だけではない。あらゆる分野で求められる心構えである。不確実性の高い政策課題ほど、「奴雁」の精神が重要である。不確実性が高いということは、情報が少ない、情報不足状態と相関性が高いと言える。

福島第一原発の汚染水問題をはじめ、多くの政策課題が情報不足。「奴雁」の役割が重要である。

(1)—例えば、出芽酵母という特殊な生物では四〇種以上のオートファジー関連遺伝子が発見されているが、人間について現在発見されているオートファジー遺伝子は二〇種程度と言われている。

(2)—IMF統計に基いて積算。一九六〇～二〇一五年のG7各国の公的資本形成対GDP比は、米国四・三%、英国三・二%、フランス四・六%、ドイツ三・一%、カナダ三・六%、イタリア三・五%、六か国全体では三・九%。日本の公的資本形成積算額は一二兆六二六〇億ドル、一一〇円／ドル換算で一三八九兆円となる。

(3)—一九六〇～二〇一五年の各年のGDPと公的資本形成(実額)を現在価値に換算したうえで、その間の公的資本形成対GDP比がG7の日本以外の他六か国並み(三・九%)であったとして算出した価額との差分。消費者物価指数(二〇一五年＝一〇〇)ベースでは九五六兆円、GDPデフレーター(二〇一三年＝一〇〇)ベースでは八四六兆円となる。

(4)—筆者は二〇〇五～一七年に中央大学大学院公共政策研究科客員教授を務め、公共政策演習(修士論文指導)を担当していた。

(5)—里山の入会地等が典型例である。河川敷等の共有地を、雑草除去の役務と引き換えに地域住民に無償貸与し、牧畜や畑作等を認める対応等は、コモンズの適正管理が実現している事例である。

(6)—パリ協定は主に六点について合意した。第一に平均気温上昇を産業革命前と比較して二度未満に抑えること(発展途上国に対する配慮から一・五度以内という二段階目標の必要性にも言及)。第二に今世紀後半には温室効果ガス排出量を生態系が吸収できる範囲に収めること(人間活動による温室効果ガス増加量を実質ゼロにする長期目標、現在は生態系の吸収能力の倍の量を排出)。第三に五年ごとに具体的目標を設定すること(次の五年の目標は常に直前五年よりも高い目標を設定することを要請)。第四に発展途上国の温暖化対策に先進国が資金支援すること、および発展途上国間でも相互支援を行うこと。第五に気候変動によって「損失と被害」が発生した国々の救済を行う国際的枠組みを整備すること、第六に各国の削減目標に向けた取り組みを国際的に検証していくグローバル・ストックテイク(世界全体での進捗確認)ルールを構築し、各国に条約上の義務遵守を求めること。

(7)—William Rice (1974), "A Scenario Called Hunger : Lester Brown (飢餓のシナリオ：レスター・ブラウン)", Wshington Post, Oct 27, 1974.

(8)—二〇〇六～〇八年平均。この統計は二〇〇六～〇八年ベースであることから、その後のアジア諸国の経済発展によって現在は状況が変わっている可能性がある。

(9)――FAO最新統計(二〇一二年)には日本人のカロリー量、日本の食料自給率等は掲載されていない。日本の農水省は、二〇一二年当時、FAOはデータ不足で統計を保有していなかったためと説明している。もっとも、日本の食料統計の基準や考え方が他国の著しく異なることが原因との見方もある。

(10)――エビ(非冷凍・冷凍)輸入量(万トン、二〇一三年)の上位一〇か国は、米国五〇・七、日本一九・二、スペイン一四・九、フランス一〇・二、デンマーク九・一、英国八・九、中国六・五、ロシア六・四、イタリア六・二、オランダ五・一の順。

(11)――Worm, Boris, et al. (2006), "Impact of Biodiversity Loss on Ocean Ecosystem Services", Science, vol.314, No.5800, 2600, pp.787-790.

(12)――日本のTAC制度は一九九六年に導入され、翌一九九七年にサンマ、スケトウダラ、マアジ、マイワシ、マサバおよびゴマサバ、ズワイガニの六魚種、一九九八年にスルメイカ、二〇一七年にクロマグロに設定されている。欧米諸国はより多くの魚種にTACを設定しているのに対し、日本の水産庁は、日本では禁漁期設定、漁具規制等、他の政策手段によって漁業資源保護に取り組んでいると説明している。

(13)――日本でTAC制度が導入された当初は、漁獲実績等を勘案し、ABCを超えるTACを設定していた。二〇〇八年の水産庁TAC有識者懇談会等でABCとTACの整合性を高めるように求められ、以後、徐々にTACがABC以下に設定されるようになっている。スケトウダラに関しては、二〇一五年からようやくTACがABCと同水準に設定されるようになった。

(14)――絶滅危機レベルの公表は一九九七年から行われているが、現在と同様の「Seafood Watch Program」による「Seafood Watch」の刊行は一九九九年から始まった。

(15)――正式名称は「ILOの目的に関する宣言」であり、ILO憲章の一部を構成する。

(16)――日本の「介護医療院」は病院と介護施設の中間的組織であり、若干の医療行為が必要な要介護者が対象である。かつて全廃を計画していた病院の療養病床を括り出すことが想定されている。療養病床は高度成長期以降、自宅で看護・介護ができない高齢者を中心とする社会的入院患者急増の原因と考えられ、二〇〇〇年代には全廃が計画された。しかし、人口構成や世帯構成の変化に伴い、在宅医療・在宅介護が容易ではない中、急増する高齢者への対応策として考案された。ちなみに、二〇一六年現在の日本の療養病床数は三三・九万床、うち介護療養病床は五・九万床となっている。

(17)—例えば、二〇一四年試算の際には、二一〇〇年まで毎年物価が一・二%上昇し、賃金も一・三%上昇し続け、その間の運用利回りは実質三・〇%、名目四・二%としていた。デフレ、低成長、超低金利状態を考えると、いずれも非現実的であり、手品のような試算である。中央銀行がマイナス金利政策まで行っている日本の現状に照らせば、名目四・二%の運用利回りは空想にすぎない。

(18)—英国政府ウェブサイトのディズレーリを紹介するページに「There are three kinds of lies : lies, damn lies and statistics」との言葉が記されている。また、米国作家マーク・トウェインの著作の中で「かつてディズレーリが言った。嘘には三種類ある。つまり、何でもない嘘、白々しい嘘、それに統計だ」と記されているが、ディズレーリ自身の原発言が記された文献は未確認。"History of Benjamin Disraeli, the Earl of Beaconsfield",〈28〉、マーク・トウェイン(一九八八)勝浦吉雄訳(一九八九)『マーク・トウェイン自伝(上)』(筑摩書房)三一六~三二四頁(三二〇頁)、Peter M.Lee, "Lies, Damned Lies and Statistics", 19 July 2012 revised, 英国ヨーク大学数学科。〈29〉

(19)—拙著(二〇〇四)『公共政策としてのマクロ経済政策—財政赤字の発生と制御のメカニズム』(成文堂)九七~九八頁は次のように記している。「将来世代は現在の政策に影響を与えられないほか、自然、資源、環境等の人間以外の存在は一方的に公共政策の影響を被る側である。本書では、前者を『無抵抗の世代』(passive generation)、後者を『外部エンティティ』(external entity)、両者を含む被影響層全体を「沈黙の被害者」(silent sufferers)と定義する」。

(20)—拙著・同前七五頁「政策の採択は損失拡散と利得集中によって保証されるのに対し、政策の改革は利得拡散と損失集中によって失敗に終わる」。

(21)—フランスの政治思想家アレクシ・トゥクヴィル(一八〇五~五九年)は「過剰な民主主義」「多数者による専制」という概念を主張した。ポピュリズムと同根と言える。

(22)—ガラパゴス化は日本で生まれたビジネス用語。孤立した環境(日本市場)にビジネスが適応すると、域外との互換性を失い孤立して取り残されるうえ、域外から汎用性と市場性の高い技術や製品が流入すると、それらによって国内の技術、製品、企業が淘汰される危険があることを示唆している。進化論におけるガラパゴス諸島の生態系に準えた警句であり、携帯電話の通信方式等を競い合っていた二〇〇〇年代に普及した。ガラパゴス現象とも言う。

(23)――山本七平(一九七七)『空気の研究』(文藝春秋)一四頁。

(24)――『民間雑誌』第三編(一八七四)一～二頁、明治文化研究会編(一九五五)『明治文化全集改版』第五巻(日本評論新社)二八二～二八二頁。

(25)――前掲『民間雑誌』一～二頁、前掲『明治文化全集改版』二八二～二八二頁。

(26)――「なぜ「脱原発」踏み出せない」『中日新聞』(二〇一三年一〇月九日)。

(27)――William H. Whyte (1952), "Groupthink", Fortune, March 1952, pp.114-117, 142, 146. "Groupthink (Fortune1952)", William H. Whyte Jr. Jul22, 2012. 〈㉚〉

(28)――二〇〇一年九月一四日のバーバラ・リーの演説は、坂本龍一監修(二〇〇二)『非戦』(幻冬舎)一四～一七頁(星川淳訳)参照。米国下院ウェブサイト等でも閲覧可能である。〈㉛〉

(29)――二〇〇二年末に発行された米誌タイム新年号に「米国を救った三人の女性」が表紙を飾った。エネルギー会社エンロンの粉飾決算を告発した財務担当幹部シャロン・ワトキンス、通信会社ワールドコムの粉飾決算を告発した従業員シンシア・クーパー、「9・11」発生直前のFBIの不作為を指摘した連邦捜査官コリーン・ロウリーである。奥山俊宏(二〇〇四)『内部告発の力―公益通報者保護法は何を守るのか』(現代人文社)九五～一二四頁。〈㉜〉

(30)――「共謀罪、監視が日常に―スノーデン氏 米から技術供与証言」『中日新聞』(二〇一七年六月二日)朝刊二面。

(31)――ジョセフ・カナタチ(一九六一年～)は情報技術(IT)関連法を専門分野とする法学者、マルタ大学教授(同大法学博士)。二〇一五年七月からプライバシー権に関する国連特別報告者を務める。二〇一七年五月一八日、日本の「テロ等準備罪」を新設する組織的犯罪処罰法改正案に関して日本の安倍首相宛に書簡を送付し、同法は「プライバシーや表現の自由を過度に制限する惧れがある」等の懸念を表明した。

(32)――前掲『空気の研究』一三頁。

(33)――同前一三頁。

(34)――同前一四頁。

(35)――「麻生氏の発言 内外から批判」『朝日新聞』(二〇一三年八月一日)、「『ナチス発言』火消し急ぐ 麻生氏撤回表明 政権に障害危惧」『読売新聞』(二〇一三年八月二日)。

(36)――二〇一五年四月六日、文科省が二〇一六年から中学校で使用する教科書の検定結果を公表したことを契機に、検定基準が六年前に変更されていたことが改めて話題になった。同基準は文科省の裁量で変更可能な告示であり、その中に次の基準が付加されていた。曰く「閣議決定その他の方法により示された政府の統一的な見解又は最高裁判所の判例が存在する場合には、それらに基づいた記述がされていること」。当該基準に関して、第一に「閣議決定その他の方法によって示された政府の統一的な見解」に従わせようとしている点、第二に「それらに基づいた記述」を求めている点が、とくに物議を醸した。「それらに基づいた記述」ではなく「それらを客観的に記述すること」であれば対応が異なる。閣議決定や最高裁判決は、後世になって変更されたり、評価が変わることもある。だからこそ、「閣議決定が行われた」「判決が最高裁判決によって下された」という客観的記述がより中立的な対応である。「それらに基づいた記述」という語感は「それらが正しい」ことを暗示している。さらに第三に、立法府の判断が配意されていないことも問題視された。閣議決定は「行政(政府)」、判決は「司法」が行うものである。一方、国権の最高機関である「立法」の判断に対する配意は全くなされていない。全会一致の国会決議や法律は、まさしく国としての公式見解。国会決議であっても、全会一致でなければ政党間で異なる意見があることを意味する。全会一致の場合でも、国民全員が同じ意見ということはあり得ない。したがって、国会に関しても「それらに基づいた記述」ではなく「それらを客観的に記述すること」、すなわち「国会決議が行われた」と記すことが中立的表現と言える。教科書検定基準の変更が行われていたのは二〇〇九年三月四日であり、首相は「ナチスの手口を学べ」と発言した重要閣僚が務めていた(上記注参照)。

(37)――エーリッヒ・フロム(一九五〇)日高六郎訳(一九五二)『自由からの逃走』(東京創元社)一一頁。

(38)――「3・11」の地震発生から約五〇分後に津波が新北上川(追波川)を遡上し、河口から約五キロメートルの距離にある大川小学校に到達。校庭にいた児童七八名中七四名、教職員一三名中一〇名が犠牲になった。地震発生後、教師は児童を校庭に集め、避難先について議論を始めた。学校裏山と約二〇〇メートル離れた小高い場所(三角地帯)のどちらに避難するかをめぐって教師の意見が対立。裏山は足場が悪く、児童が登るには難があること、小学校に避難してきた老人も一緒に移動することを考慮して後者を選択。ようやく移動を開始した直後に巨大な津波が児童の列を前方からのみ込んだ。列の後方にいた教師と児童数人は向きを変えて裏山を駆け上がり、一部は助かった。家族が迎えに行き、独自に避難した児童は助かった。避難先として選定した三角地帯も標高不足で津波に呑み込まれた。

(39)──「3・11」の際、岩手県釜石市の三〇〇〇人近い小中学生は迅速に避難し、奇跡的に無事だった。地震発生直後、児童・生徒たちは直ちに学校を飛び出し、高台に向かって走った。子供たちの動きにつられ、多くの大人もそれに倣った。年長の児童・生徒は年少の児童を助けながら走った。釜石市では一〇〇〇人以上亡くなったが、迅速な避難行動の結果、小中学生の犠牲者は地震発生時に学校不在の五人だけだった。子供たちが無事に避難できた話は「釜石の奇跡」として知られるようになった。迅速に避難できた理由は、釜石市内の小中学校が群馬大学教授片田敏孝の指導で取り組んだ防災教育プログラムの成果であった。防災専門家の片田は、二〇〇四年のインド洋津波被害を踏まえ津波防災に取り組むようになったが、日本の沿岸地域住民の津波警戒意識の低さに驚愕。三陸地方は過去一〇〇年に二度、大津波被害に遭っているにもかかわらず、子供たちが「親が逃げないなら自分も逃げない」と回答することに衝撃を受けた。以後、片田は三つの原則を徹底する活動を行った。第一は、想定に囚われないこと。第二は、最善を尽くすこと。第三は、率先避難者となること。避難を躊躇う周囲の動きに流されず、率先して最初の避難者になること。そうすれば周囲も避難し始め、結果的に多くの人命を救うことになる、と教えてきたことが現実となった。

(40)──津波襲来時、岩手県大船渡市の大船渡小学校と越喜来小学校は児童全員が生き延びた。マニュアルに囚われない学校の判断等が児童の命を救った。大船渡小学校は学校自身が避難場所であったが、より高台にある大船渡中学校に避難させて難を逃れた。マニュアルでは揺れが収まった後に避難することになっていたが、揺れる時間が長かったことから、越喜来小学校では揺れている間に避難を開始。指定避難場所から、さらに背後の山に登らせた。避難開始の判断、避難場所の変更が児童の命を救った。なお、越喜来小学校の従前の避難経路は、一旦一階から校舎外に出て、坂を登って高台の鉄道駅舎に向かうことになっていた。大船渡市議の平田武は、避難時間短縮を企図して、二〇〇八年に校舎二階から裏山へ非常通路を設置するように求め、「3・11」前年の一二月に完成した。平田は「3・11」の九日前に病没していたが、越喜来小学校の児童七一人はこの非常通路を使って避難した。長さ約一〇メートル、幅約一・五メートルの非常通路は、避難直後に津波に破壊された。

(41)――マッカーサーは一九五一年四月にGHQ最高司令官を解任された後、五月三日から五日まで三日間連続で行われた上院軍事委員会・外交委員会合同の公聴会に出席した。該当発言はロング上院議員に対する回答の一部であり、正確には「他の東洋人と同様に」という前提で回答している。"They are like all orientals. They have a tendency to adulate a winner, and to have the most supreme contempt for a loser".

(42)――前掲『空気の研究』一六頁。

(43)――筆者が日銀に入行したのは一九八三年。入行式で前川春雄総裁から辞令を受けた。その際の訓示でも「日銀はまさに国の奴雁であるべきだ」と説いていた。前川総裁自身も上司の年頭訓示で福澤の奴雁の話と日銀の役割を諭されたと伝わっている。

第5章 「中道」のすすめ

「対立の迷路」と「同調の悲劇」を回避するためには、「中道」という思考論理が有用である。「中道」はソクラテス以来の哲学が、「正しい」とは何か、「正義」とは何かを探求する中で到達した思考論理と共通点を有する。政治概念の「中道」と思考論理としての「中道」は異なる。対立する意見のどちらにも偏らない立場を指し、多元主義とも言える。多様な「正しい」「正義」が存在する中で、不完全な民主主義の下、「対立の迷路」と「同調の悲劇」を回避する知恵こそが「中道」である。「合理的な愚か者」が破局に至らないための思考論理に接近し、ペイオフ行列的な混迷と人間心理の矛盾の中で、どのように「相対的最善解」を選択するかを探る。「中道」とは肯定の論理学である。

人間は地球上で最も愚かで有害な生物である。それを自覚することが、人間が直面する様々な困難を乗り越える鍵である。何が「正しい」かを深く洞察することなく、「正義」を振りかざして対立し、「空気」に流されて同調する。「対立の迷路」と「同調の悲劇」は悲惨な結果を生み出す。勝者の歴史を修正するために、新たな勝者を生み出す。その過程で、新たな「対立の迷路」と「同調の悲劇」を繰り返す。

人間の歴史は地球史の一瞬にすぎない。生態系において他種の保護作用が働き、人間が一気に絶滅することもあり得る。そう考えざるを得ないほど、人間は地球上で最も愚かで有害な生物である。

この運命から逃れるには、「対立の迷路」と「同調の悲劇」を回避すべく、事実を検証し、共有する努力をしなければならない。そのうえで、不毛な対立や根拠なき同調を回避するために、異なる意見に耳を傾け、対話の前提となる事実を共有することが望ましい。しかし、その事実ですら何が事実かをめぐって対立が生じる。ミュンヒハウゼンのトリレンマである。

お互いの主張を肯定し合うことなしに、歩み寄りのスタートは切れない。話し合うとは聞き合うことである。

争いの背景には必ず経済的利害が存在する。では、豊かになれば争いはなくなるのか。否、そうではないことを歴史が証明している。富を奪い合うためにさらに争う。豊かになれば平和で幸せになるわけではない。

富の創造方法を競い合った近代経済学のいずれの理論も客観的な正当性を証明できていない。飢餓、貧困、格差等を生み出す原因を説明するにとどまり、その解決策を提示するには至っていない。経済規模を大きくする手段を説明できても、幸せが向上する手段は説明できない。そもそも、何が幸せかを深く洞察していない。

人間は自らの愚かさを乗り越えるために、どのような心構えで生きるべきか。

何が「正義」か

正義の変遷

「対立の迷路」と「同調の悲劇」を回避するためには「正義」について深い洞察を行うことが必要である。「正義」は曖昧で不確かなものである。何が「正義」か。古代から議論され続けている問題である。

古代ギリシャの哲学者ソクラテス（BC四六九～三九九）は著作を残していない。ソクラテスの考えは、弟子のプラトン（BC四二七～三四七）が著した『ソクラテスの弁明』およびその続編『クリトン』の対話集（ダイアローグ）の中で、ソクラテスの独白（モノローグ）として記されている。

ソクラテスは「正義」を「熟慮および検討の結果として最善と思える考え」と定義した。社会は多数の人間で構成されている。全員の意見が一意することはない。熟慮および検討には議論が必要である。議論の結果としての合意が「正義」であり、議論を超越した絶対的な「正義」は存在しない。

アテナイがペロポネソス戦争でスパルタに敗北後のBC四〇四年、アテナイでは親スパルタの三十人政権[1]が成立した。一年後、三十人政権が崩壊。新政権は敗戦や失政の原因追及のため、前政権の後ろ盾となっていた哲学者等を糾弾。ソクラテスもその一人となり、糾弾に対して反論し、全く妥協せず、死刑が宣告された。

ソクラテスは、「正義」に反することは自分にとって死よりも悲惨な禍であると述べている。裁判や刑罰も法によって定められている。法は議論の結果としての合意であり、つまり「正義」。ソクラテスにとって「正義」に従うことは、死後においても「自分自身が弁明できる状態にしておく」ことである。

悪法だという理由で法を守らなければ民主主義が崩壊する。悪法でもそれに従うことが真の自由である。法を破って好き勝手にすることが自由ではなく、好き勝手にしたいエゴや執着から解放されることこそが自由である。ソクラテスはそう考えた。

「正義」は法に準ずることである。ただし、「国家の法」ではなく「神の法」。議論の結果としての合意に従うことが「神の法」である。ソクラテスは合意を受け入れ、「悪法も法なり」と言い、判決に従って毒を飲んで死んだ。

ソクラテスの弟子プラトンは、人間および社会の「正義」を論じた。プラトンの考える「正義」は著作『国家』の中でソクラテスの言葉によって語られている。

プラトンの「正義」とは、個人あるいは共同体の中で調和が完成されていることである。一人であれば自己の中で調和を完成すればよいが、多数による調和は議論の結果として完成する。

プラトンの「正義」は「国家の正義」と「個人の正義」から構成され、両者は実質的に一致する。国家は個人の集合体であり、個人に由来しない国家は存在しないからだ。

「国家の正義」とは、市民、兵士、支配者がそれぞれ職責を果たすことである。自分のことをする、他人に干渉しないことが「正義」と定義された。

「個人の正義」は「国家の正義」の縮小版、あるいは「国家の正義」が「個人の正義」の拡大版と理解された。市民としての自我、心身を外敵から守る兵士の役割を果たす勇気、心身を司る支配者としての知恵。自我、勇気、知恵の三つが調和の下で職責を果たす時に、個人は「正義」に適った存在となる。

アリストテレス（BC三八四〜三二二）はプラトンの弟子である。「正義」について師と異なる定義をした。

アリストテレスは「正義」を「広義の正義」と「狭義の正義」に区別した。「広義の正義」は人間の徳全体を意味する。

「狭義の正義」を「配分的正義」と「矯正的正義」に分けた。「配分的正義」は、利得であれ罰であれ、個々人に相応しい禍福を受けることを意味する。二倍働いた人間は二倍の対価を受け取る。二倍罪を犯した人間は二倍の罰を受ける。つまり「配分的正義」は比例的計算に服する。

「矯正的正義」は「配分的正義」が達成されていない時、あるいは崩れた時、それを補正することを意味する。窃盗に遭って財産を失った者、窃盗によって不相応な財産を得た者、こうした人間は「矯正的正義」によって補正されなければならない。

選挙権を例に取ると、財産や納税額に応じた選挙権は「配分的正義」である。しかし、今日では財産や納税額によって選挙権に制限を加える民主主義国家はない。一人一票が原則であり、「矯正的正義」の典型例と言える。

論理的には「配分的正義」に反する不平等も「矯正的正義」によって調整され得るが、どのような状況が「配分的正義」に反する不平等か。その点が問題となる。

アリストテレスの正義論は近世に至るまで強い影響を持ち続けたが、それに異議を唱えたのがトマス・ホッブズ（一五八八〜一六七九年）である。

ホッブズは、国家を怪物に喩えた『リヴァイアサン』の中で「契約論」を打ち出した。「国家（コモンウェルス）」を人間に準え、「主権」が魂、「富」は体力、「法」は意志とした。コモンウェルスは直訳すれば「国民の富」である。

国民の相互契約によって国家に人格が付与され、国家は国民の安全のために尽くす存在と考えられた。プラトンの考えに近い。人格を伴う国家が「主権者」であり、国家以外の全ての人間は「国民」と呼ばれる。

ホッブズは、「矯正的正義」を「契約者の正義」、「配分的正義」を「裁定者の正義」とした。「矯正的正義」を「交換的正義」とも称し、交換される物の価値は交換当事者の主観的欲求によって決まるので、双方が満足すればそれは「不正義」ではない。正義は交換に同意した「契約」に起因すると主張する。「配分的正義」は配分を決定する仲裁者に委ねられる。契約によって決定権を信託された仲裁者が平等に配分できるか否かが重要であり、正義は配分される物の客観的価値とは無関係である。つまり、ホッブズの正義は「契約」に起因する。

正義とは「契約」、約束を守ることに尽きる。ホッブズはそうした約束を「自然法」の範疇と捉えたものの、「自然法」を「神の法」とは考えず、「理性による法」あるいは「理性の戒律」として人間が成すものとした。

ジョン・ロック(一六三二〜一七〇四年)はリバタリアニズムの元祖であり、個人の自由と権利の絶対性を主張した。社会において不利な立場の人を救済する「正義論」とは相容れない。

ロックの「正義」とは、複数の人間を「法」やその他の共通尺度によって平等に取り扱うことである。もっとも、アリストテレスの「矯正的正義」のような調整も否定しない。

そしてロックは王権を認め、統治者には「正義」を行う義務があるとした。

ジャン・ジャック・ルソー(一七一二〜七八年)は、本来人間は自由かつ平等であるが、現実には社会の様々な制約に束縛されていると考えた。その結果、人間の権利は合意に基づく権利であり、合意がなければ社会は成立せず、人間は自然状態に置かれるとした。

ルソーは弱肉強食の論理、自由至上主義を否定しない一方、一定の秩序も必要と考えた。その秩序こそが「正義」である。秩序は自然に生まれるものではなく、人間と人間との約束、つまり契約に基づくものである。問題は契約の中身である。

勝者の「正義」だけが「正義」であるならば、新たな勝者が現れるたびに「正義」が変わる。「正義」は次々と移り変わる。一番強いものだけが「正義」なのだから、どのように勝者になるかという方法論だけが問題となる。しかし、移り変わる「正義」とは何なのか。

強制された服従は義務とはなり得ない。服従が強制されなくなれば、服従する必要はなくなり、義務も消え去るからだ。つまり、力による「正義」は安定せず、何も生み出さない。力による「正義」には意味がない。

こうして、「正義」とは強制されなくても守らざるを得ない秩序であり、それを生み出すのは社会契約であると考えた。

イマヌエル・カント（一七二四～一八〇四年）は「正義」を普遍的なものと定義した。自分に適用される「正義」は他者にも適用される。逆もまた真なり。

自然法や義務論に共通する「神が与えた法だから正しい」「正しいから正しい」という教条主義的な考え方を否定した。

無知のヴェール

自由主義の「正義」は個人や経済の自由を重んじる。リバタリアニズム（自由至上主義）である。リバタリアンにとっての「正義」は、市場を通じて富が配分され、その富を人々が自由にできること。市場原理を重んじた。

しかし、裕福な家に生まれた人間と貧しい家に生まれた人間は本当に平等か。才能を持って生まれた人間とそうでない人間は平等か。市場の「正義」は生まれながらの格差を拡大するのではないか。

第1章で述べたように、リベラリズムは自由主義である。しかし、リバタリアニズムとの比較において語られるリベラリズムは、ソーシャルリベラリズムの傾向を有する。集団全体の幸福ではなく、個人の基本的権利を守るために調整された自由主義がソーシャルリベラリズムである。弱者の立場を尊重し、格差を是正することを指向する。

リバタリアニズムやリベラリズム、すなわち自由主義の底流に流れる功利主義は「最大多数の最大幸福」を目指す。集団の利益を重視する「正義」である。しかし、個人が功利的という意味で合理的でも、集団全体の利益を最大化する選択はできない。つまり、人間はペイオフ行列の「相対的最善解」を選択できない「合理的な愚か者」である。

要するに自由主義も功利主義も完璧ではない。そうした混沌の中で登場したのがジョン・ロールズ（一九二一～二〇〇二年）である。

一九七一年、ロールズは『正義論』を出版した。相対主義による「正義」の再構築を試み、「公正としての正義」のない状態では社会秩序は保たれないと主張した。

ロールズは「無知のヴェール」という思考実験を提案した。「無知のヴェール」とは、自分の属性が一切不明の中で「正義」を考えることを意味する。ヴェールをかぶり、自分の性別、財産、職業、学歴、宗教、健康等が一切不明の中で、何を「正義」と考えるか。自分は弱者かもしれない。だから、誰もがリスクを考えれば弱者が尊重されるルールが選ばれるはずだという論理を主張する。

「無知のヴェール」の下で公正な自由、公正な「正義」を実現する社会を目指す思考実験の下で、ロールズは「正義」の規範理論を打ち立てようと試みた。

「公正としての正義」には三つの原理がある。第一に、人間は自由に関して平等の権利を有する(平等原理)。第二に、社会的・経済的不平等は最も恵まれない人間の利益を最大化する場合にのみ許される(格差原理)。第三に、全ての人間に如何なる職業や地位にもつくことができる機会が開かれている(機会原理)。

ロールズの主張は「正義」論争の基軸を形成した。今日でも法哲学で使われる「正義」は公正に重きを置いており、一般に使われる「正義」とはニュアンスが異なる。ロールズは「普遍的リベラリズム」から「政治的リベラリズム」にシフトしたと評され、それは世界の政治思想の潮流の転換点であった。理念以上に現実の「正義」が重要であるという考えに傾斜し、現実の人間社会が抱える不公正・不正義を是正すること、すなわち社会契約説の立場をとった。

ロールズに挑んだのがマイケル・サンデル(一九五三年〜)である。サンデルは「無知のヴェール」による思考実験を否定した。人間は白紙状態にあるのではなく、帰属する共同体に制約されていると反論した。有名なサンデルのロールズ批判である。

サンデルとの論争の結果、ロールズは「無知のヴェール」は普遍的なものではなく、西欧民主主義に基づくものであることを認めざるを得なくなった。ロールズは当初、「正義」の原理は世界に普遍的に妥当すると考えていたが、そのような普遍的な社会契約はなく、欧米以外の国々の「正義」を同等に扱うことはできないという考えに修正された。

サンデルの著書『これからの「正義」の話をしよう』では、功利主義、リベラリズム、リバタリアニズム、共同体主義の四つの「正義」を説明しているが、共同体主義が相対的に正しいという結論に到達する。サンデルの主張は共同体主義であり、サンデルはコミュニタリアン（共同体主義者）である。

共同体主義は、個人の自由より、共同体の中で形成された道徳観や共通善を重視する。共同体主義はリベラリズムに対抗する思想のひとつであるが、自由主義を根本から否定するものではない。共同体の価値を重んじるが、個人を共同体に隷属させ、共同体のために個人の自由や権利を犠牲にするような全体主義的、国家主義的主張ではない。自由主義を基本としつつ、自由主義とは異なる側面、つまり共同体の価値の重要性を尊重する。

サンデルの真の批判の対象はリバタリアニズムである。サンデルは市場原理主義に反対している。なぜか。リバタリアニズムは、市場メカニズムが機能し、契約や交換が自由意志で行われる場合には何の問題もない。リバタリアニズムはある意味で進歩主義的である。相手に干渉しない。自分の考えを押しつけない。多様性と個人の自由を認め、あとは市場に任せる。この思想は新自由主義的な経済学者の台頭とともに影響力を増し、米国を筆頭に世界は市場原理主義に変わっていった。

サンデルは、市場原理主義によって破壊されている価値観があることを懸念している。二〇一二年に出版した『それをお金で買いますか――市場主義の限界』の中で、いくつかの事例を示して市場原理主義に対して疑問を呈した。

例えば、遊園地に入る行列に並びたくない場合、早く入場したい人間は高い優先券を購入する。しかし、それが病院の場合はどうか。高いお金を払える人は早く診察してもらえる。払えない人は、長時間待たされ、病気が悪化したり、最悪の場合は死亡するリスクもある。これは果たして「正義」と言えるのか。

サンデルは市場原理よりも大切にすべき「正義」があると主張している。それは、共同体のモラル、共通善である。共通善はグローバル社会でも通用するのか。

サンデルは古き良き米国社会、米国市民の協力の精神と民主主義によるルール作りの世界を想定している。結局、サンデルのコミュニタリアニズムも二〇世紀後半の米国を中心に発展してきた共同体（コミュニティ）の価値を重んじるものであり、当然、普遍的ではない。

特定の共同体の「正義」はグローバルには通用しない。むしろ、反発し合う。欧米社会とイスラム社会の対立が典型例である。米国でもWASP（白人・アングロサクソン・プロテスタント）だけの社会であれば、共通善はうまく機能するかもしれない。しかし、現実には様々なルーツの国民が混在しており、同質性は確保されず、それぞれの「共通善」が併存し、全員の合意には達しない。

この現実を踏まえれば、サンデルが取り上げた四つの「正義」の全てが機能不全に陥っている。「正しい」「正義」に万人に共通する答えはない。「正しい」や「正義」は曖昧なものであることを認めることが重要だ。

考える過程が知性と感性の成長に不可欠である。物事を批判的に見る目、物事に疑念を持たざるを得ない知性を身につけることが重要である。悩みもせず、その一方で信念がある、確信があるというのは、単にしっかりと考えていないからにすぎない。

正義のアイディア

アマルティア・センは二〇〇九年に『正義のアイデア』という本を著した。第1章で取り上げたとおり、センは貧困の研究や社会的選択理論で画期的な功績を挙げ、一九九三年、アジア人として初のノーベル経済学賞を受賞した。センは経済学者であるが、政治哲学の分野でも活躍してきた。本書はセンの哲学の集大成と言える。

序文においてセンはインド古代法学における二つの考え方、「ニーティ」と「ニャーヤ」に言及している。「ニーティは、組織が適切であることと、行動が正しいことに関わるのに対し、ニャーヤは実際に何がどのように起こるのか、とくに、人々が実際に送ることのできる暮らしと関わっている(2)」。

ソクラテス以来の哲学の系譜に当てはめれば、ニーティは契約論的アプローチ、ニャーヤは非契約論的アプローチである。『正義のアイデア』の骨格は、この二つのアプローチを対比させることで構築されている。

センは、契約論的アプローチの系譜としてホッブズ、ロック、カント、ロールズを挙げる一方、非契約論的アプローチの系譜にアダム・スミス、ジェレミ・ベンサム(一七四八〜一八三二年)、メアリ・ウルストンクラフト、カール・マルクス、ジョン・スチュワート・ミル(一八〇六〜七三年)を挙げている。そのうえで、自身を後者の系譜に位置づけ、後者の優位性を主張している。

センは、契約論的アプローチは正義論にひとつの論理体系を構築してきたが、絶対的に「正しい」ことなど現実には存在し得ないのだから、契約論的アプローチであっても「正義」に正当性を与えることはできないと断じている。非契約論的アプローチが「正しい」と述べているのではなく、契約論的アプローチが「正義」に正当性を与えることの困難さを説いている。

絶対的に「正しい」ことを決定できないとしても、スミスが提唱した「公平な観察者」という視点を例に挙げ、様々な価値や意見を最大限客観的に比較することで、相対的に「正しい」こと、相対的な「正義」を追求することが可能としている。

それを担保するためには、公共的推論と民主主義を包括的に実現していくことが重要であると主張している。また、福祉とエージェンシーという概念を用い、利己心と利他心の存在をそれぞれ認めている。

「しかし、人は自分の目的や優先順位が、自分自身の個人的福祉の狭い限界を超えうることを理解するために、ガンディー（あるいは、マーティン・ルーサー・キングやネルソン・マンデラやアウンサンスーチー）のようになる必要はない[3]」とも述べている。

『正義のアイデア』は、混沌とした世界の中で起きる諸問題に対して、どのように考えるかという思考方法を提供している。「正しい」とは何か、「正義」とは何かということについて、センは直接答えていない。それはセンにとっては無意味なことである。その代わりに、理論や数学的手法に過度に頼ることなく、様々な具体的事例によって考える作業を重んじ、相対的な「正義」に至るための思考方法、思考過程を示している。

ダブルスタンダード

「正義」とは如何に曖昧なものか。現実の事例からその曖昧さを確認しよう。

二〇一六年五月二七日、オバマは米国大統領として初めて広島を訪問した。「七一年前、晴天の朝、空から死が降ってきて世界が変わった。閃光と炎の壁がこの街を破壊した」。ホワイトハウスが「数分間の所感」と発表していたオバマのスピーチは、印象深い切り出しから始まり、約一七分に及んだ[4]。

オバマは二〇〇九年のプラハ演説で「核兵器なき世界」を提唱し、それが評価されてノーベル平和賞を受賞した。オバマの核軍縮への関心の出発点は米コロンビア大学時代。研究テーマは核軍縮。一九八三年、学内誌への寄稿で「核兵器なき世界」という言葉を早くも使っていたそうだ。

プラハ演説で「米国は核兵器を使用したことのある唯一の国として、行動する道義的責任がある」と話し、広島スピーチで「広島と長崎は核戦争の夜明けではなく、道義的な目覚めの始まりであるべきだ」と語った。

今でも米国内では「核兵器が戦争を終わらせた」「原爆を使用しなければ、より多くの米国人、日本人が犠牲になった」という考え方が根強いものの、オバマの広島訪問が可能となった背景には、米国内の世論の変化も影響しているだろう。

一九四五年の世論調査（ギャラップ社）では、回答者の八五％が広島への原爆投下を支持。しかし、二〇一五年の世論調査（ピュー・リサーチ・センター）では支持が五六％に減少した。世代間格差もある。一九八〇年代から二〇〇〇年代初頭に生まれた「ミレニアル世代」では原爆投下に対する否定的な意見が漸増。時間の経過とともに、戦争世代の高齢者と比較すると、原爆投下を支持する若者世代の割合は減っている[5]。

核兵器廃絶に関する米国世論は二分されている。二〇一〇年調査（CNN）では、四九％が「米国を含む数カ国は他国の攻撃に備えて核兵器を保有すべき」と回答。一九八八年の調査では四四％。冷戦終結後の現在の方が核兵器保有の支持率が高いのは意外である。

オバマは歴史的な広島訪問を実現したものの、本気で核兵器廃絶に取り組もうとしていたのか、あるいはそれが可能なのか、という点には疑問が残る。

日本ではあまり報道されなかったが、欧米メディアは広島に持ち込まれた「フットボール」と「ビスケット」の存在をクローズアップした。

「フットボール」とは米国大統領に随行する軍事顧問が携行する重さ約二〇キログラムの黒皮のアタッシュ

ケースを指す俗称。大統領が核兵器の使用を命じる通信機器が入っている。「ビスケット」は大統領が携行するカードキーの俗称。「フットボール」経由で核兵器使用を命じる場合、カードキーによって大統領本人であることを認証する。

「フットボール」と「ビスケット」はキューバ危機に直面したケネディ大統領時代から使われるようになった。「ビスケット」をポケットに入れたままスーツをクリーニングに出したジミー・カーター大統領、暗殺未遂事件の際に病院に運ばれたレーガン大統領と「フットボール」が離れ離れになったというエピソードも伝わっている。

「フットボール」と「ビスケット」を携行して広島を訪問したオバマ大統領。これが現実である。

NPT(核兵器不拡散条約)によって「核兵器なき世界」に向けた努力が行われているという認識は正確ではない。NPTは、米国、ロシア、英国、フランス、中国以外の核兵器保有を禁止する条約である。核兵器保有国の非保有国に対する軍事的優位の維持を企図し、保有国が核兵器削減、核兵器拡散防止を「大義名分」として一九六三年に国連で採択した条約である。

一九六八年に六二か国によって調印され、一九七〇年に発効。二五年間の期限つきであったため、発効二五年目(一九九五年)に条約の無条件、無期限延長が決定。加盟国は漸増し、現在の締結国は一九一か国・地域(二〇一六年六月現在)である。

第九条第三項で、一九六七年時点の保有国(保有を許された国)である米国、ロシア、英国、一九九二年批准の保有国であるフランスと中国の五か国と、それ以外の非保有国(保有を許されない国)とに分別。ずいぶん都合のよい条約である。

保有国については、核兵器の他国への譲渡禁止（第一条）、誠実に核軍縮交渉を行う義務（第六条）が規定されているが、五か国が遵守しているとは思えない。五か国の核軍縮の実績は、中距離核戦力全廃条約（一九八七年締結、一九九一年廃棄完了）、第一次戦略兵器削減条約（一九九一年締結、二〇〇一年廃棄完了）のみである。

非保有国については、核兵器の製造・取得禁止（第二条）、国際原子力機関（IAEA）による査察受け入れ義務、および原子力の平和利用の権利（第四条）が規定されている。

南アフリカは一九九一年に核兵器を放棄、ベラルーシ、ウクライナ、カザフスタンは核兵器をロシアに移転し、それぞれ非保有国として加盟。

主要な未加盟国は、インド、パキスタン、イスラエル、南スーダン。インドとパキスタンは五か国のみに保有を認めるのは不平等であると主張し、批准を拒否。

イスラエルは保有を肯定も否定もせず、二〇一〇年、IAEAから要請された条約加盟と査察受け入れを拒否。二〇一一年建国の南スーダンは条約やIAEAに対応する体制が整っていない。

一九九一年湾岸戦争に敗北した加盟国イラクは、核を含む大量破壊兵器を将来も開発しないことを約束する国連安保理決議六八七を受諾。しかし、現在も核兵器や生物・化学兵器廃棄の完了は未確認。一九七〇年加盟のイランは核兵器の開発・保有が疑われている。

北朝鮮はIAEAの査察に反発して一九九三年に脱退表明。国連安保理による制裁検討を受けて、日米韓によるKEDO（朝鮮半島エネルギー開発機構）設立を条件にNPT残留。その後、北朝鮮の協定違反等を受けてKEDOが重油供与を停止。これに対し北朝鮮は二〇〇三年、再度NPT脱退を表明。日本は、北朝鮮の脱退表明が手続違反として、脱退は成立していないとする立場を採っている。

核兵器拡散防止を求める一方、自らは核兵器を保有・強化しようとする保有国の姿勢はダブルスタンダードとしか言いようがない。二〇一四年、マーシャル諸島共和国は、NPT違反として五か国を国際司法裁判所に提訴した。もっともなことである。

日本はNPTに一九七〇年署名、一九七六年批准。第一〇条が自国の利益を危うくする事態には脱退する権利を有すると定めていることから、日本は署名時に「日米安保条約が廃棄される等、我が国の安全が危うくなった場合には第一〇条により脱退し得ることは当然」との声明を発表している。意外に知られていない。

一方、核兵器全廃を目指す核兵器禁止条約(略称NWC)は一九九〇年代から議論が始まり、二〇〇七年にコスタリカとマレーシアが共同提案。二〇一〇年NPT再検討会議の合意文書が初めてNWCに言及。国連事務総長も必要性を認めているが、実現は困難だろう。

包括的核実験禁止条約(略称CTBT)は一九九六年に国連で採択され、日本は同年署名、翌年批准。現在一八二か国が署名、一五七か国が批准しているものの、発効要件国(核兵器保有国を含む四四か国)の批准が完了していないため未発効。もちろん、オバマも在任中に批准しようとしなかった。

ダブルスタンダードのみならず、オバマには言行不一致という批判もある。「核兵器なき世界」を訴えてノーベル平和賞を受賞した一方、在任中に史上最大の核兵器近代化計画を承認したからだ。既述のとおり、全核弾頭の更新、「トライアド(陸海空の核兵力の同時行使能力)」の強化、即応時間の短縮等、今後三〇年間で一兆ドルの予算を投じることを認めた。

オハイオ級原子力潜水艦や地上発射型ミサイル、大陸間弾道ミサイル（ミニットマンⅢ）の後継開発も推進。ロシアが新START（戦略核兵器削減条約）上限一杯のミサイルや爆撃機を保有しているため、米国としても手を抜けないということである。

核戦争勃発の可能性との関係で関心を集めているのが、核兵器の小型化と高性能化だ。具体的には、発射（投下）時または発射後に、破壊目標に合わせて広島型の三倍から二％程度に爆発力を調整可能で、かつ命中精度三〇メートル以内という新型核爆弾「B61-12型」。

命中精度が高く、爆発力を必要最小限に調整できることが、かえって核兵器使用の抵抗感を低めると懸念されている。

さらに、空中発射型長距離スタンドオフ・ミサイル「LRSO」の開発。「LRSO」は二〇一六年現在の空爆の主力、空中発射型核攻撃用巡航ミサイル「トマホーク」の後継である。

「B61-12型」を装填した「LRSO」は次期爆撃機「B3」に搭載予定。遠隔地で投下され、自由落下の途中で噴射飛行開始。捕捉や投下地点特定が難しいと言われている。「B61-12型」を装填した「LRSO」で攻撃されると、通常弾頭か核弾頭かの即断が難しい。もちろん、事後には確認可能である。

米国防省や軍事専門家は、ロシアが米国の通常戦力優位に対抗して小型核兵器開発に注力しているため、米国も限定核攻撃に備えることが必要と説明している。換言すると、核兵器が大型で強力だと、ロシアからの限定核攻撃への対応を自己規制してしまう可能性があるため、小型核兵器が必要という論理である。

こうした技術進歩は限定核戦争勃発の可能性を高め、エスカレーション・コントロールに失敗すると、大規模核戦争につながる危険性がある。

以上のような核兵器開発に加え、オバマが削減した弾頭数が歴代政権の中で最も少ない点も批判されている。ジョージ・ブッシュ政権（二〇〇一〜〇八年）は約五三〇〇発の核弾頭を削減したのに対し、オバマ政権は約七〇〇発。ブッシュ政権下では弾頭の母数（約三万基）が多かったこと、オバマ政権下ではロシア、中国、北朝鮮等との関係が悪化するなど、環境の違いはあるが、言行不一致と言われてもやむを得ない。

オバマの広島訪問は自分の「レガシー（政治的遺産）」を明確にすることだったとも言われてる。広島スピーチでは「核兵器なき世界」の実現は「私が生きているうちにこの目標を達成することはできないかもしれない」と語っている。

「核の傘」の提供者である米国が言行不一致なので、日本も言行不一致に追随している。二〇一六年一二月の国連総会、核兵器廃絶への法的枠組み強化を求める「人道の誓約」決議が一三九か国の賛成多数で可決されたが、日本は棄権。反対する米国に配慮した判断だったようだ。大量のプルトニウム保有も日本への疑念を高めている。

「核の傘」の下にはあるものの、米国が日本のために核兵器を使用するのではなく、米国自身にとって必要な時には使用するだろう。それが国際政治というものだ。

プラハ演説で「世界的な核戦争の脅威は減ったが、核攻撃のリスクは増した」と語って大統領としてのスタートを切ったオバマ。大統領退任を目前に控え、二〇一六年五月二五日の英フィナンシャル・タイムズ紙は「この声明の前半部分がまだ通用すると主張するのは難しい」と断じている。

オバマの広島スピーチの一節。曰く「人類が自分たちを破壊する手段を手にした」「米国を含む核兵器保有国は恐怖の論理を脱し、核兵器のない世界を追求する勇気を持たなければならない」「我々は戦争に対する考えを変え、紛争を外交手段で解決する必要がある」。

志には賛同するが、言行不一致。これが国際政治の現実である。世界で唯一の被爆国である日本も、核兵器禁止条約に反対し続けている。人間社会とは不条理なものである。

何が「中道」か

道徳的堕落

アマルティア・センの『合理的な愚か者』は次の書き出しで始まっている。「一八八一年に出版された『数理心理学』の中で、エッジワースは次のように主張した。『経済学の第一原理は、どの行為者も自己利益のみによって動機づけられているということである』」。

人間は地球上で最も愚かで有害な生物であり、それ故に「合理的な愚か者」とならざるを得ない。深層の潜在意識では、個人は自己利益によって、国は自国利益によって動機づけられている。これが人間および国際社会の現実である。だからこそ、「正しい」とか「正義」を振りかざすべきではない。異なる意見を聞き合い、落としどころを見出すしかない。

哲学周辺の概念のひとつに「中道」というものがある。「中道」は真ん中という意味ではない。本来の中道、仏教的な意味での「中道」は、他者の意見、異なる意見を否定しない、自分の考えだけで裁かない、話し合うことは聞き合うこと、そして折り合いをつける、という「結論に至るための思考」の方法論である。

『合理的な愚か者』の書き出しに登場するフランシス・イシドロ・エッジワース（一八四五～一九二六年）は英国の経済学者である。スペイン系アイルランド人の家に生まれた。

初期のエッジワースはウィリアム・スタンレー・ジェヴォンズ（一八三五～八二年）とアルフレッド・マーシャル（一八四二～一九二四年）の影響を受けた。マーシャルとエッジワースは社会科学に数学を応用した先駆者たちであり、ともに数学と倫理学を研究した結果、功利主義的な経済学に到達した。エッジワースは自身の手法を「数理心理学」と呼んでいた。

エッジワースは数学を倫理学や道徳論に応用し、「確信または確率計算」によって経済的動機を説明しようと試みた。

後年になると、確信や確率論に疑問を抱くようになり、統計学に関心が移行した。エッジワースは友人であるケインズに対し、統計資料は哲学上の普遍性は有していないものの、現実に応用可能な確実性を備えていると語っている。

エッジワースは一八七七年の著書『倫理学の新方法と旧方法』の中で、ヘンリー・シジウィック（一八三八～一九〇〇年）の著書に対する論評という形を採りながら功利主義と計量の問題を論じている。

シジウィックは英国の哲学者、倫理学者である。一八七四年に『倫理学の諸方法』を出版し、経済論壇に登場した。シジウィックは宗教と哲学の研究を優先し、経済学においてはベンサムとミルの系譜に連なる功利主義を完成させたと言われるが、最初から功利主義者であったわけではない。

シジウィックは『倫理学の諸方法』の中で道徳的な考え方の三つの主義を比較し、どの考え方が最も優れているかを探求した。つまり、行為の善悪を判断する根拠として何が「正しい」のかを追い求めた。

三つの主義とは、倫理的利己主義（利己的快楽主義）、直観主義（直覚主義）、普遍的快楽主義（功利主義）である。

倫理的利己主義では、行為の善悪を判断する根拠は「自分自身の幸福」であると考える。例えば、「他人に好かれたい、だから他人の喜ぶことをする」「金持ちになりたい、だから一生懸命働く」というように、自分自身のために結果的に道徳的と評価される行為を行う。

ボランティアがこれに該当する。ボランティア自身は犠牲的精神で奉仕していると思い込みがちだが、実は自己の内心の道徳的満足感と密接に関係している。

「直観主義」は、行為の善悪を判断する根拠は「道徳的直観力」であると考える。この立場の論者は、人間には道徳感覚（モラルセンス）や理性のような特殊な能力が備わっており、それが道徳的行動を誘発すると考える。

最後の普遍的快楽主義は、行為の善悪を判断する根拠は「行為の影響を受ける関係者全員の幸福」と考える。換言すれば、ペイオフ行列の最大総和である。

以上の三者の比較の結果、シジウィックが最も有力と考えたのは普遍的快楽主義、すなわち功利主義であった。そのうえでシジウィックは、著書『倫理学の諸方法』において、利己主義（エゴイズム）と功利主義は「まさしく宗教によるものでもない限り、調停不能」であることを見出し、「万人の利益は各人の利益」という概念は幻想であるとした[6]。

シジウィックの関心の本質は、倫理学や経済学よりも、むしろルネ・デカルト（一五九六〜一六五〇年）の第一原理の探求に向けられたと言える。哲学において、彼は倫理学、とくに行為を決める最終的な直観的諸原理の検討と自由意志の問題に没頭した。

第一原理（考える、故に我あり）は考えること自体に存在意義を認めている。

人間はなぜ合意に達することができないのか、なぜ「対立の迷路」や「同調の悲劇」に陥るのか。考えるという知的作業を疎かにした愚かな判断が殺戮や悲劇を呼ぶ。対立をなくすためには対立者を殲滅すれば良い、さらなる悲劇を回避するためには殺戮もやむを得ないとする。前者のケースは侵略、後者のケースは広島、長崎への原爆投下を正当化した考え方である。

原因や解決策を考えること自体に意味がある。考えることによって、不毛な対立と根拠なき同調を緩和できる。「人間は考える葦である」。一七世紀フランスの思想家・数学者であったブレーズ・パスカル（一六二三〜六二年）の言葉が想起される。

外交において、一定の価値観で行動することは「直観主義」にすぎず、そこには普遍性はない。内政も同じである。

内政のおける政策論争や勢力争いで党派間の対立が生まれる。相互に政策の優先順位について争い、譲り合わず、主導権を得るために有権者、国民に阿《おもね》り、結果として論理的に不整合な政策が共存し、財政が肥大化していく。

公共選択論の大御所ジェームズ・マギル・ブキャナン（一九一九〜二〇一三年）と財政学の大家リチャード・エイベル・マスグレイブ（一九一〇〜二〇〇七年）の名著『財政学と公共選択―国家の役割を巡る大激論』（一九九九年）に次の一節がある。

「二一世紀の始まりは、公共部門が肥大化し、政府は際限のない受給権の要求に直面しながら、その要求を満たすに足るだけの税収を確保することができず、さらには最小限必要な社会基盤のための資金を調達することもできない状態になる。政治主体は、公衆の信頼と敬意を集めることがなく、そのことがかえって政治権力の座にある政治主体の道徳的堕落を生みだす」[7]。

既存の政治が結果を出せないためにそうなる。しかし、出せない原因のひとつに大衆の人間としての愚かさが影響しているが、そのことを大衆自身は自覚できない。軍事費も例外ではない。対立から軍拡競争を行えば、これも上記の結果をもたらす。

公共選択論では、民主主義の弊害や政官業の癒着(鉄のトライアングル)によって、ケインズ的な財政政策は必然的に赤字を拡大させ、中長期的には総じて失敗することが指摘された。

最近の先進各国の非伝統的金融政策は、ケインズ的な財政政策の失敗を金融政策でカバーしようとしている。日本の「異次元緩和」はその典型例である。こうした最近の傾向を見ると、公共選択論はマネタリズムの失敗と堕落の領域にも拡張できるかもしれない。過度の金融緩和が実質的な財政ファイナンスのためだとすれば、財政支出に対する圧力を生み出す民主主義の弊害や政官業の癒着の延長線上の問題である。

ケインズ的な財政政策とマネタリズムの限界、そして公共選択論的な弊害。いずれも先進国共通の現象であるが、最も顕著かつ厳しい状況に置かれているのが日本であろう。先進国最悪の財政赤字と中央銀行総裁自身が「異次元」と言って憚らない超金融緩和、既得権益化した予算・税制・政策の実情を鑑みると、状況の厳しさを否定できない。

ブキャナンとマスグレイブの名著の一節が指摘する「政治主体の道徳的堕落」。名著の指摘が世界や日本にさらに当てはまらないことを祈りたい。

金剛心

地球上で最も愚かで有害な生物である人間が、道徳的堕落を回避する方法はあるだろうか。不毛な対立と根拠なき同調を回避し、「対立の迷路」と「同調の悲劇」に陥らない努力をしなければならない。

ハンチントンの予言どおり、世界各地で民族的、宗教的な背景を有する「文明の衝突」が生じている。しかし、その深層では、国際政治力学と経済的利害関係が影響している。解決策を模索しなければならない。

国際政治的視点から考える場合、民族や宗教、あるいは地政学に力点を置き、経済的な要因を軽視する傾向がある。一方、経済的視点から考える場合、経済以外の要因を除外して分析する傾向が強い。いずれも不十分であり、それでは「文明の衝突」の原因を分析することはできず、問題解決にもつながらない。

二〇世紀末の国際政治学や近代経済学は、グローバリズムの拡散、浸透によって世界は均質的になると予測していた。民主主義と市場経済は普遍性を有し、二一世紀の世界の構造を規定すると考えていた。

その予想と期待に反し、民主主義と市場経済の不確実性が増している。しかし、民主主義と市場経済に代わるパラダイムが提示されているわけではない。共産主義国家である中国までもが民主主義の体裁に留意し、市場経済に依存し、資本主義を追求している。「赤い資本主義」である。それでは、どうすればよいのか。政治学や経済学以外の視点にヒントを求めるのが一案である。

マックス・ウェーバー（一八六四～一九二〇年）は著書『プロテスタンティズムの倫理と資本主義の精神』において、人間の経済行動を左右するインセンティブに分析の焦点を当て、経済と宗教の関係を説いた。ウェーバーは「世俗内禁欲」などを説いたキリスト教（カルヴィニズム）の価値観が、英国などで資本主義が発展する原動力になったと考えた。西欧諸国が世界を主導し、先進国の地位を独占していた時代の分析としては妥当性が高い。

しかし、西欧以外で初めて工業化・近代化が進んだ日本、共産主義を維持しながら資本主義化する中国、市場経済と民主主義を必ずしも肯定しない中で発展するアラブ産油国など、ウェーバー的な分析が該当しない事例が増えている。逆説的だが、キリスト教以外の宗教やその他の要素に対してウェーバー的な分析を行うことの重要性を示唆している。

この点は政治経済学の空白領域であり、不毛な対立と根拠なき同調を回避する方法を見出す糸口が潜んでいる。この空白領域に「対立の迷路」の出口があるかもしれない。

宗教に焦点を当てれば、当然、イスラム教と仏教の影響について洞察と分析が必要である。例えば、仏教的な精神は日本の社会や経済の倫理的価値観につながっているだろう。加えて、日本の仏教には古来からの民族宗教でもある自然崇拝や神道も混交していることから、仏教の影響に着目することの意義は深い。

西洋世界を理解するのにキリスト教の知識が不可欠なように、東洋世界を理解するのに仏教の知識が必要である。本来仏教は、宗教というより哲学に近い。キリスト教社会が生み出した民主主義と資本主義が混迷する中、仏教的な思考方法や哲学は、不毛な対立と根拠なき同調を繰り返し、限界に直面しつつある現代社会に解決のヒントを与えるかもしれない。

ウェーバーが宗教と経済、宗教と社会の関係を論じてから一〇〇年以上が経過し、その間に世界を席巻した民主主義、資本主義、合理主義。地球上で最も愚かで有害な生物である人間は、民主主義、資本主義、合理主義の限界を認識し、今また新たな地平を開くことで、愚かさを少しでも是正し、破滅の道から逃れる術を追求する局面に入っている。

世界の主要国は総じて巨額の財政赤字を抱えている。経済規模に比して最も深刻なのは日本である。現実の財政危機はギリシャ等の欧州諸国で発生している。日本が財政危機に陥るか否かは誰も断言できない。賛否両論の中で、様々な意見が飛び交い、「対立の迷路」を彷徨っている。

財政赤字は多いよりは少ない方が良いという点には全員が同意すると思いたいが、財政赤字は拡大した方が良いとする主張すらある。何が「正しい」かを裁定する神仏はいない。仮にそのような神仏がいたとしても、神仏の裁定と異なる意見を持つ人間は、神仏すら否定するだろう。

では、景気についてはどうか。全員が悪いよりは良い方が好ましいと考えるだろうか。平和についてはどうか。第4章で取り上げた「戦争は平和である」というビッグブラザーの論理に従えば、恒久平和が実現しない限り、戦争してでも異論を圧殺し、敵対勢力を殺戮することが平和になると主張する人間がいるだろう。

かくも人間は愚かである。愚かな人間によって構成される国家という存在も愚かである。そのために、戦争はなくならず、国際社会は混沌の世界を脱することができない。

人間が優れているから、人間社会が特別であるから、言語、科学、文化、宗教等を有しているのではない。言語、科学、文化、宗教等によって、対話と工夫を行い、心を養い、少しでも愚かさを乗り越える手段として提供されている。にもかかわらず、言語によって罵り合い、科学によって殺戮を行い、他者の文化を否定し、芸術品を奪い合い、果ては宗教戦争を行う。人間はかくも愚かな生物である。

それを乗り越えるヒントは様々な分野にある。もちろん、経済学によって豊かになることもそのひとつだが、人間はペイオフ行列の矛盾を理解できても、合理的には対応できず、「相対的最善解」を選択できない。そして「コモンズの悲劇」に陥っていく「合理的な愚か者」である。

政治学の中にも対立を乗り越えるヒントがあるかもしれない。宗教の中にもヒントが存在する。中でも、哲学的要素の濃い仏教には未開拓の地平が広がっている。

仏教は、意見の食い違い、敵・味方に分かれて争うことを、どのように超越するかという思考方法を中心的に論じている。

ところが、その仏教を体得した人間ですら「自分が正しい」「相手が間違っている」と主張し合う。古くは、キリスト教やイスラム教と同様に、宗派同士で争い、政治に加担し、戦争にも参画している。要は、完全に体得できる人間はいないということだろう。

本書は宗教書ではないが、少し仏教世界を探索してみよう。立場の違いによって、価値観や判断が異なる。だから争いごとが起きる。これを乗り越えるヒントが仏教の教えの中にある「金剛心」という概念である。「二河白道の譬喩《ひゆ》」という表現がある。信心を護ることに関する譬えである。仏教の古典のひとつである真宗聖典の中に「一切の異見・異学・別解・別行の人等のために、動乱破壊せられず」という一文がある。これらは「中道」のひとつの表現である。

違った考え方を有する人間、同じ事象に遭遇しても違う理解をする人間がいる。つまり、立場の違いによって多様な意見、異なる思考の人間がいる。その中をどう生きていくか、どのように調整していくかを説く喩えが「二河譬《にがひ》」である。七世紀中国（唐代）の善導大師が提唱した。

自分と考え方が異なる人間を肯定できない。自分と同じ意見を望みたい、同じ意見の人間で寄り集まりたい、人間とはそういう特性を有する生物である。

仏教は「弾圧する人を憐れめ」と教える。例えば、親鸞（一一七三～一二六二年）は「念仏を止めようとする人を憐れめ。弾圧している人間にも教えが伝わるように念仏に励め」と書き残している。これが、仏教の精神を体得した人間の生き方である。インドのマハトマ・ガンディー（一八六九～一九四八年）の非暴力、無抵抗主義が想起される。

これを現代風に表現すると、「攻撃的な人間や国を憐れめ。そういう人間や国にも伝わるように『中道』の姿勢を貫け」ということである。

「一切の異見・異学・別解・別行」は現実社会を表現している。意見や思想が異なる人間の集まりが現実社会であり、その中をどう生きていくかというのが生物としての人間に課された宿命である。自己中心的に考えれば、異論を有する人間は邪魔者になる。しかし、「中道」の精神を体得していれば、異論を有する者を邪魔者と感じることなく、事実の確認や歩み寄り、落としどころを探求する思考が始まる。

話し合うとは、聞き合うこと。まず相手の言うことを肯定する。「肯定の論理学」こそ「中道」の精神である。ブッダも「話し合うとは、聞き合うこと」と教えている。

こうした心構えを仏教では「金剛心」と呼ぶ。金剛とはダイヤモンドのことを指し、如何なる環境や状況にも揺るがない、壊されない心を意味する。親鸞は「金剛心」を有する人間を「身心柔軟」、つまり「身も心も柔らかい」者と称した。本当に大事なこと、「中道」の重要さが理解できているからこそ、異なる意見の人間とも共存できる。その境地に至った、あるいは接近していた実在人物は少ないだろう。誰もが思いつくひとりがガンディーである。アジア人で初めてノーベル賞を受賞したラビンドラナート・タゴール（文学賞）、アジア人で唯一のノーベル経済学賞受賞者セン、そしてガンディー。いずれも仏教発祥の国、インド人である。ガンディーは一九三七年から一九四八年にかけて計五回ノーベル平和賞の候補になったが、受賞には至らなかった。

「肯定の論理学」こそが争いをなくし、ペイオフ行列において「相対的最善解」を選択できる「中道」の思考である。「肯定の論理学」、「中道」の精神なくして、「コモンズの悲劇」からも、ペイオフ行列の誤った選択からも脱することはできない。「対立の迷路」と「同調の悲劇」を回避することができず、永遠に「合理的な愚か者」のままである。

ブッディズム

「対立の迷路」から理性的に抜け出すことは容易でない。迷路の出口を見出せないと、時に相手を威圧し、屈服させ、傷つけてでも自論を認めさせる。自論が「正しい」と思い込み、対立が解消しないのは相手の頑な思考と態度のせいだと感じる。その時、自論は「正義」になる。

環境、人口、食料、領土、歴史等、様々な分野で対立が存在する。国内外を問わない。対立はハンチントンが指摘した「文明の衝突」の様相を呈しつつある。対立はヘイトスピーチ、ヘイトクライムのような忌むべき事態も招いている。

対立の原因が何であれ、その背景には経済的利害が存在する。表向きの対立の理由が民族や宗教であっても、その深層には経済的対立が潜在する。それが地球上で最も愚かで有害な生物である人間の本質である。

経済がゼロサムの下ではその傾向がより顕著になる。プラスサム下であれば対立を緩和できるかもしれない。しかし、根絶はできない。

例えば、各国とも輸出促進のためには自国通貨安を指向する。輸出が増えれば国内の生産や雇用が増える。かつての経済学では輸出促進策を近隣窮乏化策と称した。今や経済は地球規模であり、自国通貨安政策は他国窮乏化策と見なされ、G7やG20で批判される。批判はするが、批判する国自身も潜在的に自国通貨安を目指す。何と身勝手なことか。地球上で最も愚かで有害な生物である人間の真骨頂である。

ところが、最近では自国通貨安でも輸出が増えない事例も見られる。為替リスク回避、輸送コスト軽減、人件費対策等の観点から、海外生産や海外投資が増えており、通貨安が輸出増につながらない。通貨安、通貨高、どちらに動いても国内的にはメリットとデメリットがある。だから、国内でも為替政策をめぐり対立が発生する。自国通貨安は輸入物価高を招く。資源輸入国の場合、原材料コストや生活物価が上昇する。しかも国内で生産も雇用も増えないのであれば、何のための自国通貨安かわからない。

自国通貨安で自国通貨ベースの業績が改善する企業が、顧客、関連企業、社員等のステークホルダーに利益を還元するのであれば、他国窮乏化政策であってもその恩恵は自国民に及ぶ。しかし、現実にはそうなっていない。逆もまた真なり。自国通貨高の場合、金利上昇、輸入原材料安、しかし輸出減少。この不均衡をステークホルダー間でどのように調整するのか。為替変動は国全体に影響を与えるので、その恩恵が特定の属性グループに集中すれば対立が発生する。

公共投資の乗数効果が低下し、かつてのような波及効果は期待できず、新たな経済活動や雇用を生み出すことは容易でない。投下する予算やマンパワーに比べ、その後の付加価値増加効果が小さい。建設に従事した企業だけは直接的な恩恵を受けるが、インフラの有効活用等による波及効果にはつながらない。直接的に関与する企業の過度な利得や内部留保がマネーゲームに回るだけでは社会は良くならず、対立は深まるばかりだ。

このように、為替政策や景気対策でも意見の対立が絶えない。地球上で最も愚かで有害な生物である人間が対立を回避できる可能性はあるのだろうか。考え方や意見は無数にある。政策は選択しなければならない。選択を回避して矛盾する複数の政策を行うことは、混乱や財政負担を将来世代に課すことになる。

対立を回避しながら国や世界を運営していく術を人間は有しているか。地球上で最も愚かで有害な生物である人間は、人間だけに与えられた科学を駆使しても対立や争いを制御できない。人間に救いの道はあるか。人間に道徳や倫理を求めることは無意味なことなのか。

解決策、迷路の出口を見出すためには話し合うしかない。話し合うには、まず異なる意見をよく聞き、理解することが重要である。異なる意見にも一理あること、それなりの論理があることを認める「肯定の論理学」が肝要である。

上述のとおり、思考哲学としてのブッディズムは、相手を認めること、異なる意見を認めること、すなわち中道主義を諭す。そこに「対立の迷路」から脱出するヒントがある。ブッディズムは劇的に対立を解消することを求めない。漸進主義である。

一九世紀に進化論を提唱したチャールズ・ダーウィン(一八〇九~八二年)は道徳の進化を研究した。人間が顔を赤らめる現象に着目し、恥の意識と道徳の関連性を研究した。文化人類学者クリストファー・ボーム(一九三一年~)によれば、赤面現象は人間の全ての人種、民族に見られる一方、ゴリラやチンパンジー等の類人猿には見られない。つまり、類人猿と人間は共通祖先を持つものの、赤面現象およびその深層心理は人間固有と言える。

赤面現象、つまり恥ずかしいという意識は、その動機となる罪の意識に起因する。罪の意識は文化や民族によって異なる。何を恥と感じるのか。恥の価値観、罪の意識は重要である。恥ずべき行為は批判され、罰せられる。共同体から排除されるという罰によって、恥の価値観、罪の意識を定着させた。ただし、それは同じ文化や民族による共同体内部では有効だが、共同体外部に波及させることはできない。

二〇一四年、道徳の起源をめぐって興味深い本が二冊出版された。一冊は上述のボームによる『モラルの起源』。ボームは狩猟採集民の集団社会を研究し、タンザニアで野生チンパンジーの行動観察を行った。もう一冊は、オランダ人動物行動学者フランス・ドゥ・ヴァール（一九四八年〜）の『道徳性の起源』。ヴァールは霊長類研究の第一人者であり、『チンパンジーの政治学』（二〇〇六年）というベストセラーを著している。ヴァールは類人猿と人類の進化を研究しており、人間の道徳的行動の起源がゾウやサル・類人猿などの行動に見出せると考え、道徳の起源は宗教と関係ないと主張している。

ボームもヴァールも道徳が人間以外の動物の社会的感情に起源を持つと考えている。サルは仲間の行為を見て同調し、共感する。チンパンジー等の類人猿は仲間を助ける。そして、サルも類人猿も群れのルールに従わない仲間を罰しようとする。最も強いオスであってもルール違反をすれば群れ全体から攻撃される。こうした行動が習慣化してルールが内面化し、人間に道徳意識が定着したと結論づけている。すなわち、道徳とはルールである。

ルールとしての道徳は霊長類共通であるが、恥は人間のみに存在する。そして罪は民族によって異なる。では、道徳と恥と罪の因果関係はないのか。ルールを破ることに恥を感じ、罪を意識すれば、道徳が人間社会における違反行動や違反者を抑止する。

霊長類の生存のための集団生活ルールが道徳であり、そこに意見の対立はない。一方、人間に恥や罪の意識が形成されていく過程で、民族、宗教、文化等によって意識の違いが生まれ、それらを背景に意見の違いが形成された。その人間にとって、歩み寄りや協調がルールとしての道徳となれば対立を乗り越えられる。利害関係が輻輳する現代社会において、歩み寄ることがルールとしての道徳であるとの認識が広がれば、「対立の迷路」から抜け出す手掛かりになる。中道主義と漸進主義をルール、すなわち道徳に昇華させる。対立する意見を聞かないこと、落とし所を探究しない「極論」「正論」「信念論」を主張することを恥と感じることが肝要である。

人間社会は隣人関係が希薄になり、共同体内部の自律的抑止力を失いつつある。荒唐無稽な話や嘘を流布すれば、社会から疎外されるという恐怖心が愚かな行動を抑制してきた。言わば、ルールであり、道徳であった。道徳は自分が属したいと思う共同体があってこそ成り立つ。それがなければ道徳は生まれない。今や人間関係の存在しないサイバー空間では、平気でフェイクニュースを流す。かつて通用したルールとしての道徳が機能しない。道徳の喪失は人間が孤独になっている証左でもあり、それを埋め合わせる行動のひとつがブログやフェイスブックでの自己顕示と言える。しかし、ネット上の共同体には行為を律する力はないので、常軌を逸した行為を抑止する道徳は育まれない。恥ずかしいと思うことも、罪を感じ、罰せられることもない。

現代社会では、恥ずかしいと思うこと、罪を感じ、罰せられることがない空間で情報を発散し、「極論」「正論」「信念論」が世界中を飛び交っている。過去の人間の歴史に前例のない危険な状態と言える。

答えは肯定の中にある。「対立の迷路」を抜け出す議論の作法とは何か。「対立の迷路」を抜け出し、現実的な進歩と改善を実現するための鍵は何か。何が「正しい」ことか、何が「正義」かを断定できない以上、折り合いをつけること以外に選択はない。話し合うとは、聞き合うこと。「対立の迷路」から抜け出す鍵は、相手を認め、お互いに聞き合い、対話することから始まる。それが人間社会のルールであり、道徳となることが必要である。

本来保守は寛容である。保守であり続けるために、寛容に人の話を聞き、保守するために改革する。本来リベラルは自由である。自由であり続けるために、他人の自由も疎外せず、自由を疎外する対立を回避するために譲り合う。

ブッディズムにヒントがある。「他人にしてもらいたいと思うことをせよ」という道徳の黄金律は、「させていただく」「全てに感謝する」「話し合うとは、聞き合うこと」というブッディズムの思考論理から生まれてくる。

「錯視」の論理学

エッシャーの「だまし絵」

何が「正しい」か、何が「正義」かを決めることは困難である。議論や判断が堂々巡りする不条理さ、現実社会の不可解さは、エッシャーの「だまし絵」が表現する「錯視」を見る感覚である。

マウリッツ・コルネリス・エッシャー（一八九八〜一九七三年）はオランダの版画家。建築不可能な建物や、無限を有限の中に閉じ込めた構図など、不条理な構造を絵画化した独創的な作品を創作した。初期は風景画を描いていたが、やがて画風が変化。繰り返し模様を反復させる幾何学画が多くなり、最終的には「錯視」画に至った。

エッシャーの才能を見出したサミュエル・メスキータとその妻子がナチスによって殺害されたため、欧州でのナチズムやファシズムの台頭を嫌気し、スイスに移り住んだ。エッシャーはスイスの雪景色を好まず、南の海に憬れてスペインを旅行した際、アルハンブラ宮殿のモザイク模様に感銘を受ける。帰国後、繰り返し模様の作品に挑戦し始めた。その後、結晶学者であった兄から『結晶学時報』を読むことを勧められる。同書には繰り返し模様に関する論文が掲載されており、エッシャーも平面を繰り返し模様で埋める平面充塡画を研究した。以来、作風は一変。やがて、数学的趣向の強い、シュールレアリスム風の独特の作品に到達する。代表作は、奇妙な建物の階段を登ると階下に出てしまうといった類の「錯視」を利用した作品である。

一九五〇年代に米国美術誌で紹介され、急速に米国の若者の支持を得た。現在良く知られている作品群「凸面と凹面」「物見の塔」「円の極限Ⅳ」「上昇と下降」「滝」等はこの時期に創作された。

エッシャーは自分の作風に関して、次のように述べている。「いまでも私は数学の分野では素人ですし、理論的な知識には欠けていますが、数学者たちや、とくに結晶学者たちが私の過去二〇年間の仕事に大きな影響を与えてきました。私たちを取り巻く現象――秩序や規則性、周期的な繰り返し、そして再生などが、私にとっては次第次第に重要性を増してきました。その存在を知ることで、平和な心が訪れ、私を支えてくれるのです[8]」。そして、エッシャーは自分の作品に何か寓意が込められていると思われることを嫌ったそうだ。

地球上で最も愚かで有害な生物である人間社会の混迷は、エッシャーの作品のようである。エッシャーの作品に登場する階段や水路の無限ループを見ていると、人間の愚かさの本質を表しているようだ。すなわち、絶対的な答えのないことに答えを求める。「正しい」ことや「正義」を定義したがる。所詮は「極論」「正論」「信念論」を自己肯定するための行為にすぎない。ミュンヒハウゼンのトリレンマと同じ論理構造を示している。

「鶏が先か、卵が先か」という問答は、古代から哲学者にとって難問であった。「因果性のジレンマ」を表す際にも使われてきた。一四世紀のヨーロッパの養生訓である『健康全書』に「鶏と卵」の挿絵がある。この本は、一一世紀のバグダッドで出版された医学書の写本。健康にとって重要な要素を解説しつつ、それらが密接に関係していることを説明している。ユダヤ教やキリスト教の教典は神による世界の創造について説明している。その中で、神は鶏を創造し、子どもを産み殖やすよう命じた。文字どおり解釈すれば、鶏が卵より先ということになる。

ブッディズムには「循環的時間」という概念がある。時間は循環しており、歴史は繰り返されるという概念であり、メソアメリカ(アステカ、マヤ)やネイティブ・アメリカンの文化や宗教にも共通する。時間は永遠に繰り返される。その過程では「最初」は存在せず、創造もない。すなわち、何物も最初足り得ない。循環する時間において「最初」は存在しない。[9]

哲学的な話であるが、要するに何が「正しい」か、何が「正義」かといった議論は「錯視」や「循環的時間」のような論理構造を有していることを示唆している。最善解を選択できる思考論理は存在せず、その是非論は全て循環する。せいぜい「相対的最善解」を選択できることが最良の結果である。

ちなみに、英国のシェフィールド大学とワーウィック大学の共同研究チームが、鶏の卵巣にある蛋白質がなくては卵を創ることができないことを証明。そのため、現在では鶏が先というのが定説のようだが、真偽の確認は本書の目的とするところではない。

無責任の体系

「正しい」「正義」とは曖昧なものである。「正しい」ことの証明は無限ループ、ミュンヒハウゼンのトリレンマ、エッシャーのだまし絵、「鶏と卵」の関係のような面がある。哲学者の論争においても、結局、結論は出ていない。

前章で記したとおり、ジョージ・オーウェルは小説『一九八四年』の中で価値観が正反対に倒錯した社会を描いた。そこでは「戦争は平和である」「自由は屈従である」「無知は力である」というスローガンが流布されている。常識と非常識は紙一重である。事実ですらも認識が変わることがある。いわんや常識は極めて曖昧である。常識とは事実と特定の意見の中間領域の存在であり、常識とはその程度の存在であることを認識する必要がある。人間はこうした不安定な価値観や常識の世界に生きているからこそ、「中道」の精神、つまり異論を肯定し、歩み寄る精神が重要である。何かを信じること、とりわけ、自らが深い思考をすることなく何かを信じることは、愚かなことである。

政治も経済も大転換期にある。現代という時代は、経済史の中で、あるいは歴史そのものの中で、どう位置づけられるのか。人間はどこに向かおうとしているのか。「中道」の思考なくして、賢明で冷静な議論や判断はできず、「相対的最善解」を選択できない。人間同士の社会のみならず、国家間の国際社会も同じである。それはそのはず。国家とは、地球上で最も愚かで有害な生物である人間によって構成され、運営される存在であるからだ。

「文明の衝突」を懸念したハンチントン、「格差の拡大」を問題視するピケティ、「空気の論理」に警鐘を鳴らす山本七平。世界の国々はこれらのいずれにも直面している。国によって濃淡があるものの、その状況にあることは共通している。

日本の場合、多くの日本人が「文明の衝突」や「格差の拡大」は関係ないと思っていただろう。しかし、人間全体の潮流から日本だけが無縁であるはずはない。中国や韓国との軋轢、同盟国米国の変質に直面する日本。すでに多くの外国人が就労する日本。移民反対論者の口吻とは関係なく、移民国家に近づきつつある。「文明の衝突」の現実をこれから実感することだろう。相対的貧困率が先進国最悪レベルであることが明らかになった。今後も格差拡大による社会的矛盾が深刻化するだろう。

ハンチントンもピケティも問題意識の根源には格差がある。民族間・文明間の格差、個人間の格差である。山本七平的に言うと、人間は格差を弱者の自己責任に帰する傾向がある。とくに日本はその傾向が強い。しかも、自分は弱い側ではないという錯覚。あるいは、相対的弱者に厳しくすることで、自分は相対的強者だという錯覚、自己暗示に自ら無意識に安寧の場を求める。社会の中でそうした潜在的現象が起きているが、それは人間の本源的体質に起因する。

ここまで本書は、人間および人間社会の体質を論じつつ、それを前提に日本人および日本社会の特徴についても折々付言してきた。ここで、もうひとつ日本人および日本社会の特徴について述べておきたい。それは、丸山眞男[10]（一九一四〜九六年）が「無責任の体系」と呼んだ戦前の日本社会を生み出した特徴である。

人々の心を「諦め」の気分が支配する。そういう日本人および日本社会の特徴である。丸山は終戦直後の一九四六年の論文『現代政治の思想と行動』ほか、数々の啓著を残し、日本社会の特徴に関係するいくつかの重要な概念を提起した。

第一は「無責任の体系」。日本は明治維新後の近代国家としての歩みの末に太平洋戦争の災禍に至った。その過程では、国内外で思想・言論を弾圧した。

もっとも、敗戦後の東京裁判等における戦争責任追及の中で、政府・軍関係者に自分が戦争に加担したという自覚は見出せず、丸山眞男はその深層心理を分析した。

そこには明治政府の構造が影響していた。欧州近代国家は個人の内面的価値観に立ち入らなかったのに対し、近代日本は個人に対して国家の価値観を強要した。

徳川幕府時代は「権威(天皇)」と「権力(将軍)」の二重統治体制であったのに対し、「大政奉還」後の明治政府は「権威」と「権力」を一元化。倒幕の方便であった「大政奉還」自体が国家的イデオロギーに昇華した。

つまり、天皇の意思を方便として用い、国家が個人の内面的価値観を支配。その後の言論統制、思想統制という国家の禁断行為を導いた。

個人の行動が国家によって規定されるという構造は、国家の価値観が個人の価値観となることを意味する。その結果「国のために死ぬのは栄誉」とか「非国民」という概念を生み出した。

国家には絶対的正当性が付与され、国家は絶対に間違いを犯さないという虚構を構築し、国家に対して異議を唱えることは大罪となった。戦後官僚制の「無謬」概念にもつながる。

個人は自分の価値観や倫理観に従うことができず、自分の行動を正当化する根拠を国家の意思に求めた。その結果、上級者による指示命令、上級者の考えを忖度することが個人の行動を決定づけた。

「上級者が言ったことだからいい」「上級者の命令だから仕方ない」という論理を形成し、人間としての個人の責任を棚上げ。自分を納得させる言い訳を構築した。

こうした社会では、独裁者が専横的権力を奮わなくても悲劇が起きる。個人は全て上級者の指示命令に従い、仕方なく弾圧や戦争が行われる。誰かが独裁的権力を行使したとか、どこかの組織が暴走したという責任意識は生まれない。

その結果、権力を握っていた政府・軍関係者も自分たちが戦争の災禍を招いたという自覚症状がなく、責任意識が形成されなかったと結論づけ、丸山はこれを「無責任の体系」と呼んだ。

第二は「抑圧移譲の原理」。個人の価値観に従うことなく、常に上級者の顔色を窺い、自分の行動が上級者から正当化されることを期待する。正当化されれば、自分の行動も自分の責任ではない。

こうした社会や組織では、誰もが常に上級者からの圧迫を感じ、下級者を圧迫することでそのストレスを発散させようとする。上級者からの圧迫は下へ下へと向かい、最下級者に圧迫が集中し、行動が強要される。法律や規則、指示や命令の遵守を強要されるのはもっぱら下級者であり、上級者に対してルーズな社会や組織が形成され、強者に優しく、弱者に厳しい体質が生まれる。

丸山曰く「自らの良心のうちに持たずして、より上級の者（従って究極的価値に近いもの）の存在によって規定されていることからして、独裁観念にかわって抑圧の移譲による精神的均衡の保持とでもいうべき現象が発生する。上からの圧迫感を下への恣意の発揮によって順次に移譲して行く事によって全体のバランスが維持されている体系である(11)」。

第一の「無責任の体系」、第二の「抑圧移譲の原理」は、現象面での異常さを表す。一方、戦争責任追及の過程で、政府・軍関係者が自己正当化のために駆使した論理が第三の「既成事実への屈服」である。「すでに決まっていたことだから仕方ない」「すでに始まっていたことだから仕方ない」「個人的には反対だったが成行き上従うしかなかった」という理屈だ。

東京裁判では多くの被告がそのように弁明したそうだ。「自分の行動は自分に責任はなかった」「過去の決定や既成事実に従っただけ」という主張である。自分の行動の是非の問題ではなく、既成事実が自己正当化の根拠となる魔法。これが「既成事実への屈服」である。

第四も自己正当化の論理である「権限への逃避」。「法規上の権限はなかった」「法規上は反対することは困難だった」。やはり多くの被告がそう弁明したそうだ。職務権限に従うだけの「官僚」になり切り、自分の行動の責任回避を図った。

都合の良い時には自分の言うことが法規だと言わんばかりに権力をふるう権限者が、都合が悪くなると自分に裁量権はなかったと言い張る厚顔ぶりだ。今日でもそうしたタイプの官僚が見受けられる。権力を行使して便宜供与した一方、国会で追及されると「権限はなかった」「法規に従っただけ」とシラを切る姿はまさしく「権限への逃避」。

一九四四(昭和一九)年、東大法学部助教授の丸山は陸軍二等兵として召集された。皇国史観に従順でなかった主張に対する懲罰的召集だったと言われている。

こうした扱いや軍における経験が、戦後の丸山の思想に影響を与えたことが想像できる。一九九六年に八二歳で他界した丸山は戦後民主主義を代表する政治思想家であった。

晩年「戦後民主主義の虚妄を作り出した進歩的文化人」との非難を受けた際、丸山は「大日本帝国の『実在』

よりも戦後民主主義の『虚妄』の方に賭ける」[12]と言い切ったそうだ。

「無責任の体系」「抑圧移譲の原理」「既成事実への屈服」「権限への逃避」等々の傾向は、国、社会、民族を問わず、人間に共通する弱さである。現在の北朝鮮でもそうした現象が起きているだろう。

しかし濃淡はある。日本はややその傾向が強い社会である。日本と世界はどこに向かっているのか。唯一の被爆国として、過去七二年間戦争をしていない、参加していない唯一の先進国として、日本は国際政治における希少性と重要性を自己認識する必要がある。

世界では対立が続いている。対立は人間の宿命である。経済では成長主義と脱成長論が対立している。自由貿易と保護貿易も対立している。金融政策ではリフレ派と伝統派が対立している。格差を縮小する所得再分配の主張が強まっているが、成長至上主義、トリクルダウン論も根強く、対立している。経済成長か脱成長か、規制緩和中心の成長か所得再分配による格差是正かという二〇世紀的な古い対立軸が、相も変わらず繰り返されている。対立が対立を呼び、新たな対立を生んでいる。前章で述べたように、人口、食料、環境、社会保障、いずれも政策的方向性は循環または振幅の世界である。困難でも議論しなければならない。

日本もその渦中にある。おまけに、福島第一原発の事故処理が今後何十年も重い課題として立ちはだかっている。経営者も監督官庁も必ずしも的確に対応できないまま、いたずらに時がすぎている。「相対的最善解」を選択するための知的作業を必死に行うことなく、問題を傍観している。対立を放置し、異論を否定し、理解しようとしないことが閉塞状態を生み出す。バブル崩壊後の一九九〇年代以降の不良債権問題の時もその体質によって時間を浪費した。巨額の税金を費やし、人的および社会的に多大な犠牲を出しているにもかかわらず、誰も責任を取らず、責任を問われないようにズルズルと処理を引き延ばした。

こうした「無責任の体系」を何とかしなくてはいけない。「無責任の体系」は「同調の悲劇」とも言える。そういう社会的雰囲気が現れ始めると、メディアも同調し、もはや懸案に関心を集中せず、新たな話題に関心を移す。極限状況に達するまで、何ごともなかったかのような社会の「空気」に至る。そして、「無責任の体系」は限界状況に達すると破滅的な展開に解を求める。この展開が日本人および日本社会の問題であり、「空気の論理」である。

日本では、客観的事実や多くの人が「そうであろう」と考える事実を率直に認めない、あるいは、あまりにも見え透いた嘘を堂々と述べる「現象」が往々にして発生する。日本の体質的問題であるが、程度の差はあっても世界共通の人間の愚かさである。

前章で山本七平の「空気の論理」に触れつつ、日本の体質について論じた。そこでは「空気」と「集団思考」に焦点を当てたが、上述の「現象」はどのように定義すればよいだろうか。客観的事実を否定する、見え透いた嘘をつく。この行動をひと言で表現すれば「虚言癖」、あるいは「自分は本当にそう思っているのだ」と強弁するならば「自己暗示」。どちらにしても、日本の潜在的な体質、病根である。

こうした日本の体質を認識しつつ、より建設的な議論をしなければならない。「虚言癖」と「自己暗示」は、太平洋戦争における大本営や政府関係者の言動にも相通じる。戦後の不良債権問題や原発政策および福島第一原発の事故処理にも底層で共通する懸念である。そのことが、国民と国にいかなる災禍をもたらしたか。今一度、真剣に向き合うことが必要である。

経営者や監督官庁や政治家が責任をとらないことは、単に倫理問題にとどまらない。それによって変わるべきものが変われなくなる。現在の「異次元」の金融政策にも「空気の論理」「無責任の体系」が強く影響している。

やがて、過去の遺産を食いつぶし、未来を先食いし、将来世代や自然環境、すなわち「沈黙の被害者」に過度な負担を課し、社会は新陳代謝の力を失っていく。「失われた二〇年」が「失われた三〇年」になろうとしている。これが、悲観的に評価した場合の日本の現状である。もちろん、こうした見方自体にも「中道」の姿勢で臨み、事実認識と「相対的最善解」を追求する努力を続けなければならない。

「無責任の体系」が生まれるのは、「対立の迷路」を抜け出し「同調の悲劇」を回避するための知的作業、努力を怠るからである。対立の原因を把握し、対立を緩和するための努力を怠ってはならない。知的作業の延長線上で、目指すべき未来社会の姿を提示することが必要である。様々な政策課題に取り組む合意を形成し、現実を変えていく努力をしなければならない。

「対立の迷路」を抜け出し、「同調の悲劇」を回避し、閉塞状態を打破するためには、「中道」と「肯定の論理学」によって現実と向き合うことが肝要である。

創発的民主主義

閉塞状況を打破していくためには、社会を変えていく原理として制度やルールの共有が必要である。「中道」という思考論理、思考方法も共有していく必要がある。

それは、短絡的、破壊的な社会改革論ではない。むしろ、破壊的な展開を回避するためであるから、創造的でなければならない。従来の共同体の既得権益や既成の価値観を維持するためではない。社会の新陳代謝を維持するための制度、ルール、思考論理、思考方法を共有することは、一定の方向性や価値観を強要することではない。

例えば日本の場合、戦前戦後に構造化していった「無責任の体系」「空気の論理」等々の社会的体質に加え、ある一時期までは現実社会と整合的であった教育、産業、社会保障等々の公共政策が既得権益化し、既成の価値観となっている。すでに現実社会に適合しなくなっていることを薄々気づきながら、放置されている。

改革のためには、民主主義的なプロセスで合意を形成し、「相対的最善解」を選択していかなくてはならない。「対立の迷路」を抜け出し、「同調の悲劇」を回避するためには。「中道」と「肯定の論理学」を共有することが必要である。

本書が主張する中道主義、漸進主義等の取り組みに失敗すれば、「同調の悲劇」の末にデストピアが現実化するかもしれない。サイバー空間等での道徳を共有できない感情的で非論理的な対立は、その潜在的危険性を感じさせる。

民主主義に代わるパラダイムは登場していない。人間は民主主義をどのように制御していくかが問われている。

民主主義とは何か。難しい問題である。民主主義陣営の中心を自負する米国の在日大使館ホームページに「民主主義の原則」という解説がある。一部を紹介しよう。[13]

「民主主義は、多数決原理の諸原則と、個人および少数派の権利を組み合わせたものを基盤としている。民主主義国はすべて、多数派の意思を尊重する一方で、個人および少数派集団の基本的な権利を熱心に擁護する」。
「一見すると、多数決の原理と、個人および少数派の権利の擁護とは、矛盾するように思えるかもしれない。しかし実際には、この二つの原則は、われわれの言う民主主義政府の基盤そのものを支える一対の柱なのである」。
「民主主義社会は、寛容と協力と譲歩といった価値を何よりも重視する。民主主義国は、全体的な合意に達するには譲歩が必要であること、また合意達成が常に可能だとは限らないことを認識している。マハトマ・ガンディーはこう述べている。『不寛容は、それ自体が暴力の一形態であり、真の民主主義精神の成長にとって障害となる』」。

在日米国大使館ホームページ「民主主義の原則」はなかなか奥深い。そもそも「デモクラシー（民主主義）」の語源は古代ギリシャ語の「demos（人民）」と「kratia（権力）」を合体した「demokratia」。国家（集団）の権力者が構成員全員であり、意思決定は構成員の合意によって成り立つ政治体制を指す。

反対語は「aristos（優れた人）」と「kratia」を合体した「アリストクラティア（aristokratia）」。優れた人による支配であり、貴族制や寡頭制を意味する。要するに、権力者が構成員全員か、一部かの違いである。

やがて、扇動的政治家の言説に大衆が影響され、ソクラテスが処刑されると、プラトンやアリストテレス等が「デモクラシー」を「衆愚政治」と批判。プラトンは「哲人政治」を主張した。

もっとも、古代ギリシャに続く古代ローマでも王政が廃止され、元老院と市民集会が権力を有する「共和制」が支持された。皇帝は非世襲となり、市民集会で選ばれ、「プリンケプス（市民の第一人者）」と位置づけられた。

近代になると「デモクラシー」は自由主義の重要な構成要素となる。啓蒙思想である。フランス革命や米国独立戦争を通して「デモクラシー」は近代市民社会の根本原理となり、議会制民主主義が普及。ホッブズ、モンテスキュー、ロック、ルソー等の時代である。

一八世紀米国では「democracy」と「republic」がほぼ同じ概念を示す言葉として定着。日本の幕末・維新期にも「democracy」と「republic」がともに「共和制」と訳される場合があった。

二〇世紀以降、「デモクラシー」は全体主義の反対概念として定着。しかし、その一方で、明らかに独裁・専制下の国でも「民主国家」を自称している場合もある。

そこで、米国政治学の権威ロバート・アラン・ダール(一九一五〜二〇一四年)は、「民主主義」の質をチェックする七つの基本的条件を示した。(14)

第一に行政官吏の公選制、第二に自由で公正な選挙、第三に普通選挙、第四に行政職の公開性、第五に表現の自由、第六に代替的情報(反対意見)へのアクセス権、第七に市民社会組織の自治。

日本はどうか。第三の普通選挙以外は、いずれもその基盤が脆弱になっていると感じるのは筆者だけだろうか。

古代ギリシャ、古代ローマ、近代啓蒙思想、現代議会制民主主義と、「デモクラシー」は進化している。

そして、今また新たな進化の芽。ハンガリーのインターネット民主党のように、技術革新を活用して直接民主制への復古を目指す政党も出現している。

インターネットを活用した民主主義は直接民主主義とも間接民主主義とも異なり、「創発民主主義」と呼ばれ始めた。

「創発民主主義」は英語では「Emergent democracy」と言われ、多くの個人が参加することによる政治的事象の発生に関わる概念である。「組織なしでの組織化パワー」と表現されることもある。「創発」とは、シロアリ個々の行動が結果的に巨大な巣（シロアリ塚）を創るように、個々の予測や理解を超える結果を導く概念を意味する。

「アラブの春」や「ＳＥＡＬＤｓ」はその一事象と言えよう。「創発民主主義」は、伝統的権威に束縛されない自由人（ブロガー等）と分権的ネットワークによって予測不能の事象を引き起こしている。

「創発民主主義」の先進性と重要性を鑑みると、在日米国大使館ホームページ「民主主義の原則」の以下の一節も興味深い。米国はこうした原則を理解しているからこそ、混乱を伴いつつも、産業や文化、社会形態や国家体制まで、引き続き時代の最先端を維持している。

「民主主義国は、全権が集中する中央政府を警戒し、政府機能を地方や地域に分散させる。それは、地域レベルの政府・自治体が、市民にとって可能な限り身近で、対応が迅速でなければならないことを理解しているからである」。

相対的最善解

投票のパラドックス

「正しい」とは何か。「正義」とは何か。本書は一貫してそのことを追求している。いずれも曖昧なものであり、客観的理論や絶対的事実をもって「正しい」ことや「正義」を決定することはできない。現実には不可能であることを多くの哲学者や数学者の知性が証明している。

したがって、何かを決定する時には、次善の策として民主主義的手続に依存せざるを得ない。その中でも、多数決が最もわかりやすく、多数決が民主主義の王道であると受け止められがちである。

しかし、哲学者や数学者は多数決にも問題が潜んでいることを指摘している。リバタリアニズム的またはソーシャルリベラリズム的な経済政策の選択において、多数決は本当に有意な決定に至ることができるのか。内政、外交の政治的選択において、多数決は相対的に合理的な決断をもたらすのか。

多数決の結果が安定的ではない場合、合理的ではない場合があることを証明しているのが「投票のパラドックス」である。多数決の結果にパラドックス（逆理、背理）が出現するという現実が、民主主義だからと言って、何でも多数決で決めれば良いということではない証左である。ゲーム理論においても非常に重要なテーマである。

この問題を理解するために「勝ち抜き多数決」を想定する。「勝ち抜き多数決」では、必ずしも安定的で合理的な結論には至らない。

A、B、Cという三つの選択肢の中からどれかひとつを選ぶ多数決を投票者1、投票者2、投票者3の三人で行う。投票者1の選好順（好きな順）はA・B・C、投票者2はB・C・A、投票者3はC・A・Bとする。一回の投票で決めようとすると、投票者1、2、3の選択はそれぞれA、B、Cになるので、結論には至らない。話し合っても、自分の選択が「正しい」ことばかりを主張し、譲り合わない場合には対立するばかりである。

そこで、まずAとBで投票を行い、勝った選択肢とCの間で最終的な投票を行うこととする。AとBでは、投票者1と3はAを選択、投票者2はBを選択するので、結果は二対一でAの勝ち。そこで、次にAとCで選択を行うと、投票者1はAを選択するものの、投票者2と3はCを選択。一対二でCの勝ち。投票者1にとっては最悪の選択、投票者2にとっては中間の選択、投票者3にとっては最善の選択となる。

ところが、最初の選択の組み合わせをAとC、またはBとCにすると、それぞれ最終結論が変わる。AとCからスタートすると最終的な選択はBになる。BとCからスタートすると最終的な選択はAになる。つまり、選択の順番によって多数決の結論が変わる。

この現象は「投票のパラドックス」と呼ばれる。古くはローマ時代の政治家ガイウス・プリニウス(六一～一一三年)が発見していた。近世になって、「投票のパラドックス」を精緻化したのはフランスの数学者、哲学者、政治家であったニコラ・ド・コンドルセ(一七四三～九四年)。したがって、「投票のパラドックス」は「コンドルセのパラドックス」とも言う。

コンドルセは、民主主義的な結論を得るために確率論を駆使した哲学論争も行い、社会選択理論を打ち立てた。

フランスの数学者、哲学者、社会学者のオーギュスト・コント(一七九八～一八五七年)は、「過去の安定的な秩序」と「未来への革新的な進歩」の二つの争いを超えて現実的な処方箋を示すことが、変化に直面する社会にとって緊急の課題であるとして、社会学を創設した。そのコントがコンドルセを「精神的父」と表現し、コンドルセの哲学的思考を評価している。

「投票のパラドックス」は政治学や経済学で詳しく研究され、ノーベル経済学賞を受賞するような業績につながっている。ケネス・アロー(一九二一～二〇一七年)の「不可能性定理」もそのひとつであり、「投票のパラドックス」を現代的理論として展開した。アローは一九七二年にノーベル経済学賞を受賞した。

アローが証明したのは、要するに「最大多数の最大幸福」はあり得ないということだった。「最大多数」は多数決の結果のこと、「最大幸福」はその結果が最善であること。しかし、多数決の結果が最善になる保証はないことを証明した。人間は愚かであるが故に、ペイオフ行列の「相対的最善解」を選択できないのと同じである。

「最大多数の最大幸福」は英国のベンサムが提唱した概念であり、功利主義哲学である。功利主義では最善の結果が得られないことを論じている最近の格差論や正議論とも関連するのが「投票のパラドックス」である。アマルティア・センもアローの系譜に列する経済学者、数学者、哲学者である。センは「自由と平等は両立しない」ことを証明した。自由主義を押し進めると所得格差が拡大し、平等が失われる。平等を押し進めすぎると自由が失われる。

結論的に言えば、民主主義には欠陥があるが、それを超える政治思想もない。政治や経済を多数決だけで運営することには懸念がある。外交、安全保障、経済、社会保障等、あらゆる分野の政策の相対的合理性を担保するのは、冷静で十分な熟議だけである。

自由主義は、人間の自由な振る舞いや市場メカニズムが尊重されれば、合理的で良い結果がもたらされることを期待しているが、現実にはそうなっていない。格差や貧困、混乱と憎悪を増幅している面もある。

「投票のパラドックス」はゲーム理論に含まれている。人間がもう少し協調的、道徳的に振る舞った方がより良い結果をもたらす場合がある。「投票のパラドックス」を含むゲーム理論はそのことを示唆し、人間社会に警鐘を鳴らしている。

囚人のジレンマ

複数の人間が協調する方が協調しない場合よりも良い結果になることが理解できても、協調しない人間が利益を得る状況では、協調は成立しないことを示すのが「囚人のジレンマ」である。人間の愚かさを象徴している。各個人が合理的に選択した結果(ナッシュ均衡)が社会全体にとって望ましい結果(パレート最適)にならないので、社会的ジレンマとも呼ばれる。ジレンマとは二律背反であり、両立しないことを意味する。

一九五〇年、米国ランド研究所の二人の研究者(メリル・フラッド、メルビン・ドレシャー)が行った実験をもとに、数学者アルバート・タッカー(一九〇五〜九五年)が理論化した。タッカーがゲームの内容を囚人の黙秘や自白に喩えたことから、「囚人のジレンマ」と呼ばれるようになった。

ランド研究所は米国のシンクタンクである。カリフォルニア州サンタモニカに本部があり、ワシントンD.C.近くのヴァージニア州アーリントンとペンシルベニア州ピッツバーグ(カーネギーメロン大学隣)に拠点がある。一九四六年、戦略立案研究を目的とするランド計画として、軍とダグラス社が共同で設立した。第二次世界大戦後、軍から離れていく科学者たちを引き留めるために設立されたと言われており、営利企業でもなく、政府機関でもない、当時としては珍しい組織であった。当初の目的は核戦争の戦略研究であったため、ジョン・フォン・ノイマン(一九〇三〜五七年)も頻繁に来訪していたという。一九四八年にダグラス社から分離され、その後は民生分野の公共政策研究、経済予測分析等、様々なコンサルティングへと分野を拡げたものの、今も軍事戦略研究を主として活動している。名称のランドは研究開発の「R&D(Research ANd Development)」の頭文字から命名された。

取り調べを受けている二人の囚人がいる。二人とも黙秘すれば二人とも懲役一年。二人に嫌疑をかけられている重罪（法定刑は懲役一〇年）の事実は明らかにならず、微罪で裁くしかない。二人とも自白すれば懲役五年。重罪ではあるが、自白したことによる減刑で五年となる。片方が自白、片方が黙秘の場合、懲役は自白した方は〇年、黙秘した方は一〇年とする。自白した囚人は免罪とする一方、黙秘した方は嫌疑をかけられている重罪の法定刑一〇年を科す。さて、二人の囚人はどのような行動を選択するか。

自白すれば〇年、黙秘すれば一年だが、黙秘してもうひとりが自白すると一〇年。それであれば自白した方が有利と考えて自白するのが人間の性。もうひとりも同じように考えるので、結局二人とも自白して双方五年。囚人の間に信頼関係があって協調して黙秘すれば、双方一年。しかし、黙秘して相手が自白すると一〇年。この状況を表現しているのが「囚人のジレンマ」である。

「囚人のジレンマ」は、自己利益を追求する人間による協調の可能性を論じる人文科学、社会科学の基本問題である。政治学、経済学、社会学、心理学、倫理学、哲学等の幅広い分野で研究されているほか、生物学等の自然科学でも応用されている。

ゲーム理論が存在しなくても、昔から人間は「囚人のジレンマ」的な葛藤を感じていた。裏切りは良くないという道徳的感性である。哲学者イマヌエル・カントの著書『実践理性批判』でも、道徳的行為を普遍化して「誰もがそうしたらどうなるだろう」と常に考えるように説いている。

人間の愚かさ、我欲、利己的世界は、人文科学の世界でも表現されている。例えば、「囚人のジレンマ」とほぼ同様の状況が、エドガー・アラン・ポー（一八〇九〜四九年）の『マリー・ロジェの謎』の中で描かれている。警察が悪人集団に対して「密告した者には褒美を与え、免罪とする」と誘う場面がある。登場する探偵は「誰もが密告を恐れ、急いで密告する」と語っている。

ゲーム理論が示唆するのは、単に勝つため、単に負けないための戦略ではない。愚かな人間の利己的選択には、パラドックスやジレンマがあり、本人のみならず、社会全体を不合理で不幸な状態に陥れる危険性があることを示唆している。そのような悲惨な結果を招かないよう、人間に自省と自制と自覚を促している。

ブッディズムの「中道」

本書では、対立する意見を多数決で結論づけられない場合、あるいは話し合いで結論を見出す場合の思考方法として「中道」という対応を探究している。「中道」と聞けば政治的中道も連想するが、政治とブッディズムの「中道」は意味が異なる。

政治における「中道」は保守とリベラルの真ん中という意味で使われる場合が多い。類似の概念として「中間」「中立」がある。「中間」はまさしく異なる意見の間という意味、「中立」はどちらにも味方しないことを指す。「中道」は、急進的、反動的ではなく穏健、イデオロギー的ではなく現実主義、少数意見の尊重、民主主義的で公正な姿勢等のイメージを伴う。「中道」の明確な定義はなく、時代や国によって様々な捉えられ方をするが、おおむね上述のような概念である。

しかし、現実の政治は「中道」の姿勢で臨んでも対立や争いが起きる。政治の「中道」は保守やリベラルと同次元のひとつの立場にすぎず、「中道」だから対立を乗り越えられるという保証はない。民主主義のパラドックスやジレンマも解決できない。

では、ブッディズムの「中道」とは何か。サンスクリット語で「マディヤマー・プラティパッド」、パーリ語で「マッジマー・パティパダー」と言うブッディズムの「中道」は、対立を離れていること、特定の意見に囚われずに思考すること、不偏であることを示す。「中道」の「中」は二つの事物の中間ではなく、対立する主張や意見から離れて対立を乗り超えることを意味する。「中道」の「道」はそれを実践することを指す。「中道」はブッディズムの中心的価値観である。特定の見方に囚われず、執着することなく、無私の心で判断し、行動することが「中道」である。そのような思考方法を具現化できれば、たしかに対立を乗り越えられるかもしれない。

ブッディズムの「中道」概念を体系的に説いているのはナーガルジュナ(一五〇〜二五〇年頃)の『中論』である。ブッディズムは人間哲学であり、学僧は哲学者と言ってよい。哲学者ナーガルジュナの大著冒頭の「帰敬序」は以下のように記している。

「(大宇宙に於いては)何ものも消滅することなく(不滅)、何ものもあらたに生ずることなく(不生)、何ものの終末あることなく(不断)、何ものも常恒であることなく(不常)、何ものもそれ自身と同一であることなく(不一義)、何ものもそれ自身において分かたれた別のものであることはなく(不異義)、何ものも(われらに向かって)来ることもなく(不来)、(われらから)去ることもない(不出)、戯論(形而上学的論議)の消滅というめでたい縁起のことわりを説きたもうた仏を、もろもろの説法者のうちでの最も勝れた人として敬礼する」[15]。

ブッディズムは形而上学的思考を否定する。「中道」は形而上学的思考における異なる意見、相対立する意見の「中間」という意味ではない。西洋哲学における形而上学的思考では、議論のための議論、理論のための理論が展開される。絶対的真実はないにもかかわらず、それがあるかの如く議論する知的作業である。悪いことではなく、思考訓練にはなる。しかし、形而上学的思考は対立を生み出す。「対立の迷路」に入り込み、知的作業に耐えられなくなると「同調の悲劇」に陥る。カントは著書『純粋理性批判』において、形而上学的思考や対立の顚末は、対立することを論理的に証明し、結果的に対立する結論を同時に導き出すパラドックス（二律背反）にすぎないと断じている。

西洋哲学では、利己的で愚かな人間を前提とした実存哲学がセーレン・キルケゴール（一八一三〜五五年）やマルティン・ハイデガー（一八八九〜一九七六年）等によって展開された。キルケゴールの実存主義は、仏教的中道に近い概念とも言える。

しかし、ブッディズムは二五〇〇年前からそうした人間の本質に焦点を当てている。ブッディズムは現実世界の全ての事物の相互依存・相互限定の関係を示し、世俗的な意味での存在（上記の実存とは真逆の意味）を全否定し、ありのままの実存を「空」と説き、変遷万化する現象世界はありのままに存在することを認める。如何なる形而上学的事物に拘ることも無意味であり、それらから離れていることを「中道」と説く。実存は永遠不変でもなく、虚無に帰すものでもない。そのことを理解すれば、対立は解消する。何ごとにも囚われない思考方法が「中道」である。

多元主義

哲学としてのブッディズムの思考論理や思考方法は、欧米の経済学者や事業家にも影響を与えている。例えば最近では、禅に傾倒している事業家やＩＴ関係のエンジニアが少なくない。

一九六六年、ドイツ生まれの英国の経済学者、エルンスト・フリードリッヒ・シューマッハ（一九一一〜七七年）は仏教経済学を提唱した。シューマッハはケインズに師事している。

英国石炭公社の経済顧問を務めていたシューマッハは、一九五五年にビルマ政府の招聘で同国を訪れた際、仏教徒の生活に感銘を受け、仏教の考え方、とくに八正道[16]に基づく仏教経済学を提唱した。

仏教は少欲知足、あらゆる事物に執着しないこと、非暴力等を勧めている。そのため、簡素(少欲知足、無執着)と非暴力を基本とする社会システム、「最少消費で最大幸福」を得ることを目的とし、自己利益だけではなく、他者の利益も考える経済システムを推奨した。こうした仏教主義に対し、資本主義は物資の消費量を幸福の指標とし、自己利益、自己の効用の最大化を目的としている。仏教主義と資本主義は対極をなす経済思想とも言え、「最少消費で最大幸福」と「最大多数の最大幸福」は対比されるべき概念である。

また、石炭公社勤務の経験と経済学者としての知見から、化石燃料の枯渇を予測し、原子力の利用について警鐘を鳴らした。一九七三年に出版した著書『スモール・イズ・ビューティフル』で予想したエネルギー危機が第一次石油ショックとして的中し、同書は世界で注目を浴びて各国語に翻訳された。

シューマッハは、大量消費を幸福度の指標とする現代経済学と科学万能主義に疑問を呈し、先進国から発展途上国への技術支援のあり方として、現地の環境に適した「中間技術(適正技術)」の必要性を説いている。「中間技術」とは、環境破壊をせず、循環型の資源利用を促す技術、人間と自然が共存可能な技術という解釈が可能である。

シューマッハの理論や思想は十分に研究されていないものの、エコロジー経済、循環型社会を目指す経済思想、経済政策体系と言える。また、対立や紛争の背景には必ず経済的利害があることを指摘する本書の観点から言えば、「少欲知足」と「利他」の姿勢によって、平和を探求する政治経済学とも言えよう。

仏教の核心的概念が「中道」である。「中道」政治経済学とも呼び得る思想体系の入り口に光を当てたひとりがシューマッハである。

上述のとおり、「中道」とは対立する意見のどちらにも偏らない立場を指す。様々な多様な意見に対して寛容であるということは、多元主義とも言える。

米国の政治学者ダールは、一九六〇年代に米国政治学会会長を務め、活発な著作活動を行うとともに、多くの政治学者を育て、母校イェール大学を米国政治学の拠点のひとつに発展させた。ダールが社会学者ライト・ミルズ（一九一六〜六二年）と行った論争は興味深い。

ミルズは著作『ホワイトカラー』（一九五一年）で知られるようになり、邦訳本（一九五七年）が日本での「ホワイトカラー」という用語の普及の契機となった。ミルズは同書で中間層が増加した理由を述べ、さらにその政治的な無関心さを指摘した。続く著作『パワー・エリート』（一九五六年）では、米国社会の支配構造を分析し、連邦政府および各州政府がごく少数の結束の固いエリート層に牛耳られていると主張。それに対してダールは、エリート層も多種多様であり、内部には対立も協調も存在する「ポリアーキー（多元主義）」であると反論した。[17] 一九六一年出版の『統治するのは誰か』において、ダールは自説を理論的に論証しようとした。

一九八九年の代表作『民主主義とその批判』では民主主義の概念を再検討している。近代国家において民主主義の理想を実現した国はなく、西側先進国は「ポリアーキー」状態にある。ポリアーキーの下では、表現・報道・結社の自由が保証され、誰しも公職に就く権利があり、公職従事者は自由で公正な選挙によって選出される。そのため、政治権力の中心が複数生じる一方、民主主義が求める市民参加、情報公開、政策監視等を厳格に実現している国家はない。

二〇〇一年の著作『アメリカ憲法は民主的か』では、合衆国憲法の起草者たちの時代には、民主主義のあり方も発展途上であったため、憲法の枠組みが理想的な民主主義を想定しているわけではないとしている。民主主義に対して楽観的な期待は抱いておらず、民主主義の帰趨についても予見不可能としている。[18]

多元主義と不完全な民主主義の下で、どのように政治経済を運営していくのか。そこには、「中道」の姿勢が必要である。

リンゴと笛

結局、何が「正しい」のか、何が「正義」なのか。いずれも解答を確定できないうえ、民主主義も最善解を選択できるわけではない。

アマルティア・センは、『合理的な愚か者』の中で二人の少年がリンゴを分け合う寓話を用いて、民主主義の難しさを説いている。[19] もともとの寓話を補足しつつ解説すると、次のとおりである。

二人の少年が、大きいリンゴと小さいリンゴを分けようとしている。少年Aは少年Bに対して、先にどちらかを選ぶように言うと、少年Bは直ちに大きいリンゴを選択した。少年Aは少年Bに対して不公平であると主張したので、少年Bはなぜ不公平と思うかを聞きつつ、「君ならどちらを選ぶか」と問い質した。

少年Aが大きい方と答えれば、少年Bは「だから僕も大きい方を取った」と言う。少年Aが少年Bを咎めるべく、「自分であれば遠慮して小さい方を取った」と答えれば、少年Bは「では問題ないではないか。残っているのは小さい方なので、君の希望どおりだ」と答える。このいずれの結論にも少年Aが納得しなければ、対立は深まり、争いに発展するかもしれない。

問題の本質は、大きい方と小さい方のどちらかを選ぶという二者択一の下では、「君ならどちらを選ぶか」という問いに、民主主義のジレンマやパラドックスが内在する。こうした構造に気がついていれば、自分と相手の立場を入れ替えて相手の論理にトラップをしかけることもできる。現実の対立や紛争においても起こりがちな思考論理である。

お互いに思慮深く、対立を避けようと思えば、それぞれ半分ずつに切って分けるという知恵も生まれる。あるいは、どちらが先に選ぶかを決める段階で、ジレンマやパラドックスを回避するために、くじ引きやジャンケン等によって公平さ、公正さを担保するための工夫も可能である。

それこそが、多元主義の下での「中道」の姿勢に基づく知恵と言えよう。政治や経済における政策決定、外交や安全保障における他国との交渉でも同じである。

センの二〇〇九年の著作『正義のアイデア』では、一本の笛の所有権をめぐって言い争う三人の子供の寓話が登場する。[20]

アンは三人の中でひとりだけ笛を吹ける。笛を吹ける者に笛を与えることは笛が実際に役に立つことであり、功利主義的な立場から支持される。

ボブは貧しく、三人の中でひとりだけ玩具を持っていない。貧しく不平等な状況を改善できることから、平等主義的、ソーシャルリベラル的な立場から支持される。

この笛を作ったのはカーラである。カーラに笛を与えることは、正当な所有権を現実化することであり、自由主義的、リバタリアリズム的な立場から支持される。

センは次のように述べる。「ここでの一般的ポイントは、人間の達成の追求や、貧困の除去や、自分自身の労働の産物を享受するエンタイトルメントのそれぞれに基づく主張のいずれもが、根拠のないものとして軽々しく無視できるようなものではないということである。これらの異なった解決策には、それぞれを支持する重要な議論があり、恣意的にではなく、そのうちの一つを常に優れたものとして特定することはできないだろう[21]」。

功利主義、平等主義、自由主義、いずれの立場にも一理あり、どれが優れているかを特定することはできない。だから自論への拘りを捨て、それぞれの意見を聞いて落とし所を探る。それは必ずしも中間的結論に至るわけではない。

そうした思考プロセス自体が「中道」であり、地球上で最も愚かで有害な生物である人間が「対立の迷路」や「同調の悲劇」を回避できる唯一の手段である。

リンゴの分配や笛の帰属をめぐる問題は、国際紛争や内外の政策論争に準えることが可能である。リンゴの分配のケーススタディと同様に、交渉の手順や組み立て方、質問の仕方の違いで展開も結論も変わってくる。だからこそ、ゲーム理論的な思考実験が国際政治や安全保障政策で活用される。笛の帰属は、立場と価値観の違いによって判断や結論が異なることを示している。他者に価値観を強要することはできない。いずれかの価値観が「正しい」こと、「正義」であることを証明することもできない。歩み寄り以外に打開策はない。笛の帰属のように、笛を分割することができないような問題の場合にどのように対応すべきか。愚かな人間はこれを解決できるだろうか。

シュンペーターは大著『資本主義・社会主義・民主主義』において、人間社会の帰趨について論じた。民主主義についても過大な期待は抱いておらず、次のように述べている。

「民主主義とは人民が実際に支配することを意味するものでもなければ、また意味しうるものでもない。

〔中略〕民主主義という言葉の意味しうるところは、わずかに人民が彼らの支配者たらんとする人を承認するか拒否するかの機会を与えられているということのみである。〔中略〕すなわち、指導者たらんとする人々が選挙民の投票をかき集めるために自由な競争をなしうるということ、これである」[22]。

民主主義とは指導者を有権者が選ぶ機会が与えられている社会にすぎないという定義であり、民主主義に付随する他の様々な特質が捨象されている。しかし、今日の民主主義も、情報や手続の公開性等の重要な要素を軽視する指導者もいることから、指導者の姿勢如何によっては、シュンペーターの定義は的を射ているとも言える。

さらに、シュンペーターは「最後に、主導力獲得のための競争が有効に行われるがためには、異なった意見に対するきわめて広い寛容が必要である」[23]と述べている点は、本書の主張と軌を一にする。

その第二版の序文において次のように記した。

「敗北主義とは、行動との関連においてのみ意味を持つ一定の精神状態をいう。事実そのものやそれから導き出される結論は、たとえそれがいかなるものであろうとも、けっして敗北主義的でもその反対でもありえない。ある船が沈みつつあるとの報告は、けっして敗北主義的ではない。ただこの報告を受け取る人の精神のみが敗北主義的たりうるにすぎない。たとえば、船員はこの場合に坐して酒を飲むこともできる。また船を救うべくポンプに突進することもできるのである。その報告がたんねんに実証されているにもかかわらず、ただ単にそれを否定するような人があれば、そのような人は逃避主義者である」[24]。

「中道」主義は、そういう意味において敗北主義との真逆を行く。対立する意見がある時には、どちらの情報も傾聴し、「相対的最善解」の合意に至る取り組みである。特定の情報のみを偏重し、根拠のない楽観論や偏った対策を講じることは、一見、何かを判断して行動に移しているようで、実はその正反対である。「対立の迷路」を抜け出す努力をせず、特定の情報に基づく「同調の悲劇」をもたらす危険性を高める。シュンペーターの言うところの敗北主義にすぎない。

(1)—「三十人政権」はペロポネソス戦争(BC四三一～四〇四年)に敗れたアテナイで成立した「三十人僭主」とも呼ばれる寡頭政権。約一年で崩壊した。なお、ペロポネソス戦争とはアテナイを中心とする「デロス同盟」とスパルタを中心とする「ペロポネソス同盟」との間に発生した古代ギリシア全域を巻き込んだ戦争。

(2)—アマルティア・セン(二〇一一)池本幸生訳(二〇一一)『正義のアイデア』(明石書店)序文一二頁。

(3)—同前四一六頁。

(4)—「オバマ米大統領広島演説〈全文〉」『朝日新聞』(二〇一六年五月二八日)。

(5)—具体的には、六五歳以上の七〇%が原爆投下を支持している一方、一八歳から二九歳の支持は四七%に急落。性別、人種、支持政党でも意見が分かれる。原爆投下支持は、男性六二%、女性五〇%、白人六五%、非白人(ヒスパニックを含む)四〇%、共和党員七四%、民主党員五二%である。

(6)—シジウィックは著書『倫理学の諸方法』(一八七四)五〇六～五〇九頁において利己主義と功利主義の比較検討を行い、その内容を受けてエッジワースが著書『数理心理学』(一八八一)五二頁において、そうした整理を行っている。センは『合理的な愚か者』でその部分を引用して記しているものと思われる。エッジワースの具体的記述は以下のとおりである。"The interest of all is the interest of each, an illusion (中略) is for ever dispelled by the masterly analysis of Mr. Sidgwick. Mr. Sidgwick acknowledges two supreme principles - Egoism and Utilitarianism ; of independent authority, conflicting dictates ; irreconcilable, unless indeed by religion".

(7)—ジェームズ・ブキャナン/リチャード・マスグレイブ(二〇〇三)関谷登/横山彰監訳(二〇〇三)『財政学と公共選択—国家の役割をめぐる大激論』(勁草書房)二六四頁。

(8)―マウリッツ・エッシャー(一九九三)坂根厳夫訳(一九九四)『無限を求めて―エッシャー、自作を語る』(朝日新聞社)三五～三六頁。

(9)―この概念は哲学者フリードリヒ・ニーチェ(一八四四～一九〇〇年)によって定義された「永劫回帰」に近い。ニーチェは著作『この人を見よ』で「永劫回帰」を定義し「およそ到達しうる最高の肯定の形式」と述べている。「永劫回帰」は宗教的な前世や来世を否定し、哲学的な弁証法も否定する。全ての善悪、優劣は人間の主観的思い込みにすぎず、絶対的善悪だけでなく、相対的善悪も否定した。仏教的な「空」に近い概念だが、仏教については諦観だとしてニーチェは否認しているので、「永劫回帰」はさらに終わりも始まりもない究極のニヒリズムである。

(10)―昭和期の日本の代表的政治学者・思想史家。丸山の学問体系は「丸山政治学」「丸山政治思想史」と言われ、同時代の経済史学者・大塚久雄(一九〇七～九六年)の「大塚史学」と並び称される。

(11)―丸山眞男(二〇〇六)『新装版 現代政治の思想と行動』(未來社)二五頁。

(12)―丸山眞男(一九六四)「増補版への後記」『現代政治の思想と行動 増補版』(未來社)五八一～五八五頁。

(13)―この文章を書いていた二〇一五年当時、「民主主義の原則」は在日米国大使館ホームページにアップされていたが、トランプ政権発足後、アメリカンセンターのホームページに移設された。〈33〉

(14)―Robert A. Dahl (1989), "The second democratic transformation : From the city-state to the nation-state", Democracy and its critics, New Haven : Yale University Press, 1989, pp.213-224 (p.221).

(15)―中村元(二〇〇二)『龍樹』(講談社)三二〇頁。「不生不滅・不常不断・不一不異・不来不去」は「八不中道」と呼ばれる。

(16)―「八正道」とは、仏教において覚りに至るための八つの実践徳目(正見、正思惟、正語、正業、正命、正精進、正念、正定)を指し、「八聖道」とも言う。「八正道」はブッダが最初の説法(初転法輪)において説いたとされる。偏りから離れている「正道」、聖者の証である「聖道」という概念は、ブッダの説いた「中道」の具体的内容とも言える。

(17)―ポリアーキーはギリシャ語の多数(poly)と支配(arkhe)を組み合わせた言葉で「多数支配」とも訳される。デモクラシーと同義の使われた方をする場合もあるが、デモクラシーが民主主義の理想的状況を表すのに対し、ロバート・ダールが提唱したポリアーキーは多数支配の現実を表す言葉として対比される場合がある。なお、多元主義はプルラリズムとも言う。プルラリズムはパワーエリートモデルとの対比において、民主主義的な社会状況を表す場合に使われる。拙著『公共政策としてのマクロ経済政策』九六頁)では「多数のステークホルダーや利益集団(圧力団体)の政治的調整の結果として政策が形成される」状態のことをプルラリズムと定義している。

(18)―ロバート・ダール(二〇〇一)杉田敦訳(二〇〇三)『アメリカ憲法は民主的か』(岩波書店)。

(19)―アマルティア・セン(一九八二)大庭健／川本隆史訳(一九八九)『合理的な愚か者―経済学=倫理学的探求』(勁草書房)一三六頁。

(20)―同前四六頁。

(21)―アマルティア・セン(二〇〇九)池本幸生訳(二〇一一)『正義のアイデア』(明石書店)四八頁。本書の執筆佳境の二〇一七年七月二八日、筆者が出演したTV番組(スカパーニュースザップ)でこの話題を取り上げた際、詩人アーサー・ビナード(一九六七年～)の回答は「カーラに所有させて貸せばよい」との内容であった。ビナードの回答が唯一のものではないが、こうした回答こそが熟慮の結果であり、「正義のアイデア」と言い得る「中道」の叡智である。

(22)―ヨーゼフ・シュンペーター(一九五〇)中山伊知郎／東畑精一訳(一九九五)『(新装版)資本主義・社会主義・民主主義』(東洋経済新報社)四五四頁。

(23)―同前四七一頁。

(24)―同前五六～五七頁。

第6章　科学の功罪

自然科学は客観性が高く、人間社会への貢献度が高いと言われるが、果たして本当にそうか。「自然科学の王様」である物理学は核兵器を生み出した。自然科学の活用の仕方をめぐって、人間はやはり「対立の迷路」と「同調の悲劇」の危険に晒されている。「社会科学の女王」とされる経済学。中でも科学性が高いと思われがちな金融理論に依拠する金融政策も迷走している。地球上の生物の中で人間だけが科学を有していることは人間の優秀さの証ではない。捕食目的以外で他の生物を殺し、同種同士でも殺し合う人間は、地球上で最も愚かで有害な生物である。科学で豊かさを生み出すことを課された人間は、その愚かさ故に、科学を適切に制御できていない。

「対立の迷路」「同調の悲劇」を回避するためには事実の共有が重要である。しかし、事実認識についても対立が伴う。自然科学においては相対的に事実が共有されやすい。しかし、自然科学においても、事実認識や利活用に関して「対立の迷路」に陥り、「同調の悲劇」に陥ることがある。原子力に関する論争が典型例であり、ＩＴの急速な進歩に伴うＡＩ（人工知能）等に関する論争も難しさを増している。

人間は「科学」という言葉と概念に対して特殊な感情を示す。それは「科学」の有する客観性と有用性に対する神話と言える。神話に対する根拠のない心酔は時に「同調の悲劇」を招く。

「社会科学の女王」と呼ばれ、相対的に科学性が高いと錯覚されている経済学は「同調の悲劇」に至る危険性も高い。中でも金融理論はその傾向が強い。それを認識しつつ、その錯覚を意図的に使っているのが昨今の金融政策である。

人間は地球上で最も愚かで有害な生物である。その人間だけが科学を有している。科学を愚かさを克服するために使うのではなく、愚かさを助長するために使うようであれば、科学は人間に鉄槌を下すことになるだろう。

シンギュラリティ

強いＡＩと弱いＡＩ

第２章で述べたように、米国大統領にグローバリズムを非難するトランプが当選したことは、米国が推進してきたグローバリズムに米国自身が蝕まれている証である。米国が追求してきた価値と現実が摩擦を引き起こしているのはグローバリズムにとどまらない。技術革新もそのひとつである。

米国の先進性に寄与してきたのは、米国人のみならず、移民や外国人の才能や向上心である。彼らに支えられてきた米国企業の進取の精神と先進性は世界の技術革新をリードしてきた。移民の入国制限や、典型的な製造業を強引に国内に呼び戻すことは、そうした米国の底層価値を破壊する。

IT全盛時代に突入した二一世紀。当面の技術革新の焦点はIoT、ビッグデータ、AI、ロボット等である。中でも、その中核はAI。もちろん、AIも米国企業が世界をリードしているが、AIは米国でも労働者の職を奪い始めている。労働者を守るという公約と技術革新を先導してきた米国の価値を、トランプはどのように調整するのか。この葛藤は米国にとどまらない。

最近では「シンギュラリティ（Singularity）」に関心が集まっている。シンギュラリティはコンピュータの知能が人間を超え、それに伴って発生する大変革を意味する。日本語では「技術的特異点」と訳されているが、AIの急速な進歩によってシンギュラリティは現実味を増している。シンギュラリティ後の世界はどうなるのか。人間にとって夢のような社会が実現すると考える楽観論。コンピュータが次々と技術革新を起こし、高性能の機械が人間を代替すると考える悲観論。両論の対立の顛末は神のみぞ知る。

この概念のルーツは機械式演算機が開発された一九世紀中頃に遡るが、具体化したのは米国の科学者、ヴァーナー・ヴィンジ（一九四四年〜）とレイ・カーツワイル（一九四八年〜）である。カーツワイルは「ムーアの法則」に代表される技術革新の指数関数的加速を予測した。「ムーアの法則」は米インテル社の創業者であるゴードン・ムーア（一九二九年〜）が一九六五年に提示した経験則。トランジスタの集積度（性能）が一八か月で倍になるというものだ。カーツワイルは二〇四五年までにシンギュラリティが起きると予測しているが、AIの進歩はもっと早くシンギュラリティを現実化するかもしれない。

一九七〇年代以降、アルビン・トフラー（一九二八～二〇一六年）、ダニエル・ベル（一九一九～二〇一一年）等の社会学者が展開した未来予測もシンギュラリティ論に類似している。彼らは工業化社会がやがて終焉を迎え、サービスと情報が工業製品に取って代わると予測した。

一九八〇年代、宇宙物理学者スティーブン・ホーキング（一九四二年～）が「マインドステップ」という表現でシンギュラリティ的現象に言及。次の「マインドステップ」は二〇二一年、その後二つの「マインドステップ」が二〇五三年までに生じると予測している。

二〇一三年、英国オックスフォード大学が「米国労働市場における仕事の四七％がＡＩもしくはロボットに置き換え可能である」との推計結果を発表し、衝撃が走った。[1] 二〇一五年には、日本のシンクタンクがオックスフォード大学の推計方法を用いて日本の労働市場について分析したところ、置換可能率は四九％と推計された。[2] その推計を裏づけるように、それ以降、ＡＩの急速な発展に伴い「スマート工場（賢い工場）」、「ＩｏＴ（Internet of Things、モノのインターネット接続）」が労働市場やライフスタイルに影響を与えつつある。

ＡＩはＩｏＴを進化させるが、人間がＡＩ化を実感できるのはサービス分野であることから、「ＩｏＳ」すなわち「Internet of Service」という概念がより重要である。[3] ＡＩは産業用機械と結びついて生産現場の労働を人間から奪い始めたのに続き、サービス労働も代替する。

例えば、警備ロボット。人型巡回警備ロボットに続いて、ドローンを活用した飛行型警備ロボットも登場している。警備というサービスが人間からＩＴに代替されている。ウーバー等の配車システムを活用した自動運転車によるライドシェアは配車サービス、運転サービスを代替し、ＡＩ＆ＩｏＴ＆ＩｏＳの典型例と言える。資産運用業務におけるＡＩの活用も加速している。すでに投資家は金融機関のヒューマンサービス（担当者による投資アドバイス）よりもＡＩを嗜好する傾向を強めている。

ＡＩには「強いＡＩ」と「弱いＡＩ」がある。米国の哲学者、ジョン・サール（一九三二年〜）によって提唱された概念だ。

ＡＩを考えるうえで、英国の数学者、アラン・マシスン・チューリング（一九一二〜五四年）による「チューリングテスト」とサールによる「中国語の部屋」は必須の話題である。

「チューリングテスト」とは、機械と人間が通常の言語で対話した時に、多くの人がその機械を「人間かもしれない」と錯覚させることができれば、その機械は知的であると判定するというチューリングが考え出した基準である。

一方、「中国語の部屋」はサールが考え出した基準だ。それは、チューリングの基準に哲学者として納得できなかったからと言われている。中国語ができない英国人を部屋に閉じ込め、紙に書いた中国語のメッセージを部屋の中に投入。英国人は部屋の中にあるマニュアルに従って回答を書いて紙を投げ返すと、対話が成立しているように思える。しかし、現実には英国人は中国語を学習していない。単にマニュアルに書いてある指示に従って、意味はわからず対応しただけだ。つまり、この英国人はチューリングテスト的な知的機械にすぎない。サールは、本当の知的存在、人間を代替する機械とは、紙のやり取りから中国語を学習し、マニュアルがなくても自らの判断で対話ができるようになる存在であると考えた。

そのサールが定義した「強いＡＩ」と「弱いＡＩ」。前者は人間を代替し、凌駕するＡＩ。後者は、人間を補完し、補助するＡＩ。シンギュラリティは「強いＡＩ」が登場する瞬間を表す概念とも言えるが、そのタイミングはカーツワイルの予言する二〇四五年よりも早いだろうという認識が広まりつつある。

ホーキングは「ＡＩの発明は人類史上最大の出来事だったが、同時に最後の出来事になるかもしれない」[4]「完全なＡＩは人類を終末に導く可能性がある」[5]と発言している。電気運転車のテスラモーターズ、宇宙ロケットのスペースＸの最高経営責任者（ＣＥＯ）イーロン・マスク（一九七一年〜）も「ＡＩは悪魔を呼び出すようなもの」[6]と述べている。

マスクは、ＡＩ技術の独占と暴走を防止することを目的として非営利企業を設立し、ＡＩ技術のオープン化に取り組み始めている。現時点でＡＩの最先端企業と言えば、検索エンジン市場を席巻するグーグルである。マスクはこうした企業にＡＩ技術が独占されると対抗技術の進歩の妨げになると考え、ＡＩ技術をオープン化することで、暴走するＡＩへの対抗ＡＩが開発できる社会環境や産業環境を整えることを企図している。

経済学者、思想家であるジャック・アタリ（一九四三年〜）はアルジェリア出身のユダヤ系フランス人である。一九八一年から一〇年間、ミッテラン大統領の補佐官を務め、その後は初代欧州復興開発銀行総裁も務めた。

アタリは「世界の国々の人口と国力の間には歴史上、直接的な関係は見いだせない」と述べ、人口の多い国でも国力が弱かったり、逆に小国でも世界的な影響力を保持した事例を示している。同時に、「高齢化が進む国々は対策を取らなければ衰退する」と指摘し、対策として五つの選択肢を列挙している。[7]第一は出生率向上、第二は少ない人口での安定化、第三は移民受入れ、第四は女性労働力の活用、第五はロボットの活用。

世界全体が人口爆発の途上にある中、人口減少が進む日本。過去一五〇年間で四倍（三〇〇〇万人から一億二〇〇〇万人）になった人口は、最も悲観的な予測では今後一〇〇年間で五〇〇〇万人程度に半減する。アタリは日本について上記の第二の選択肢、つまり少ない人口での安定化の途を辿ることを予測しているが、日本が「人口と国力は関係しない」ことを証明するには、第五の選択肢であるロボット活用を進めることが必要である。そして、そのロボットはＡＩとセットである。

日本では自動化やコスト削減の観点で早くから産業用ロボットが活用されてきた。しかし、今後は生産現場や医療・介護サービス等、労働力不足の分野に加え、人間が対応不可能な分野でロボット活用を進めることが不可欠である。

その典型例が今後一〇〇年間の日本の重い課題となった福島第一原発の事故処理である。廃炉は一〇〇年がかりの大仕事だ。一号機、二号機の汚染水の直上（水面から約二〇センチメートル）では毎時一〇・三シーベルト（一万三〇〇〇ミリシーベルト）という高放射線量が測定されている。人間の年間被曝限度に二十数秒で達する水準であり、その場所にいたと仮定すると五〇分で致死線量に至る。そうした場所で人間が作業をすることはできない。事故処理と廃炉には高度で最先端のＡＩロボットが不可欠である。

電子部品が放射線の影響を受けないようにするために金属等の外装が必要であり、現在の技術では相当の重量になることが想定される。しかも遠隔操作。あるいはＡＩが自ら現場の状況判断を行う相当高度なロボット開発には膨大な財源が必要になるだろう。

まるでＳＦのようだが、そのＳＦを実現しなければ事故処理はできない。すでに日本はロボットなしでは将来が保障されない国となっている。率先してシンギュラリティを実現すべき立場であるが、果たして全力を尽くしていると言えるだろうか。

ＡＩに関連して三つの要素がシンギュラリティ前夜を予感させる。第一は神経科学、第二はスパコン技術、第三はナノテクノロジー。これらの急速な進歩がシンギュラリティ論を過熱させている。

人間の脳には一平方センチメートルに約一〇〇万の神経細胞（ニューロン）が存在する。ナノテクによってこれと類似する構造のスパコン製造が可能になりつつある。つまり、ＡＩだ。ＡＩの進歩が超人間的な知能を生み出した場合、人間とＡＩは共存できないと懸念する科学者もいる。ＡＩが人間を排除しようとし、人間はそれを阻止できないという予測である。

一九世紀初頭、産業革命期の英国でラダイト（機械打ちこわし）運動が発生した。労働者や技術者が失業や生活苦の原因を技術革新と機械導入によるものと捉えて起こした運動である。シンギュラリティのマイナス面を懸念する論者の間では、ネオ・ラダイト運動の発生を予測する向きもある。そうなれば、ＡＩと人間の戦い。マトリックスやターミネーター等のＳＦ映画の話のようだ。しかし、かつてのＳＦが次々と現実化していることを忘れてはならない。あながち空想とも思えない。

一九七〇年代、一般人にはＰＣや携帯電話は空想の産物だった。インターネットの存在が一般的に認識され始めたのは一九九〇年代である。二〇〇〇年頃にはスマホやタブレット端末は未だ存在しなかった。そして今、ＡＩやロボットは一九七〇年代当時のＰＣや携帯電話よりも現実的な未来である。

技術進歩は指数的に進むのに対し（例えば一〇年で一〇〇〇倍）、人間の思考はそれについていけない。言わば線形（一次）的である。どんな予測もすぐに無意味になる。ゲノム解析やＷｅｂ検索は十数年前には存在しなかった。変化のスピードは著しく速く、人間の予測は短期間のうちに陳腐化する。数十年前の線形予測に依拠した産業政策や国の運営を行っていては、技術革新から取り残され、ＡＩの進化に対応できない。

ロバマの正義論

二〇一七年六月に放映されたＮＨＫ特集『人工知能─天使か悪魔か』のメインストーリーは将棋の電王戦であった。佐藤天彦名人(最高位)とＡＩポナンザの対戦。佐藤名人は二〇一六年の名人戦で羽生善治名人に勝利した将棋界のエースである。

ポナンザは自分自身で学ぶ「機械学習」を取り入れており、過去二〇年分の対局の棋譜を解析し、あらゆる局面で「最善手」を見つけ出すようプログラムされている。対戦相手の打ち手によって断続的に展開が変化していくので、ポナンザの打ち手は「絶対」ではなく、その時々の「相対的最善解」である。

電王戦第一局の終盤戦、ポナンザは佐藤名人の予想外の指し手を展開。ポナンザをプログラムした開発者の理解をも超えた高度な「機械学習」が行われており、ＡＩの思考過程はブラックボックス化していた。第二局では、ポナンザは第一手から人間は絶対に指さないという奇手を指し、九時間の激戦の末、佐藤名人が完敗。六年続いてきた電王戦は決着した。

ポナンザはＡＩ同士の対局(言わば練習試合)を七〇〇万局指した。人間が一年に三〇〇〇局(一日約一〇局)しても二〇〇〇年を要する対局数である。佐藤名人は「ＡＩは人間同士の対局では気づかない指し手を学習しているのかもしれない」との感想を述べていたが、佐藤名人自身もその後の人間との対局で今までとは異なる棋風で勝利。佐藤名人もＡＩとの対局で新たな学習をしていた。

ＡＩとの対局は、将棋に先立ち、チェス、オセロ、囲碁でも行われてきた。世界で最初のチェスの機械との対局は一九一二年。もちろんＡＩと呼べるものではなく、計算機の類との対局であった。第二次世界大戦後の一九六七年、ボストンで開催されたチェス選手権に初めてコンピュータが参加。実力はアマチュアのやや強いレベルであった。その後、コンピュータに改良が加えられ、一九八八年、初期ＡＩの「ディープ・ソート」が初めて人間の強豪に勝利。一九九六年、「ディープ・ソート」にさらに改良を加えた「ディープ・ブルー」が、世界チャンピオン[8]に勝利した。同年の対局は六回行われ、「ディープ・ブルー」の一勝二敗三分だったが、翌一九九七年は二勝一敗三分。チェスにおいて、ＡＩが人間を超えた年として歴史に刻まれた。

同時期、オセロでもＡＩと人間の対局が行われていた。一九八〇年、ＡＩ「ムーア」が世界チャンピオン[9]との六番勝負で初めて一勝。「ディープ・ブルー」がチェスで世界チャンピオンに勝ち越すようになった一九九七年、オセロのＡＩ「ロジステロ」も世界チャンピオン[10]との六番勝負に全勝。一九九七年は、チェスとオセロでＡＩと人間の決着がついた年となった。

囲碁ＡＩの開発は一九八〇年代以降。アマチュア上位程度の実力で足踏みし、当時、ＡＩは人間の初段には勝てないと言われていた。しかし、二〇〇〇年代に入って開発が進み、アマチュア有段者程度の実力に向上。二〇一二年にはアマチュア六段程度と認定された。そして、その後登場したのはグーグルが出資する英国ディープマインド社が開発したＡＩ「アルファ碁」。二〇一五年にプロ棋士と対局して勝利。二〇一六年、「アルファ碁」は世界トップレベルの棋士[11]に勝利。囲碁ＡＩが人間を超えた年となった。二〇一六年末、インターネット上に突然登場した囲碁アカウント「マスター」。インターネット上での強豪棋士との対局で六〇連勝以上を重ねて話題となっているが、正体は「アルファ碁」の新バージョンと判明した。

チェス、オセロが一九九七年、囲碁は二〇一六年、そして将棋は二〇一七年。それぞれＡＩが人間を超えた年として語り継がれる。

番組ではＡＩが現実社会でも実用に供され始めている事例を紹介していた。例えば、タクシー会社の走行ルート指示ＡＩ。指示どおりに走ることによって実車率（客に遭遇して乗車させる確率）が高まっているそうだ。大手証券会社では大口顧客の運用にＡＩを導入。勝負の鍵はトレーダーの腕ではなく、優れたＡＩの開発にかかっている。

米国裁判所ではＡＩによる再犯予測システムを実用化。過去の膨大な裁判記録等から被告の再犯確率を予測し、判決内容の検討や仮釈放の可否判断に用いられているのには驚く。再犯率は一〇%低下したそうだ。日本の医療スタッフ派遣会社では、ＡＩによる人事管理を開始。具体的には、人事面談記録から社員の離職可能性を予測する業務に活用。記録の文章（社員の発言内容）から離職の潜在的可能性を予測している。ＡＩと人間との共存。政策的な課題として急浮上している。

番組の最後ではＡＩ政治家を開発する韓国のプロジェクトを紹介していた。汚職疑惑で前大統領が逮捕された韓国。不正や汚職が後を絶たないことから、このプロジェクトが始まった。

開発を請け負ったのはＡＩの世界的権威ベン・ゲーツェル（一九六六年〜）。法律、経済政策、国際関係等の情報を記憶、学習させ、五年後の実用化を目指している。一九八九年に米テンプル大学の数学博士号を取得したゲーツェル。数年前から、社会的、政治的な意思決定を合理的に行うＡＩ「ロバマ」の開発を進めている。二〇二五年までに完全に意思決定を下すことができる「ロバマ」を開発することを目標としている。この名称は「ロボット」と「オバマ」の名前を合体したもので、「ロボット大統領」という含意。「ロバマ」を装填したAI政治家は女性と想定し、「ソフィア」と命名されている。

ゲーツェルは、非理性的な感情に支配される人間の脳の欠点を補うAIを開発できれば、「正しい」判断を行うことができ、不正、腐敗もなくなると主張している。

ゲーツェルの「正しい判断を行うことができる」との発言を聞き、深く考えざるを得ない。「正しい」とは何か。「正義」とは何か。本書のテーマであり、第5章では正義論の変遷を取り上げた。「ロバマ」が、法律、許認可等、基準の明確な事案について判断する場合には懸念はないが、総合的に何かの意思決定をする時には、「正しい」「正義」「公正」等の判断が求められる。

「正しい」とは何か。「正義」とは何か。「公正」とは何か。第5章でも述べたとおり、これは、古代ギリシャ時代から二五〇〇年にわたって多くの哲学者や思想家が考え、論争し続けている問題である。

ソクラテスは「正義」を「熟慮および検討の結果として最善と思える考え」と定義した。社会は多数の人間で構成されており、全員の意見が一意することはない。熟慮および検討には議論が必要で、議論の結果としての合意が「正義」であり、議論を超越した絶対的な「正義」は存在しないと考えた。

ソクラテスの弟子プラトンは、「正義」とは個人あるいは共同体の中で調和が完成されていることである。一人であれば個人の中で調和を完成すればよいが、多数による調和は議論の結果として完成する、と考えた。

アリストテレスはプラトンの弟子。不平等や不公正がある時に、それを補正することを「矯正的正義」と命名した。では、どのような状況が不平等であり、不公正なのか。アリストテレスの正義論はその後の哲学者や思想家に強い影響を与え、近世に入るとホッブズ、ロック、ルソー、カント、ヘーゲル等が思索を続けた。

そして、二〇世紀になって登場したのがジョン・ロールズ、マイケル・サンデル。さらに、アジア人で唯一のノーベル経済学賞受賞者であるアマルティア・センも正義論に参入した。

彼らは、「正しい」とは何か、「正義」とは何か、「公正」とは何か、ということを考え続けている。しかし、絶対的な結論は出ていない。第5章でも述べたとおり、直近の最も参考にすべき示唆はアマルティア・センの二〇〇九年の著書『正義のアイディア』（日本語訳は二〇一一年出版）による。センは、絶対的に「正しい」ことは現実には存在し得ない、特定の「正義」に正当性を与えることはできないとしている。しかし、絶対的に「正しい」ことを決めることができないとしても、様々な意見や考えを最大限客観的に比較することで、相対的に「正しい」ことを追求可能としている。つまり、「相対的最善解」であり、熟議の重要性を説いている。

人間の歴史が誇る多くの知性が二五〇〇年も考え続けて結論の出ない正義論に関し、果たしてＡＩは本当に判断を下せるのか。「ＡＩは正しい判断ができる」とするゲーツェルは如何にも自然科学者らしいが、それは本当だろうか。難問である。

ＡＩが参考として判断を示し、人間が総合的に最終判断する関係はイメージできる。もっとも、熟議もなく、合意に基づく民主主義手続も無視し、自分の判断こそが「正しい」とする独善的な指導者よりは、ＡＩの方がよほど「正しい」判断をしてくれるだろう。

ゲーツェルによれば、「ロバマ」は「アルファ碁」のような特定分野に特化したＡＩではなく、総合判断のできる「汎用人工知能（ＡＧＩ）」と定義している。「汎用人工知能」は「Artificial General Intelligence」の訳。直訳すれば「人工一般知能」だが、「特化型ＡＩ（Narrow AI）」の対語であることを考慮し、二〇一三年、専門家の議論の結果として「汎用人工知能」と定訳が決まった。

「特化型AI」は、例えば質問応答、ゲームプレイ、株価予測、自動運転、医療診断、商品推薦等々、特定の用途、応用に供するAIであり、すでに相当数が実用化されている。一方、「AGI」は人間のように広範な適応能力、多角的な問題解決能力を有し、設計時の想定を超えた能力を発揮するAIである。

さらに、上述のとおり「弱いAI」と「強いAI」というカテゴリー分けもある。意識や自我を持つのが「強いAI」。しかし、AGIはそこまでは想定していない。したがって、AIは三段階、すなわち「特化型AI（NAIまたは弱いAI）」「汎用AI（AGI）」「強いAI」の三つに類型化できる。

AIは黎明期から漠然と人間と同等レベルに達することを目標としてきた。「特化型AI」は特定分野で人間の能力を超えつつある。そうした中で「汎用」という性質は、引き続きAIは総合的には人間より劣っているという前提で定義された目標水準である。

「AGI」は最初からあらゆる問題に対応できるわけではない。人間同様に幅広い領域の情報を吸収し、それに対応する知能を学習から獲得するのであり、人間が初期情報や経験値を入力していく必要がある。その実現はすでに視野に入り始めている。

前述の番組の中で、将棋の羽生善治名人は「AIは人間よりも優れた判断をするかもしれないが、それが絶対的に正しいとも限らない。そのようなAIが登場したとしても、それを取り入れるか否か、受け入れるか否かは、人間の判断次第」と語っていた。同感である。

AIの利活用に関しても、ソクラテス以来の歴代の哲学者が推奨する熟議が必要である。しかし、熟議をしない、あるいはその能力のない指導者が君臨する社会では、AIの利活用に関しても浅薄な独断で決定を行い、結果的に人間を滅ぼすことになりかねない。そういう社会は第4章で取り上げたデストピア（暗黒郷）となる。

ＡＩの開発や利活用の前に、人間自身、とくに指導者の内省が必要である。

サイバーセキュリティ

科学、言語、文化、宗教等は人間が他の生物よりも優れているから持ち得たものではない。地球上で最も愚かで有害であるが故に、それらの力で自省することが求められたと考えるべきだ。しかし、現実には科学を賢く制御できない。敵対勢力に対する攻撃や殺戮に駆使している。

最近ではサイバーセキュリティという分野が確立している。サイバー（電子・通信・インターネット）空間は陸・海・空・宇宙に続く第五の安全保障領域。すでに現実的脅威が発生している。

サイバー攻撃が現実のものとして認識される契機となったのは、二〇〇七年に起きたエストニアに対するサイバー攻撃である。エストニアはバルト海とロシアの間に挟まれたバルト三国のひとつ。長く他民族支配下にあったが、一九一七年のロシア帝国崩壊によって翌一九一八年に独立。しかし、第二次世界大戦中はソ連、ドイツに占領され、戦後はソ連に併合された。ベルリンの壁崩壊、東西冷戦終結、ソ連解体に伴い、一九九一年に独立回復。一九九四年にロシア軍が完全撤退。以後、西欧諸国との政治的、経済的な関係を強化し、二〇〇四年に北大西洋条約機構（ＮＡＴＯ）と欧州連合（ＥＵ）に加盟。ロシアとの間で国境問題を抱えつつ今日に至っている。

首都タリンには、ドイツ占領からエストニアを解放したソ連を称える記念碑があった。二〇〇七年四月二七日、記念碑撤去に反対してタリンでロシア系住民による暴動が発生。同日、エストニア政府や行政機関等のホームページやシステムに大規模なサイバー攻撃が発生。国全体で平時の数百倍のトラフィック（通信量）となり、ホームページの改竄やシステムダウンによって政府機能が麻痺した。攻撃元はロシアと推定され、世界各国の安全保障関係者の間では、これが世界初の大規模サイバー攻撃[12]と認識されている。

エストニアが世界有数のIT先進国であることもあり、事件の翌二〇〇八年、NATOのサイバーテロ防衛機関「サイバー防衛協力センター」がタリンに創設された。二〇一三年、同センターは、サイバー空間を国際法の適用範囲とすること、サイバー攻撃を受けた場合の対応等を定めた「タリンマニュアル」を公表。現在、世界各国はこのマニュアルを参考にしつつ、それぞれ対応を模索している。

二〇一五年一月、CIAは、米国内の電力、ガス、水道等の公共インフラ関連システムにサイバー攻撃が発生していることを明らかにした。サイバー攻撃は国家だけでなく、テロ組織や政治的主張を持つ個人等も仕掛けている。日中韓の歴史問題等に起因したサイバー攻撃が発生していることも周知の事実である。

二〇一〇年、米調査機関メディアス・リサーチが「中国・サイバー・スパイと米国の国家安全保障」というタイトルの報告書を発表。[13]同報告書は、中国によるサイバー攻撃は人民解放軍海南島基地陸水信号部隊（別名「海南テレコム」、隊員約一一〇〇人）が行っていると指摘した。

SFのようだが、現実である。人間は科学や技術革新を、人間と地球の発展のために駆使できるだろうか。それとも、科学と技術革新によって、人間は自らの命運に終止符を打つことになるのだろうか。

「フィンテック（FinTech）」は「金融（Financial）」と「情報技術（Information Technology）」の合成語である。金融サービスと情報技術（IT）を組み合わせた新たなビジネスや技術の動き、またはその分野を総称する造語である。「フィンテック」という造語の誕生時期については諸説あるが、一九九〇年代にはすでにシリコンバレー関係者が使っていた。二〇〇三年、米国の金融業界紙『アメリカン・バンカー』が「FinTech100」と題する企業ランキングを発表。「フィンテック」という造語が普及する契機となった。

金融機関やその情報子会社、金融系システムインテグレーター、IT分野で活躍するベンチャー（スタートアップ）企業等が「フィンテック」に参入。このうち、金融機関やその情報子会社、または金融系システムインテグレーターは「フィンテック1.0」、IT系スタートアップ企業や異業種からの参入企業を「フィンテック2.0」と称して区別する。さらに「フィンテック2.0」に属する企業は、金融機関と提携する「共存型」と、金融分野に進出して金融機関とバッティングする「競合型」に分類可能である。

米国のみならず、欧州や中国では「フィンテック2.0」「競合型」が目立つのに対し、日本では「フィンテック1.0」「共存型」が中心。この傾向が続くと、「フィンテック」でも日本のガラパゴス化が進む。

二〇一四年頃から「フィンテック」に関連する話題が急増。とくに、決済ビジネス（とりわけスマホ決済）に関する動きが加速している。例えばグーグル。二〇一五年秋から米国内でサービスを開始した「アンドロイドペイ」。英国、豪州、シンガポール、日本等、世界でサービスを開始している。ちなみに、「アンドロイドペイ」利用には「アンドロイド4.4」以降のOSを搭載したNFC（近距離無線通信規格）対応のスマホが必要。スマホの更新、販促と連動した動きだ。グーグルのライバル、アップルも独自決済サービス「アップルペイ」を開始した。

各国で独自の電子決済が行われているが[14]、「アンドロイドペイ」「アップルペイ」進出は各国にとって脅威。

米国「フィンテック2.0」両巨人の戦略は、世界の決済ビジネス勢力図を激変させつつある。

さらに中国勢。電子商取引大手のアリババ（阿里巴巴）の「アリペイ（支付宝）」、テンセント（騰訊控股）の「ウィーチャットペイ（微信支付）」の利用が拡大中。そもそも人口が一三億人である。日本でも、訪日中国人観光客の取り込みを狙い、百貨店、家電量販店、ブランド店等が「アリペイ」「ウィーチャットペイ」に対応。すでに国内一万店以上で利用可能と聞く。日本企業は帰国後の中国人観光客の囲い込みを企図し、中国国内での店舗展開等を強化しているが、逆に日本の決済ビジネスが中国勢に侵食される可能性がある。

「アリペイ」「ウィーチャットペイ」は「銀聯カード」と連動。二〇〇二年スタートの「銀聯カード」の後ろ盾は中国国務院、中国人民銀行。つまり国営カードである。本部は上海。すでに国内外五〇〇近くの企業・団体・組織が加盟。決済ビジネスだけでなく、カードビジネスへの影響も注視が必要だ。

「フィンテック」によって決済ビジネス、カードビジネスは激動の時代を迎えている。しかし、「フィンテック」の本質はサイバーセキュリティとの関連である。「フィンテック」に関する最先端の技術革新に対応できなければ、マネーロンダリング対策に重大な欠陥が生じる。また、決済分野を他国の「フィンテック」技術に占有されることは経済運営の自主性を損なうことになり、マネーの流れを他国に捕捉される状況は経済政策上も問題である。さらに、ビットコイン等の技術も「フィンテック」の周辺領域の問題であり、金融政策の仕組みや有効性にも影響を与えつつある。「フィンテック」はサイバーセキュリティと密接に関連する課題である。

金融産業は一九五〇年代から、決済処理や顧客情報管理のために巨大システムインフラを保有する装置産業となった。そのため、金融機関の「勘定系」や「情報系(営業店系)」等の伝統的システムを原始的な「フィンテック」と称する場合もある。また、一九八〇年代後半以降に普及したPC(パソコン)通信を利用したネットバンキングも「フィンテック」の系譜だ。この当時までは日米の「フィンテック」格差は大きくなかった。

ちょうどその頃、米国ではアップルやマイクロソフトが興隆し、シリコンバレーを中心にIT企業が勃興。一九九〇年代後半以降、インターネットが日常的に普及し、米国では「フィンテック2.0」企業が急成長。「フィンテック」はIT企業による革新的、破壊的金融サービスを意味するようになり、「金融機関によるフィンテック1.0はフィンテックではない」との指摘も聞く。

二〇一二年、「フィンテック」分析で定評のある米国調査会社「Javelin Strategy & Research」が「ギャング四人組(Gang of Four)」というタイトルのレポート(15)を公表。金融産業と金融サービスに変革をもたらすアウトサイダーという意味で、グーグル、アマゾン、アップル、フェイスブックを「ギャング四人組」と命名。その後も状況は進化し、二〇一五年の同社レポートでは「ギャング五人組」として旧四人組にペイパル(イーベイ)を追加。一九九八年創業のペイパルは「フィンテック」の先駆者的存在である。

同レポートは、アップルペイ、アンドロイドペイ、ペイパル、サムソンペイ、その他ペイイシメントシステムの攻防を取り上げ、決済ビジネスに焦点を当てている。決済ビジネスの「フィンテック」としては二〇〇九年創業のスクエア(Square)も重要な存在。スクエアはスマホやタブレットによるクレジットカード決済を可能にした。小売店や飲食業にとって、クレジットカード決済には信用照会端末導入や決済手数料の負担が重荷。スクエアはこれを解消。信用照会端末と手数料不要のクレジットカード決済を実現した。

電子決済市場の規模は、日本五兆円、米国三〇兆円、中国一五〇兆円と推定(二〇一五年現在)され、中国が断トツ。中国のスマホ決済市場が世界の「フィンテック」動向を左右する。

一方、世界の「フィンテック」投資額は、二〇一三年三〇億ドル、二〇一四年一〇〇億ドル、二〇一五年二〇〇億ドルと急増。二〇二〇年には約五〇〇億ドルと予想されている。そのうち米国が約七割を占め、米国勢は中国市場進出を展望。一方、中国勢は米国「フィンテック」企業への資本や人材の参加を進めており、両者相乱れている。

「フィンテック」の動きが加速している背景には二つの要因が大きく影響している。第一はコンピュータ処理能力の飛躍的向上。PCが一人一台程度に普及した二〇〇〇年頃。市販PCの処理能力はアポロ一一号（一九六九年）が搭載していたコンピュータを遥かに上回っていた。そして今、スマホが一人一台。そのスマホの処理能力は二〇〇〇年当時の高水準コンピュータ（一〇Gフロップス）に対して三〇〇Gフロップス。つまり三〇倍。フロップス（FLOPS : Floatingpoint Operations Per Second）はコンピュータの性能（一秒間の演算能力）指標のひとつである。

第二はユーザーの価値観の変化。ミレニアル（Millennial）世代に顕著だ。ミレニアルは「千年紀」という意味。一九八〇年代以降、二〇〇〇年前後までに生まれた世代を指す。すでに四〇歳前後に達しており、米国では人口の半分近くを占める。ミレニアル世代は住宅ローン、教育ローン、将来に備えた資産運用ニーズ等に直面しており、金融サービスユーザーの中核層。インターネット普及後に育った情報リテラシーの高い世代。彼らにとって伝統的金融サービスは億劫で親しみがなく、とくに窓口対応は手間がかかり、不親切な忌避すべき対象。伝統的金融機関とつき合うよりも「ギャング五人組」等が提供する新しい金融サービスを嗜好する。

中高年世代と価値観やライフスタイルが異なるミレニアル世代の割合が漸増することから、「フィンテック」は不可避の流れ。「フィンテック」は金融ビジネスの新しい「エコシステム（生態系）」を構築しつつある。

最近では保険の世界でも「フィンテック」が台頭。従来の保険商品の常識が変わるかもしれない。

保険は「大数の法則」が大前提。つまり、誰が傷病や死亡に遭遇するかわからないので、契約者(ユーザー)個々人の確率を無視し、契約者全員(大数)から保険料を原則一律に徴収することで保険商品が成り立っている。もちろん自動車保険や医療保険は、年齢、事故歴、病歴等によって契約者間で一定の保険料格差を設けているが、「フィンテック」はこれを個々人対応に進化させつつある。

例えば、自動車に通信機器を装填し、ドライバー(契約者)の運転情報を取得。その情報から個々人の事故確率を試算して保険料を個別査定。契約者のウェアラブル端末やスマホから、運動量や食生活、摂取カロリー等の情報を把握し、医療保険や生命保険の保険料を個別査定。「大数の法則」に拠らない言わばオーダーメイド商品。良い面もあるが、保険料が高額査定され、高すぎて契約できない「保険難民」の出現という新たな問題も惹起する。

すでにこうした動きは現実化しつつあり、保険(Insurance)と技術(Technology)を融合した「インシュアテック(Insurtech)」という造語も登場。

新機軸の自動車保険の呼称は「テレマティクス保険」。「テレマティクス」は「テレコミュニケーション(情報通信)」と「インフォマティクス(情報工学)」を合体させた造語。カーナビ等の車載器とスマホ等の通信機能や通信端末を連動させ、情報やサービスを提供するシステム全体のことを「テレマティクス」と言う。

「フィンテック」の影響はこうした金融サービス、金融商品にとどまらず、金融政策にも及ぶ。電子決済や電子マネーがさらに普及すると、従来の金融政策やその手法が通用しなくなるかもしれない。金融資本主義がテクノロジーの面から大変革を迫られる。

「フィンテック」に先行して「ＩｏＴ」という新語が浸透したが、「フィンテック」は上述の「ＩｏＳ(Internet of Service、サービスのインターネット接続)」の典型である。

二〇一五年六月、シンガポール通貨監督庁(ＭＡＳ)の幹部(R・メノン氏)が「フィンテック」の不可逆的な動きを「The Geek shall inherit the Earth(オタクが地球を我が物とする)」というシリコンバレーの有名なフレーズを引用して説明した(16)。楽しくも凄い時代になった。明らかに新たな産業革命が進行している。

レイバーレス企業

二〇一五年、日本の大手通信企業が英国半導体設計企業アーム(ＡＲＭ)社を約二四〇億ポンド(三兆三〇〇〇億円強)で買収すると発表した。日本企業による海外企業買収の過去最大案件であった。

アーム社は半導体プロセッサー(多層集積回路)の設計を行い、その設計規格をユーザー(半導体製造メーカー等)に販売。広義のファブレス企業の代表と言われている。

ファブレス(Fabless)とは「工場＝Ｆａｂ(Fabrication, Facility)」を持たないことを意味する造語である。ファブレス企業は製品の企画設計や開発は行うものの、製造自体は他企業に委託し、それを自社ブランド製品として販売する。

アーム社のことを「広義の」ファブレス企業と記したのは、同社は自社ブランド製品を販売していないので「狭義(厳密な意味)」のファブレス企業には該当せず、他に例のない新しいビジネスモデル、超ファブレス企業とも言える存在だからだ。

半導体メーカーは、アーム社が設計した集積回路の設計規格を組み込んで半導体製品を製造。アーム社規格を利用した集積回路を総称して「アームプロセッサー」と呼ぶそうなので、いかにもアーム社が自社ブランド製品を製造・販売しているように思えるが、実態はそうではない。

半導体業界の巨人インテルが製造するプロセッサーに対し、アームプロセッサーは、導入しやすく（組み込みやすく、導入コストが低い）、消費電力が少ないのが特徴。こうした特徴が、モデルチェンジの頻度が多く、省電力が至上命題のスマホ等に適合。世界のスマホメーカー等が軒並みアームプロセッサーを使用。今やスマホや通信用半導体分野では九割以上がアームプロセッサーだ。

米アップルの最新**iPhone**には、通信用やセンサー管理用等、少なくとも五個以上のアームプロセッサーが搭載されているほか、タブレット端末でもシェアを高めている。二〇一〇年の出荷個数実績では、インテルの三・二億個に対してアームは六一億個。現在は推計で一四〇億個強。今後五年で約五倍の七〇〇億個以上に達すると予測されている。[17]

アームプロセッサーは「無駄のない、簡素なロジック」で設計されている。同じ作動行為をプログラミングするのにも、腕の良いエンジニアはより少ないステップ数や論理構成でゴールに到達する。同様のことが回路設計でも言える。そのことは、低コスト、省電力を導く。アーム社はそれを実現可能なハイスキルのエンジニアを多数擁する人材集積企業であり、他社に真似できない設計に関するノウハウや知見を蓄積している。

アーム社のルーツはエイコーン（Acron）社という小さなコンピュータメーカー。一九八五年、自社製ＰＣを製造したものの、成功せず。しかし、搭載した自社製小規模プロセッサーは低コスト、省電力等の特徴が受け、注目を浴びた。一九九〇年、エイコーン社はＰＣ部門を売却。半導体部門を「Advanced RISC Machines」

と社名変更し、アップル社等とのジョイントベンチャーとして独立させた。一九九四年、シリコンバレーと東京に支社を開設。一九九〇年代、日本はまだ進出先としてシリコンバレーと並ぶ位置づけであったことを想起させるアーム社の社歴である。

「アーム（ＡＲＭ）」はルーツ企業の製品名「Acorn RISC Machine」の略称であり、その後の継承企業「Advanced RISC Machines」の略称でもある。「ＲＩＳＣ」は一九八〇年代に登場した高性能プロセッサー「Reduced Instruction Set Computer」の略。英語の直訳からイメージできると思うが、命令数を減らし、回路を単純化し、演算速度を高めたプロセッサーを意味する。ＲＩＳＣの登場に伴い、従来型プロセッサーはＣＩＳＣ(Complex Instruction Set Computer)と呼ばれるようになった。

世界初のプロセッサー「インテル４００４」が開発されたのは一九七一年。以後、八ビットが一九八〇年代前半、一六ビットが一九八〇年代中頃、三二ビットが一九八〇年代後半から一九九〇年代前半に普及し、二〇〇三年には六四ビットプロセッサーが開発されている。その間、プロセッサーは価格競争に直面し、一九八〇年代後半、必然的に登場したとも言えるのがＲＩＳＣ。アーム社は最初からその分野を専業としてスタートした。

その後「ＲＩＳＣ」が「ＲＩＳＫ（危険）」と同じ発音であるため、誤解を回避するために、略称のＡＲＭ（アーム）社を正式社名とし、今日に至っている。

アーム社が設計する「ＡＲＭアーキテクチャー」と呼ばれるＲＩＳＣプロセッサーは低コスト、省電力。ＡＲＭ規格「命令セット」を実装したＲＩＳＣプロセッサーが大量に世界のスマホ等の製品に使用されている。

アーム社はイングランド東部ケンブリッジに本社がある。ケンブリッジ周辺のＩＴ企業集積地シリコンフェン(fen)内ではよく知られた企業だ。

英国のＩＴ企業集積地として最初に発展したのはシリコングレン(Glen)。スコットランド中部に位置するダンディー、インヴァークライド、エディンバラを結ぶ三角地域である。「グレン」はゲール語で「渓谷(バレー)」の意味。おそらく米国シリコンバレーにちなんだ愛称であり、スコットランドでは一九八〇年代から定着している。

スコットランドのシリコングレン成功を受け、イングランドでもＩＴ企業集積が企図され、ケンブリッジ周辺のシリコンフェンと南西部ブリストル周辺のシリコンゴージ(Gorge)に収斂。フェンは「沼沢地」、ゴージは「渓谷」を意味する。

半導体の巨人インテルが恐れるアーム社。社員数でインテルの五〇分の一、売上高は六〇分の一にすぎない。

インテルは「半導体の集積度は一八か月で倍になる」という「ムーアの法則」に従い、高性能プロセッサーを世界に先駆けて次々と実用化し、今日の地位を築いてきた。インテルのこの戦略はＰＣの進化と普及の歴史と軌を一にする。しかし、二〇〇〇年代にスマホが登場。インターネット接続のためだけにＰＣを保有していたユーザーにはＰＣは不用となり、二〇一〇年、世界のスマホ生産台数がＰＣ生産台数を凌駕。ＰＣ市場を牛耳ってきたインテルプロセッサーは、モバイル市場ではアームプロセッサーに遅れをとった。

とは言え、インテルもＡＲＭアーキテクチャーのライセンス供与を受けている。完全な競争相手ではなく、その関係は複雑だ。要するに、アーム社は自社プロセッサーの設計規格をインテルを含む全世界のメーカー、多くのＩＴ製品に内蔵させ、壮大な「アームワールド」を生み出している。

マイクロソフトとインテル(WindowsとIntelで「ウィンテル連合」)は自社技術で市場を寡占化し、参入を阻みながら利益を生み出すビジネスモデルだった。アーム社の場合、技術を囲い込むのではなく、ライセンス供与によってオープンにしながら、事実上、アーム社の設計規格なしでは製品が成立しない世界を築いている。ウィンテル連合もアーム社もデファクトスタンダード(世界標準化)狙いのビジネスモデルと言えるが、排他性と特化性の面で大きな違いがある。

半導体の世界は盛衰が激しく、ウィンテル連合やそれを追い落としたクアルコム社も安泰ではない。アーム社も同じである。蓄電機能、電波電力化等の代替技術動向如何では、省電力の必要もなくなる。アーム社は「人材集積企業」。現在のアーム社は設計スキルを社内のエンジニアが蓄積していることがその企業価値となり、ファブレス企業という形態を可能としている。しかし、設計もＡＩが行うようになるとどうなるだろうか。人間はまさしく作業の最下流を請け負うだけになるかもしれない。ファブレス企業は、今後登場するレイバーレス(労働力不在)企業の先駆けかもしれない。

バイオ医薬品

バイオ医薬品とはバイオテクノロジーを活用して製造される医薬品である。バイオテクノロジーは生物学を意味するバイオロジーと技術を意味するテクノロジーの合成語。生物工学のことである。代表的な事例に、二つ以上の異なる細胞を使って複数の特性を有する新しい細胞を作る「細胞融合技術」、遺伝子レベルの構造を加工することによって新しい生体を作る「遺伝子組換え技術」等がある。

バイオ医薬品を通常の医薬品と区別することには理由がある。通常の医薬品は数十個程度の原子によって組成される「低分子医薬品」。一方、バイオ医薬品は数千、数万もの原子によって組成される「高分子医薬品」。「低分子医薬品」は構造が簡単なため、後発医薬品(ジェネリック)も製造は比較的容易。成分や効用も先発医薬品と同一の製品が製造可能である。一方、「高分子医薬品」は構造が複雑であり、かつ細胞、酵母、細菌などの生物を活用して製造される。したがって、類似品や模倣品を作ることは容易でなく、成分や効用も全く同一であることを完全に保証することはできない。そのため、「高分子医薬品」であるバイオ医薬品の後発品はジェネリックと区別し、別の呼び方をする。それがバイオシミラー。つまり特許切れ後のバイオ医薬品の後発品だ。シミラーは英語の「似ている」。したがって、バイオシミラーは類似バイオ医薬品。一般にはバイオ後続品と言われている。

バイオ医薬品が登場したのは遺伝子組換え技術が開発された一九七〇年代。本格的に実用化されたのは一九八〇年代。とくに糖尿病治療に必要なインスリン(患者に不足している蛋白質)の製造が大きな転換点となった。糖尿病患者は、長年にわたり動物の膵臓から抽出したインスリンを使用していたが、一九八二年、遺伝子組換え技術を用いてヒトの大腸菌でヒトインスリンの製造に成功。ヒトインスリンは動物インスリンに比べて高品質かつ大量製造が可能であることから、一気に普及した。

現在、世界で使用されているバイオ医薬品は約一五〇〇品目。そのうち三分の一が抗体医薬品、四分の一がワクチンである。バイオ医薬品の事例としては、インスリンのほかに、癌やC型肝炎に用いられるインターフェロン、腎性貧血症に有効なエリスロポエチン、低身長症治療薬の成長ホルモン等が挙げられる。

バイオ医薬品の後続品であるバイオシミラーは、EU(欧州連合)では二〇〇六年、日本では二〇〇九年、米国では二〇一五年にそれぞれ初めて承認、発売された。EUと日本の初承認製品は、いずれも先天性低身長症の治療に効くヒト成長ホルモン剤であるソマトロピンという製品。以後、バイオシミラーは順次承認されている。米国でも二〇〇六年にソマトロピンを承認。ただし、米国のバイオシミラーに関する法律は二〇一〇年に成立。二〇〇六年のソマトロピンはあくまで新薬として承認、発売された。現在日本で販売されているバイオシミラーは、先天性低身長症、透析治療中の腎性貧血、癌化学療法中の好中球減少症、関節リウマチ、糖尿病の五症例に対する一〇社二九品目。

前述のとおり、バイオ医薬品は「高分子医薬品」。化学合成によって製造される通常の医薬品、つまり「低分子医薬品」に比べると製造工程が複雑である。バイオ医薬品の特性や効用は使用する生物の種類や製造工程そのものに依存するため、「製造工程自体が製品」とも言われ、バイオ医薬品の完全な特性解析やコピーは困難だ。したがって、バイオ医薬品の後続品であるバイオシミラーは、通常の医薬品の後発品であるジェネリックと同列ではない。

バイオ医薬品を作る時は、細胞に対して遺伝子操作を行うため、その細胞は世界で唯一の細胞となり、全く同じ細胞を作ることは不可能である。さらに、バイオ医薬品は特許が切れても、製造工程・方法の全てが公開されるわけではないため、バイオシミラーを作る場合、製造工程・方法を自前で開発しなければならない。

要するに、ジェネリックに比べ、バイオシミラーの開発は圧倒的に難しく、製造に関する規制や審査もジェネリックとは異なる対応が必要である。バイオシミラーには新薬に準じる規制、試験、審査が必要になる。また、製品発売後もバイオシミラーは新薬と同様に安全性、効能等に関する調査が必要であり、こうした点もジェネリックとは異なる。

ジェネリックの開発費用は一製品数億円程度。一方、バイオシミラーは約一〇〇億円。開発期間もジェネリック約一年に対し、バイオシミラーは五年程度と聞く。医学の発展、患者への貢献という意義があるにせよ、医薬品メーカーはなぜそれほどのコストや時間をかけてバイオシミラーを作るのか。理由はいくつか考えられる。

第一に、医薬品売上高の上位にバイオ医薬品がいくつもランクインしていること。つまり、今や医薬品の中心はバイオ医薬品であり、値段の安いバイオシミラーは相当の需要が期待できるからだ。

第二に、バイオ医薬品の新薬に比べて開発負担が軽いこと。新薬開発には三〇〇億円以上の費用、一〇年以上の期間が必要となる一方、上述のように、バイオシミラーの開発費用はその三分の一程度、期間も数年で、開発成功率は高い。

高価なバイオ医薬品の使用を断念する患者もいる中、新薬に比べて約三割安いバイオシミラーの普及促進は良い面もある。ちなみに、最近話題になっている癌治療薬オプジーボもバイオ医薬品だ。

しかし、そもそもバイオ医薬品が通常の医薬品よりも相当高価であることに鑑みると、バイオ医薬品・バイオシミラーの普及は、財政的には大きな負担増。バイオ医薬品・バイオシミラーは通常の先発医薬品・ジェネリックよりも相当高価。そうした中で医薬品の主流がバイオ医薬品・バイオシミラーに移り、かつバイオ医薬品の長期収載品が放置されれば、今以上に財政負担が重くなる。

米国ランド研究所が二〇一四年に発表した報告書によれば、バイオシミラーによる開発費用削減効果は二〇二四年の時点で四四二億ドル（一ドル一〇〇円換算で約四・四二兆円）。しかし、これはあくまでバイオ医薬品との対比。通常医薬品との比較ではない。

バイオ医薬品開発もＡＩが行うようになると、人間はアーム社と同じ問題に遭遇する。バイオ医薬品開発はレイバーレス企業が担うかもしれない。ＡＩによって医薬品が飛躍的に発展、高度化していくことは、同時に医療の財政負担が飛躍的に重くなることを意味するかもしれない。ｉＰｓ細胞等を利活用する再生医療でも同じ問題に直面する。

人間は、医学倫理、生命倫理、寿命や死をどのように考えるべきか。医療と財政負担、ＡＩが開発する新薬によって寿命を長らえる人間の尊厳をどう考えるべきか。二一世紀の人間は、二〇世紀までの人間とは異質の問題と向き合うことになるだろう。

パンドラの箱

キュリーとマイトナー

原子力問題は解決のない「対立の迷路」「同調の悲劇」の典型例とも言える。自然科学は人文科学や社会科学に比べて事実認識をめぐる対立が相対的に少ないと述べてきたが、原子力問題は自然科学であっても事実認識の共有が難しいこと、その使い方をめぐる意見の対立が深刻であることを示している。原発推進派と原発反対派の意見は「対立の迷路」に迷い込み、「同調の悲劇」の様相を呈している。

ギリシャ神話に登場する「パンドラの箱」。人間にとって最初の女性とされる美しいパンドラは、天界から火を盗んだプロメテウスを罰するために全知全能の神ゼウスが遣わした禍であった。プロメテウスの弟エピメテウスがパンドラに魅了されて結婚。兄から「ゼウスからの贈り物は絶対に受け取るな」と忠告されていたにもかかわらず、弟はパンドラが持っていた箱を開けてしまう。箱からは、疫病、貧困、犯罪等、あらゆる禍が飛び散り、人間社会に災疫をもたらした。

パンドラは「エルピス」を箱の底に残したまま蓋を閉めた。「エルピス」は「希望」と解されているが、その含意の解釈は定まっていない。「希望」が人間の手許に残ったと解するのか。「希望」は欲望であり、「希望」が得られないこと、欲望を実現できないことは人間に「苦痛」をもたらす。人間が永遠に苦しむ存在であることを諭しているのか。科学と向き合う人間に課された謎かけのようにも思える。

放射性物質(放射性元素)は放射線を放出する物質のことであり、放射能は放射性物質が放射線を放出する能力のことを指す。

放射線は、放射性物質が放出する高エネルギーの粒子や電磁波のことを指す。アルファ線、ベータ線、ガンマ線、エックス線、中性子線、陽子線、重粒子線など、複数の種類がある。宇宙から地球上に到達する宇宙線(高エネルギーのガンマ線)も放射線だ。また、レントゲンやCTなどの健康診断に使われるエックス線も放射線である。

陽子線や重粒子線は癌治療にも使われている。これらが放射線と聞き、あるいは放射線が人体に有害と聞いて意外に思う人もいることだろう。有害なのではなく、有害な場合もあれば、有益な場合もあるというのが正確な表現だ。

一八九五年、ドイツのヴィルヘルム・レントゲン(一八四五〜一九二三年)がエックス線を発見した。発見者に因んでレントゲン線と呼ぶこともある。呼称の由来は数学の未知数を表す「X」であり、レントゲンが命名した。

エックス線はまもなくレントゲン撮影に利用されるようになったものの、この時点では放射線という概念はなかった。

一九八六年、フランスの物理学者アンリ・ベクレル(一八五二～一九〇八年)は放射性物質の存在に初めて気づいた。ベクレル(Bq)は放射線の強さの単位である。放射性物質や放射線に関する単位は、発見した科学者の名前がついていることが多い。

ベクレルは、机の引き出しの中に入れていた写真撮影用の乾板が何らかの原因によって感光したことに気づいた。そして、その原因は一緒に入れていたウラン化合物(ウラニウム)であると推察した。つまり、ベクレルはウラン化合物から目に見えない何らかのエネルギー線が出ていると考えた。

同じ年、博士論文の研究テーマを探していたポーランド人マリー・キュリー(一八六七～一九三四年)が、ベクレルの発見した物質について研究することを決めた。夫はベクレルの友人であるフランス人物理学者ピエール・キュリー(一八五九～一九〇六年)。つまり、キュリー夫妻である。やがて、一八九七年から九八年頃、ベクレルが考えたエネルギー線がエックス線とは別の未知の「新しい光」であることを発見した。

夫妻は「新しい光」を放出する性質をフランス語でラジオアクティビテ(radioactivité)と命名。ラジオは放射、アクティビテは能力を意味し、英語ではレイディオアクティビティ(radioactivity)、日本語では放射能と訳された。こうして日本では、「新しい光」のことを放射線、放射線を出す物質を放射性物質、放射線を出す能力を放射能と呼ぶようになる。

一八九九年、英国の物理学者アーネスト・ラザフォード(一八七一～一九三七年)はウランから放出される放射線の一部がアルミ箔を通り抜け、残りはアルミ箔に吸収されることに気づいた。一九〇〇年、フランスの物理学者ポール・ヴィラール（一八六〇〜一九三四年）は、ラジウムの出す放射線がアルミ箔のみならず、厚さ数十センチのコンクリートも突き抜けることを発見。

こうして科学者たちは、これらの放射線にギリシャ文字を順に当てて、アルファ（α）線、ベータ（β）線、ガンマ（γ）線と名づけた。ほどなく、アルファ線は電子をもたないヘリウムの流れ、ベータ線は電子の流れ、ガンマ線は非常にエネルギーの高い光の一種であることが判明する。

一九一一年、ラザフォードは放射線の発生源を突き止めた。発生源は原子の中心に位置するプラス電荷を帯びた原子核。さらに二〇年後、原子の構造が明らかになる。原子核はプラス電荷を持つ陽子と電荷を持たない中性子から構成され、原子核の周りをマイナス電荷の電子が包むという構造であった。

原発の仕組みを正しく理解するためには、原爆との違いを知る必要がある。いずれも核分裂エネルギーを利用する技術であるが、全く異なるものである。

一九三八年、ドイツの物理学者オットー・ハーン（一八七九〜一九六八年）とフリッツ・シュトラスマン（一九〇二〜一九八〇年）はウランに中性子を当てると予測外の物質が現れることを発見した。

ハーンは、ユダヤ人の女性物理学者リーゼ・マイトナー（一八七八〜一九六八年）にこの現象を伝えた。マイトナーは、ウラン原子が二つに分裂したと推測し、この現象を「核分裂」と名づける。マイトナーは核分裂が莫大なエネルギーを生み出すと考え、ウラン一グラムの核分裂は石油二〇〇〇リットルの燃焼と同じ熱量が発生することを計算によって予測した。

マイトナーの試算は各国政府の知るところとなり、核分裂エネルギーを兵器に利用するための技術開発が始まった。米国だけでなく、英国、ソ連、ドイツ、日本などである。とりわけ米国では、国内の優れた科学者のみならず、諸外国から亡命科学者も招聘し、核分裂エネルギーを利用する原子爆弾を開発する国家プロジェクトを進めた。マンハッタン計画である。

原爆は単に核分裂を発生させるだけでなく、連鎖反応を一瞬のうちに爆発的に進行させなければならない。そのため、それを実現するための新しい物理工学理論や実用技術を開発しなくてはならない。

原爆の構造を理解するためには、連鎖反応の起こり方を知ることがポイントだ。ウラン原子一個が核分裂すると二個の中性子が放出される(三個以上の場合もある)。中性子は周囲にある別の原子に衝突し、核分裂を誘発する。二個の原子に衝突し、四個の中性子を生み出す。この中性子がさらに核分裂を誘発し、八個の中性子、次は一六個、さらに三二個とネズミ算式的に増えていく。

ウラン235やプルトニウム239に中性子を衝突させると容易に核分裂を起こす。核分裂によって新たな中性子が放出され、その中性子は別の原子の原子核にぶつかり、その原子核もまた核分裂する。最初二個であった中性子は二〇回目の核分裂後には一〇〇万個になる。

核分裂が誘発、拡大する時間は極めて短い。ウラン235に中性子が衝突して核分裂し、新たに中性子を放出するまでの時間は一秒の一兆分の一のさらに一億分の一程度の時間である。ウラン235の濃度(原子核の密度)が高ければ、膨大な量のウラン原子が一瞬にして同時に核分裂を起こす。連鎖反応の暴走である。暴走を利用して原子爆弾を炸裂させ、瞬間的に核分裂によって莫大なエネルギーを放出させる。

一九四五年、ニューメキシコ州の砂漠で世界最初の原子爆弾を炸裂させることに成功。科学にとっては成功だったかもしれないが、人間にとっては失敗だった。

広島に投下された原爆に詰め込まれたウランは約三〇キログラム。そのうち実際に核分裂を起こしたのは約一キログラムと推定されている。しかし、それが放出したエネルギーはＴＮＴ（トリニトロトルエン）火薬一五キロトン、つまり一万五〇〇〇トンに相当した。

一方、原子炉は、エネルギーを安定的に、少しずつ、連続して、長期にわたって発生させなければならない。そのため、原子炉は、連鎖反応が起こりすぎないようにコントロールされる構造になっている。

原子爆弾にはウラン２３５が濃縮されて詰められているのに対し、原子炉の燃料にはウラン２３５は五％程度しか含まれていない。そのため、核分裂の連鎖反応や暴走は起こらない。

自然界に存在するウランのうち、核分裂を起こしやすいウラン２３５は約〇・七％である。これでは核分裂の連鎖反応は起きない。広島型原爆はウラン２３５の比率が九〇％以上である。つまり、原爆と原子炉ではウラン２３５の濃度が決定的に異なる。

また、原子炉では、運転中に核分裂の連鎖反応を抑えてエネルギー量を低下させるため、棒状の燃料の集合体の間に中性子を吸収する物質で作った制御棒を挿入する。制御棒が中性子を吸収すると核分裂の連鎖反応が抑制されて原子炉の温度が下がり、制御棒をさらに深く挿入すれば連鎖反応は止まる。

このように、原子炉と原爆ではエネルギー源となる燃料（材料）の構造や性質も、またエネルギーの放出の仕方も大きく異なる。

広島、長崎に核兵器が使用された際、キュリーはすでに亡くなっていたが、マイトナーは存命していた。二人の女性科学者は何を思って研究していたのだろうか。現在の世界を見て、どのように思うだろうか。

「パンドラの箱」に残っている「エルピス」は、「希望」なのか、「苦痛」なのか。

五ミリシーベルト(mSv)[18]

原子力事故に遭遇した日本国民は、放射性物質の影響に過敏になった。一シーベルト(Sv)の被曝で発癌確率約五%上昇、その一〇分の一の一〇〇ミリシーベルトでは同約〇・五%上昇というデータは広く浸透した。これを高いと考えるか、低いと考えるか。受け止め方は区々である。成人の二人に一人が癌に罹患し、人間の死因の三分の一が癌というデータとの比較で言えば、必ずしも高いとは言えない。

日本人の環境被曝量は年間三・八ミリシーベルトである。一〇年で三八ミリシーベルト、三〇年で一一四ミリシーベルトとなる。低線量被曝の健康影響については科学者の間でもいろいろな意見があることから、客観的なデータをもとに冷静に考えることが重要だ。日本では、マスコミも世論も往々にして統一見解を求めがちだ。そうした傾向は、科学者の意見が割れるような問題では対立を煽り、むしろ対応を難しくしてしまう。

低線量被曝の影響に関する問題は典型例である。科学者の間でも意見に幅があるならば、そのことを率直に公開し、マスコミも世論もそれを冷静に受け入れることが必要である。「絶対に大丈夫だと保証してほしい」「政府や専門家が言うのだから大丈夫だ」という意識は、権威に過度に依存したパターナリズム(父権主義)的な社会を作ってしまう。そうした傾向は「御用学者」による「審議会行政」を助長し、異論を言えない、異論を言う者は審議会に入れないという閉鎖的な政策形成プロセスや社会の体質にもつながる。

諸外国と比較して、日本はその傾向が強い。日本はそうした面を改善し、成熟する必要がある。自ら考え、冷静に受け止める習慣を一段と養うべきである。マスコミ、政治家、有識者も、科学者の意見が対立する内容について、確定的なことを述べて、根拠なく安全を強調したり、逆に不安を煽ることも避けなくてはならない。そのために特定の行政行為の情報を恣意的に使うことがあってはならない。

とりわけ、放射線被曝に関してはそうである。どれほどの国民、とくに母親や子供が、リスクサイドに立つ恣意的な発言に無意識のうちに動揺させられ、PTSD（心的外傷後ストレス障害）的な状況に追い込まれたかわからない。根拠なく安全を強調することも、かえって不安を煽る。

科学者には、こうした情報について、国民に正確な状況が伝わるよう、多様な意見を整理して公表することを期待したい。科学者は専門家として、一致できる部分、つまり通説、定説として合意できる部分の範囲を広げる努力をしなくてはならない。そうした努力を十分にしないまま、科学的根拠を欠く断定的な言動を行うことは適切ではない。しかも、そうした言動を科学的知識を十分に備えていない人々に対して発信することは問題がある。

国民も、確定的な答えを政府や科学に求めすぎることなく、実際にわからないものはわからないとして、冷静に受け止める姿勢が必要だろう。もちろん、その前提が、政府が情報を秘匿したり、歪曲しないことであることは言うまでもない。

筆者は「3・11」発災時の厚生労働副大臣として原発労働者の労災認定の問題に取り組んだ際、思わぬ事実に気づくことになった。それは、認定基準のひとつである被曝線量「五ミリシーベルト」に関連していた。

調べてみると、この五ミリシーベルトは認定基準が設けられた一九七六（昭和五一）年当時の公衆被曝線量であった。つまり、当時は公衆被曝線量が年五ミリシーベルトであったことから、それを上回る線量を被曝していることが前提という考え方だ。このことから、当時の公衆被曝線量は現在よりもかなり高かったことが推測できる。

そこで、過去の公衆被曝線量の時系列データがないかを調べたところ、文部科学省の研究事業として作成されたデータに遭遇することとなった。それによれば、一九五四年以降の日本人成人男子の放射性セシウムの内部被曝量のピークは一九六四年であり、一九九六年の約一〇〇倍に当たる。チェルノブイリ原発事故直後と比べても約一〇倍である。一九五〇年代から六〇年代にかけて、日本の大気や食品、飲料水などが放射性物質の影響をかなり受けていたことになる。

その原因の大半は、核兵器保有国の核実験だ。一九四五年、米国マンハッタン計画によってネバダ砂漠で行われた人類初の核実験。人類は初めて人工放射性物質と遭遇し、以後、セシウム１３７などが大気中に拡散し、食物連鎖の中に侵入した。

核実験の大半は一九五〇年代から一九六〇年代前半にかけて行われ、人体内の放射性物質量を著しく増加させた。事態を憂慮した国連は「原子放射線の影響に関する国連科学委員会」を設置し、各国にホールボディカウンター（WBC）の設置を進め、セシウム１３７ｓの内部被曝量のデータ収集を始めた。

米、英、仏は南太平洋で、ソ連は北極圏で大気中核実験を行い、それに伴うフォールアウト（放射性降下物）は大気圏に拡散。日本での影響調査は一九五六年から開始された。後述するが、日本ではあまり知られていないソ連のマヤーク原子力事故の影響もあるだろう。

一九六二年に大気中核実験禁止条約が締結され、大規模な実験は中止されたが、核保有国はなお実験を続けた。一九六四年に新たに核保有国となった中国は、一九八〇年まで大気中核実験を継続した。中国による核実験は、地理的に近く、偏西風の風下に当たる日本に影響を与えている。

一九六二年、日本にもＷＢＣが導入され、一九六三年から体内量測定が可能となった。最大の年平均体内量は一九六四年に出現し、五三一ベクレルを記録している。米国、ソ連が一九六一年、一九六二年にかなりの回数の大気中核実験を行ったほか、中国による大気中核実験が一九六四年に始まったことも影響していると考えるのが妥当であろう。中国による核実験の開始と継続は、一九六〇年代半ば以降、米国、ソ連の大気中核実験が減少した効果を相殺し、体内量の低下傾向を減殺している。

一九八六年四月に発生したチェルノブイリ原発事故は放射性セシウムを大気中に拡散させ、ソ連を含む欧州で放射能汚染が生じた。欧州では、一九八〇年代に減少していた体内量がチェルノブイリ原発事故の影響で一九五〇年代から一九六〇年代当時と同程度まで増加した地域もあるという。

一九八六年五月から日本人の体内量の上昇が始まり、チェルノブイリ原発事故の影響が検出され始めた。一九八六年は前年の約二倍の年平均体内量となり、最大は一九八七年の五四ベクレルであった。その後、時間の経過とともに、セシウムの半減期の影響によって減少した。日本は事故地から遠かったため、体内量への影響は大気中核実験が頻繁に行われていた当時と比べるとはるかに少なく、一九九五年にはWBCでは測定できない体内量にまで減少した。

福島第一原発事故を受けて、二〇一一年秋に公表された研究機関のレポートでも、核実験や原子力事故に伴うフォールアウトが拡散することを裏づける事実が公表された。

同年一一月一六日、気象庁気象研究所(気象研)などの研究チームが原発事故で大気中に放出された放射性物質は太平洋を横断して約一〇日でほぼ地球を一周したと公表した。シミュレーションは、気象庁と気象研が開発した「気象研究所全球モデル」によって行われ、放射性物質がどのように飛散したかを調べた。放射性物質が直径一〇〇〇分の一ミリメートル未満の細かい粒子などになって拡散したと仮定して計算すると、偏西風や低気圧の渦に乗り、上空に昇って拡散。太平洋を主に北回りに拡散し、ロシア極東部やアラスカ近辺を通過して三月一七日ごろに米西海岸付近に到達。二四日ごろには、ほぼ地球を一周したと推測している。

こうした研究結果からも、一九六〇年代に日本人が米ソや中国の核実験の影響を受けたということは容易に想像がつく。いずれにしても、一九五〇年代、一九六〇年代にこれだけ被曝していたという事実をどう考えるのか。難しい問題だ。

リスクサイドに立つ科学者は説明しなくてはならない。安全サイドに立つ科学者も、だから現状は健康に影響ないと言えるのか。この問題は、おそらく日本だけではなく、世界共通であろう。しかし、少なくとも、科学者でない者が、個人的信念や確信といった類の根拠に基づいて、公に危険だとか安全とか言うべきではないだろう。真実はデータのみであり、説明を加えることは極めて困難だ。

結局、一九五〇～六〇年代の被曝をどのように考えればいいのか、低線量被曝の影響はどのように考えればいいのか。何が真実かはわからない。わからないことを、リスクサイドに立って発言することも、安全サイドに立って発言することも、どちらも慎重でなければならない。とくに、発言に影響力を有する政治家、行政関係者、科学者、有識者たちは、より一層慎重で、自己抑制的でなければならない。そうでないケースが散見されることは、憂慮に堪えない。

福島第一原発事故対応に当たった一人として、科学者や科学の信頼性について深く考えさせられる日々がまだ続いている。それは「対立の迷路」の問題と同根である。

日本は、リスクや科学に関する情報を国全体で共有するリスクコミュニケーション、科学コミュニケーションが成熟していないという印象を拭えない。「科学は唯一無二の回答を用意しなければならない」。マスコミも世論をそうしたことを求めすぎると、その期待に応えるための仕組みが生み出される。その結果が、審議会行政や御用学者と揶揄される日本の現状である。

一方、政府は、そうした仕組みを使い、科学的根拠が得られていないことや、「絶対」とは言えない事象について、お墨付きを与えるようなことをしてはならない。しかし、過去の原子力政策においてはそうした傾向があったことを否めない。

政治家や官僚だけで判断することが難しい科学的、専門的な問題について、審議会行政の枠組み自体を否定するものではない。ただし、審議会がわからないことに無理に結論を出したり、正論や通説、定説を人為的に作り出すことがあってはならない。

日本社会に浸透してきた権威に過度に依存する体質と向き合うことが必要である。「絶対」と言い切れない問題に「絶対」の回答を求め、それを政府が提示することを求める傾向は、日本社会が改善しなければならない欠陥である。こうした欠陥は、科学者をも「極論」「正論」「信念論」に陥らせる。

しかも、社会の「空気」に合致する回答が出ている場合はそれを信用し、「空気」に合致しない回答は徹底的に疑い、否定する。「対立の迷路」や「同調の悲劇」に至り易いこの体質からは、冷静なリスクコミュニケーションや科学コミュニケーションは生まれない。また、そうした社会の体質を、マスコミや有識者、時には政治家が煽る傾向があることは、日本が向き合わなければならないもうひとつの欠陥である。

こうした面において、欧米諸国は相対的に成熟している。科学技術の問題で専門家の意見が分かれても当然と受け止める。科学技術以外ではなおさらそうであろう。したがって、ルールや政策を決める時には、多様な情報や意見を踏まえて合意形成を図る。

そうした点に関し、日本と欧米の社会体質には「相対的差異」がある。この「相対的差異」が絶対的な解のない問題に関する「相対的最善解」を選択し得る確率、可能性の差につながっている。

マスコミは多様な情報や意見を客観的に伝えなければならない。それがマスコミの役割である。その中から、国民自身がコンセンサスを形成できる成熟した社会になることが必要である。

一方、政府としては、多様な情報や意見、とりわけリスク情報をアナウンスすると国民がパニックを起こしかねないというパターナリズム的自己陶酔から、恣意的に選択された情報、偏った情報のみを提供することがあってはならない。一方、国民やマスコミにも、あらゆる情報を冷静に受け止める成熟した姿勢が求められる。「鶏」と「卵」のような関係である。

成熟した社会ができるまではリスク情報を制御するという姿勢でいると、日本の体質は永久に変わらない。国民やマスコミも、意に沿う回答のみを求める傾向とは訣別することが求められる。

第4章で述べたように、ニムビィシンドロームという公共政策のテクニカルタームがある。万国共通の人間の本質を上品に表現した言葉である。「自分に不利益なことは拒否する」症候群であり、「自分だけよければよい」ということだ。

今現在、チェルノブイリでも福島でも、多くの人々が事故処理に当たっている。低線量の放射線の影響についての評価は、今後の科学者の研究活動に委ね、ロシアでも日本でも、事故処理に関して国民は冷静に協力し合うことが必要である。両国以外の世界各国も同様である。そうでなければ事故処理に当たっている人々の立つ瀬がない。国民が「自分だけよければよい」と考えることなく、事故処理の最前線に立っている人々に感謝の気持ちを抱きつつ、無言のエールを送り続けなければならない。そうでなければ、ロシアにも日本にも未来はない。

チェルノブイリでも福島でも、事故直後に事故処理に当たってくれた人々、現在も自己処理に当たってくれている人々がいるからこそ、世界の今がある。

原子力事故

原子力事故が発生した場合、国際原子力事象評価尺度（INES）によって事故の程度がレベル〇から七までの八段階で示される。福島第一原発事故（レベル七）が起きるまで、セラフィールド（同五）、スリーマイル島（同五）、チェルノブイリ（同七）が世界三大原子力事故と言われてきた。セラフィールドも含め、海外の原子力事故はあまり知られていない。

一九五二年一二月一二日、カナダのオタワ近郊、チョーク・リバー研究所で起きた事故が最初の原子力事故と言われている。操作ミスで実験用原子炉の制御棒が引き抜かれ、一万キュリー（Ci）または三七〇テラベクレル（TBq）の放射性物質が外部に漏れた。

一九五七年一〇月一〇日、英国北西部のウィンズケール（現セラフィールド）原子力工場で世界初の重大事故が発生した。軍事用プルトニウムを生産する工場の原子炉二基の炉心で黒鉛減速材の過熱により火災が発生。多量の放射性物質を外部に放出。避難命令が出なかったため、周辺住民が被曝した。当時のハロルド・マクミラン（一八九四〜一九八六年）政権は極秘にしていたが、一九八〇年代になって事実関係が明らかになった。その間、アイリッシュ湾には大量の汚染水が放出され、今日でも汚染問題は続いている。

しかし、セラフィールド事故の二週間前にソ連でそれ以上の大事故が起きていた。一九五七年九月二九日のウラル核惨事である。地名から、クイシトゥイム事故、キシュテム事故とも呼ばれる。ウラル地方チェリャビンスク州の第一八七工場（核技術施設）で発生した原子力事故である。[19] 第一八七工場は一九六七年に「マヤーク」と改称された（以下、マヤークと記す）。

ウラル核惨事については、その経緯から説明する必要がある。第二次世界大戦中から核兵器開発を始めたソ連は、終戦直後の一九四五年、原子炉および核兵器製造工場の建設地域（ZATO）を、国境から遠く、諸外国から察知されにくいウラル地方チェリャビンスク州北部のイルタヤ湖（後にカラチャイ湖と改称）畔、クイシトゥイム（キシュテム）市の東に決定した。ソ連最初のプルトニウム製造工場である。ZATOとは閉鎖行政領域、つまり閉鎖都市。スターリンの命令によって辺境地域に建設され、地図に載らない極秘都市となった。

マヤークは核兵器用プルトニウム生産のための原子炉五基および再処理施設を有する工場であった。戦後数年間、ソ連の「原爆の父」と言われる原子力科学者イーゴリ・クルチャトフ（一九〇三〜六〇年）が勤務していた。工場周囲には技術者や労働者の居住都市が建設され、暗号名で呼ばれた。マヤークに併設された極秘都市はシティ40（後に65）と呼ばれたが、ソ連崩壊後にオジョルスク（湖の街）と改称。以下、オジョルスクと記す。

冷戦時代、ソ連はこうした核兵器製造都市を各地に建設した。いずれも極秘都市。住民は情報の口外を禁止されており、違反すれば刑事訴追を受け、殺害される可能性もあったと言う。一方、豊かな所得と生活環境が保障されていた。閉鎖都市には特別な許可証がなければ立入りできず、住民の戸籍もなかった。その理由は、原子力事故が起きた場合に、住民ゼロ、被害ゼロを主張するための伏線であったとも言われている。

一九五〇年代前半のソ連では、一般には放射性物質の危険性が十分に認識されておらず、工場の放射性廃棄物の扱いも杜撰であった。オジョルスクでも液体廃棄物等が付近のテチャ川（オビ川支流）やカラチャイ湖に放流されていた。やがて住民に健康被害が顕現化。液体の高レベル放射性廃棄物は濃縮してタンクに貯蔵する方法に改められた。このタンクは放射性物質の崩壊熱によって高温となるため、冷却装置で冷却していた。一九五七年九月二九日、冷却装置が故障。タンク（三〇〇立方メートル）内の温度が急上昇したうえ、内部機器の火花により硝酸塩等に引火して爆発が発生。大量の放射性物質が大気中に放出される事態となった。事故は極秘とされたが、翌年には「ソ連のウラル地方で何かあったらしい」という情報が米国情報組織等に伝わっていた。

概要が明らかになったのは一九七六年一一月。ソ連からの亡命科学者ジョレス・アレクサンドロヴィチ・メドベージェフ（一九二五年〜）が英科学誌『ニュー・サイエンティスト』に事故に関する論文を発表。彼はその後『ウラルの核惨事』という本も出版する。

ソ連は事実関係を否定していたが、ゴルバチョフがグラスノスチ（情報公開）を断行。一九八九年九月二〇日、外国人（日本人五人を含む）記者団に資料が公開され、真相が明らかになった。なお、地域住民に汚染が正式に告知されたのはロシア発足後の一九九二年頃。対策は後手に回り、被曝被害を拡大させる一因となった。

資料によれば、爆発規模はTNT火薬七〇トン相当、約一〇〇〇メートル上空まで舞い上がった放射性廃棄物は、北東方向に幅約九キロメートル、長さ一〇五キロメートルの帯状の地域を汚染した。プルトニウムを含む二〇〇万キュリーの放射性物質が飛散。避難した約一万人は、一週間に平均〇・五二シーベルト、最高〇・七二シーベルトを被曝。事故現場の近くにいた一〇五四人は、骨髄に〇・五七シーベルトを被曝した。事故後に四〇〇ペタベクレル（PBq：四×一〇の一七乗ベクレル）の放射性物質が二万平方キロメートルの範囲に拡散し、約二七万人が高い放射線に被曝。ロシア政府が公表したデータに基づけば、新たに約一〇〇人が癌に罹患する被曝量であった。

ＩＮＥＳではレベル六（大事故）と推定され、カラチャイ湖および周辺地域は今なお高濃度の放射性物質に汚染されている。ウラル核惨事はレベル七のチェルノブイリ原発事故と福島第一原発事故を下回る。被害としてはチェルノブイリと福島を上回るかもしれないが、正確な検証はされていない。

ソ連が崩壊すると、ロシア政府は閉鎖都市の秘密を解除。しかし、多くの街は今なお事実上閉鎖されており、四〇都市以上がＺＡＴＯ制度下にある。オジョルスクも引き続き事実上閉鎖されている。[20]

ソ連時代から、核兵器以外の軍事関連事業、宇宙開発事業等に関するＺＡＴＯも建設され、現在も存在しており、ＺＡＴＯの住民は所得や生活環境を保障されている。こうした情報は、ソ連崩壊後に公開された関連文献のほか、二〇一六年に放映された米ＴＶ局のドキュメンタリー番組等で広く知られるようになった。それらによれば、オジョルスクの場合、市独自の公共サービスや学校教育が充実している。[21]

ソ連での放射性物質汚染については、オジョルスクのほかにセミパラチンスク核実験場も知られている。この核実験場は、旧ソ連内、現在のカザフスタン北東部の草原地帯にあり、面積は約一万八〇〇〇平方キロメートル（日本の四国の面積にほぼ等しい）の広大な地域である。一九四九年から一九八九年の四〇年間に合計四五六回の核実験が行われ、ソ連崩壊（一九九一年一二月）目前の一九九一年八月二九日[22]に閉鎖された。周辺住民の被曝被害はソ連崩壊まで隠蔽されていた。ソ連崩壊後はカザフスタンの所有域となったため、世界の核実験場では唯一、他国による調査が可能となっている。

核実験のためにセミパラチンスク近くに建設されたのが秘密都市シティ21（現在のクルチャトフ市）である。ソ連最初の核実験は一九四九年八月二九日に行われた。秘密都市の住民には事前に情報は知らされず、避難指示も出されなかった。実験を指揮した前述のイーゴリ・クルチャトフは、後に「核実験が失敗したらスターリンの命により銃殺刑に処されることを覚悟していた」[23]と述懐している。その後、同じ場所で一〇〇回以上の地上核実験が行われた。

一九五三年以降、水爆実験も行われ、周辺住民の一部を放射性物質による汚染地域にあえて滞在させた。人体実験だったと言われており、後に米軍がベトナム戦争で使用した枯れ葉剤の被害と類似する奇形児が誕生し、ホルマリン漬けで保存されている。その後、周辺住民の健康被害が広がり、地元研究者等による調査が行われたものの、ソ連当局は黙殺。グラスノスチによって徐々に実態が明らかになると内外の批判が高まり、一九九一年、実験場は閉鎖された。

セミパラチンスク核実験場の近くにはチャガン湖と呼ばれる人造湖がある。一九六五年の地下核実験によって表土が吹き飛ばされて誕生した湖であり、周囲にはカルデラ湖のような外輪山が存在する。現在でも汚染が激しく、「原子の湖」という別名がついている。

原子力潜水艦(原潜)や航空機に関する原子力事故はさらに知られていない。旧ソ連では原潜事故が多かったようだ。一九六一年七月四日、ソ連海軍初の原潜K-19の炉心冷却機能の故障によって生じた事故を皮切りに、二〇件近く発生し、直接、間接の死亡者も出ている。

二〇〇〇年八月、オスカーII型原潜クルスクK-141が炉心に約二トンの核燃料を搭載したままバレンツ海の水深一一〇メートルの海底に沈没。乗組員一一八名全員が死亡した。

旧ソ連は、旧式化した原潜の原子炉を少なくとも日本海に四基、北極海に一七基投棄したほか、放射性廃棄物も大量に海洋投棄したと言われている。

東西冷戦終結によって、こうした旧ソ連の原潜事故などの情報が公表されるようになった。西側諸国でも旧ソ連と同様に原潜事故が発生しており、多くの犠牲者が出ている。しかし、各国とも事故情報を軍事機密としており、詳細と全貌はよくわからない。

当然、米国でも事故が起きている。一九五九年七月一三日、ロサンゼルス市郊外のサンタスサーナ研究所でナトリウム冷却原子炉の燃料棒が溶融した。一五〇〇〜六五〇〇キュリーのヨウ素131と一三〇〇キュリーのセシウム137が環境中に放出された。一九七九年に学生が偶然資料を発見して公表するまで極秘であったという。

一九六一年一月三日には、米国アイダホ州フォールズの軍事試験用原子炉が、運転員が制御棒を誤って引き抜いたことによって暴走。事故で放出されたエネルギーは約五〇メガジュール(MJ)に相当し、炉内にあった約一〇〇万キュリーの核分裂生成物のうち約一%が外部に漏れたと考えられている。三人の運転員が死亡したが、チェルノブイリ事故以前に死者が出た唯一の原子炉事故と言われている。

軍事事故としては、一九六三年四月一〇日、米パーミット級原潜スレッシャーが大西洋ニューイングランド沖で沈没。原子炉が緊急停止し、後の調査で残骸からコバルト60が検出されている。

一九六五年五月二二日、米スキップジャック級原潜スコーピオンが大西洋で核兵器二個を搭載したまま沈没した。

航空機事故で有名なのはパロマレス米軍機墜落事故である。一九六六年一月一七日、米軍のB-52G戦略爆撃機がスペイン南部のパロマレス上空で空中給油機と衝突。搭載していた四個の水爆が地上と海中に落下。

うち二個は地上に落下して起爆装置が爆発し、プルトニウムとウラニウムが飛散した。事後処理として一五〇〇トンの土が回収された。しかし、依然として三〇ヘクタールの土地に深さ五メートルの地中までプルトニウムが浸透しているとされている。

一九六六年一〇月五日、デトロイト郊外のエンリコ・フェルミ一号炉の高速増殖炉事故。原子炉の炉心溶融事故が実際に発生した最初の例とされている。

一九九四年三月三〇日、フランスのリュビ級原潜も水蒸気爆発を起こしている。他にも、今日に至るまで、米国、スウェーデン、ブラジル、フランスなどで複数の事故が起きている。

第四の革命

地球上で最も愚かで有害な生物である人間はエネルギー問題を解決できるだろうか。「対立の迷路」に迷い込むことなく、異なる意見を調整し、一定の合意に至ることができるだろうか。それができない場合、「同調の悲劇」によって強引にひとつの結論に至ろうとするかもしれない。愚かである。

原子力に関してどのように考えるのか。第一に、事故を起こさないことが何よりも重要である。第二に、原子力よりも安定的で安全で安価な技術が開発されれば、世界のメインストリームはその技術に流れていく。この二点すら共有できなければ、愚かな人間の未来はかなり悲観的である。

今後のエネルギー政策、原子力政策は、完全な情報公開の下で議論されなければならない。国民の多くは深層心理的にクリーンエネルギーを指向している。同時に経済活動における電力コストは低い方が良いと思っている。つまり、安全で低コストで安定的なエネルギー技術を求めている。日本のみならず、原子力政策に対する世界の論調は割れているが、自然エネルギー、再生可能エネルギーの実用性を高めることの有意性は誰も否定できない。

原子力の代替エネルギー技術は、再生可能エネルギーと化石燃料エネルギーに大別される。前者に議論が集中しがちだが、後者にも目を向ける必要がある。

二〇〇〇年代後半にオイルシェールブームが起きた。オイルシェールとは油母（ケロジェン）を多く含む岩石。米国内での安価なオイルシェール確保が実現したことがブームの契機であった。こうした世界の動向に鑑みると、高効率火力発電やＣＣＳ（二酸化炭素貯蔵技術）等の新しい技術に着目しつつ、化石燃料の活用にも取り組むべきである。

とは言え、やはり原子力の代替エネルギー技術の本命は再生可能エネルギー。日本における再生可能エネルギーは、大きく分けて八種類に類型化できる。

第一は太陽光。パネルを一〇〇〇枚単位で並べる大規模太陽光発電所（メガソーラー）の設置も進んでいる。将来的には太陽熱発電や宇宙太陽光発電の実用化も期待される。

第二は風力。一九九〇年代から風が強い北海道などを先駆けに普及し、二〇一六年末現在で全国に四四六発電所二一七五基（三二三・四万キロワット）が稼働。福島県沖の太平洋上では一四三基の浮体式風車を設置する産学官共同計画も進行中である。

第三は水力。豊富な水資源を有する日本では期待の高いエネルギー源。大規模水力発電とは別に、出力一〇〇〇キロワット以下のものを小水力、同一〇〇キロワット以下のものをマイクロ水力と呼ぶ。「流れ込み式」と「水路式」に大別され、大規模水力と違って環境破壊の懸念がない。

太陽光・風力は天候の影響を受け、稼働率が不安定。水力も降雨量を介して貯水量や流量が影響を受ける。そこで、安定電源として有望視されているのが第四の地熱と第五の海洋エネルギー。海洋国家、火山国家日本としては、この二つの有効活用が必要だ。

地熱発電は地中の熱水などを利用して蒸気タービンを駆動。大出力で昼夜を問わない安定電源。ただし、適地の多くが自然公園内のため、環境規制等の緩和が不可欠である。地熱発電の一種で長年日本が研究してきたのが高温岩体発電。地上からの注水を地下の熱で蒸気に変える。温泉発電もある。熱い源泉を自然冷却して廃棄していた熱エネルギーを活用して発電する。

海洋エネルギーでは造船技術が活用され、潮の流れでプロペラを回す潮流・海流発電が主力。プロペラに貝などを付着させない塗装技術などは日本が蓄積している。波力発電や潮汐力発電もある。後者は欧州で実用化されているが、潮の干満差が五メートル程度以上必要なため、日本(最大は有明海の四・九メートル)には適地が少ない。

海洋温度差発電は別名「海の地熱発電」。一〇〇〇メートル程度の深海の冷たい深層水(五度程度)と表層水(二五度以上)の温度差を活用。沸点の低いアンモニア水などによって熱交換を行い、蒸気でタービンを回す。近海に海溝の多い日本の海洋温度差発電の潜在発電能力は大きく、波力の八倍、海流の一五倍、潮流の二五倍以上という試算もある。

第六は木廃材などの有機物を燃料にするバイオマス発電。温室効果ガスを排出する化石燃料を使用しないため、従来は温暖化対策として注目を集めていた。「3・11」後は、被災地の木材がれき処理と電力不足解消を両立させる技術として期待が高まった。廃棄物発電(サーマル・リサイクル)もバイオマス発電の一種。家庭から排出されるゴミの七割が焼却処分されているが、その熱エネルギーを利用する。

第七はその他分野。振動発電は床や橋の振動エネルギーを電力に転換。駅改札やスタジアムですでに実用実験中。振動を電気に変える圧電素子(ピエゾ素子)の圧電(圧力によって表面に誘電分極が発生して電気が起きる)効果を活用している。熱電発電は物体の温度差を利用して発電を行うシステム。温度差によって起電力が生じる「ゼーベック効果」を有する金属や半導体を利用する。

第八は燃料電池(エネファーム)。燃料(水素など)と酸化剤(酸素など)の化学反応によって電気エネルギーを生み出す。使い切り・充電式の電池と異なり、水素や酸素を送り続ければ永久に発電可能である。

第一から第七の発電技術は、化学エネルギーを燃焼によって熱エネルギーに変え、その熱でタービンを回して運動エネルギーに変え、それをさらに電気エネルギーに転換するというように、何段階にもわたってエネルギー形態を変えるために発電効率が良くない。一方、燃料電池は化学エネルギーを電気エネルギーに直接転換。ロスが少なく、発電効率が高いのが特徴である。

以上の再生可能エネルギーはさらに大きく分けると二種類に類型化できる。ひとつは、水力、風力、太陽光、太陽熱、地熱、潮力、波力等の自然エネルギー。石油や石炭等の化石燃料は一度使用したら再生できない。もうひとつは、生ゴミや廃熱、植物から作ったバイオ燃料(バイオマス)等を利用するリサイクルエネルギー。両者を総称して再生可能エネルギーと言う。

日本の発電量に占める再生可能エネルギーの割合は、水力を除くと六・〇%(二〇一五年)。脱原発を決めたドイツは二四・五%を占めている(二〇一四年)。風力の発電量に占める割合は日本では〇・五%(二〇一五年)。風車と言えばデンマーク。発電量の四二・三％を占めている（二〇一四年）。欧州は全体に風力に熱心に取り組んでおり、欧州連合（ＥＵ）の平均は七・八％である（二〇一四年）。

再生可能エネルギーへの取り組みが欧州に比べると遅れていた米国も、偶然だが、福島第一原子力発電所事故の直前に方針転換。二〇一一年一月の一般教書演説で、オバマは二〇三五年までに電力の八〇％を再生可能エネルギーにすると表明した。しかし、トランプの登場で化石燃料に回帰する方向で動いている。今後の動向は予断を許さない。

気候変動に関する政府間パネル（ＩＰＣＣ）が二〇一一年に公表したレポート[24]によると、二〇〇八年の世界全体のエネルギーの約一三％（水力を含む）が自然エネルギー。今後、各国が政策的に自然エネルギーを推進することによって、二〇五〇年には七七％まで高めることが可能としている。

地震国であり、唯一の被爆国である日本。さらに福島第一原発事故を経験した日本としては、再生可能エネルギーに関して世界の平均以上の努力をするのは当然と言えるだろう。

かつて日本の発電の中心であった水力は、自然エネルギーの代表である。しかし、二〇〇九年度の水力発電（大・中規模分）は七六九億キロワットアワー。全発電量が九五五一キロワットアワーなので、全体の約八％にすぎない。もっとダムを造って水力の割合を高めるべきとの意見もあるが、大規模ダムの好適地は少なく、建設コストを考えた財政負担、ダム建設による自然破壊等を考えると、なかなか難しい。

しかし、水は川だけではない。海もある。そこで注目されるのが潮流を活用した潮力発電。潮流は潮の流れであり「海の中を流れる川」というイメージである。潮流よりも、さらに安定的で強い流れが得られるのが海流。年間を通して同じ方向に数ノットから一〇ノット近くの早さで流れる。潮力発電は、潮流・海流のある海域に発電設備を内蔵した支柱を投入。その支柱にプロペラ型タービンを敷設し、潮流・海流によってプロペラが回るという仕組み。一本の支柱にタービンを複数つけることも可能である。風と違って潮流・海流は安定的で絶えることがない。風車のように止まることはなく、プロペラは回り続ける。日本は四方を海に囲まれており、南からは黒潮と対馬海流、北からは親潮とリマン海流。三六〇度、どこの海に投入しても潮力発電が可能だ。

エネルギーを電力に変える転換効率で比較すると、風力は一二%、太陽光は一八%であるのに対し、水力(河川、潮力)は七五%以上と言われている。四方を海に囲まれた日本にとって、潮力発電の潜在的可能性は極めて高い。潮力発電に関して日本企業が保有している技術を、すでに欧米諸国が獲得に動いている。将来有望な日本の技術の海外流出を防がなくてはならない。

潮力発電用の海中投入支柱の上に洋上風力発電の風車を併設すれば、風力発電と潮力発電を同時に行うことも可能である。技術的に困難な点は多々あると思うが、困難な点を挙げて諦めるのではなく、困難な点を乗り越える努力が日本に求められている。

再生可能エネルギーによる発電は、電気、動力エンジン(鉄道、自動車)、ITに次ぐ「第四の革命」と呼ばれている。日本は「第二の革命」である動力エンジン分野では世界を席巻した。唯一の被爆国、重大原発事故の経験国、自然エネルギーの豊富な国として、「第四の革命」でも世界をリードすることが期待される。

財政ファイナンス

量的緩和

社会科学は不毛な対立と根拠なき同調の呪縛に囚われやすい。その中で、経済学が「社会科学の女王」と呼ばれてきた。名誉ある呼称は、理論構築のために自然科学的手法を援用していることによる。しかし、経済学の中で完全な普遍性を証明された理論はない。

経済学の中でとりわけ科学性を帯びているのでないかと錯覚されている、あるいは錯覚させているのが金融理論である。その金融理論に基づいて運営されている中央銀行による金融政策が世界の不確実性を高めている。

不毛な対立と根拠なき同調を省みることなく、十分な検証を行わないまま、理論的裏づけの乏しい社会実験的政策を行っている。金融理論は「社会科学の女王」の一部ではあるが、それを駆使する人間の愚かさによって「社会科学の悪魔」となりかねない。

近代経済学は人間社会にバブルの発生と崩壊という循環をもたらしてきた。世界経済が金融理論に依存し始めた一九七〇年代以降はとくにその傾向を強めている。そうした中、二〇〇八年のリーマンショック以降、先進国の経済政策は過度の金融緩和に依存している。先進国の金融政策は限界に遭遇する可能性が高まっている。後述するが、だからこそFRB(米連邦準備制度理事会)やECB(欧州中央銀行)は方向転換を模索している。

一部の国では中央銀行による財政ファイナンス状態に至っている。典型は日本である。中央銀行総裁までもが理論的根拠のない説明を声高に叫び「同調の悲劇」に陥っている。BOJ(日本銀行)は過度の金融緩和政策に理論的根拠があるような説明をしているが、実際には根拠はない。過度の金融緩和依存による財政ファイナンス、およびそうした政策の持続可能性に対する懸念を直視していない。「対立の迷路」からの脱出を、「同調の悲劇」による破壊的結末に委ねている。理論的である、科学的である振りをしていることが問題をより深刻にし、最も難解な迷路を彷徨っている。

金融政策において「QE(Quantitative Easing、量的緩和)」という用語が世界的に使われ始めたのは二〇〇八年である。前年のサブプライムローン危機に続いてリーマンショックが発生。財政政策だけでは対処しきれない事態に直面し、FRBはQEに踏み切った。米国メディアは「FRBは未踏の領域へ突入」と評し、この時から「QE」という用語が一般的に使われるようになった。ECB(欧州中央銀行)もリーマンショックや南欧諸国等の財政危機に直面し、QEに染手した。

しかし、QEの元祖は日本である。日本では二〇〇一年からQEを始めた。QEに先立つゼロ金利も含め、かつての金融政策の手法にはなかった新機軸、非伝統的金融政策である。バブル崩壊後の一九九〇年代の不況、デフレ、不良債権問題、金融危機を乗り切るため、金融緩和を追求し続けたBOJが分け入ったフロンティアとも言える。二〇〇八年以前、欧米主要国は「日本の金融政策は異常」と揶揄していたが、リーマンショック以降はFRBもECBも同じ状況になった。日米欧中央銀行が過度の金融緩和であるQEを競い合うことで、相対的に緩和効果の強い通貨が下落する通貨安競争の様相も呈した。こうした状況は一過性のものではない。第1章でも述べたように、近世以降の世界は金融緩和によるバブルの発生と崩壊の繰り返しの歴史である。

ＱＥは過度の金融緩和依存との自覚があるため、ＦＲＢとＥＣＢはすでにＱＥの縮小に動いている。ＦＲＢ議長ベン・バーナンキ（一九五三年〜）は任期後半の二〇一二年、米ジョージ・ワシントン大学で行った講義においてテーパリングの開始を示唆した。テーパリングとは耳慣れない単語だが、「金融緩和の漸進的縮小」を意味する。(25)

過度の金融緩和によるバブルを繰り返し享受してきた世界経済。ＱＥをどう収束させるかが主要国の当面の共通課題である。なぜなら、過度の金融緩和は様々な問題を含んでいるからだ。しかし、容易には収束できないだろう。

ＢＯＪはＱＥの泥沼にはまっている。後世、ＱＥの功罪を問う場面がやってくるだろう。ＢＯＪの本音は早く収束させたいはずであるが、政府の金融緩和、財政ファイナンスへの強い欲求に阿《おもね》り、拘束されている。科学的な振りをしている金融政策はさらに非科学的にならざるを得ず、不確実性を増している。人間は愚かであり、中央銀行幹部も例外ではない。(26)

ＢＯＪも事態の深刻さは認識している。二〇一六年初にはマイナス金利政策を導入、(27)同年秋には長期金利を直接コントロールするＹＣＣ（イールド・カーブ・コントロール）という前代未聞の政策を採用し、その一方でＱＥの定量的目標（国債の買い入れ目標額）を対外的に明示することを中止した。(28)この動きを、市場は「ステルス・テーパリング（隠れた金融緩和縮小）」と評している。表向き金融緩和継続を宣言しつつステルス・テーパリングを行うという手法は、やがて矛盾を生み出すだろう。例えば、長期金利が操作目標を上回る場合、ＱＥ強化が必要になる。長期金利の目標達成とＱＥの二者択一、トレード・オフ状況になる場合、ＢＯＪはどちらを優先するのか。

ミンスキー・モーメント

過度の金融緩和は財政ファイナンスをもたらし、財政ファイナンスに対する欲求が過度の金融緩和を強要する。「鶏と卵」である。中央銀行総裁自身が「異次元」と称する超金融緩和を行い、最も顕著な財政ファイナンス状態に陥っている日本の財政と経済は小康状態を維持しているが、それは先行きの楽観を許す根拠にはならない。

財政ファイナンスという用語の初出は定かでないが、中央銀行が国債を引き受けたり、大量購入することによって、政府の資金繰りを助けることを意味する。より直接的な財政ファイナンスは中央銀行が政府に融資することである。過去の財政ファイナンスの事例においては、結果的に財政インフレ、マネタイゼーション（国債の貨幣化）を起こし、政府債務の実質価値を引き下げ、事実上の債務圧縮（減債）をもたらしている。

中央銀行が政府の資金繰りを助けるのは悪いことではないとの意見もある。その立場で論じる場合、財政状況が悪いから財政ファイナンスを行うのであるから、政府は財政規律を高めるのが合理的展開である。しかし、財政ファイナンスによって政府の財政規律は緩み、さらに財政状況が悪化する蓋然性が高い。財政状況が悪いから財政ファイナンスするのか、財政ファイナンスするから財政状況が悪くなるのか。これも「鶏と卵」である。

財政ファイナンスは結果的にインフレを発生させる確率が高い。インフレは政府の実質債務負担を軽減する一方、国民の保有資産の実質価値を目減りさせるため、国民負担の観点から「インフレ課税」とも呼ばれる。

財政ファイナンスが株や債券等の市場心理に与える効果をプラスに評する論者もいる。しかし、それは本当だろうか。ケインズの名著『雇用・利子および貨幣の一般理論』の第一二章第五節において、投資家の行動パターンを説明する喩え話として「美人投票」が登場する。最多票を獲得した女性に投票した投票者が賞品を獲得する「美人投票」において、投票者は誰に投票するか。ケインズは、投票者は自分が美人と思う女性に投票するのではなく、最多票になるだろうと思う女性に投票すると指摘している。経済のファンダメンタルズ（基礎的条件）を分析して株を購入するのではなく、多くの人が購入すると予想するから自分も購入するという投資行動に喩えられる。これでは、財政ファイナンスを行っても実質的には経済は好転しない。

財政ファイナンスに起因するインフレは、米国の経済学者アーヴィング・フィッシャー（一八六七～一九四七年）が指摘した「貨幣錯覚」によって経済の振幅を大きくするものの、経済成長を保障するものではない。例えば、一〇％のインフレ下で企業が名目賃金を五％引き上げると実質賃金は五％低下となるが、労働者は名目賃金の上昇を見て、労働供給を増やす。こういう状況を「労働者は貨幣錯覚に陥っている」と表現する。逆に一〇％のデフレ下で給料が五％引き下げられると実質賃金は五％上昇となるが、労働者は名目賃金の低下に影響され、労働供給を減らし、買い物も手控える。この時も、労働者は「貨幣錯覚」に陥っている。

米国の経済学者ハイマン・ミンスキー（一九一九～九六年）が金融市場の不安定性やライフサイクルに関して構築した理論が、サブプライム危機やリーマンショックに際し、ウォール街で注目を集めた。

ミンスキーの唱えた金融市場のライフサイクルは、平易に表現するとごく当たり前のことだ。投資家は調子の良い時にはリスクテイクする。リスクに見合ったリターンが取れる間はリスクテイクを続ける。何らかのショックでリターンに見合った水準以上にリスクが拡大すると、投資家は慌てて資産を売却する。それを契機に資産価格が下落する。投資家は債務超過に陥り、資金提供していた金融機関のバランスシートも毀損する。さらに状況が悪化すると投資家も金融機関も破綻する。金融市場や経済全体が危機に陥り、中央銀行が市場に大量の資金供給を行い、金融機関を救済する。市場の流れが転換する瞬間は「ミンスキー・セーメント」と呼ばれる。

投資対象が政府債務(国債)であっても展開は同じである。国債への過剰投資が限界に達し、投資家や金融機関が危機に瀕する場合は、中央銀行が救済に乗り出す。米国の経済学者ポール・クルーグマンは二〇一〇年の論文の中で次のように述べている。曰く「具体的な理由はどうであれ、受け入れ可能な(安全であるとみなされる)政府債務水準の上限が突然引き下げられる瞬間がやってくる。それがミンスキー・モーメントである」[20]。「ミンスキー・モーメント」は突然やってくる。どのような出来事が契機になるのか、誰も予測がつかない。

深刻な金融緩和依存状態にある日本はさらに不確実性が高い状況にある。なぜなら、危機に瀕して中央銀行が救済に乗り出す以前に、中央銀行自身の国債購入が危機の前段階の状況を生み出しているからだ。「ミンスキー・モーメント」が到来する前から中央銀行が現状に荷担している。この状況を「ミンスキー・パラドックス」と呼ぶこととしたい。

近代中央銀行の歴史は一五〇〇年足らずである。その間、断続的に金融緩和の恩恵を貪ってきた金融資本主義は、徐々に限界に近づきつつある。「ミンスキー・モーメント」が到来した際に、「ミンスキー・パラドックス」下にある中央銀行はどのように行動するだろうか。ＢＯＪは経済全体を対象に壮大な社会科学的実験を行っている。いや、理論的根拠がない以上、科学とは呼べない。単なる社会実験である。

ミンスキーは金融機能を、通常金融(一般的な融資等)、ヘッジ金融、投機的金融、ポンツィ金融の四つに分類した。後者の比重が高くなるほど、市場や経済の不安定性を高めると指摘している。四番目のポンツィとは、一九二〇年代に米国ボストンを中心に活動した稀代の詐欺師、一八八二年生まれのイタリア人、カルロ・ポンツィの名前である。

ポンツィは一九〇三年に渡米し、ボストンで各国切手と交換可能な郵便用クーポン事業を発案。このクーポンを利用して各国の物価水準格差を利用した鞘取りビジネスを企図。なかなかのアイディアであったが、あえなく失敗。再起を期して、次は投資ビジネスを起業。「わずかな期間で利益率五〇％」の謳い文句は人気を博し、数千人から巨額の資金を集めたものの、そのビジネスは「先に投資した人に後から投資した人の資金を使って配当する」仕組み。「ポンツィ・スキーム」と呼ばれたビジネスの本質は、要するに自転車操業である。一九二〇年七月、地元新聞（ボストンポスト）が「ポンツィ・スキーム」を問題視する記事を掲載。資金繰りは一気に悪化。裁判所が新規投資の募集禁止を命じ、事業は破綻。新聞記事掲載が「ポンツィ・スキーム」の「ミンスキー・モーメント」となった。

「ねずみ講」の原型のように思えるが、「ねずみ講」は後から参加する投資家の人数を増やし、運転資金と先行投資者への配当を確保するピラミッド構造。一方、「ポンツィ・スキーム」は単純な自転車操業だった。国債を購入し続け、自らのバランスシートとベースマネーを肥大化させる金融緩和政策は、自転車操業的という意味で「ポンツィ・スキーム」を連想させる。クルーグマンが述べたように「受入可能な（安全であるとみなされる）政府債務水準」と思われているからこそ、現在の財政赤字水準をとりあえず市場が許容している。しかし、その「受入可能」の根拠は「受入可能」と市場が思うように中央銀行が国債を購入し続けることが前提となっているわけだから、「ポンツィ・スキーム」的、自転車操業的イメージである。日米欧、とりわけ日本の金融政策は「ポンツィ・オペレーション」と評さざるを得ない状況に陥っている。

元祖詐欺師とも言われるポンツィ。晩年は心臓発作、脳障害、視力障害等の持病に苦しみ、一九四九年、リオ・デ・ジャネイロにおいて貧困の中で他界した。

金融抑圧

中央銀行、とくに最近の日本の「ポンツィ・オペレーション」は政府の意思に阿って行われている。金融政策として適切ではない。日本を含む主要国における過度の金融緩和依存は望ましいことではないという認識は広まりつつある。二〇一四年のG20(二〇か国財務大臣・中央銀行総裁会議)コミュニケ(声明)は金融政策に関して次のように記した。曰く「我々は、多くの先進国において金融政策は引き続き緩和的である必要があると同時に、物価安定と経済成長の見通しを踏まえ、然るべきタイミングで正常化すべきであることを認識する」「このような将来的な進展は、世界経済にとって良いことであり、緩和的な金融政策への依存度を低下させることは、中期的には金融の安定性にとって有益であろう」[30]。この認識に基づいて、欧米は正常化を目指している。

「金融抑圧(Financial Repression)」とは、金融市場に対する政府の干渉を通じ、貯蓄者、投資家、債権者から、債務者である政府に富を移転することを指す。国民の財産を実質的に目減りさせ、政府債務を圧縮することを意味する。G20コミュニケが金融政策の「正常化」を謳っていることは、現在が「異常」であることの証左。何が「異常」かと言えば、過度な金融緩和による「金融抑圧」である。

古代ローマ帝国は鋳造硬貨の貴金属含有量を減らして政府債務を圧縮。何も知らない国民は実質価値の低下した硬貨を使い続けた。古代ローマと同様に、日本等の先進国では「金融抑圧」によって「国民の富が政府にかすめ取られている」と表現する学者もいる。デフレ脱却のためのインフレ政策、その手段として中央銀行総裁自身が「異次元」と称する超金融緩和政策が行われている。いずれも「金融抑圧」の条件を整えている。要するに、国民の実質資産を目減りさせる一方、政府債務を実質圧縮。すなわち、財政ファイナンスである。財政健全化のための増税や歳出削減は政治的な困難に直面する一方、「金融抑圧」は国民に十分認識されない。「金融抑圧」は「密かなデフォルト」であり、各国政府、とくに日本は「禁じ手」に手を染め始めているという感を否めない。

「金融抑圧」が成功する保証はない。政府債務の実質圧縮を実現するためには、かなりのインフレが必要となる。民間部門から政府部門に富を移転するため、非効率な資金配分を助長し、中長期的な経済成長を妨げる。さらに、バブルの発生と崩壊、制御不能なインフレ、財政への信認喪失、資本逃避による経済活動破綻など、「ミンスキー・モーメント」につながるリスクもある。

二〇一二年、BOJ総裁の白川方明（一九四九年～）が「デレバレッジと経済成長」という演題で講演を行った[31]。「デレバレッジ」とは「過剰債務の調整」を意味する。リーマンショック対策として金融緩和を進めてきた先進国は、いずれ「デレバレッジ」が共通課題になると予測したものだ。「デレバレッジ」は「金融抑圧」によってもたらされつつある。

実質金利は名目金利から物価上昇率を控除して得られる。物価上昇率よりも低い名目金利を維持して、実質マイナス金利を志向する「金融抑圧」。しかし、実質マイナス金利は「お金を借りると金利を受け取る」という状況であり、これは「自然の摂理」に反する。「お金を借りれば金利を払う」のが道理である。「金融抑圧」が勝つか、「自然の摂理」が勝つか。「自然の摂理」が勝つ可能性が高い。だからこそ「自然の摂理」である。名目金利を極端に低く（例えばゼロに）すると、実質金利がプラスになるように、結果的に物価上昇率はマイナス、つまりデフレになるのが「自然の摂理」。この仮説が正しければ、長期かつ異常な金融緩和の下でのデフレは、「原因」ではなく「結果」である。デフレ脱却のための「金融抑圧」が結果的にデフレを助長するという「金融抑圧パラドックス」が生じる。

市場心理が非連続的に変化する瞬間を考える時、米国経済学者のロバート・シラー（一九四六年〜）の「行動経済学」の示唆が脳裏をよぎる。著書『投機バブル 根拠なき熱狂』（二〇〇〇年）で知られるシラーは二〇一三年のノーベル経済学賞を受賞した。ITバブル崩壊やサブプライム危機を予見し、人間の心理的要因の影響を考慮した「行動経済学」の重要性を指摘した。従来の経済学が合理的で論理的な人間を前提としているのに対し、「行動経済学」は情緒的で非論理的な現実の人間を想定。企業家、消費者、市場関係者等の現実の行動パターンには非論理的な面があることを重視している。心理学と深い関係がある。中央銀行幹部も例外ではない。

非論理的な人間行動心理が現在の金融緩和の効果を支えている。それはいつまで続くのか。「ミンスキー・モーメント」は突然やってくる。中央銀行幹部も非論理的な人間行動心理に支配される。しかし、当事者が金融政策は科学的であると強弁していることが深刻な問題である。地球上で最も愚かで有害な生物である人間は、「正しい」ことの根拠に科学を悪用する。

「ティンバーゲンの法則」とは、ひとつの政策目的にはひとつの政策手段が対応する一対一の関係であることを示している。一九六九年に世界最初のノーベル経済学賞を受賞したオランダの経済学者ヤン・ティンバーゲン（一九〇三〜九四年）が提唱した。

政策には必ず作用と副作用、プラスとマイナスがある。政策目的にはプラスでも、それ以外のところでマイナス面が顕現化する。政策として適切であるか否かは総合的に判断するしかない。超金融緩和を行っている各国は、それぞれ政策目的を有する。デフレ脱却、景気刺激、金融危機対応等、様々である。政策目的には有効でも、副作用やマイナスもあり、その適否は総合的に判断しなければならない。

超金融緩和は、異常な超低金利を市場に強いることと同義であり、金利収入減少等のマイナス効果は深刻である。例えば、一九九五年から事実上のゼロ金利状態が続いている日本。その間の逸失金利収入は巨額である。

一九八九年後半、日本はバブル絶頂期であった。同年一二月二九日、日経平均株価は既往ピークの三万八九一六円を記録した。ほどなくバブル崩壊。株価や不動産価格が暴落し、不良債権問題が深刻化。政府は景気対策を企図して財政拡大するものの、税収不足のため国債発行が急増。景気対策、政府の利払い負担軽減、不良債権を抱えた金融機関支援等の要因が相俟って、相次ぐ利下げが行われ、一九九五年、短期市場金利のBOJの操作目標が〇・五%となり、事実上のゼロ金利状態に突入した。

一九九〇年代後半、大手金融機関が次々と破綻するに至り、一九九九年に名目ベースでもゼロ金利を採用、二〇〇一年にはQEをスタートさせた。二〇〇〇年代半ば、不良債権問題や景気情勢は一段落したものの、巨額の財政赤字を抱えた政府の利払い負担軽減、デフレ脱却のため、超金融緩和が継続されている。二〇〇八年のリーマンショックによって、超金融緩和はさらに深化しつつ長期化。二〇一〇年、日銀はETF（上場投資信託）やJREIT（不動産投資信託）も購入する「包括緩和」に着手した。

二〇一三年、政府が求める緩和強化を受け入れる意向を表明した黒田東彦（一九四四年〜）が総裁に就任し、「マネタリーベース（資金供給量）を二年で二倍にし、物価上昇率二%を達成する」と宣言し、「異次元緩和」をスタートさせた。二〇一四年一〇月、物価上昇率二%がなかなか実現しない中、黒田は、マネタリーベース増加量、国債購入量、ETF・REIT購入量を大幅に増やす「異次元緩和第二弾」に染手。それでも成果があがらず、二〇一六年一月二九日、黒田は「マイナス金利」導入を決断。二〇一七年現在、黒田の任期最終年度を迎えているが、目標達成の見通しは立っていない。将来の経済および将来世代に重大な影響を及ぼす前人未踏の社会実験を続けている。一連の政策に理論的裏づけがあるかの如く説明をしている黒田の責任は重い。

ゼロ金利状態が始まる以前は景気循環に連動して金利も変動していた。おおむね三%から五%程度の間で推移していたが、それがゼロになっている状態は、政府等の債務者にはプラス効果が及ぶが、預金者等は金利収入を逸失し、膨大なマイナス効果を被っている。例えば、一九九一年の国民全体の金利収入(三七・九兆円)を基準にして計算すると、二〇一五年末までに六五〇・五兆円が逸失金利収入になる。事実上のゼロ金利状態入り直前の一九九三年(同二八・九兆円)基準で計算すると、逸失金利収入は四四一・三兆円である。約二〇年間で約四〇〇兆円、おおむね一年間で約二〇兆円の金利収入、つまり消費購買力が奪われていた。

逸失金利収入はその間の景気低迷と無関係ではない。約四〇〇兆円という規模は日本経済が抱える構造に妙に符合する。大雑把な概数で言えば、その頃から家計は四〇〇兆円の貯蓄を失い、企業は四〇〇兆円の内部留保を蓄積し、国債発行残高は四〇〇兆円以上増加した。景気対策のための超低金利政策が国民の金利収入を減らし、消費購買力を奪い、景気の足を引っ張るという矛盾を生み出している。

マイナスは逸失金利収入にとどまらない。仮にインフレが実現する場合、預貯金や保有国債などの金融資産の実質価値は目減りする。仮にBOJの目標どおり物価上昇率二%が達成された場合、預金残高一〇九一兆円[32]であるから、仮に物価上昇率が二%になれば、計算上は二一・八兆円の実質価値の目減り。国債等保有残高は一〇四三兆円[33]。国債保有者にとって、やはり二%の物価上昇で実質価値の目減りは計算上二〇・八兆円。預貯金と保有国債の両方で四二・六兆円の実質価値目減り。逸失金利収入の約二〇兆円と合算すると、消費購買力に対する潜在的ダメージは約六三兆円に相当する。また、円安による国富減少も外債等外貨資産の減価に伴う消費へのマイナス効果がある(逆資産効果)。

政府債務の実質価値目減り、つまり財政ファイナンスの効果もプラスばかりとは言えない。国債発行時よりも実質的政府債務が減少(政府債務の実質価値が目減り)することから、財政規律が弛緩する傾向がある。不要不急の財政支出でも「国債発行で財源調達すればよい」という安直な意識が政府に生じることを意味する。これも異常な超金融緩和に伴うデメリットである。財政規律が弛緩することは重大なデメリットであり、決してメリットではない。政府債務が実質減少することをメリットと考え、それを推奨するようでは、地球上で最も愚かで有害な生物という汚名を返上することはできないだろう。

もちろん、超金融緩和にはプラスもある。超低金利による支払金利負担軽減は、不良債権処理圧縮と財政ファイナンスに寄与した。また、二〇一三年以降は、債券、株、土地等の所有者にはキャピタルゲインをもたらした。プラスとマイナスが同じ人間を対象に生じるならば相殺される。しかし現実は、マイナスは低所得者、プラスは高所得者に相対的により大きな影響を与えている。低所得者層は預金以外の金融資産はほぼ皆無であることから、逸失金利収入は貧富の差も拡大している。

上述の想定逸失金利収入の計算基準である一九九一年から一九九三年頃の家計貯蓄率は約一五%であったが、その後は一貫して低下。二〇一〇年代には貯蓄率がマイナスになったこと[34]は格差の象徴とも言える。

結局、表向きはデフレ脱却や景気刺激を目指した金融緩和も、こうした副作用を勘案すると、トータルでプラスかマイナスかの判断は容易でない。全ての政策に作用と副作用、プラスとマイナスがあるという原則を前提とすれば、行きすぎた政策はマイナスの方が大きくなる蓋然性が高い。

ヘリコプター・マネー

日本の事態はさらに深刻化している。最近では、ヘリコプター・マネーが話題になっている。ヘリコプター・マネーは、米国経済学者ミルトン・フリードマンが著書『貨幣の悪戯』の中で用いた用語である。上空にホバリングするヘリコプターから現金をばらまくように、中央銀行や政府が対価なしで大量の通貨(紙幣、貨幣)を世の中に供給する政策を指す。

FRB前議長のベン・バーナンキはヘリコプター・マネーに対して肯定的な考えを示し、「ヘリコプター・ベン」の異名がついた。リーマン・ショック後の対策として、バーナンキは大規模な量的緩和を行ったものの、ヘリコプター・マネーには踏み切らず、FRB議長を退任。後任議長のジャネット・イエレンは極端な金融緩和やヘリコプター・マネーは指向せず、出口戦略を模索。言わば、ヘリコプターを軟着陸させようとしている。

推奨者ですら自らは採用しなかったヘリコプター・マネー。日本で話題になっているのはなぜだろうか。そうでもしないと、もはや日本のデフレ脱却、財政再建、経済再生はできないという切迫感に起因する論調だ。しかし、昨今のヘリコプター・マネー論は、かなりその内容が混沌としている。

単純なヘリコプター・マネー論では、中央銀行が対価なしで紙幣を発行したり、政府が政府紙幣を直接発行するケースが想定される。一方、現在日本で懸念されているヘリコプター・マネーは、デフレ脱却のための金融緩和を隠れ蓑にした財政ファイナンス(マネタイゼーション)である。

いずれにしても、現在の日本で現実化しつつあるのが、日銀が大量に購入・保有している国債を、永久債化するなどの対応により、日銀が消却する(政府に返済を求めない)こと。デフレ脱却のために金融緩和を徹底して行う、そのための日銀による国債購入だと聞けば、何やらもっともらしいが、日本経済を鳥瞰すると、一体何が起きているのだろうか。

第1章で述べた三眼思考。鳥瞰は、鳥が空から見おろすように、高い所から広い範囲を見おろすこと。転じて、全体を大きく見渡すこと。俯瞰とも言う。鳥瞰は「鳥の目」。経済学で言えばマクロの視点。では、ミクロの視点を表す表現は何かと言えば「虫の目」。「虫の目」は複眼である。個体や事象に接近して、様々な角度から物事を見るということだ。もうひとつの目は「魚の目」。魚、とくに回遊魚等の硬骨魚類は、非常に早いスピードで泳ぐため、遠方を見る必要があり、水晶体を後方に動かして視点を調整し、潮の流れや干満、水温、獲物や危険を感知しながら進路を選択する。膨大な数の個体を含む魚群が、猛スピードで上下左右、時に逆向きに急転回する水中映像には驚かされる。こうした魚の特性から、「魚の目」は流れを読む、先を読むという比喩で使われることがある。

ヘリコプターから見える景色は「鳥の目」から見る下界。遠目にはヘリコプター・マネーでデフレ脱却、財政再建、経済再生につながるように思えても、「虫の目」で地上を見ると別世界である。

賃金が物価と同じペース以上のスピードで上昇しないと、結局、国民という「虫」は貧乏になって購買力を失い、デフレ脱却に逆行する。過去債務を帳消しにし、財源調達を容易にすれば、政府という「虫」は一層放漫になり、結果的に財政再建に逆行する。日銀の信用が失墜すれば、通貨暴落、物価高騰、金利高騰につながりかねず、そうなれば企業という「虫」はパニック状態だ。

先を見通す「魚の目」の観点から、中長期的に良い結果をもたらすのであれば一時的混乱は甘受すべきという主張もあるだろうが、それは誰も保障できない。

いずれにしても、ヘリコプターである日銀自身が墜落しては元も子もない。日銀が墜落する時は、日本経済全体に被害をもたらす。

ヘリコプターはメインローターの回転反動で機体に逆回転力（逆トルク）がかかるため、機体を安定させるテールローター（逆回転方向の動きを止めて安定化させるための空気流を生み出す後部ローター）が必要である。テールローターがないと機体がグルグル回転し、墜落する。

合議によって政策の安定性を担う政策決定会合の議決権を有する審議委員の人事が恣意的に行われたり、政策決定会合での自由な議論が妨げられるようでは、ヘリコプターのテールローターがないも同然である。ダウンウォッシュ（垂直揚力による下降気流）が巻き上げる砂塵で視界が遮られる「ブラウンアウト」によって、パイロットが空間識失調を起こすことがある。自由で論理的な議論が行われないようでは、日銀は「ブラウンアウト」状態と言える。政策決定会合の直前は「ブラックアウト」と称して幹部発言やマスコミ取材ができないルールになっているが、日銀自身は「ブラウンアウト」状態である。

異次元緩和の理論的支援をしていた経済学者浜田宏一（一九三六年～）は、最近では日銀の金融政策が限界に達していることを公言している。そして、次は「シムズ理論」だと言い始めている。ジョージ・ソロスに薦められたそうだ。「シムズ理論」とは、二〇一一年ノーベル経済学賞受賞者であるクリストファー・シムズ（一九四二年～）の主張している内容である。

シムズは二〇一六年八月、主要国政策関係者が集った会議(ジャクソンホール会議)[35]で講演。ゼロ金利の下での金融政策の限界とインフレ目標とリンクさせた財政拡大を推奨した。シムズの主張を要約すると以下のとおりである。

日本は金融緩和によってデフレ脱却、経済の好循環を目指してきたが、利下げ余地のないゼロ金利の下では金融政策は効果を失っている。そのため、政府債務を増税ではなくインフレで相殺すると宣言し、人々のインフレ期待を高め、財政拡大で物価上昇率二%を目指すべき。具体的には、二%のインフレ目標達成まで、消費増税を延期すること、および基礎的財政収支(プライマリーバランス)改善目標も凍結することを宣言すべき。ゼロ金利の下では、日銀はインフレ目標達成の責任を担う必要はない。財政政策によってインフレ期待に働きかけるべきである。

以上の考え方は「FTPL(Fiscal Theory of the Price Level、物価水準の財政理論)」と呼ばれている。驚愕の内容だが、要するに「インフレ課税」推奨論。「シムズ理論(果たして理論と呼べる内容か疑問だが)」の論点はいくつもある。

日銀は目標達成後に再び金利を上昇させればよいと述べているが、すでに国債発行残高も日銀の国債保有残高も膨大。金利上昇は財政破綻や日銀の損失につながる。目標達成後に通常の金融政策に戻るパス(経路)、つまり「出口戦略」には言及していない。「シムズ理論」でも「出口戦略」はブラックボックスである。

また、インフレ目標とリンクさせた財政拡大は、年金等の社会保障の持続性に対する不安を軽減できると述べている。インフレに伴って実質ベースの年金給付等の維持が図られればよいが、財政的観点から逆に実質ベースの引下げが予想される状況。そうなれば、将来不安はむしろ高まる。

増税による社会保障充実はむしろ将来不安を高めているとも指摘している。そうであれば、歳出改革によって不要不急の財政支出を社会保障に振り向ける方が合理的だ。

「リカード効果（リカードの等価定理、リカーディアン均衡）」にも言及。デヴィッド・リカードは英国の経済学者であり、「リカード効果」とは「財政支出の効果は将来の増税予測によって相殺される」というものである。シムズは、現在は相殺どころか、それ以上の増税を予測する「ハイパー・リカード状態」にあるため、消費増税延期等の宣言によってインフレ期待を高め、それを払拭することが必要と主張している。

しかし、日本はすでにインフレ期待を高めることを企図して異次元緩和と財政拡大を行ってきた。今以上に「異次元」で「異常」なことをやれば、今度は成功するという程度のことを言っているようにしか聞こえない。要するに、今まで以上の拡大的財政金融政策をやるにすぎないという意味において、「シムズ理論」は従来の「ケインズ理論」の域を脱していない。

「シムズ理論」的な政策を実行すると、政府と日銀の信用が低下し、長期金利は制御不能となり、市場が危機的状況に陥る可能性がある。

「シムズ理論」は、単に消費税増税再々延期の口実に使われるだけのような気もする。そもそも、インフレが経済の好循環を生み出すメカニズムは理論的に証明されていない。黒田も国会で「それを証明する理論はない」という趣旨の答弁をしている。また、シムズは「デフレが悪であることを理論的に説明することは難しい」と述べている。

にもかかわらず、今以上に「異次元」で「異常」なことをやれば、今度は成功するかもしれないという主張は、説得力に欠ける。

中央銀行の独立性

金融政策を担う各国中央銀行の設立経緯や歴史、国における位置づけ、政策目的は区々である。世界で最も古い中央銀行は一六六八年に設立されたスウェーデンのリクスバンク。しかし、近代的な中央銀行の原型は英国のＢＯＥ(イングランド銀行)である。

ＢＯＥは一六九四年設立。フランスとの戦争の戦費調達目的で設立された「政府の銀行」であったが、当時、銀行券は複数の民間銀行が独自に発行していた。英国は一八世紀に南海泡沫事件によるバブルを経験し、一九世紀初頭には金融恐慌が頻発。多くの銀行が破綻し、銀行券が無価値になる金融危機に見舞われた。一八四四年、政府は銀行条例(ピール条例)を制定。銀行券の発行はＢＯＥに限定され、民間銀行による銀行券発行は禁止された。近代的な中央銀行の誕生である。

フランス銀行は一八〇〇年に設立された。その前身は一七一六年にジョン・ロー(一六七一〜一七二九年)が設立したバンク・ジェネラール、および同行が発展するかたちで一七一八年に設立されたフランス初の中央銀行バンク・ロワイヤルである。戦費等の出費が嵩み、財源不足に直面していた王家に対し、ローはフランス領ルイジアナにおけるミシシッピ開発計画をもちかけた。ローは、中央銀行総裁、財務大臣、ミシシッピ会社総裁を兼務し、架空のミシシッピ開発の進捗を喧伝。投機とバブルを誘発し、その継続を中央銀行の金融緩和で下支えし、国のファイナンスも中央銀行とミシシッピ会社が担うという詐欺的構図であった。ミシシッピ開発計画は破綻し、ローは逃亡。この混乱がフランス革命の遠因になるとともに、フランス銀行の設立にもつながった。

このようにＢＯＥやフランス銀行の誕生は自然発生的、必然的な面が強いのに対し、一八八二年設立のＢ

ＯＪや一九一三年設立のＦＲＢは当初から中央銀行として政策的に設立された。

ＢＯＪは廃止された民間銀行（三井銀行）の為替方を母体に開業。太平洋戦争開戦の翌一九四二年、旧日銀法が改正され、戦時体制下の法目的を明記した。[36] 最近まで戦時規定的内容を明記していた中央銀行法は珍しい。

一九九七年、旧法を全面的に改めた改正日銀法が成立、翌一九九八年に新法施行。新法では「中央銀行の独立性」が高まったが、以後、その適否について国会や学会で論争が続いている。

「中央銀行の独立性」とは、銀行券を発行できる中央銀行が政府の「打ち出の小槌」にならないように生み出された先進国の知恵である。中央銀行に対する政府の介入を制限し、強引に金融政策の変更させることを抑止するための制度的な慣行である。逆に言えば、中央銀行は自ら適切に金融政策を運営し、その職責を果たすことが求められる。

「中央銀行の独立性」は、安易な金融緩和や財政ファイナンス、その結果としてのインフレなどを抑止するために有益というのが従来の常識的理解である。従来の常識的理解とは、常にインフレ傾向にあった一九八〇年代以前の日本などの主要国における認識を指している。

一方、「中央銀行の独立性」が弊害となってハイパーインフレとなった事例もある。第一次世界大戦後のドイツである。当時のドイツの中央銀行はライヒスバンク（一八七六年設立）。政府からの独立性が強く、総裁は終身制。首相には任命権はあっても罷免権はなく、国会は総裁人事に関与できなかった。ライヒスバンクは民間企業の手形割引を濫発。大増発となった通貨（パピエルマルク）によって一兆倍のハイパーインフレが発生。経済は壊滅的状況になった。政府はハイパーインフレ抑制のために総裁ルドルフ・ハーヴェンシュタイン（一八五七〜一九二三年）の罷免を画策したものの、終身制のために頓挫。しかし、一九二三年、ハーヴェンシュタインが急逝。その直後、ダルムシュタット銀行およびドイツ国家銀行頭取ヒャルマル・シャハト（一八七七〜一九七〇年）の尽力によってレンテン銀行が設立され、土地を担保とする新通貨レンテンマルクを発行。インフレは収束し、シャハトはライヒスバンク総裁に就任した。

戦後のドイツ（旧西ドイツ）の中央銀行はブンデスバンク。ライヒスバンク時代のハイパーインフレの経験から、「通貨価値の保持」「インフレ対策」を最優先とする組織的な体質、伝統が定着していた。

ブンデスバンクの影響を強く受けているＥＣＢ。当初は「通貨価値の保持」「インフレ対策」を重んじる傾向が強かったものの、最近の欧州財政危機や世界経済の構造変化を受けて、徐々にそのスタンスが変わりつつある。

一方、米国ＦＲＢの政策目的は「物価の安定」と「雇用の最大化」。一九三〇年代の大恐慌で二五％に及ぶ高失業率を経験したことから、「雇用の最大化」を目標に掲げている。

一九九八年に施行された新日銀法の日銀。「物価の安定」と「金融システムの安定」の二つを政策目的としている。「金融システムの安定」が政策目的に掲げられたことには、日銀法改正がバブル崩壊後の金融危機（大手金融機関、証券会社の相次ぐ倒産等）の真っ直中で行われたことも影響している。

このように、中央銀行の設立の経緯、体質と傾向、政策目的などは、時代背景や国の事情によって意外にも幅が広い。

そうした中、ＱＥの元祖日本において気になる状況が起きつつある。日銀総裁が次のように発言している。

曰く「政治との距離感というのは十分認識していかなければならないが、他方で、政治情勢、あるいは政治家を通じて得られる国民の声というものも十分に聞いていかなければならないと思っている」[37]（就任前の三月四日衆議院議院運営委員会）。聞きようによっては、政治家からの要求に対しては融通無碍、弾力的に対応するとも聞こえる。

「中央銀行の独立性」に理論的根拠があるとは言えない。しかし、過去の経験に基づいて構築された価値観であり、政策制度的枠組みを根拠なく放棄することも危険である。中央銀行による財政ファイナンスによって財政規律が弛緩した場合には、結果的に中央銀行の信用も毀損し、中央銀行制度自身が崩壊する。従来の方向に固執し、さらに異常な金融緩和を続けることは、限りなく財政ファイナンスに近い状態に接近。財政規律の弛緩と中央銀行の機能不全を極度に高める。

非伝統的金融政策の類型上、現在よりもさらに非伝統的な手段は「政府紙幣」である。次に選択肢となるのは「政府紙幣」だろう。しかし、政府が求める超金融緩和に対応し、国債を政府の言いなりに日銀が購入している現状は、国債がすでに「政府紙幣」化しているとも整理できる。「政府紙幣」の先にあるのは中央銀行の再構築。つまり、極度のインフレや中央銀行の信用失墜によって、通貨制度や通貨単位を新たに作り直す段階に入る。ＢＯＪは「賢明な後退」「正常化」も選択肢であることを忘れてはならない。

デフレは本当に悪いことか。いまさらながら、この常識も疑ってかかる必要がある。過去においてはインフレが悪であった。政策論の対立は、このように流動的で正解がない。「対立の迷路」とはそういうことである。現に政策目標を達成できていない中、「同調の悲劇」によって「独善主義《ドグマ》」に陥っていないか、相当頭を柔らかくして自問自答することが必要である。

デフレの原因を需要不足と考えれば財政政策で、マネーサプライ不足と考えれば金融政策で対応することにも一理ある。しかし、原因が技術革新ということもある。そうであれば、必ずしもデフレが悪いこととは断定できない。

ビットコイン等の技術革新、金融市場や経済メカニズムの変革に伴い、金融政策の役割も存在も大きく変わるかもしれない。そもそも、中央銀行制度そのものが、金融資本主義、金融緩和依存のインセンティブを抱えている。それが今日までのバブルの繰り返しの背景であるとすれば、中央銀行制度そのものの見直しも必要かもしれない。

金融政策は潜在成長率を押し上げるものでなく、イノベーションや改革を促す産業政策が重要である。金融緩和を適度な水準にとどめ、多少時間がかかっても、地に足のついた産業政策を行うことで、将来世代に過度な負担と過酷な状況を残さない途を選択すべきである。だからこそ、景気低迷下の米国もいち早く方向転換。経済に不安を抱える中国ですら「量的緩和」「マイナス金利」等の非伝統的金融政策には逡巡している。

それにしても、日本の異次元緩和はどこか第4章で紹介した『ホラ吹き男爵』の物語を彷彿とさせる。ミュンヒハウゼン男爵は、沼地に落ちた自分の髪を自分で引っ張って抜け出したと自慢する。第5章で取り上げたエシュロンの「錯視」や「滝」の作品を想起させる。

経済の世界でも認知バイアス、正常化バイアスは働く。何を根拠に異次元緩和の継続が大丈夫というのだろうか。深刻な状況に直面してから事態に気づくことになるかもしれない。

しかし、逆もまた真なり。何を根拠に有効ではないと主張するかについても、熟考することが必要だろう。「対立の迷路」を抜け出す努力が重要であり、異次元緩和に賛成の立場も、反対の立場も、熟議の努力を回避し、「同調の悲劇」に陥らないことが重要である。

賛否両論あるにせよ、目の前の現実には目を向ける必要がある。中道的なアプローチ、目の前の現実に目を向けることが重要である。

(1)―Carl Benedikt Frey and Michael A. Osborne (2013), “The Future of Employment : How Susceptible Are Jobs to Computerisation? ”, September 17, 2013. 〈㉞〉

(2)―「日本の労働人口の四九%が人工知能やロボット等で代替可能に～六〇一種の職業ごとに、コンピュータ技術による代替確率を試算～」野村総合研究所(二〇一五年一二月二日)〈㉟〉

(3)―「日本の針路 大塚耕平のスピークアウト」『Fuji Sankei Business i (フジサンケイビジネスアイ)』(二〇一六年一〇月一三日)。

(4)―「ホーキング博士「人工知能の進化は人類の終焉を意味する」」 Huffpost, 2014. 12. 4. 〈㊱〉

(5)―Rory Cellan-Jones (2014), “Stephen Howking warns artificial intelligence could end mankind.” 2014. 12. 2. EBC 〈㊲〉, Stephen Hawking et al. (2014), “Stephen Hawking : ‘Transcendence looks at the implications of artificial intelligence - but are we taking AL seriously enough?,” 2014. 5. 1. Independent 〈㊳〉

(6)―この発言はマサチューセッツ工科大学航空宇宙工学科一〇〇周年記念イベントで行われた。“2014 Centennial Symposium”, Massachusetts Institute of Technology 〈㊴〉、「ホーキング博士「人工知能の進化は人類の終焉を意味する」」 Huffpost, 2014. 12. 4. 〈㊵〉、Matt McFarland,“ Elon Musk : ‘With artificial intelligence we are summoning the demon’ ”, 2014.10.24. The Washington Post website 〈㊶〉、“One-on-one with Elon Musk”, Massachusetts Institute of Technology. 〈㊷〉

(7)―ジャック・アタリ「時代の風」『毎日新聞』(二〇一二年七月一日)。

(8)―ガルリ・カスパロフ(ロシア)。

(9)―井上博(日本)。

(10)——村上健(日本)。

(11)——李昌鎬(韓国)。

(12)——サイバー攻撃はＤｏＳ攻撃(Denial of Service attack)と言われ、サーバー等のネットワーク構成機器に対して攻撃を行い、サービス機能を妨害する。攻撃元を秘匿すること、効率的に攻撃を行うことを目的に、第三者のサーバー等(通称「踏み台」「ゾンビ」)を経由して複数ルートから攻撃を行うのが一般的であることから、ＤＤｏＳ(Distributed DoS)攻撃(分散型攻撃)とも呼ばれる。

(13)——Medius Research, "China, Cyber Espionage and U.S.National Security", 5 July, 2010, Docshare04 〈㊸〉, "Medius Research : Report Says Chinese Military Likely Behaind Cyber Espionage and Attacks", PR Newswire, 6 July, 2010.

(14)——二〇一四年時点の物品売買等における電子決済(クレジットカード、デビッドカード、プリペイドカード等)比率は、韓国七三%、カナダ六八%、豪州六三%、中国五五%、米国四一%、ロシア二一%、日本一七%、インド五%となっており、先進国の中では日本の後進性が著しい(二〇一六年二月一〇日開催「Visa Worldwide Japan」資料)。

(15)——Javelin Strategy & Research, Gang of Four (and Possibly Five) Apple, Google, Facebook, Amazon and Paypal, March 2012. 〈㊹〉富田秀継「ポストＰＣ時代、金融を担うのはアップルら『ギャング・オブ・フォー』」ZDNet Japan (二〇一二年三月九日)。〈㊺〉

(16)——"A Smart Financial Centre", Keynote Address by Mr.Ravi Menon, Managing Director, Monetary Authority of Singapore, at Global Technology Law Conference 2015 on 29 June 2015, Monetary Authority of Singapore 〈㊻〉、松原義明「諸外国におけるFintech推進の取り組み――"オタクが地球を我が物とするだろう?"テクノロジーが重視される時代の政府とスタートアップの関わり方」富士通総研(二〇一五年九月一六日)。〈㊼〉

(17)——アームプロセッサーの使用ライセンス料はプロセッサー一個ごとに数円から数十円程度。二〇一五年第三期のアーム社売上高は九億六八三〇万ポンド(約一三五〇億円)にすぎないが、売上高営業利益率は五〇%超、同純利益率が三五%の超高収益企業である。

(18)——筆者は「3・11」の際に厚生労働副大臣を務めており、この節の詳細については拙著(二〇一二)『3・11大震災と厚労省——放射性物質の影響と暫定規制』(丸善出版)に詳しく記している。

(19)―この工場は放射性廃液を周辺のカラチャイ湖に投棄していたため、一九六七年、干ばつで湖底が干上がった際に放射性物質が大量に空中飛散する事故も発生。この事故も含めてウラル核惨事と称することもある。

(20)―現在マヤークには約一万五〇〇〇人が勤務し、使用済核兵器のリサイクル処理、原子力潜水艦、原子力砕氷船、原子力発電所の使用済核燃料の処理、原発建設資材や放射性物質(コバルト60、イリジウム192、炭素14等)の商業生産を行っているようである。

(21)―技術者養成のために英語での授業が行われているほか、市内には三つの大学(ウラル技術大学、音楽大学、オジョルスク工業大学)が設置されている。

(22)―奇しくもソ連最初の核実験(一九四九年八月二九日)と同日である。

(23)―クリチャコフの述懐は以下のインターネット上の資料に見られるものの、原典は確認できない。"Joseph Stalin", Nuclear File.org.〈48〉、東崎昭弘「アルマティ国際ワークショップ『原子核物理学と天体核物理学』セミパラチンスク核実験場閉鎖二〇年を迎えて」『素粒子論研究・電子版』一〇巻(二〇一一年一一月二五日)〈49〉。もっとも、核実験に関係していた他の科学者も同様の証言をしている。「もし失敗していたら、我々は銃殺されていただろう」(ヴァシーリー・エミリヤーノフ証言)デーヴィド・ホロウェイ(一九九六)川上洸/松本幸重訳(一九九七)『スターリンと原爆(下)』(大月書店)三一一頁、「私たちはみな、ベリヤの身振り一つで消される運命にあった」(アナトーリ・アレクサンドロフ証言)リチャード・ローズ(一九九五)小沢千重子/神沼二真訳(二〇〇一)『原爆から水爆へ―東西冷戦の知られざる内幕(上)』(紀伊國屋書店)二六一頁。ちなみに、上述の「ベリヤ」はスターリンの側近で原爆開発責任者を務めたラヴレンチー・ベリヤである。

(24)―IPCC(気候変動に関する政府間パネル)は二〇一一年五月九日にアブダビ(アラブ首長国連邦)で開催され、「再生可能エネルギー源と気候変動緩和に関する特別報告書」を発表した。同報告書は一六四の再生可能エネルギーに関するシナリオを比較しており、再生可能エネルギーの動向と今後の見通しに関する包括的な内容を提示している。IPCC(2011), "Summary for Policymakers. In: Renewable Energy Sources and Climate Change Mitigation", Cambridge University Press, 2011, pp.3-26.〈50〉

(25)―「テーパリング（Tapering）」の単語としての意味は「先細り」。気象分野でテーパリング・クラウドと言えば毛筆型またはニンジン型（逆三角形）の雨雲を指す。医療やリハビリの分野でも、薬剤服用量や運動量を漸減させることをテーパリングと言う。理髪の世界では髪の毛をすく、短くするとの意味もある。転じて、ＱＥに伴う資産購入額を「先細りさせていく」「少しずつ減らしていく」ことをテーパリングと表現した。

(26)―拙著（二〇〇四）『公共政策としてのマクロ経済政策』（成文堂）は中央銀行員としての筆者の実体験も踏まえ、中央銀行の金融政策の非科学性、公共選択論的な弊害を分析対象としている。

(27)―マイナス金利導入に至る経緯は以下のとおりである。二〇一三年四月四日、二年間でマネタリーベースを二倍にすることでＣＰＩ（消費者物価上昇率〈除く生鮮食品〉）上昇率二％を実現することを柱とする「量的・質的金融緩和」を決定。その際、マネタリーベースを年間約六〇～七〇兆円増加させるとともに、長期国債を年間約五〇兆円買い増し、平均残存期間七年程度を目指すことも決定した。二〇一四年一〇月三一日、所期の効果があがらない中で、マネタリーベースの年間増加額、長期国債の年間買い増し額を八〇兆円に増額すること決定。平均残存期間も七～一〇年程度を目指すこととした。二〇一五年一二月一八日、平均残存期間の目標を一六年度以降は七～一二年程度に延長することを決定。二〇一六年一月二九日、引き続き所期の効果があがらないため、マイナス金利を導入することを決定し、「マイナス金利つき量的・質的金融緩和」を開始した。その後、二〇一六年七月二九日、英国のＥＵ離脱決定、新興国経済の減速対策を理由にして、ドル資金供与強化、ＥＴＦ購入額増額等を決定している。

(28)―二〇一六年九月二一日に行われた過去約四年間の金融政策の「総括的検証」の一環である。ＹＣＣ導入に伴い、二年の目標、および残存期間目標を撤廃した。その後も長期金利が日銀の目標水準を下回ったことから九月三〇日に一〇月中の国債購入額の減額方針を発表した。

(29)―Krugman, P., Eggertsson, G. B., “Debt, Deleveraging, and the Liquidity Trap, A Fisher-Minsky-Koo approach”, For whatever reason, there is a sudden downward revision of acceptable debt levels-a “Minsky moment”.

(30)―二〇一四年二月二二日～二三日に豪州シドニーで開催されたG20コミュニケ第4パラグラフ。

(31)―二〇一二年一月一〇日、アジアリサーチセンター・ＳＴＩＣＥＲＤ共催によるLondon School of Economics and

Political Scienceにおける講演「デレバレッッジと経済成長—先進国は日本が過去に歩んだ『長く曲がりくねった道』を辿っていくのか」。

(32)—二〇一七年七月末現在金融機関の預金残高(日本銀行の取引先金融機関合計)。

(33)—二〇一七年六月末の海外保有を除く国債・地方債等の国内保有残高残高(日本銀行資金循環統計)。

(34)—日本の家計貯蓄率(内閣府『経済白書』)は一九七四年および一九七六年に二三・二%のピークをつけた後、漸次低下。一九九六年に一〇%を切り、二〇一三年には初めて〇%を下回り、二〇一四年にマイナス〇・八%となった。一九九四年以降のデータが公開されているOECD最新統計(二〇〇八基準SNA)でも同様の傾向を示している。二〇一五年は両統計とも〇・三%となっている。

(35)—毎年八月後半に米国ワイオミング州のジャクソンホール(Jackson Hole)でカンザスシティ連邦準備銀行が主催する経済政策シンポジウム。世界各国から中央銀行総裁・政治家・学者・エコノミストが参加するため、この会議での発言および合意内容は金融市場から注目されている。

(36)—旧日銀法には「国家経済総力ノ適切ナル発揮ヲ図ルタメノ国家ノ政策ニ即シ通貨ノ調節、金融ノ調節及ビ信用制度ノ保持育成ニ任ズル」、「専ラ国家目的ノ達成ヲ使命トシテ運営セラシムル」と明記された。

(37)—就任前の二〇一三年三月四日の衆議院議院運営委員会における発言。

第7章　人間の宿命

古代ソクラテスから現代のアマルティア・センに至るまで、哲学者は「正しい」ことや「正義」は定義できないとしている。だからこそ議論を重ねることの重要性を指摘している。しかし、人間は常に議論を破壊する誘惑にかられる。不確かな「正義」によって「対立の迷路」に迷い込み、根拠のない「正論」「極論」「信念論」によって「同調の悲劇」に陥る。誘惑を制御するためには、「中道」に基づく「肯定の論理学」が議論の作法であり、人間が身につけるべき思考方法、思考論理、思考力であることについて、共通認識を持たなくてはならない。結局、「正しい」とは何か、「正義」とは何か、を追求していくことは、「人間」とは何か、を問うことにほかならない。

「正しい」とは曖昧なものである。絶対に「正しい」ことは存在しない。「正しい」と思う意見を主張し合うと対立が生じる。立場によって「正しい」意見が異なるために対立が生じる。「正義」とは怪しげなものである。人間は「正義」を掲げて戦争をする。対立する者同士が「正義」を主張する場合、どちらの「正義」が「正義」なのか。

人間の本質的な矛盾や限界と向き合わない限り、対立を緩和することはできない。人間が人間である限り、対立を根絶することは不可能である。それでも、対立と向き合い、平和と豊かさを追求する努力を止めてはならない。しかし、平和とは何か、豊かさとは何かということも一様ではない。平和と豊かさの定義にも、「正しい」とは何か、「正義」とは何かという問題がつきまとう。

人間に課された難問である。難問を難問と捉えることなく、自分が「正しい」と考える意見、自分の信じる「正義」を主張し、強要することによって対立や悲劇が生じる。人間は常に自己矛盾、論理矛盾の渦中にある。それに気づかない限り、「対立の迷路」と「同調の悲劇」を回避できない。

政策に対立や論争はつきものだ。「対立の迷路」から抜け出し、「同調の悲劇」を招かないためには、事実に基づく議論を行うことが重要である。しかし、何が事実かを認定し、共有する知的作業にも「対立の迷路」と「同調の悲劇」が忍び寄る。

人間は地球上で最も愚かで有害な生物である。それを自覚することが、人間が直面する様々な困難を乗り越える鍵である。何が「正しい」かを深く洞察することなく、「正義」を振りかざして対立し、「空気」に流されて同調する。「対立の迷路」と「同調の悲劇」は悲惨な結果を生み出す。

議論の重要性

ソフィスト

「なかったことを証明すること」は「悪魔の証明」と表現されることがあるが、語源的には正確ではない。「悪魔の証明は」は中世ヨーロッパの法学論争において、土地の所有権の証明に関する考察の中で誕生した概念である。

ある物の所有権を複数の人間が主張する場合、対立相手の主張を否認し、自分の所有権を証明するとともに、自分が所有権を譲り受けた前の所有者の所有権の証明を求められる。前の所有者の所有権を証明すると、今度は前の前の所有者の所有権、その次は前の前の前の所有者の所有権と、「無限証明」を求められるため、それは不可能だということから「悪魔の証明」と言われた。

これは第4章で取り上げた「ミュンヒハウゼンのトリレンマ」と類似する。「ミュンヒハウゼンのトリレンマ」は論理学の定理のひとつ。「Aが正しいことを示す根拠はB、Bの根拠はC、Cの根拠はD、Dの根拠はE」という具合に根拠の追求は終わることがなく、Aが嘘でないことを絶対的には証明できないことを示唆している。時として「Dの根拠はA」と最初に戻ることは循環論法と言う。

ミュンヒハウゼンは一八世紀ドイツの男爵。話好きの男爵は作り話も交えながら自分の体験談を来客に話して楽しませた。話があまりにも面白いので、それをまとめた『ホラ吹き男爵の冒険』が一七八一年のベルリンで出版された。著者は不明である。その中には、底なし沼に落ちた男爵が自分で自分の髪を引っ張り上げて脱出したエピソードもあり、不可能を可能とする矛盾を語っている。

こうした議論術を整理することは、ディベートの構造やスキルについての頭の体操になる。そもそもディベートの発端は古代ギリシャに遡る。対立する意見を論じ合うことで、結論を出すための民主主義的手法として生み出された。

その手法は二つに大別される。ひとつは、ソクラテス等の哲学者によって担われた「問答法」「弁証法」。もうひとつは、ソフィスト達によって推奨された「弁論術」「論争術」。この二つは何が違うのかが問題である。それを整理するうえで、ソフィストについて説明しておきたい。

ソフィストは人名ではなく職業名である。金銭を受け取ってディベートのテクニックを教授した言わばインストラクター。原語は「教えてくれる人」を意味する。「問答法」「弁証法」に重きを置く哲学者はソフィストが流布する「弁論術」「論争術」を批判した。それはそうだろう。単なるテクニックであり、民主主義を深め、進化させるものではないからだ。むしろ、民主主義を劣化させることを懸念した。

批判の対象となった「弁論術」は「修辞学」「雄弁術」とも言う。発言や演説を魅力的、説得的に見せるため、身振りや発声方法等も重視。言語、文脈、演技等の総体としてのスキルを説く。「論争術」のギリシャ語の語源は「エリス」。不和、争い、口論等を意味する。語源から明らかなように、建設的なディベート術ではない。「論争術」は「詭弁」とほぼ同義に扱われた。

「詭弁」は意図的に誤りである論理展開を用いて議論すること、それによって導き出された結論、あるいはその論理過程そのものを指す。「詭弁」の背景には発言者の「欺く意志」があり、意図的でない「誤謬」等とは区別される。「詭弁」は発言者の不誠実さが前提である。

弁証法

では、哲学者が担った「問答法」「弁証法」とはどのようなものか。「問答法」は「ソクラテス式問答法」とも言われる。対立する意見を戦わせ、弁論を行い、その過程で自説の補強と修正、相手の矛盾の指摘等を行う。普通の議論と同じように思えるかもしれないが、二つの重要な要素がある。議論を噛み合わせること、どちらか一方が絶対的に正しいという前提に立たないことだ。

「弁証法」は、アリストテレスの述懐によってゼノンが創始したと伝わる。相手の意見や主張に質問を投げかけ、それに対する回答にまた質問を投げかけ、それを繰り返すことで妥当な結論や真理に到達しようとする。これも普通の議論と同じように思えるが、やはり二つの重要な要素がある。質問には真摯に回答すること、質問は論理的であることだ。

プラトンは「弁証法」のことを「対話」「質疑応答」「問答」とも評している。つまり、真摯かつ正直に対話すれば、妥当な結論や真理に接近できると考えた。

余談だが、「弁証法」を創始したゼノンの珍問答はよく知られている。例えば「アキレスと亀」。足の遅い亀が足の速いアキレスの前にいる場合、アキレスは亀に永久に追いつけない。如何に足が遅くとも、瞬間ごとに少しは前に進むので、結局アキレスは追いつけないのではないかという思考トレーニングである。

もうひとつは「静止する矢」。飛んでいる矢も瞬間毎にはある一点に静止している。瞬間から瞬間の間に移動する時間はないので、結局、飛んでいる矢は常に静止しているのではないかという思考トレーニングである。

対立する議論が建設的な結論に至るには、二項対立と二律背反の違いも認識しておく必要がある。二項対立は、白と黒、水と油、男と女等々の相対立する概念を指す論理学の用語。どちらか一方を正しいと結論づけようとすれば議論は収斂しないが、中間領域を認め、譲歩し合うことによって一定の結論が得られる。二律背反は、両立し得ないふたつの命題のことを指す論理学の用語。両立しないのだから、両立させる結論は存在しない。どちらか一方が間違っている場合や非論理的な場合には二律背反とは言わない。どちらも正しいが両立しない場合が二律背反である。

二項対立に終始し、中間領域の結論や合意に至ろうとしない場合の民主主義は混乱と対立が深まる。日本の民主主義はその傾向がある。

二律背反に関しては、「正しい」ことを証明する事実を確認し、共有する必要がある。議論において、意見の違い、意見の対立があるのは当然のことだ。しかし、議論が建設的な結論や妥当な落とし所を得るためには、客観的な事実を共有することが重要となる。客観的な事実として提示された証拠に対しては、ソフィストの推奨する「弁論術」や「論争術」ではぐらかそうとすれば、妥当な落とし所には到達しない。それでは事実を共有できず、事実か否かをめぐって不毛な議論が続く。

そうした展開に陥るのも日本社会の特徴である。間違いを認めない日本人的体質、とくに公共政策における日本の官僚の「無謬性」を想起させる。一度答弁したら、それを否定する客観的事実が出てきても、白い物も黒いと言い続ける厚顔無恥な「無謬性」である。政治が人事権をちらつかせてそれを官僚に強要するようでは悲劇的だが、それに阿《おもね》る官僚にも驚愕する。

ソクラテスもプラトンも腰を抜かして言うだろう。「二五〇〇年も経ったのに、民主主義は進歩するどころか、ここまで劣化したのか」。

「嘘には三つある。軽い嘘はただの嘘。重い嘘は真っ赤な嘘。最も罪の重い嘘は政府の嘘」。英国の名宰相、ベンジャミン・ディズレーリの名言である。「あった」ことを「なかった」などと強弁することなく、生産的な議論が行われることを期待したい。対立を乗り越えるうえで、政府が嘘を言ってはならない。

民主主義のルーツ、古代ギリシャ。最初はうまく機能したが、やがて政治的権力を維持獲得するためにデマゴーク（扇動政治家）が登場。ソフィストから詭弁術を教示されたデマゴークは自信たっぷりの雄弁を用いて人々を騙し、議会を無力化していった。デマゴークはポピュリズムにつながり、ギリシャは衰退した。デマゴークやポピュリズムについては、第4章で取り上げている。

第5章で述べたように、ソクラテスからアマルティア・センに至るまで、「正しい」とは何か、「正義」とは何か、「公正」とは何か、という問いには回答が出ていない。

ソクラテスは「正義」を「熟慮および検討の結果として最善と思える考え」と定義した。社会は多数の人間で構成されている。全員の意見が一意することはない。熟慮および検討には議論が必要である。議論の結果としての合意が「正義」であり、議論を超越した絶対的な「正義」は存在しない。

センは、絶対的に「正しい」ことなど現実には存在し得ないのだから、特定の「正義」に正当性を与えることはできないと断じている。そして、絶対的に「正しい」ことを決めることができないとしても、様々な価値や意見を最大限客観的に比較することで、相対的に「正しい」こと、相対的な「正義」を追求することが可能としている。

この偉大な先人たちの教示に従えば、徹底的な議論をすることが、より合理的で論理的な「正しい」ことや

「正義」に接近する唯一の道である。そして議論をする際には、人間が「合理的な愚か者」であるという自覚が不可欠である。議論の際の「中道」の作法と言ってもよい。その自覚なき議論、作法を伴わない議論は、「対立の迷路」と「同調の悲劇」を回避できない。

議論は知的作業である。楽なものではない。議論は民主主義を支えるが、知的作業を放棄した雄弁は民主主義とは異質なものだ。「弁論術」や「論争術」による民主主義には抑制的であるべきであり、「弁証法」的な知的作業を行うべきである。「弁証法」的な知的作業を行う際にも、「中道」の作法が求められる。

論理的な間違い

しかし、人間は「弁証法」的な知的作業、「中道」の作法が苦手であるが故に、何度も「対立の迷路」に分け入り、「同調の悲劇」を繰り返してきた。地球上で最も愚かで有害な生物であるが故に、「合理的な愚か者」であるという自覚がないまま、議論とは呼べない議論に自己満足し、非生産的で破壊的な行為を繰り返している。

議論のスキルはコミュニケーション能力とも関係がある。意図的に議論を嚙み合わないようにしている場合はどうしようもないが、無意識のうちに、あるいは議論で追い込まれないために本能的に嚙み合わない議論に終始している場合も少なくない。

コミュニケーション戦略を専門とする米国ウェストミンスター大学(ユタ州ソルトレイクシティ)のカーティス・ニューボウルド准教授が興味深いサイトを運営している。サイト名は「The VCG (Visual Communication Guy)」。リード文は「魂を活性化するコミュニケーションの知恵(Communication Wisdom to Boost Your Soul)」。そこには「論理的な間違い集(The Logical Fallacies Collection)」として、議論における三〇の人格または思考パターンが整理されている。

なかなか愉快な内容である。この際、いくつか紹介しておこう。パターン分けとそのタイトルは筆者の主観である。

「破壊的パターン」は、理論的主張をすることなく、もっぱら相手の人格を攻撃するケース。往々にして名前を連呼し、レッテル貼りをする攻撃的タイプ。また、誰もわからないことや不可解なことを武器に主張するタイプ。「宇宙人を見た人はいない。だから宇宙人は存在しない」という主張は典型例だ。

「我田引水パターン」は、自分しか体験していない経験や個人的事情を価値があるもののように大袈裟に訴えること、あるいは、多くの人が信じているという理由で、ある命題が正しいと結論づけることである。

「非論理的パターン」は、「昔からそうなのだから正しいはず」という考え方に固執するケース。議論の条件を勝手に解釈して、それを前提に話を進めようとする。時に、「存在しない」ことの証明を求める。上述の「悪魔の証明」である。

「感情的パターン」は、脅し文句を議論に持ち込むこと。「校則を守らない生徒は就職できませんよ」という教師の小言に合理的な根拠はない。また、特定のトピックについての知識不足を理由にすること。「そんなことも知らないでは議論ができない」と相手を揶揄する。さらには、「絶対に」「いつだって」「誰しもが」等の根拠のない修辞語を用いて声高に主張する。

「極端パターン」は、到底受け入れられない選択肢から結論を迫る。また、自分にとって都合の良いデータや事実だけを集め、それ以外の不都合なものを無視する。現実的な議論をするにはあらゆる可能性に気を配る必要がある場合でも、その努力を放棄し、いつも極端な立場をとる。

「陰湿パターン」は、重要な情報に触れないで、あえて誤解を誘う議論を行う。時に、相手にもっともらしく思わせるために統計を用いる。例えば「八四%の人が病院で死ぬ。長生きしたければ退院するべき」という奇妙な論理を展開する。

「意図的パターン」は、注意をそらすために議論のテーマを変える。また、抽象的な事柄をさも具体的なものとして扱う。さらには、ある事実から次の事実を連続的に導くことで、結果的に全く正しくない事実を導き出す。ごく少ないサンプルから一般論を導く。

「子供パターン」は、自分への批判に対して、議論と全く関係のない別の批判で反論する。

人間とは何か

ラッセル・アインシュタイン宣言

バートランド・ラッセル(一八七二〜一九七〇年)は英国の哲学者、論理学者、数学者、文学者であり、後半生は社会運動を活発に行った。英国首相を二度務めたジョン・ラッセルの孫であり、名づけ親は経済哲学者ジョン・スチュアート・ミルと言われている。一九五〇年にはノーベル文学賞を受賞した。(1)

初期のラッセルは英国哲学界の思潮としてグオルク・ヴィルヘルム・フリードリヒ・ヘーゲル(一七七〇〜一八三一年)の影響を強く受けていたが、二〇世紀に入ると独自の哲学を展開し始めた。ラッセルは、哲学は時代ごとの政治的、社会的情勢と密接に関係しており、哲学史は社会史と無関係ではあり得ないと考えた。

そうした哲学的傾向も影響したのか、ラッセルは第二次ボーア戦争(南アフリカのオランダ系ボーア人と英国の戦争)の頃から平和主義に傾倒し、第一次世界大戦を契機に平和論を展開するようになった。ラッセルは徹底的な非戦論を主張し、ケンブリッジの教授職を追われ、投獄された。

戦争に熱狂した民衆に驚き、平和のためには民衆の啓蒙と社会改革が必要と考えた。当時、フェビアン社会主義で有名なシドニー・ウェッブ（一八五九～一九四七年）を筆頭に多くの知識人がマルクス主義とソ連に好意的であったのに対し、ラッセルはその風潮とは一線を画した。社会主義に同調して労働党に入党したものの、教条主義的なマルクス主義とソ連に対して批判的であった。[2]

ところが、第二次世界大戦の際には反戦の態度が一変し、ナチズムに対抗するために徹底抗戦を主張した。ラッセルの非戦論から好戦論への転換は、ロマン・ロラン（一八六六～一九四四年）等から「変節」として厳しく批判された。ラッセルは批判に対して「世界でもっとも重んずべきは平和だと考えているという意味では、私は依然として平和主義者である。けれども、ヒトラーが栄えている限り、世界に平和が可能であるとは考えられないのだ[3]」と弁明している。

この時期、アルベルト・アインシュタイン（一八七九～一九五五年）もラッセルと同様に「変節」した。第一次世界大戦では反戦を主張し、青年に対して兵役拒否を勧めていたのに対し、第二次世界大戦では徹底抗戦を主張し、「もはや兵役拒否は許されない」と発言している。[4]

ラッセルやアインシュタインほどの哲学者や科学者のこうした「変節」こそが、「正しい」とは何か、「正義」とは何かを追求することの困難さを示している。「対立の迷路」を抜け出せず、「同調の悲劇」に陥り、敵対する相手を殺戮してでも平和を実現するという「ピース・パラドックス」の実例である。ナチズムの残虐行為と非道を目前にすれば、誰しもそうなったであろう。それが人間である。

第二次世界大戦後、ラッセルは世界政府樹立による平和の実現を目指した。一方、一九四〇年代末から一九五〇年代初にかけて、米国が開発した核兵器の抑止力によってソ連を押さえ込むことを構想。核抑止論を積極的に主張していた。これも人間である。

しかしその考えは、ソ連の核兵器開発成功、米国の水爆実験成功によって一変する。ラッセルは米ソ全面核戦争による世界の終末が現実味を帯びたと考え、核兵器廃絶運動に身を転じた。

一九五五年七月九日、核兵器廃絶への思いを共有したアインシュタインとともに「ラッセル・アインシュタイン宣言」を発表。ラッセルが起草し、アインシュタインを含む世界の第一線科学者一一人が署名した核兵器廃絶と核平和利用を訴える宣言文である。アインシュタインが署名を行ったのは死の一週間前、発表は死の三か月後。アインシュタインが人間社会に残した遺言状とも言える。署名した一一人のうち一〇人はノーベル賞を受賞しており、日本人の湯川秀樹（一九〇七～八一年）も署名した。[5]

ラッセルは英国の核政策にも反発し、核兵器全廃を訴える「一〇〇人委員会」を結成。一九六一年、同委員会による国防省前での抗議活動で逮捕され、二度目の投獄を甘受した。ベトナム戦争に対しても厳しい批判行動を展開。哲学者ジャン・ポール・サルトル（一九〇五～一九八一年）等とともに、米国のベトナム政策を糾弾する国際戦争犯罪法廷を開廷した。一九七〇年、九七歳で逝去する直前まで精力的に活動した。

「ラッセル・アインシュタイン宣言」は一九五七年のパグウォッシュ会議[6]につながった。核兵器全廃、戦争廃絶を訴える科学者による国際会議である。パグウォッシュ（カナダ）で開催され、一〇か国二二人の科学者が出席。日本からは湯川秀樹、朝永振一郎（一九〇六～七九年）等が参加した。

しかし翌年の第二回会議以降、核兵器に対する評価は変化し、核兵器全廃を訴えるラッセル等と核抑止論を展開するレオ・シラード（一八九八～一九六四年）等との対立が鮮鋭化。核保有国の政治的圧力も受け、一九六四年第一二回会議において「最小限抑止の原則は全面軍縮に至る最も有用な道である」とされた。この間、一九六一年のソ連の水爆実験再開に抗議する湯川、朝永等の声明がパグウォッシュ会議の創設者であるジョセフ・ロートブラット（一九〇八〜二〇〇五年）によって握りつぶされた。

ロートブラットはポーランド生まれの英国物理学者。当時、パグウォッシュ会議の会長でもあったロートブラットは、一九四四年、米国のマンハッタン計画（原爆開発計画）に参加したものの、ナチスドイツが原爆保有の意志がないことを知り、計画参加の条件としていた信頼が裏切られたとして計画から離脱して英国に帰国。一九九五年にはパグウォッシュ会議そのものとともにノーベル平和賞を受賞した。ロートブラットの屈折した経緯にも、人間の本質が垣間見える。

ちなみに、後に明らかになったことであるが、ソビエトは欧米の反戦運動に工作員を送り込んでおり、パグウォッシュ会議においてもソ連に関する批判は抑制あるいは握りつぶされるとともに米国および西側の批判が拡張されるという事態になっていた。米国におけるソビエト誘導の反戦活動の拠点となっていたのは米国平和評議会[7]であり、米国議会の諜報委員会においてこの組織と関係の深かった組織としてパグウォッシュ会議の名前が挙げられている。

床屋のパラドックス

ラッセルは多面的な顔を有していた。とくに論理学においてはアリストテレス以来の逸材と評され、その最も高名な業績は「ラッセルのパラドックス」として知られている。

ラッセルは一九世紀末から二〇世紀初にかけて、ドイツの哲学者・数学者・論理学者であるゴッドロープ・

フレーゲ（一八四八〜一九二五年）の研究に傾倒していた。フレーゲは、数学は論理に帰着し得る（論理主義）と考え、論理を証明するために数学を展開した著作『算術の基本法則』を出版した。一九〇一年、ラッセルは同著の体系からパラドックスを発見し、翌年、そのことを伝えるためにフレーゲに手紙を送った。その内容は、一九〇三年に出版されたフレーゲの同著第II巻の後書きに収録されている。後に、ラッセルが発見したパラドックスは「ラッセルのパラドックス」と呼ばれるようになった。

本書の対応可能な水準を超えているが、「ラッセルのパラドックス」は次のとおりである。結論的には、自分自身を要素として含まない集合全体の集合$\mathbf{R}=\{x \mid x \notin x\}$の存在から矛盾が導かれることを示している。最初に$\mathbf{R} \in \mathbf{R}$と仮定すると、Rの定義より、$\mathbf{R} \notin \mathbf{R}$となるから、これは不合理である。$\mathbf{R} \notin \mathbf{R}$となった結果にもかかわらず、Rの定義より$\mathbf{R} \in \mathbf{R}$となるからやはり不合理である。

数理的証明をわかりやすく解説する比喩として「床屋のパラドックス」というものがある。このパラドックスは、次のような内容である。

ある村に床屋が一人だけいる。この床屋は、自分で髭を剃らない村人全員の髭を剃り、それ以外の人の髭は剃らないと定義する。では、床屋自身の髭は誰が剃るのか。床屋が自分の髭を剃らなければ、床屋は「自分で髭を剃らない人」に属するので、床屋は自分自身の髭を自分で剃らなくてはいけなくなり、矛盾が生じる。結果的に床屋が自分の髭を剃るならば、「自分で髭を剃らない村人全員の髭を剃る」という最初の定義に矛盾する。したがって、やはり矛盾が生ずる。

わかりやすく解説されてもなおこのパラドックスは、本書の問題意識と関係している。これを平和的思考に置き換えてみたい。

ひとりの人間がいる。この人間だけが、平和的思考でない他の全ての人間を平和的思考に変える説得力（知識、論理力、説明力等）を持つ。では、そのひとりの人間が平和的思考でない場合には、誰がその人間を平和的思考に変えるのか。

これは、ラッセルやアインシュタインが平和的思考を貫徹できず、ナチスドイツと戦うことを推奨し、核兵器による抑止力を肯定したこととも関連がある。

「正しい」と「正義」に置き換えてみよう。

ひとりの人間がいる。この人間だけが、「正しい」考えを有しない他の全ての人間を「正しい」方向に導く説得力を持つ。では、そのひとりの人間が「正しい」考えを有しない場合には、誰がその人間を「正しい」方向に導くのか。

ひとりの人間がいる。この人間だけが、「正義」を理解しない他の全ての人間に「正義」を理解させる説得力を持つ。では、そのひとりの人間が「正義」を理解していない場合には、誰がその人間に「正義」を理解させるのか。

「床屋のパラドックス」のレトリックを援用したこの問答をとりあえず「正義のパラドックス」と命名しよう。最初のひとりの人間が、始めから平和的思考であり、「正しい」考えを有し、「正義」を理解していれば、「正義のパラドックス」は解決するとの回答が予想できる。

では、その最初のひとりの人間の平和的思考、「正しい」考え、「正義」の理解が、万人に共有される概念であるのか。それは誰が保証するのか。何が保証するのか。それが問題である。

パラドックスの原因、問題の本質は、自分だけ、あるいは一部の人間だけが特別だという初期設定である。

自分も、一部の人間も、ラッセルも、アインシュタインも、皆人間である。そして、人間は地球上で最も愚かで有害な生物である。誰しもその呪縛からは逃れられない。自分だけ、あるいは自分の考えだけが優れているという設定に矛盾の原因が潜んでいる。

第2章で取り上げた「嘘つきのパラドックス」「エピメニデスのパラドックス」と同じである。

ラッセルは著書『西洋哲学史』（一九四五年）の中で、古代ギリシャ以来の哲学者は「社会連帯を強めようとする人々」と「社会連帯を緩めようとする人々」に分かれてきたが、前者は何らかの独断論を擁護し、科学に敵対的にならざるを得ず、後者は合理的、功利主義的で、宗教の極端な諸形態に敵対的にならざるを得ないと分類した。こうした傾向を理解するためには、それぞれの哲学者が生きた時代の政治的、社会的環境を理解する必要があるとした。

つまり、哲学者は、自分の「正義論」に囚われ、それを主張し、他の人間にともに行動することを働きかけるタイプと、「正義論」の曖昧さを理解しつつも、それを追求することはせず、他の人間に働きかけることもなく、思索の世界を彷徨い続けるタイプに分かれる。筆者としては、ラッセルはそういう整理をしていたと受け止めている。

ラッセルの整理と筆者の理解に基づけば、実際の社会の関わり、「対立の迷路」と「同調の悲劇」を回避するために行動する人間は、その中間領域に位置する。その際の行動規範が「中道」である。そうした人間がどのようなタイプの人間であるかは特定できない。もともとは哲学者かもしれない。経済学者かもしれない。宗教家かもしれない。あるいは政治家かもしれない。

居酒屋談義で「ラッセルのパラドックス」を楽しむ時には、しばしば「その床屋は女性だった」という落ちも語られる。女性は髭が生えないという前提の落ちだが、厳密に言えば女性でも髭は生える。そうなると、髭の定義の問題かもしれない。

「床屋のパラドックス」を捻って、次のような珍問答も語られる。村には床屋が二人しかいない。一人は髪が整っており、もう一人の髪はボサボサである。どちらに散髪を頼むべきか。直感的には髪が整っている床屋に頼みたくなる。しかし、村には床屋が二人しかいないのだから、二人はお互いに散髪し合っている。したがって、髪の整っている床屋に頼むとボサボサの髪にされてしまう。故に、髪がボサボサの床屋に散髪を頼むべきである。

「ラッセルのパラドックス」と向き合っていると、クルト・ゲーデル（一九〇六〜七八年）の不完全性定理、チューリングマシンの停止問題、無限ループ等の問題も頭に浮かぶ。しかし、思索が止まらなくなるので、本書ではこれ以上は深入りしない。ちなみに、チューリングは第6章で登場したＡＩの定義を設定した「チューリングテスト」の発案者である。

深入りしないと言いながら付言すると、つまり、終わりがない、結論がないということである。無限ループは、コンピュータ・プログラムの一連の命令が無限に繰り返されることに端を発した言葉であり、永久ループともいう。もともとはコンピュータの専門用語であるが、日常会話や他の学術分野でも援用される。

コンピュータ用語としてのループとは、特定の条件が満たされるまで一連の動作を繰り返すことである。条件が決して満たされない時に無限ループが発生する。人間が愚かでなくなるという「条件」は満たされないので、無限ループ的な葛藤が続く。これが、「正しい」とは何か、「正義」とは何かに結論が出ない理由であり、人間が「対立の迷路」と「同調の悲劇」を回避できない原因である。

あるいは、無限ループという知的作業に耐えられず、あるいはそれを放棄し、人間というコンピュータがフリーズする、デッドロックに乗り上げる状態が「対立の迷路」「同調の悲劇」と言えるかもしれない。

米国カリフォルニア州クパチーノに無限ループを表す「Infinite Loop」という住所が存在する。AI開発を先導する企業のひとつであるアップル本社の所在地である。本社敷地内の「Apple Campus」を囲む楕円形の道路に「Infinite Loop」の名前がつけられており、この道路を取り囲むように同心円状の駐車場が設けられている。AI、ITを含む技術革新は人間の愚かさを乗り越えられるか。あるいは、乗り越えられないことを示唆しているのか。

議論しても回答はない。しかし、議論は続けなければならない。そして、一定の結論を出さなくてはならない。結論がないものに結論を出すわけだから、「中道」以外に論理的アプローチは存在しない。ラッセルの数々の名言は、そのことを深く感じさせる。

「高潔な人たちが、自分は正当にも『道徳的な悪』を懲らしめているのだと思いこんで行ってきた戦争や拷問や虐待のことを考えると、私は身震いする」[8]。

「最も不愉快な人種は、相手を見境いなく分類して、分り切ったレッテルを貼る人々である。この不幸な習性の持主は、自分が相手に適当と考えられる付箋を貼りつけた時に、その対象たる人間についての完全な知識が得られたと空想する」[9]。

「権力愛はまた臆病な人々の間では全く姿を変えて、指導者に対する唯々諾々とした服従の衝動という形をとることがあり、これが大胆な人々の権力衝動の範囲をますます増大させる結果ともなる」[10]。

「人々が、自分たちの衝動を正当化しようとして用いるイズム（主義）なるものは、ほんとうのことを言えば、かれらが正当化するふりをしようという衝動の産物です」[11]。「経済学は人々がどのような選択をするか明らかにするが、社会学は人々に選択の余地がないことを明らかにする」[12]。

未来への宿題

人間の歴史は瞬きのようなものである。地球の歴史を一年とすると人間の歴史は一二月三一日二三時五九分二五秒からである。わずか三五秒の間に、地球上で最も愚かで有害な生物である人間は多くの生物を絶滅させ、地球温暖化をもたらし、同種同士で傷つけ合い、殺し合う愚行を続けている。環境破壊、人口爆発、食糧危機、人間が直面している難問は多岐にわたっている。

その一方、人間のみが言語や科学を駆使して、金融という機能を創り、公共政策を生み、産業を興し、社会保障制度を整備した。しかし、難問が解決するどころか、難問をさらに複雑化させている。

生物の中で人間だけが、言語、科学、文化、宗教等の文明を持ち得たのは、人間が最も優れているからではなく、最も愚かで有害であるが故と気づくことが重要である。地球上の生物の中で、捕食以外の目的で他の生物を殺戮し、いわんや同種同士で殺し合う生物は人間だけである。だからこそ、言語で理解し合い、科学で富を生み出し、共存する手段を授けられたが、実際には、その言語で罵り合い、科学で殺戮兵器を生み出し、芸術作品を奪い合い、時に宗教まで対立の火種になる。人間はかくも愚かな生物である。

この状況を改善し、人間の愚かさを制御するために必要なのは教育である。社会制度としての教育のことではなく、愚かさを乗り越える思考方法、思考論理、思考力を身につける教育である。もちろん、社会制度としての教育の中で、思考方法、思考論理、思考力を身につける基礎が形成されるが、それだけでは十分でない。

教育は「教えられる」ことを前提としているが、単に「教えられる」だけでは思考方法、思考論理、思考力は身につかず、自ら「学ぶ」姿勢を有することが決定的に重要である。したがって、より正確に言えば、教育と勉学と熟考の三つが揃うことが必要である。

人間社会はパラダイムシフトの渦中にある。経済は金融資本主義に依存し、成長を続けてきたものの、矛盾が拡大し、限界に達しつつある。やがて大きな壁に直面し、非連続的な変化を体験するだろう。非連続的な変化は国際社会のヒエラルキーや産業構造に大転換をもたらす。それが時間をかけて起きれば、人間は変化を認識できないかもしれない。

金融資本主義の中枢である米国は、ルールや価値観を他国に拡散してきた。金融自由化と金融緩和は米国主導のバブルを構造化し、新自由主義的な諸政策と相俟って一部の富裕層が世界の富を寡占する格差社会をもたらした。リーマンショック等の混乱を経ながらも、世界は金融資本主義から抜け出せない。今や日米欧中央銀行の過度な金融緩和により、世界中に投機マネーが溢れている。その中でも日本が最も極端かつ過去の経済史に例のない金融緩和に依存している。

化石燃料依存の産業構造にも限界が見えてきた。省エネと再生可能エネルギーを軸にしたパラダイムシフトが起きている。ITやAIによる技術革新は、産業構造のみならず社会構造にも非連続的変化をもたらしつつある。科学技術の影響によって、経済社会システムは産業革命以来の大変革を遂げるだろう。非連続的変化による新しい経済社会システムへの移行は、その過程で制度やルールの空白域と空白期間を生み、新しい独占が登場する。検索エンジン等の米国ＩＴ企業がその一例である。

近代以降の人間社会が生み出した社会保障制度も機能不全に陥りつつあり、改革が必要である。先進国を中心に社会保障制度の質的向上と改革が図られてきたが、高齢化進展や格差拡大の影響から制度の矛盾と限界が顕現化している。その典型が、世界に類を見ない急速な少子高齢化が進む日本である。北欧諸国のような社会保障制度や国民的合意が実現するとは思えない。社会保障制度が相対的に充実している北欧諸国も、経済活力を維持している米英独仏等の主要国も、いずれも古くから移民を受け入れ、人口増加を維持していることに着目する必要がある。国によって濃淡はあるものの、多様性を受け入れることで社会全体の活力を維持している。もちろん、そうした中での社会保障制度の今後のあり方については、各国とも苦悩している。

国際社会もパラダイムシフトに直面している。二〇世紀後半は「パックス・アメリカーナ」の構造の下、優劣の明確な国際社会であったことが安定に寄与した。しかし、中国の覇権への挑戦、アジア諸国の経済発展、インド等の新興国の台頭等によって、二〇世紀後半の先進国側に余裕がなくなり、そのことが非寛容な各国世論や国際社会の傾向を生み出している。

しかも、ハンチントンが予測した「文明の衝突」に加え、二〇世紀の覇権国家である米国がグローバリズムを推進したことが、国家を主体とした国際社会の構造に根本的変化をもたらしつつある。近代以降の歴史を形成したインターナショナリズムにおいては、国際社会の主役は国家であった。しかし、グローバリズムは国家の概念と機能を曖昧化し、国際社会の主役を交代させつつある。その変化に抗うことは、大きな摩擦と混乱を伴うことになるだろう。

　こうした変化に直面する人間および人間社会は、何が「正しい」か、何が「正義」かをめぐって、深刻な葛藤に直面する。国によって、民族によって、宗教によって、世代によって、変化に対する意見は異なり、「対立の迷路」に迷い込む。熟議を尽くして合意を形成する知的作業を回避しようとすれば、根拠のない「極論」「正論」「信念論」が横行し、「同調の悲劇」をもたらし、人間は再び災禍を繰り返す。

　それを回避するためには、「中道」に基づく「肯定の論理学」が議論の作法であり、人間が身につけるべき思考方法、思考論理、思考力である。そして、それを身につけるためには、教育、勉学、熟考が求められる。

「正しい」とは何か、「正義」とは何か、「平和」とは何か、「豊かさ」とは何か、「人間」とは何か。国内でも、国際社会においても、これらを追求することは「真理」を求めることである。「真理」が存在するのではなく、追求する行為自体が「真理」である。

「真理」をめぐる論争では、古代ギリシャから「真理」の絶対性が重要な論点であった。絶対的な「真理」は存在するのか。絶対的でなければ「真理」ではないのか。やがて科学の発展に伴い、絶対的な「真理」に代わって、科学的、客観的な「真理」が追求されるようになり、その中で自然科学、人文科学、社会科学の「真理」に相対的な差が生まれた。しかし、自然科学の「真理」ですら、その客観性は絶対ではない。人文科学や社会科学は相対主義を甘受せざるを得ない。それでもなお、人間の主観に極力影響されない「真理」を探究する努力が続けられている。

　プロタゴラス（BC四九〇～四二〇年頃）は古代ギリシャのソフィストである。「人間は万物の尺度である」という言葉で知られ、相対主義を唱えた。人間それぞれが尺度であるから、相反する言論が成り立つ。こうした主張から、プロタゴラスは詭弁を用いて黒を白と言いくるめるとみなされ、ソクラテスやプラトンは否定的に捉えた。しかし、哲学者たちも「正しい」ことや「正義」を定義できず、現在のアマルティア・センに至るまでその状況が続いている。

中世ルネサンスは人間を尺度とする復興であった。その価値観からすれば、尺度の基準は人間であると主張したプロタゴラスの言葉も軽視できない。フランスの哲学者であり、自然科学者でもあったブレーズ・パスカル（一六二三〜六二年）の遺稿集「パンセ」に収められた有名な言葉が「人間は考える葦である」。人間は自然の中では矮小な生物だが、思考することによって宇宙をも超越すると考えるパスカルの科学者としての到達点を示している。人間の有限性と愚かさを憂う一方で、人間の可能性に祈りを込める到達伝である。

本書は未来の人間社会を形成する「考える葦」に「真理」を探究し続けることを期待したい。そのためにも、以下のことを考え続けることを推奨する。ただし、正解は存在しない。永遠かつ無限の議論を続けることに敬意を表する。


「正しい」とは何か。

「正義」とは何か。

「公正」とは何か。

「自国の利益を犠牲にして他国の利益を守る国はない」とは本当か。

「戦争は始めたい時に始められるが、終わりたい時に終われない」とは本当か。

「フォルトゥーナを引き寄せるだけのヴィルトゥが必要である」が、では「ヴィルトゥ」とは何か。

「対立の迷路」になぜ迷い込むのか。迷路の「出口」はあるのか。

「同調の悲劇」はなぜ生じるのか。悲劇を回避する「手段」はあるのか。

「中道」とは何か。

「科学の功罪」とは何か。物理学は「自然科学の王様」か。経済学は「社会科学の女王」か。

「人間」とは何か。

「人間」だけが言語、科学、文化、宗教等の「文明」を有しているのはなぜか。

「人間」は地球上で最も愚かで有害な生物か。

「人間」はなぜ地球上で最も愚かで有害な生物なのか。

「歴史」とは何か。「歴史」とは唯一無二のものなのか。

「平和」とは何か、「豊かさ」とは何か、「幸せ」とは何か。


人間だけが言語、科学、文化、宗教等の「文明」を有するのは、人間が生物の中で最も優れているからではない。地球上で最も愚かで有害な生物であるが故に、人間だけにこれらが与えられ、対立を避けるために話し合い、豊かさを創造し、心を癒し、譲り合うことが求められた。にもかかわらず、人間は言語で罵り合い、科学で殺戮兵器を作り、芸術作品を奪い合い、宗教戦争まで行う。人間に未来はあるだろうか。

(1)―ケンブリッジ大学の教授として哲学者ルートヴィヒ・ウィトゲンシュタイン(一八八九～一九五一年)の才能を見出した。
(2)―フェビアン社会主義は、一八八四年にロンドンで創設されたフェビアン協会を中心とする知識人による社会運動を指す。

協会創設者のひとり、フランク・ポドモアの提案による命名であり、古代ローマの軍人ファビウスにちなむ。ファビウスはカルタゴ将軍ハンニバルを持久戦で破ったことで知られている。フェビアン協会はLSE（ロンドン・スクール・オブ・エコノミクス）設立の母体となり、英国労働党の基盤団体として現在も存続している。

(3)―ラッセルの戦争に対する態度に関する論文中に、ラッセルが友人に対して自分の態度を説明した際の発言として記されている。Laura Scot (2007), Consistency and Change in Bertrand Russell's Attitude towards War, Leiden : Sidestone Press, 2007, pp.41-48, 〈51〉. また、以下の文献でも紹介されている。アラン・ウッド（一九五七）碧海純一訳（一九六三）『バートランド・ラッセル―情熱の懐疑家』（みすず書房）二八一～二九二頁、山元一郎編（一九七一）『世界の名著58 ラッセル・ウィトゲンシュタイン・ホワイトヘッド』（中央公論社）二三一～三三二頁。

(4)―アインシュタインは雑誌『ポリティ』（一九三五年一月号）に寄稿した文章の中に記している。David E. Rowe and Rovert Schulmann, Einstein on Politics : His Private Thoughts and Public Stands on Nationalism, Zionsm, War, Peace, and the Bomb (2007), Princeton : Princeton University Press, 2007, pp.284-286、オットー・ネーサン／ハインツ・ノーデン編（一九六〇）金子敏男訳（一九七五）『アインシュタイン平和書簡2』（みすず書房）二九五～三一三頁。また、「現在の情勢下では軍務を拒否しません」という文章は上記英語文献の二八三の頁ほか、バネシュ・ホフマン／ヘレン・ドゥカス（一九七二）鎮目恭夫／林一共訳（一九七四）『アインシュタイン―創造と反骨の人』（河出書房新書）一四四～一四八頁にも出ている。

(5)―宣言署名者は、マックス・ボルン（物理学）、パーシー・ブリッジマン（物理学）、アルベルト・アインシュタイン（物理学）、レオポルト・インフェルト、フレデリック・ジョリオ＝キュリー（化学）、ハーマン・J・マラー（生理学・医学）、ライナス・ポーリング（化学）、セシル・パウエル（物理学）、ジョセフ・ロートブラット（平和）、バートランド・ラッセル（文学）、湯川秀樹（物理学）の一一人。このうち、インフェルト以外の一〇人はノーベル賞を受賞している。上記括弧内は受賞したノーベル賞の分野。

(6)―同会議の正式名称は「科学と世界の諸問題に関するパグウォッシュ会議」。パグウォッシュ会議は現在も続いており、第六二回世界大会は二〇一七年八月、アスタナ（カザフスタン）で開催された。

(7)―米国平和評議会は、第二次世界大戦後、核兵器反対運動などを展開してきた世界平和評議会に加盟している米国の団体。最近では、米国と北朝鮮の対立、米国のシリアへの軍事行動等に反対声明を発表したり、ニューヨークにおける反NA

ＴＯの示威行動等を行っている。なお、世界平和評議会は一九五一年設立。事務局はプラハに置かれ、初代議長は原子物理学者フレデリック・キュリー（一九〇〇〜五八年）。キュリー夫人の息子であり、一九三五年に物理学者の妻とともに、人工放射性同位元素の合成に成功したことでノーベル化学賞を受賞した。

(8)―バートランド・ラッセル（一九二六）安藤貞雄訳（一九九〇）『ラッセル教育論』（岩波書店）三九頁、Early Childhood (1926), "Bertrand Russell On Education", pp.32-33, George Allen & Unwin Ltd.

(9)―ハリイ・ルージャ（一九七五）中野好之／太田喜一郎訳（一九七九）『バートランド・ラッセル―人生についての断章』（みすず書房）一五〇頁、Mortal and Others : American Essays 1931-1935, v.1.

(10)―バートランド・ラッセル（一九三八）東宮隆訳（一九五九）『権力』（みすず書房）一〇頁、Bertrand Russell (1938), "Power : a new social analysis", p.13, Unwin Brothers Ltd.

(11)―バリイ・フェインベルグ／ロナルド・カスリルズ編（一九六九）日高一輝訳（一九七〇）『拝啓バートランド・ラッセル様―市民との往復書簡：宗教からセックスまで』（講談社）一八一頁、"Dear Bertrand Russell : a selection of his correspondence with the general public, 1950-1968", Allen & Unwin, "The-ism by which prople attenmt to justify their impulses are, in fact, products of the impulses that they pretend to justify".

(12)―Pierre Bourdieu (2005), "The Socia Structures of the Econoy", Policy Press, 序文の前頁にラッセルの言葉として引用されている "While economics is about how people make choice, sociology is about how they don't have any choice to make".

参考文献

Blaug, Mark.,（1985）,"Great Economists since Keynes : An Introduction to the Lives and Works of 100 Great Economists of the Past", :
中矢俊博訳（一九九四）『ケインズ以後の１００大経済学者―ノーベル賞に輝く人々』同文舘出版。

Blaug, Mark.,（1986）,"Great Economists before Keynes : An Introduction to the Lives and Works of 100 Great Economists of the Past", :
中矢俊博訳（一九八九）『ケインズ以前の１００大経済学者』同文舘出版。

Boehm, Christopher.,（2012）,"Moral Origins : The Evolution of Virtue, Altruism, and Shame", Basic Books.:
斉藤隆央訳（二〇一四）『モラルの起源―道徳、良心、利他行動はどのように進化したのか』白揚社。

Buchanan, James M./Rowley Charles K./Tollison Robert D.,（1986）,"Deficits", Basil Blackwell Ltd.:
加藤寛監訳『財政赤字の公共選択論』文眞堂。

Buchanan, James. M./Musgrave, Richard. A.,（1999）,"Public Finance and Public Choice", The MIT Press.:
関谷登／横山彰監訳『財政学と公共政策―国家の役割をめぐる大激論』勁草書房。

Dahl, Robert A.,（1961）,"Who Governs ? ― Democracy and Power in an American City", Yale University Press.:
河村望／高橋和宏監訳（一九八八）『統治するのはだれか―アメリカの一都市における民主主義と権力』行人社。

Dahl, Robert A.,（1989）,"Democracy and it's Critics", Yale University Press.

Dahl, Robert A.,（2001）,"How Democratic is the American Constitution ?", Yale University Press.:
杉田敦訳（二〇〇三）『アメリカ憲法は民主的か』岩波書店。

Fromm, Erich,（1941）,"Escape from Freedom", :

日高六郎訳（一九五一）『自由からの逃走』創元社。
Hardin, Garrett., (1968), “The Tragedy of the Commons”, Science.：
京都生命倫理研究会訳（一九九三）『環境の倫理（下）』晃洋書房、四四五～四七〇頁。
Harvey, Jerry B., (1988), “The Abilene Paradox and other Meditations on Management”, Lexington Books.：
『アビリーンのパラドックスと経営に関する省察』。
Harvey, Jerry B., “The Abilene Paradox : The Management of Agreement”, Organizational Dynamics, Volume17, Issue1, Summer 1988, pp.17-43. 〈http://www.sciencedirect.com/science/article/pii/0090261688900289〉
Huntington, Samuel. P., (1996), “The Clash of Civilizations and the Remaking of World Order”, Georges Borchardt, Inc.：
鈴木主税訳（一九九八）『文明の衝突』集英社。
Kissinger, Henry A., (1994), “Diplomacy,”：
岡崎久彦監訳（一九九六）『外交（上・下）』日本経済新聞社。
Kuhn, Thomas S., (1962), “The Structure of Scientific Revolutions”, The University of Chicago Press.：
中山茂訳（一九七一）『科学革命の構造』みすず書房。
Machiavelli., “Istorie Fiorentine”,：
齋藤寛海訳（二〇一二）『フィレンツェ史（上・下）』岩波書店。
Meadows, Donella H./Meadows Dennis L./Randers, J./Behrens William W.Ⅲ., (1972), “The Limits to Growth : A Report for The Club of Rome’s Project on the Predicament of Mankind”, University Books.：
大来佐武郎監訳（一九七二）『成長の限界―ローマ・クラブ「人間の危機」レポート』ダイヤモンド社。
Mills, C. Wright., (1956), “The Power Elite”, Oxford University Press.：
鵜飼信茂／綿貫譲治訳（一九六九）『パワー・エリート（上・下）』東京大学出版会。
Mueller, Dennis C., (1989), “ Public ChoiceⅡ A revised edition of Public Choise”, Cambridge University Press.：

加藤寛監訳（一九九三）『公共選択論』有斐閣。
Neumann, E. Noelle, (1980), “Die Schweigespirale”, Herbig Verlagsbuchhandlung GmbH.:
池田謙一／安野智子訳（二〇一三）『沈黙の螺旋理論―世論形成過程の社会心理学』北大路書房。
Neumann, Jon.von./Morgenstern, Oskar., (1944), “The Theory of Games and Economic Behavior”, Princeton University Press.:
武藤滋夫訳／中山幹夫翻訳協力（二〇一四）『ゲームの理論と経済行動―刊行60周年記念版』勁草書房。
Piketty, Thomas., (2013), “Le Capital au XXIe Siècle”, Seuil.:
山形浩生／守岡桜／森本正史訳（二〇一四）『21世紀の資本』みすず書房。
Pigou, A. C., (1920), “The Economics of Welfare”, Macmillan and co.,Ltd.:
気賀健三等訳（一九五三～一九五五）『ピグウ厚生経済学（第一～四分冊）』東洋経済新報社。
Pillsbury, Michael., (2015), “The Hundred-Year Marathon”, Henry Holt and Company, LLC, New York:
野中香方子訳（二〇一五）『China2049―秘密裏に遂行される「世界覇権１００年戦略」』日経ＢＰ社。
Rawls, John., (1971,1999), “A Theory of Justice Revised Edition,1999”, Harvard University Press.:
川本隆史／福間聡／神島裕子訳（二〇一〇）『正義論（改訂版）』紀伊國屋書店。
Russell, B., (1926), “Education”, : 安藤貞雄訳（一九九〇）『ラッセル教育論』岩波書店。
Russell, Bertrand., (1938), “Power A New Social Analysis”, George Allen and Unwin Ltd.:
東宮隆訳（一九五九）『権力―その歴史と心理』みすず書房。
Sandel, Michael J., (2009), “Justice What’s the Right Thing to Do ?”, International Creative Management, Inc.:
鬼澤忍訳（二〇一〇）『これからの「正義」の話をしよう―いまを生き延びるための哲学』早川書房。
Sandel, Michael J., (2012), “What Money Can’t Buy : The Moral Limits of Markets”, International Creative Management, Inc.:
鬼澤忍訳（二〇一二）『それをお金で買いますか―市場主義の限界』早川書房。

Schumacher, E. Friedrich., (1973), "Small is Beautiful : A Study of Economics as if People Mattered", Muller, Blond & White Ltd.:
小島慶三／酒井懋訳（一九八六）『スモール・イズ・ビューティフル―人間中心の経済学』講談社。
Schumpeter, Joseph A., (1926), "Theorie der Wirtschaftlichen Entwicklung, 2. Aufl., 1926",:
塩野谷祐一／中山伊知郎／東畑精一訳（一九八〇）『シュムペーター経済発展の理論―企業者利潤・資本・信用および景気の回転に関する一研究』岩波書店。
Schumpeter, Joseph. A., (1950), "Capitalism, Socialism and Democracy", Charles E. Tuttle Co.:
中山伊知郎／東畑精一訳（一九九五）『新装版 資本主義・社会主義・民主主義』東洋経済新報社。
Sen, Amartya., (1982), "Choice, Welfare and Measurement", Basil Blackwell Publisher.:
大庭健／川本隆史訳（一九八九）『合理的な愚か者―経済学＝倫理学的探求』勁草書房。
Sen, Amartya., (2009), "The Idea of Justice", Penguin Books Ltd.:
池本幸生訳（二〇一一）『正義のアイデア』明石書店。
Soros, George., (1987, 1994, 2003), "The Alchemy of Finance", Lescher & Lescher, Ltd.:
青柳孝直訳（二〇〇九）『新版 ソロスの錬金術』総合法令出版。
Soros, George., (1995), "Soros on Soros Staying Ahead of the Curve", Lescher & Lescher, Ltd.:
日興證券監修（一九九六）『ジョージ・ソロス』七賢出版。
Thatcher, Margaret, (1993), "The Downing Street Years", CFCF & Associates Ltd.:
石塚雅彦訳（一九九六）『サッチャー回顧録―ダウニングの日々（上・下）』日本経済新聞出版社。
The Economist., (2012), "Megachange : The World in 2050", The Economist Newspaper Ltd.:
東江一紀／峯村利哉訳（二〇一五）『２０５０年の世界―英『エコノミスト』誌は予測する』文藝春秋。
Vogel Ezra F., (1979), "Japan as Number One", Harvard University Press.:
広中和歌子／木本彰子訳（二〇〇四）『新版 ジャパン・アズ・ナンバーワン』阪急コミュニケーションズ。

Waal, Frans de., (2013), "The Bonobo and the Atheist in Search of Humanism Among the Primates", Tessler Literary Agency LLC.:

柴田裕之訳(二〇一四)『道徳性の起源―ボノボが教えてくれること』紀伊國屋書店。

Weber, Max., (1920), "Die Protestantische Ethik der Geist des Kapitalismus", J. C. B. Mohr.:

中山元訳(二〇一〇)『プロテスタンティズムの倫理と資本主義の精神』日経BP社。

Wood, Alan., (1957), "Bertrand Russell, The Passionate Soeptie", Allen and Uniwin Ltd.:

碧海純一訳(一九六三)『バートランド・ラッセル―情熱の懐疑家』みすず書房。

World Commission on Environment and Development, (1987), "Our Common Future", Oxford University Press.:

大来佐武郎監修(一九八七)『地球の未来を守るために』福武書店。

奥山俊宏(二〇〇四)『内部告発の力―公益通報者保護法は何を守るのか』現代人文社。

塩野七生(一九八八)『マキアヴェッリ語録』新潮社。

伊達邦春(一九七〇)『経済はなぜ変動するか』講談社。

中村元(二〇〇二)『龍樹』講談社。

林正寿(二〇〇七)『アメリカの税財政政策』税務経理協会。

丸山眞男(一九五六～一九五七)『現代政治の思想と行動(上・下)』未來社(増補一九六四、新装二〇〇六)。

山之内光躬(一九九二)『財政過程―利益集団の財政論』成文堂。

山本七平(一九七七)『「空気」の研究』文藝春秋。

守屋淳監訳・注解／臼井真紀訳(二〇一六)『アミオ訳孫子―漢文・和訳完全対照版』筑摩書房。

拙著(二〇〇四)『公共政策としてのマクロ経済政策―財政赤字の発生と制御のメカニズム』成文堂。

拙著(二〇一二)『3・11大震災と厚労省―放射性物質の影響と暫定規制』丸善出版。

Webリスト

① http://www.hetwebsite.net/het/profiles/macleod.htm
② http://www.nature.com/nature/journal/v44/n1138/pdf/044371d0.pdf
③ https://www.oecd.org/els/soc/Focus-Inequality-and-Growth-JPN-2014.PDF
④ http://www.oecd.org/els/soc/trends-in-income-inequality-and-its-impact-on-economic-growth-SEM-WP163.pdf
⑤ https://www.imf.org/external/pubs/ft/sdn/2015/sdn1513.pdf
⑥ http://group.dai-ichi-life.co.jp/dlri/ldi/report/rp0101.pdf
⑦ https://www.mlit.go.jp/pri/houkoku/gaiyou/pdf/kkk6.pdf
⑧ http://www.nobelprize.org/nobel_prizes/economic-sciences/laureates/1974/hayek-speech.html
⑨ https://babel.hathitrust.org/cgi/pt?id=uc1.b4868285
⑩ https://newrepublic.com/article/117655/thomas-piketty-interview-economist-discusses-his-distaste-marx
⑪ http://www.nytimes.com/2014/04/25/opinion/krugman-the-piketty-panic.html
⑫ https://newrepublic.com/article/117429/capital-twenty-first-century-thomas-piketty-reviewed
⑬ http://democracyjournal.org/magazine/33/the-inequality-puzzle/
⑭ http://kyutech.repo.nii.ac.jp/?action=repository_action_download&item_id=4002&item_no=1&attribute_id=17&file_no=1
⑮ http://ir.acc.senshu-u.ac.jp/index.php?action=pages_view_main&active_action=repository_action_common_download&item_id=8758&item_no=1&attribute_id=15&file_no=1&page_id=13&block_id=52
⑯ https://www.pwc.com/gx/en/psrc/pdf/world_in_2050_jan2011.pdf
⑰ http://jhhuang.com/

⑱ http://sonshi.jp/sub5.html
⑲ http://www.margaretthatcher.org/document/104149
⑳ http://hansard.millbanksystems.com/commons/1988/jul/28/engagements
㉑ http://www.huffingtonpost.co.uk/sir-christopher-meyer/david-cameron-europe- the-return of pavlovs-dog_b_1137394.html
㉒ https://www.cambridge.org/core/books/making-thatchers-britain/B4EEE7030CB2F17AA94A9744129907D4
㉓ https://www.margaretthatcher.org/document/107332
㉔ https://www.cvce.eu/en/obj/address_given_by_jacques_delors_bruges_17_october_1989-en-5bbb1452-92c7-474b-a7cf-a2d281898295.html
㉕ http://www.unhcr.org/news/latest/2013/6/51c16bf89/angelina-jolie.html
㉖ https://www.crisisgroup.org/middle-east-north-africa/eastern-mediterranean/israelpalestine/drums-war-israel-and-axsis-resistance
㉗ https://www.afpbb.com/articles/-/3000736
㉘ https://www.gov.uk/government/history/past-prime-ministers/benjamin-disraeli-the-earl-of-beaconsfield
㉙ https://www.york.ac.uk/depts/maths/histstat/lies.htm
㉚ http://fortune.com/2012/07/22/groupthink-fortune-1952
㉛ https://www.youtube.com/watch?v=Zh_sxilhyV0
㉜ http://www.oh-kouhei.org/magazine/2017/20170815.html
㉝ https://americancenterjapan.com/aboutusa/translations/3077/
㉞ http://www.oxfordmartin.ox.ac.uk/downloads/academic/The_Future_of_Employment.pdf
㉟ https://www.nri.com/jp/news/2015/151202_1.aspx
㊱ http://www.huffingtonpost.jp/2014/12/03/stephen-hawking-ai-spell-the-end-_n_6266236.html

㊲ http://www.bbc.com/news/technology-30290540

㊳ http://www.independent.co.uk/news/science/Stephen-hawking-transcendence-looks-at-the-implications-of-artificial-intelligence-but-are-we-taking-9313474.html

㊴ http://aeroastro.mit.edu/aeroastro100/centennial-symposium

㊵ http://www.huffingtonpost.jp/2014/12/03/stephen-hawking-ai-spell-the-end-_n_6266236.html

㊶ https://www.washingtonpost.com/news/innovations/wp/2014/10/24/elon-musk-with-artificial-intelligence-we-are-summoning-the-demon/

㊷ http://aeroastro.mit.edu/file/one-one-elon-musk

㊸ http://docshare04.docshare.tips/files/11434/114340241.pdf

㊹ https://web.archive.org/web/20150607231358/https://www.javelinstrategy.com/brochure/244

㊺ https://japan.zdnet.com/article/35015011/

㊻ http://www.mas.gov.sg/News-and-Publications/Speeches-and-Monetary-Policy-Statements/Speeches/2015/A-Smart-Financial-Centre.aspx

㊼ http://www.fujitsu.com/jp/group/fri/column/ideatank/2015/2015-09-2.html

㊽ http://www.nuclearfiles.org/menu/library/biographies/bio_stalin-joseph.html

㊾ http://www2.yukawa.kyoto-u.ac.jp/~soken.editorial/sokendenshi/vol10/tosaki.pdf

㊿ https://www.ipcc.ch/pdf/special-reports/srren/SRREN_FD_SPM_final.pdf

51 https://archive.org/details/bub_gb_ApNv7mFMeeoC

あとがき

本書の原稿執筆の最終段階を迎えていた二〇一七年八月一七日から三〇日の間、社会保障制度や税制の調査のために北欧諸国を訪問した。単身での渡航であったため、フライト中の機内や、調査等の日程以外は各国の図書館や滞在先のホテルで執筆に集中することができた。

デンマークの王宮と国会を兼ねるクリスチャンスボー城を窓越しに眺める王立図書館は別名「ブラック・ダイアモンド」と呼ばれるモダンな建物であった。スウェーデンではストックホルム大学図書館、ノルウェーではオスロの王宮近くの国立図書館、フィンランドではヘルシンキ大聖堂に隣接する国立図書館で、それぞれ執筆に集中できた。

本書にはノーベル賞関係の記述も登場することから、スウェーデンではストックホルムのノーベル博物館、受賞者のスピーチが行われるリッダーフィヨルドに面する市庁舎を訪問した。ノーベル賞の中で、平和賞だけはノルウェーが選定し、オスロで授賞式が行われることは意外に知られていない。ピーペル湾に面するオスロ市庁舎を訪問し、米国大統領オバマの受賞スピーチが行われた場所も確認でき、臨場感を感じながら原稿を仕上げることができた。

最終訪問国フィンランドでの仕事を終え、デンマーク経由で帰国の途についた。コペンハーゲン空港でのトランジットの待ち時間が長く、その間に最後の手を入れて脱稿した。記憶に残る北欧訪問となった。

上述の「ブラック・ダイアモンド」は一九九九年に旧館の隣に建てられた新館のことであり、外壁が黒い大理石とガラスで覆われている。気分転換に旧館の前庭を歩いていると、キルケゴールの銅像に遭遇した。

キルケゴールは本書にも登場するコペンハーゲン生まれの高名な哲学者、思想家である。実存主義の創始者、先駆けであり、哲学史的には、当時のデンマークにおいて絶大な影響力を誇っていたヘーゲルの理論に対論を主張したことで知られている。

ヘーゲルとキルケゴールの哲学を筆者のような門外漢が解説できる立場にはないが、筆者なりの理解を述べれば、人間や世界や歴史を抽象的、概念的に体系化したヘーゲルに対し、キルケゴールは人間や世界や歴史は抽象的、概念的に定義づけられるものではなく、人間個々人の具体的、属人的な固有の活動によって定義づけられることに本質があるとの見方を示した。

キルケゴールは自らの思想の特徴を「具体的思考」と呼ぶ一方、ヘーゲルの理論体系を「抽象的思考」と称した。「抽象的思考」においては人間個々人の主体性や存在が消去されるのに対し、「具体的思考」においては人間個々人の主体性や存在が、人間自身や世界や歴史を規定していく。

つまり、人間や世界や歴史に客観的、絶対的なものはなく、その存在は常に主観的、相対的なものである。筆者の浅薄な理解によれば、キルケゴールの主張はこのように整理できる。

本書の主張も、絶対的に「正しい」ことや絶対的な「正義」は存在しないこと、問題の解決には「相対的最善解」しかあり得ないこと、そして、それは人間が人間であるが故であり、人間が「賢い愚か者」であるが故であるという点に帰着する。

あえて言えば、実存主義的な主張であり、その原稿執筆の最終段階でキルケゴールの銅像に遭遇したことは、印象深い出来事であった。

キルケゴールは第5章の中で取り上げているが、実存主義における利己的で愚かな人間は、仏教が想定する人間像に近い。また、本書が考察する「賢い愚か者」としての人間像とも重なる。

クリスチャンスボー城を横目に眺めながら、キルケゴールの銅像に念押しされたような気分になった。

本書の構想や原稿執筆が佳境に差し掛かった二〇一六年から二〇一七年にかけて、「ニュースザップ」というスカパーBS番組に時々出演していた。長時間にわたって自由な議論を行う興味深い番組であり、本書の執筆のうえでも刺激を受けた。残念なことに、二〇一七年一二月一五日に出演した回が最終回であった。その際、番組のテーマ・アートとして紹介されたのが、フランスの画家ポール・ゴーギャンの代表作「我々はどこから来たのか、我々は何者か、我々はどこへ行くのか」であった。

本書の最終推敲をしていた時期であり、まさしく本書のテーマとシンクロした。作品には、三つの人物群像が右から左に描かれている。右側に子供とともに描かれている人物群像は人生の始まり、中央の人物群像は成年期、左側の人物群像は晩年期の人間を象徴している。

ゴーギャンは少年期を神学校で過ごした。神学校ではキリスト教の教理問答が教えられていたが、その中の三つの基本的問答が「人間はどこから来たのか」「人間はどうやって進歩していくのか」「人間はどこに向かっていくのか」という内容であった。前述の作品はその影響を受けていたと推察できる。

「賢い愚か者」である人間は「どこから来たのか」「どうやって進歩していくのか」「どこに向かっていくのか」。まさしく、本書のテーマそのものである。

「正しい」ことや「正義」を語る言葉は無力である。ゴーギャンは、この絵の晩年期の人物群像の足下に次のように書き残している。「奇妙な白い鳥が、言葉がいかに無力なものであるかということを物語っている」。絵画の専門家によれば、背景の青い像は「超越者(the Beyond)」として描かれているそうだ。

本書の冒頭でも紹介したが、二〇一五年、カナダのビクトリア大学の研究チームが、人間は他の動物を過剰に殺戮する「スーパー捕食者」と断じる論文を発表した。

植物の採食も含め、地球上の生物の中で、生きるための捕食目的以外で他種を殺す生物、あるいは同種同士で殺し合う生物は人間だけである。人間は地球上で最も愚かで危険な生物と言わざるをえない。

言語、科学、文化、宗教等の文明を生物の中で人間だけが有しているのは、人間が最も優れた生物である証ではない。最も愚かな生物であるが故に、人間だけに言語、科学、文化、宗教等の文明が授けられ、その愚かさの源である欲を制することが課されたと受け止めるべきであろう。

しかし、現実には、その言語で罵り合い、科学で殺戮兵器をつくり、芸術作品を奪い合い、宗教ですら争うことがある。人間はかくも愚かな存在、「賢い愚か者」である。「賢い愚か者」の未来は、どこに向かっているのだろうか。

本書は、筆者の職業的経験と研究者の端くれとしての思索をベースに、政治、経済、歴史、科学、そして人間の「深層」にアプローチするための基本情報を整理したものである。「賢い愚か者」である人間が、「対立の迷路」と「同調の悲劇」を回避することに少しでも寄与できれば幸いである。

「正しい」ことや「正義」を絶対的に定義することはできない。その現実を謙虚に共有し合うことが、「賢い愚か者」の未来を明るくすることにつながるだろう。

「見えざる手」が本書を書かせてくれたことに感謝するとともに、「賢い愚か者」の未来に幸多きことを祈りながら、本書を終わりたい。

わ行

ま行

や行

ら行

た行

な行

は行

さ行

人名索引

あ行

か行

ま行

や行

ら行

わ行

な行

は行

さ行

た行

事項索引

あ行

か行

［著者紹介］

大塚耕平（おおつか　こうへい）

一九五九年、名古屋市生まれ。愛知県立旭丘高校、早稲田大学政治経済学部を経て、一九八三年、日本銀行入行。在職中に早稲田大学大学院社会科学研究科博士課程修了（博士〈学術〉、専門はマクロ経済学）。二〇〇〇年、同行退職。二〇〇一年、参議院議員に初当選。内閣府副大臣、厚生労働副大臣、中央大学大学院公共政策研究科客員教授、早稲田大学総合研究機構客員教授（現職）、藤田保健衛生大学医学部客員教授（同上）等を務める。日本財政学会、地方財政学会、公共政策学会、公共選択学会に所属。著書に『公共政策としてのマクロ経済政策』『3・11大震災と厚労省』『ジャパン・ミッシング』など。仏教研究家としても活動。著書に『弘法大師の生涯と覚王山』『仏教通史』『四国霊場と般若心経』。

「賢い愚か者」の未来

政治、経済、歴史、科学、そして人間——「深層」へのアプローチ

二〇一八年二月一〇日　初版第一刷発行

著　者　大塚耕平

発行者　島田陽一

発行所　株式会社早稲田大学出版部

〒一六九-〇〇五一　東京都新宿区西早稲田一-九-一二

電話＝〇三-三二〇三-一五五一

http://www.waseda-up.co.jp

印刷製本　シナノ印刷株式会社

ISBN978-4-657-18001-8